तिलहनी फसलें

तिलहनी फसलें

डॉ. राजपाल सिंह तोमर
वरिष्ठ वैज्ञानिक (सस्य विज्ञान)

डॉ. सत्य प्रकाश सिंह तोमर
वरिष्ठ वैज्ञानिक (कीट विज्ञान)

PRESS

AGRI-BIOVET PRESS
NEW DELHI-110 002

तिलहनी फसलें

1 जनवरी 2022

ISBN : 978-81-953178-2-0

Published by :

AGRI-BIOVET PRESS

2/40, Ist Floor, Ansari Road, Daryaganj,
New Delhi - 110 002
Ph.: 011-43549100
E-mail : agribiovetpress@yahoo.com
www.agribiovet.com

Printed at : Balaji Printers, New Delhi

प्रस्तावना

विश्व की जनसंख्या दिनोंदिन बढ़ रही है, जिसके कारण खाद्य पदार्थों की मांग भी लगातार बढ़ती जा रही है। वर्तमान में देश में लगभग 305 मिलियन टन खाद्यान्न का उत्पादन वर्ष 2020-21 में हुआ है, जो देश की जनसंख्या के भरण-पोषण के लिए पर्याप्त है। लेकिन देश में खाद्य तेलों की लगभग 60-65% तक कमी है। इसी कारण 60-65% खाद्य तेल विदेशों से आयात किया जाता है। अत: तिलहन उत्पादन में बढ़ोतरी तब ही संभव होगी जब इस क्षेत्र में हो रहे अनुसंधान एवं विकसित उन्नत खेती की पद्धतियों का पूरा-पूरा ज्ञान हो तथा उसी के अनुरूप खेती कर उसे आर्थिक रूप से उपयोगी बनाया जा सके।

प्रस्तुत पुस्तक 'तिलहनी फसलें' बी.एस.सी. (कृषि), एम.एस.सी. (कृषि) के छात्रों, कृषि अध्यापकों, प्रतियोगियों, परीक्षार्थियों एवं प्रसार कार्यकर्ताओं के लिए उपयोगी सिद्ध होगी। इस पुस्तक में नवीनतम आँकड़े, महत्वपूर्ण तथ्य एवं सुझावों का समावेश किया गया है। इस पुस्तक को लिखने में कई पुस्तकों, पत्रिकाओं एवं अन्य कृषि उपयोगी साहित्य की भी सहायता ली गई है, जिनके लिये लेखकगण अपना आभार प्रकट करते हैं।

हमें आशा ही नहीं बल्कि पूर्ण विश्वास है कि प्रस्तुत पुस्तक में तिलहनी फसलों का एक साथ समावेश किया गया है। पाठकों से अनुरोध है कि इस पुस्तक की कमियाँ एवं नवीन सुझावों को भेजने का कष्ट करें ताकि आगामी संस्करणों को और प्रभावी बनाने में सहायता मिल सके।

1 जनवरी 2022

लेखकगण

डॉ. राजपाल सिंह तोमर

डॉ. सत्य प्रकाश सिंह तोमर

अनुक्रमणिका

अध्याय 1

सरसों

वानस्पतिक नाम (Botanical Name) – ब्रैसिका स्पीसीज (Brassica species)

कुल (Family) – क्रूसीफेरी (Cruciferae)

तोरिया-सरसों हमारे देश में रबी मौसम की प्रमुख तिलहनी फसल है। सरसों का तेल खाद्य तेल के साथ ही जलाने, शरीर की मालिश, चमड़ा उद्योग, साबुन उद्योग, मसाले तथा विभिन्न प्रकार के अचार बनाने में भी प्रयोग किया जाता है। सरसों का तेल त्वचा के लिए बहुत फायदेमंद है, इसमें विटामिन–ई भरपूर मात्रा में पाया जाता है। सरसों की खली पशु आहार के लिये उपयोग की जाती है। सरसों के बीजों से विनाशकारी *सरसों गैस* (Mustard Gas) बनाई गई थी, जिसका उपयोग प्रथम विश्व युद्ध के दौरान किया गया था। तोरिया का तेल मुख्य रूप से *ग्रीस* (Grease) बनाने के काम आता है। सरसों के हरे पौधों का उपयोग जानवरों के हरे चारे के लिए एवं कोमल शाखाओं का उपयोग सब्जी बनाने के लिए किया जाता है।

उत्पत्ति एवं इतिहास (Origin and History)

डी. कण्डोल (1832) के अनुसार राई या लाहा का उत्पत्ति स्थान पूर्वी यूरोप और साइबेरिया है। बेबीलोन व बकनिश के अनुसार राई के तीन मूल उत्पत्ति स्थान भारत, चीन या यूरोप में कोई एक स्थान है। वेली (1922) के मतानुसार राई का जन्म स्थान चीन है। राई अथवा काली सरसों का जन्म स्थान यूरेशिया माना जाता है। भूरी सरसों का जन्म स्थान अफगानिस्तान एवं इससे लगे भारतीय उप महाद्वीप के उत्तरी पश्चिमी क्षेत्र हैं। धर्मपाल सिंह के अनुसार पीली सरसों का जन्म स्थान उत्तर पूर्वी भारत है।

क्षेत्रफल एवं वितरण (Area and Distribution)

विश्व के लगभग 60 उष्णकटिबंधीय देशों में सरसों की खेती की जाती है। तोरिया व सरसों के मुख्य उत्पादक देश चीन, कनाडा, भारत, जर्मनी एवं फ्रांस हैं।

तालिका क्रं. 1. विश्व के विभिन्न देशों में सरसों एवं तोरिया का क्षेत्र, उत्पादन एवं उपज
(वर्ष 2007-08 से 2011-12 का औसत)

प्रमुख देश	क्षेत्रफल (लाख हे.)	उत्पादन (लाख टन)	उपज (किग्रा./हे.)
चीन	68.695	125.854	1832
कनाडा	68.272	123.622	1811
भारत	61.012	68.850	1128
जर्मनी	14.429	52.764	3657
फ्रांस	15.117	50.450	3337
कुल योग	**322.295**	**593.162**	**1840**

भारत में सरसों की खेती मुख्य रूप से राजस्थान, मध्यप्रदेश, उत्तरप्रदेश, हरियाणा, पश्चिम बंगाल एवं गुजरात में की जाती है। मध्यप्रदेश में सरसों की खेती मुख्यतः मुरैना, भिण्ड एवं ग्वालियर जिले में की जाती है।

तालिका क्रं. 2. देश के विभिन्न राज्यों में सरसों एवं तोरिया का क्षेत्र, उत्पादन एवं उपज (2016-17)

राज्य	क्षेत्रफल (लाख हे.)	समस्त भारत का %	उत्पादन (लाख टन)	समस्त भारत का %	उपज (किग्रा. हे.)
राजस्थान	25.6	42.27	36.50	46.04	1433
हरियाणा	5.10	8.41	9.5	11.94	1853
मध्यप्रदेश	7.1	11.67	9.2	11.62	1299
उत्तरप्रदेश	6.9	11.36	8.6	10.84	1245
प. बंगाल	4.6	7.57	4.9	6.25	1077
गुजरात	2.0	3.31	3.4	4.34	1711
झारखण्ड	2.7	4.51	2.0	3.51	728
असम	2.9	4.85	1.9	2.39	644
बिहार	0.8	1.36	1.0	1.23	1180
पंजाब	0.3	0.52	0.4	0.57	1413
अन्य	2.5	4.16	1.8	2.27	–
भारत	60.7	100.00	79.2	100.0	1304

जलवायु (Climate)

सरसों की फसल के लिए शुष्क एवं ठंडी जलवायु की आवश्यकता होती है। कम वर्षा वाले स्थानों पर शुद्ध फसल के रूप में सरसों की खेती सफलतापूर्वक की जा सकती है। साधारणतः 700–800 मिलीमीटर वार्षिक वर्षा वाले स्थान सरसों की खेती के लिए उपयुक्त होते हैं। अधिक पैदावार के लिए सामान्य, ठण्डा तापमान आवश्यक है। पौधों में फूल आने और बीज पड़ते समय बादल और कोहरे वाला मौसम हानिकारक प्रभाव डालता है। पौधों की अच्छी वृद्धि के लिए ठण्डी जलवायु एवं पकते समय अधिक तापमान की आवश्यकता होती है। फलियों के पक जाने पर ओला पड़ जाये तो उपज में अधिक गिरावट होती है। बीजों के अंकुरण के समय 26–32 डिग्री सेण्टीग्रेड तापमान उपयुक्त होता है।

वर्गीकरण (Classification)

1. भारतीय सरसों (Brassica juncea. L.)
2. करन राई (Brassica carinata)
3. तारामीरा (Eruca sativa)
4. तोरिया (Brassica rapa)
5. पीली सरसों (Brassica rapa Vr. Yellow sarson)
6. गोभी सरसों (Brassica napus)
7. काली सरसों (Brassica nigra)
8. भारतीय रेप (Brassica compestris Vr. toria)

भूमि (Soil)

तोरिया और सरसों की खेती के लिए हल्की रेतीली से लेकर भारी मटियार भूमियों में सरसों की फसल सफलतापूर्वक ली जा सकती है। राई–सरसों की खेती विभिन्न प्रकार की मृदा वाली भूमि में की जा सकती है। लेकिन इसके लिए उपयुक्त भूमि दोमट मिट्टी वाली होती है, इसकी भरपूर उपज हल्की दोमट से चिकनी दोमट मिट्टियों तक में ली जा सकती है। मिट्टी गहरी एवं संतोषजनक जलधारण क्षमता की होनी चाहिए। फसल के दौरान पानी का जमाव नहीं होना चाहिए। सरसों की अच्छी खेती के लिए सबसे उचित पी. एच. मान 7 से 8.2 है।

भूमि की तैयारी (Soil Preparation)

राई–सरसों की अच्छी पैदावार के लिए खेत को अच्छी प्रकार तैयार करना जरूरी है। जिससे मिट्टी भुरभुरी हो जाये। बारानी क्षेत्रों में भूमि तैयारी के समय नमी संरक्षण पर विशेष ध्यान देना चाहिए। भूमि की तैयारी वर्षा ऋतु से ही शुरू हो जाती है। खरपतवार नष्ट करने एवं नमी संरक्षण के लिए एक गहरी जुताई मिट्टी पलटने वाले हल से करनी चाहिए। इसके पश्चात प्रत्येक बरसात के बाद समय मिलने पर खेत की जुताई करें तथा साथ ही पाटा अवश्य लगायें। इससे नमी का ह्रास कम होगा। यदि नमी कम हो तो खेत की जुताई शाम के समय करके खुला छोड दें तथा सुबह सूरज निकलने से पूर्व पाटा लगायें। आखिरी बरसात के बाद गहरी जुताई करके पाटा लगाकर नमी संरक्षण करें।

सिंचित क्षेत्रों में द्विफसली पद्धति के अन्तर्गत सोयाबीन, उड़द, मूँग, बाजरा तथा मक्का के बाद सरसों की खेती की जाती है। सरसों की बुवाई के लिए भूमि की तैयारी खरीफ फसलों की कटाई के बाद थेवनी पलेवा करके प्रारंभ करें। उसके पश्चात एक या दो जुताई हैरो तथा दो से तीन जुताई कल्टीवेटर से करके मिट्टी को भुरभुरा बनायें, उसके पश्चात उचित नमी पर बुवाई करें। खरीफ फसलों की कटाई के बाद थेवनी पलेवा करके रोटावेटर से खेत को तैयार कर उचित नमी पर बुवाई कर सकते हैं।

उन्नतशील प्रजातियाँ (Improved Varieties)

हमारे देश में राई–सरसों समूह की सात मुख्य फसलें तिलहनी फसल के रूप में उगाई जाती हैं। जैसे – राई अथवा लाहा, तोरिया, गोभी सरसों, पीली सरसों, भूरी सरसों, करन राई एवं तारामीरा। राई–सरसों में कोई भी एक किस्म सभी परिस्थितियों में एक जैसा उत्पादन नहीं देती है। किस्मों की उत्पादन क्षमता जलवायु भूमि अपनाई गई वैज्ञानिक तकनीकों आदि कई कारकों पर निर्भर करती है। इसलिए प्रजाति का चयन अपने क्षेत्र की जलवायु, भूमि का प्रकार, सिंचाई की उपलब्धता, मिट्टी की किस्म आदि के आधार पर उन्नतशील किस्मों का चयन करना चाहिए, ताकि राई–सरसों के उत्पादन में वृद्धि करके अधिक लाभ कमा सकें। किस्मों की औसत उपज तेल अंश, परिपक्वता आदि गुण विभिन्न जलवायु की परिस्थितियों के अनुरूप भिन्न हो सकते हैं। इन किस्मों से अच्छी उपज प्राप्त करने के लिए कृशको को वैज्ञानिकों द्वारा अनुशंसित तकनीकों को अपनाना चाहिए।

सरसों उत्पादन में उन्नतशील प्रजातियों का विशेष महत्व है। उन्नतशील प्रजातियों का क्षेत्रीय अनुकूलता के अनुसार चयन कर 9–45% तक उत्पादकता अधिक ले सकते हैं। देश के विभिन्न क्षेत्रों के लिए अनुशंसित किस्मों का संक्षिप्त विवरण निम्न प्रकार है:

तोरिया

1. जवाहर तोरिया-1

यह एक संकुल जाति है जो कि ऑचलिक कृषि अनुसंधान केन्द्र, मुरैना द्वारा विकसित की गई है। इसके पौधों की ऊँचाई 125–127 से. मी. होती है तथा यह

मध्यम अवधि में पककर तैयार (85–90 दिन) होती है। इसके 1000 दानों का वजन 3.4–3.5 ग्राम तथा दानों में 43 प्रतिशत तक तेल की मात्रा पाई जाती है। इसकी औसत पैदावार 1500–1800 कि.ग्रा. प्रति हेक्टेयर तक प्राप्त होती है। इस प्रजाति का विशेष गुण सफेद किट्ट रोग प्रतिरोधी है।

2. टाईप 9 (टी-9)

यह तोरिया की प्रचलित पुरानी जाति है इस जाति को सिंचित एवं असिंचित दोनों प्रकार की परिस्थितियों में उगाया जा सकता है। इसके पौधे 102–108 से. मी. ऊँचे होते हैं तथा 90–94 दिनों में पककर 1200–1500 कि.ग्रा. प्रति हेक्टेयर पैदावार देती है। इसके 1000 दानों का वजन 3.0–3.5 ग्राम तक होता है तथा दानों में तेल की मात्रा 40 प्रतिशत तक पाई जाती है।

3. भवानी

तोरिया की यह एक जल्दी पकने वाली किस्म है। इस जाति के पौधों की ऊँचाई 70–75 से.मी. होती है तथा 75–80 दिन में तैयार हो जाती है। इसकी औसत उपज 1000–1200 कि.ग्रा. प्रति हेक्टेयर प्राप्त होती है तथा तेल की मात्रा 44 प्रतिशत तक पाई जाती है।

सरसों

1. रोहिणी

यह किस्म मध्यप्रदेश के लिए उपयुक्त है। इसके पकने की अवधि 125–130 दिन तथा पौधों की ऊँचाई 150–155 से.मी. होती है। इसमें तेल की मात्रा 43 प्रतिशत तक पाई जाती है। इसकी औसत उपज 2200 से लेकर 2800 कि.ग्रा. प्रति हेक्टेयर ली जा सकती है।

2. जवाहर सरसों-1

मध्यप्रदेश के लिए उपयुक्त 125–127 दिन में पकने वाली किस्म है। जिसमें तेल की मात्रा 42 प्रतिशत तक पाई जाती है। तथा औसत उपज 2000–2100 कि.ग्रा. प्रति हेक्टेयर है। यह सफेद रतुआ रोग के लिए सर्वश्रेष्ठ प्रतिरोधी किस्म है।

3. वसुन्धरा

यह किस्म हरियाणा, मध्यप्रदेश, दक्षिणी राजस्थान, उत्तरप्रदेश और उत्तरांचल के लिए उपयुक्त है। इसकी औसत उपज 2000–2100 कि.ग्रा. प्रति हेक्टेयर है। तेल की मात्रा 38–40 प्रतिशत पाई जाती है। इसके पकने की अवधि 130–140 दिन है।

4. जवाहर सरसों 2 (जे.एम.-2)

सरसों की यह किस्म अखिल भारतीय समन्वित राई–सरसों अनुसंधान परियोजना आँचलिक कृषि अनुसंधान केन्द्र, मुरैना द्वारा विकसित की गई है। यह किस्म श्वेत किट्ट रोग के लिए प्रतिरोधी है तथा पत्ती झुलसन रोग आल्टरनेरिया ब्लाइट के प्रति मध्यम अवरोधी है। इस जाति के पौधों की ऊँचाई 165–170 से.मी. है। इसमें प्रति पौधा फलियों की संख्या 190–200 होती है। यह किस्म सामान्यतः 135–138 दिनों के बीच पकती है। इस किस्म में फलियाँ नहीं चटकती हैं तथा पौधे गिरते नहीं हैं। इस किस्म का दाना बड़ा, गोल काले एवं भूरे रंग का होता है। इसके बीज में तेल की मात्रा 40 प्रतिशत से अधिक और एक हजार दानों का वजन 4.5–5.2 ग्राम तक होता है। इस किस्म की उत्पादन क्षमता 1500 से 3000 किलो ग्राम प्रति हेक्टेयर है।

5. जवाहर सरसों 3 (जे.एम.-3)

यह किस्म अखिल भारतीय समन्वित राई–सरसों अनुसंधान परियोजना आँचलिक कृषि अनुसंधान केन्द्र, मुरैना द्वारा विकसित की गई है। इस किस्म की विशेषता है कि यह पत्ती झुलसन रोग अल्टरनेरिया ब्लाइट के प्रति मध्यम अवरोधी है। इस किस्म पर सरसों के माहू कीट का प्रकोप तुलनात्मक रूप से कम होता है। इस किस्म के पौधों की ऊँचाई 150–200 से.मी. है तथा 180–200 फलियाँ प्रति पौधा पाई जाती हैं जो 130–132 दिन में पककर तैयार हो जाती है तथा पकने पर फलियाँ चटकती नहीं हैं। इसकी उत्पादन क्षमता 1500–2500 कि.ग्रा. प्रति हेक्टेयर है। इसके बीज गोल काले भूरे रंग के होते हैं। तेल की मात्रा 40% तथा 1000 दानों का वजन 4–5 ग्राम तक पाया जाता है।

6. क्रान्ति (पी.आर.-15)

ये किस्म सरसों की वरूणा नामक जाति में से कुछ खास गुणों को देखकर

निकाली गई है। वरूणा की अपेक्षा ये किस्म अल्टरनेरिया ब्लाइट या पाले को सहने की क्षमता अधिक रखती है। डाउनी मिल्ड्यू तथा किट्ट रोग के प्रति इस जाति में रोधिता पाई जाती है। इसे अक्टूबर माह में बोने पर आरा मक्खी का प्रकोप कम होता है। इसके पौधों की ऊँचाई 155–200 से.मी., पकने की अवधि 125–130 दिन, औसत उपज 1500–1800 कि.ग्रा. प्रति हेक्टेयर, 1000 दानों का भार 4–5 ग्राम तथा तेल की मात्रा 40% तक पाई जाती है।

7. जवाहर सरसों-4 (जे.एम.-4)

यह किस्म अखिल भारतीय समन्वित राई–सरसों अनुसंधान परियोजना आँचलिक कृषि अनुसंधान केन्द्र, मुरैना (म.प्र.) द्वारा विकसित की गई है। यह असिंचित दशा में बोने के लिए उपयुक्त किस्म पाई गई है। इसकी औसत उपज 1600–2500 कि.ग्रा. प्रति हेक्टेयर, पकने की अवधि 125–135 दिन होती है। 1000 दानों का भार 4.8–5.8 ग्राम, तेल की मात्रा 41–43 प्रतिशत तक पाई जाती है। यह अल्टरनेरिया ब्लाइट रोग को सहन करने की क्षमता रखती है तथा माहू का प्रकोप अन्य किस्मों की तुलना में कम पाया जाता है।

8. आशीर्वाद

यह किस्म 125–130 दिन में पककर तैयार होती है इसकी औसत उपज 1500–1600 कि. ग्रा. प्रति हेक्टेयर तथा तेल की मात्रा 39% पाई जाती है।

9. वरदान

यह किस्म देर से बुवाई हेतु उपयुक्त है इसकी औसत पैदावार 1000–1600 कि. ग्रा. प्रति हेक्टेयर, तेल की मात्रा 40% तथा 120–125 दिन में पककर तैयार हो जाती है।

10. माया

यह किस्म उच्च तापमान सहनशील मध्यप्रदेश, राजस्थान, उत्तरप्रदेश और उत्तरांचल के सिंचित क्षेत्रों के लिए उपयुक्त है। इसकी औसत उपज 2500–2900 कि. ग्रा. प्रति हेक्टेयर, तेल की मात्रा 39–40% तथा 125–135 दिन में पककर तैयार हो जाती है।

11. पूसा जय किसान

इस किस्म के पौधों की ऊँचाई 180–190 से.मी. होती है तथा फलियों के पकने पर दाने नहीं झड़ते, इसका दाना कालापन लिए भूरे रंग का होता है। इसकी औसत उपज 1600–2200 कि.ग्रा. प्रति हेक्टेयर, पकने की अवधि 112–135 दिन एवं तेल की मात्रा 40% होती है।

12. स्वर्ण ज्योति

यह देर से बुवाई के लिए उपयुक्त किस्म है। यह 125–130 दिन में पकती है इसकी औसत उपज 1800–2000 कि. ग्रा. प्रति हेक्टेयर, तथा 40–43% तक तेल की मात्रा पाई जाती है।

13. नरेन्द्र राई-1

यह लवणीय मृदाओं तथा देर से बुवाई के लिए उपयुक्त किस्म हैं। यह 125–130 दिन में पककर तैयार हो जाती है। इसकी औसत उपज 1350 कि.ग्रा. प्रति हेक्टैयर तथा तेल की मात्रा 39% तक पायी जाती है।

14. राज विजय सरसों-1

यह किस्म सिंचित एवं असिंचित क्षेत्रों के लिए उपयुक्त है। इसके पौधों की ऊँचाई 140–155 से.मी., पकने की अवधि 105–120 दिन, उपज 1400–2100 किग्रा. प्रति हेक्टेयर, 1000 दानों का भार 2.8–3.9 ग्राम, तेल की मात्रा 40.2% पायी जाती है। यह झुलसा, भभूतिया, डाउनी मिल्ड्यू तथा तना सड़न रोग के प्रति मध्यम प्रतिरोधी किस्म है।

15. राज विजय सरसों-2

यह किस्म अखिल भारतीय समन्वित राई–सरसों अनुसंधान परियोजना आँचलिक कृषि अनुसंधान केन्द्र, मुरैना द्वारा 2012 में राष्ट्रीय स्तर पर अनुमोदित की गई है। इसकी उपज समय से बुवाई में 2800 कि.ग्रा. तथा विलम्ब से बुवाई में 1700–2000 कि.ग्रा. प्रति हेक्टेयर, 1000 दानों का भार 4 ग्राम, तेल की मात्रा 39.2% तथा 120–140 दिन में पककर तैयार होती है। यह श्वेत किट्ट रोग, तना सड़न के प्रति मध्यम प्रतिरोधी है।

तालिका क्रं. 3. सरसों की प्रमुख किस्में

जाति	उत्पादकता (किग्रा./हे.)	तेल %	अनुसंशित क्षेत्र	विशेषताएं
1. भारतीय सरसों (Brassica juncea)				
एन.आर.सी.डी.आर.-2	2250	39	हरियाणा, पंजाब, जम्मू, राजस्थान, दिल्ली	सिंचित क्षेत्रों के लिए उपयुक्त
पूसा सरसों-21	2020	34-40	दिल्ली, हरियाणा, जम्मू एवं कश्मीर (मैदानी) पंजाब, राजस्थान, पश्चिमी उत्तर प्रदेश	एसिटिक एसिड की 2% से कम मात्रा
शताब्दी (ACN-9)	1250	32-40	महाराष्ट्र	समय पर एवं देर से बोने के लिए उपयुक्त
आ.जी.एन.-73	2000	40	उत्तरप्रदेश, उत्तराखंड, मध्यप्रदेश, राज.	सिंचित क्षेत्र के लिए उपयोगी
पूसा सरसों-22	2000	35.50	हरियाणा, पंजाब, दिल्ली, राजस्थान	उपरोक्तानुसार
पूसा सरसों-24	1300-2400	32-39.7	हरियाणा, पंजाब, दिल्ली, राजस्थान	एसिटिक एसिड की मात्रा कम पायी जाती है।
धारा सरसों हाइब्रिड-1 DMH-1	1700-220	38-42	उपरोक्तानुसार	सफेद रस्ट रोग के लिए प्रतिरोधी

जाति	उत्पादकता (किग्रा./हे.)	तेल %	अनुसंशित क्षेत्र	विशेषताएं
एन.आर.सी.एच.बी.-101	1700-2200	35-42	म.प्र., उ.प्र., उत्तराखंड, पूर्वी राजस्थान	देर से बोने के लिए उपयुक्त
पूसा तारक	1800-1900	38-42	दिल्ली	दाना बड़ा, अधिक तापक्रम के प्रति सहनशील
राज विजय सरसों-2	1500-2000	37.1-41.2	दिल्ली, हरियाणा, पंजाब, जम्मू, राजस्थान	सफेद रस्ट के प्रति प्रतिरोधी
आर.एच.-749	2400-2800	39-39.5	दिल्ली, हरियाणा, पंजाब, जम्मू, कश्मीर राजस्थान	समय पर बोने के लिए सिंचित क्षेत्रों के लिए उपयुक्त
गिरिराज (DRMRIJ-31)	1800-2200	36-40	राजस्थान, हरियाणा, पंजाब, दिल्ली, जम्मू एवं कश्मीर	उपरोक्तानुसार
2. करन राई (Brassila Carinata)				
पूसा आदित्य	1400-1500	38-41	दिल्ली	वर्षा आधारित खेती के लिए
3. तारामीरा (Eruca Sativa)				
बलराम तारामीरा (PVT. 93-11)	600-1200	38-40	उ.प्र.	माँहू एवं अल्टरनेरिया ब्लाइट के प्रति

जाति	उत्पादकता (किग्रा./हे.)	तेल %	अनुसंशित क्षेत्र	विशेषताएं
बलराम तारामीरा (PVT. 93-1)	500–1200	38–39	उ.प्र.	माँहू एवं अल्टरनेरिया ब्लाइट के प्रति सहनशील
नरेन्द्र तारा (RTM-2002)	1000–1100	37–38	राजस्थान	वर्षा आधारित क्षेत्रों के लिए उपयुक्त
4. तोरिया (Brassica rapa)				
उत्तरा	1000–1100	42	उत्तराखंड के मैदानी क्षेत्र	पकने की अवधि 90–100 दिन
आर.वी.टी.–1	1600–1800	42–44	म.प्र.	अवधि 90–95 दिन,सूखा सहनशील
राजविजय तोरिया–2	1700–2400	42–44	म.प्र.	अवधि 108–109 दिन
राजविजय तोरिया–3	1300–1400	41–42	म.प्र.	रोग एवं कीटों के प्रति सहनशील, सिंचित एवं अर्धसिंचित क्षेत्रों हेतु, अवधि 93–99 दिन
5. पीली सरसों (Brassica rapa v. yellow sarson)				
NRCYS 05-02	1200–1700	38–46	सरसों उगाने वाले भारत के सभी क्षेत्र	अगेती किस्म, दानों में सर्वाधिक तेल की मात्रा
वाई.एस.एच.–0401	1200–1600	43–45	पीली सरसों क्षेत्र	दाना बड़ा

जाति	उत्पादकता (किग्रा./हे.)	तेल %	अनुसंशित क्षेत्र	विशेषताएं
पन्त पीली सरसों–1	1050–1150	42–44	उत्तराखंड	सिंचित क्षेत्रों के लिए उपयोगी
6. गोभी सरसों (Brassica napus)				
टी.ई.आर.आई. उत्तम	1600–2600	43–45	म.प्र.	एसिटिक एसिड 2% से कम पाया जाता है।
जवाहर (TERI-9903)				
जी.एस.सी.–6	1790–2000	39	पंजाब, हरियाणा, जम्मू	सिंचित क्षेत्रों के लिए उपयुक्त
हिम सरसों–1	1600–1700	38–42	हिमाचल प्रदेश एवं जम्मू काश्मीर	श्वेत कीट रोग के लिए सहनशील
7. काली सरसों (Brassica nigra)				
सूर्या (LBN-428)	1000–1200	40–41	आन्ध्रप्रदेश	—

बुवाई का समय एवं बीज दर (Sowing time and Seed rate)

बुवाई का समय क्षेत्र की जलवायु प्रजाति तथा फसल चक्र में तोरिया या सरसों के स्थान पर निर्भर करता है। तोरिया की बुवाई का समय सितम्बर के प्रथम सप्ताह से अंतिम सप्ताह तक, सरसों की बुवाई का उत्तम समय सितम्बर के अंतिम सप्ताह से अक्टूबर के प्रथम सप्ताह तक है। लेकिन सिंचित क्षेत्रों में सरसों की बुवाई 15–30 अक्टूबर तक कर सकते हैं। देर से बुवाई करने पर उत्पादन में कमी होती है। तोरिया की बुवाई के लिए बीजदर 4–5 कि.ग्रा. प्रति हेक्टेयर पर्याप्त है। राई–सरसों के लिए सिंचित दशा में 5 कि. ग्रा. तथा कम नमी की दशा में बारानी, लवणीय, क्षारीय एवं अधिक तापक्रम वाले क्षेत्रों में सिंचित क्षेत्रों की तुलना में 25% अधिक बीज बोना चाहिए।

बीज उपचार (Seed Treatment)

राई–सरसों में विभिन्न रोगों से बचाने के लिए बीज का उपचार करना बहुत आवश्यक है। बीजोपचार से पौधों में लगने वाले कई रोगों का निवारण हो जाता है। जहाँ तना गलन की बीमारी विशेष रूप से आती है वहाँ बुवाई से पूर्व कार्बेन्डाजिम (बावस्टीन) की तीन ग्राम मात्रा प्रति किग्रा. की दर से उपचारित करें। जिन क्षेत्रों में सफेद गेरूई एवं तुलासिता रोग की समस्या रहती है वहाँ मेटालाक्सिल एप्रान (एस. डी.–35) नामक दवा 6 ग्रा. प्रति किग्रा. बीज की दर से उपचारित करें।

बोने की विधि (Sowing Method)

बीज की बुवाई देशी हल या सीड ड्रिल से कूँडों में 30–45 सेमी. दूरी पर कतारों में करना चाहिए। बीज की बुवाई 3–5 से.मी. गहराई तक की जानी चाहिए, वहीं खाद को 7–10 से. मी. गहराई में डालें। सरसों के बीज को छिटकवाँ न बोयें, सरसों के बीज को छिटकवाँ बोने से निंदाई करने में असुविधा होती है। तथा पौधों की संख्या भी पर्याप्त नहीं होती है। खाद का उपयोग भी कम होता है। जिससे उत्पादन प्रभावित होता है। बुवाई के समय सावधानी बरतें कि बीज सीड ड्रिल द्वारा डाले गये खाद के सम्पर्क में न आये क्योंकि यह बीज के अंकुरण को प्रभावित करता है।

खाद एवं उर्वरकों का प्रयोग (Manure and Fertilizer)

सरसों की एक टन पैदावार होने पर 64.5 किलोग्राम नत्रजन, 20.6 किलोग्राम फास्फोरस, 53.4 किलोग्राम पोटाश, 16 किलोग्राम गन्धक, 68 ग्राम जिंक, 630 ग्राम लोहा, 200 ग्राम मैग्नीज तथा 20 ग्राम ताँबा का अवशोषण होता है। राई की फसल द्वारा फास्फोरस की तुलना में गन्धक तत्व लगभग दुगनी मात्रा में अवशोषित होती है।

रासायनिक उर्वरकों के साथ–साथ वर्मी कम्पोस्ट, नाडेप, गोबर की खाद का प्रयोग करना उचित रहता है। रासायनिक उर्वरकों का प्रयोग मृदा परीक्षण के आधार पर करना चाहिए। मृदा परीक्षण न होने की दशा में संतुलित मात्रा में उर्वरकों का प्रयोग कर अच्छी पैदावार ली जा सकती है।

फसल का नाम	नत्रजन (किग्रा/हे.)	फास्फोरस (किग्रा/हे.)	पोटाश (किग्रा/हे.)	सल्फर (किग्रा/हे.)
तोरिया	60	30	20	20
सरसों सिंचित	80	40	20	40
सरसों असिंचित	40	20	10	20

असिंचित क्षेत्रों में उर्वरकों की सम्पूर्ण मात्रा अंतिम जुताई के बाद बोने के दो तीन दिन पूर्व कूँडों में 10–12 सेमी. की गहराई पर डालकर पाटा चला देना चाहिए। सिंचित क्षेत्रों में फास्फोरस तथा पोटाश की पूरी मात्रा एवं नाइट्रोजन की आधी मात्रा बुवाई के समय पोरा अथवा नाली द्वारा खेत में प्रयोग करें और उसी के साथ–साथ बुवाई भी करें। लेकिन बीज एवं उर्वरक का प्रयोग मिलाकर न करें। नत्रजन की शेष मात्रा खड़ी फसल में बुवाई के 40–50 दिन पर करें।

सल्फर युक्त फास्फोरस उर्वरकों का प्रयोग करने से सल्फर की भी पूर्ति हो जाती है इसलिये बुवाई के लिये सिंगल सुपर फास्फेट का प्रयोग करें। सल्फरयुक्त उर्वरक न मिलने की दशा में जिप्सम 250 किलोग्राम/हेक्टेयर प्रयोग करें। सल्फर का प्रयोग करने से सरसों में पैदावार के साथ तेल की मात्रा भी बढ़ती है।

खरपतवार प्रबन्धन (Weed Management)

सरसों की फसल में विभिन्न प्रकार के खरपतवारों द्वारा उपज पर विपरीत प्रभाव पड़ता है। ऐसे पौधे अवांछनीय, अनुपयोगी, हानिकारक, शीघ्र फैलने वाले, कृषि कार्य में रुकावट डालने वाले, जो बिना बोये खेत में उग आते हैं उन्हें हम

खरपतवार कहते हैं। खरपतवार सरसों में अपनी संख्या जाति तथा फसल की किस्म के अनुसार सभी पोषक तत्वों, प्रकाश वायु एवं अन्य उपयोगी पदार्थों के लिए आपस में प्रतिस्पर्धा कर 5–60% तक कमी कर देते हैं, तथा तेल की पैदावार में लगभग 12.4% की कमी आती है। यह अपनी बढ़वार के लिए पर्याप्त भू जल का उपयोग कर फसलों के लिए पानी की कमी कर देते हैं। जिससे पानी व पोषक तत्वों की कमी के कारण फसलों का विकास पूर्ण रूप से नहीं होता है। परिणामस्वरूप उपज में कमी आती है तथा गुणवत्ता भी प्रभावित होती है। फसलों के लिए हानिकारक कीड़े एवं रोगों के लिए जीवाणु तथा फंफूद खरपतवारों पर शरण लेकर अपना जीवनयापन करते हैं और बाद में फसलों पर आक्रमण कर फसल के उत्पादन को प्रभावित करते हैं। सरसों की फसल में मुख्य रूप से पाये जाने वाले खरपतवार हिरन खुरी, पत्थरचटा, बथुआ, खरबथुआ, सत्यानाशी, कृष्णनील, जंगली सोया, दूब, मोथा, ऊँट कटारा, चिरैया बाजारा, जंगली जई, जंगली प्याजी, पोलंगा, चटरी–मटरी, सेंजी (सफेद व पीली), अगरी, गोरख मुंडी, जंगली गोभी व सतघटिया आदि।

किसान भाई इन खरपतवारों को निंदाई–गुडाई करके खेत से निकालते हैं जो मानवीय श्रम से होने के कारण सामान्य रूप से कठिन, अधिक खर्चीला एवं अधिक समय लगने वाला कार्य है। श्रम की कमी होने के कारण तथा मजदूरी अधिक होने के कारण ऐसी स्थिति में कम लागत में समय पर खरपतवारों को नियंत्रण करने हेतु समन्वित खरपतवार नियंत्रण कर न्यूनतम खर्च में अधिक आर्थिक लाभ लिया जा सकता है।

खरपतवार नियंत्रण के उपाय

यह ऐसे उपाय हैं जिन्हें अपनाने से कम खर्च में खरपतवारों को खेतों में उगने से रोका जा सकता है। जैसे–पूर्ण रूप से सड़ी हुई कम्पोस्ट या गोबर की खाद का प्रयोग करें जिससे खरपतवारों के बीज को पुनः खेत में जाने का मौका न मिले, तथा खरपतवारों के बीज रहित शुद्ध बीज जो विश्वसनीय स्थान से खरीदा गया हो की बुवाई करें। पशुओं को पीस कर दाना खिलाऐं जिससे खरपतवारों के बीज का अंकुरण न हो। कृषि यंत्रों को एक स्थान से दूसरे स्थानों पर ले जाने से पूर्व साफ करके प्रयोग करें। सिंचाई की नालियाँ खेतों की मेड़ों एवं अन्य स्थानों को साफ करें। खरपतवारयुक्त स्थानों से पशुओं को न गुजरने दें। खरपतवारों को फूल आने से पूर्व नष्ट करें। जिससे बीज न बने और खरपतवारों के फैलाव को रोका जा सके ।

खरपतवारनाशी रसायनों द्वारा नियंत्रण

श्रम की कमी तथा मजदूरी महंगी होने के कारण रसायनिक विधि से खरपतवारों का नियंत्रण सरलता से कम लागत एवं कम समय में फसल की प्रारंभिक अवस्था में नष्ट किया जा सकता है जिससे फसल के पौधों से उनकी प्रतिस्पर्धा नहीं होगी। राई–सरसों में निम्नलिखित रसायनों का प्रयोग कर खरपतवारों को सफलतापूर्वक नियंत्रित किया जा सकता है।

तालिका क्रं. 4. सरसों में शाकनाशियों द्वारा खरपतवार नियंत्रण

शाकनाशी	**प्रयोग का समय**	**उपयोग की मात्रा**		**अभियुक्ति**
		सक्रिय तत्व (ग्रा./ हे.)	**व्यापारिक उत्पाद कि.ग्रा. या ली./हे.**	
1. ऑक्सीडायजॉन 25 ई.सी.	बुवाई के तुरंत बाद अंकुरण से पूर्व	500	2.0 लीटर	सभी वार्षिक घासें एवं कुछ चौड़ी पत्ती खरपतवारों का नियंत्रण।
2. ट्राईफ्लुरेलिन 48 ई.सी.	बुवाई के पूर्व छिड़काव कर खेत में मिलायें	1000	2.0 लीटर	सभी वार्षिक घासें एवं कुछ चौड़ी पत्ती खरपतवारों का नियंत्रण।
3. पेन्डीमिथलिन 30 ई.सी.	बुवाई के तुरंत बाद अंकुरण के पूर्व	1000	3.30 लीटर	सभी वार्षिक घासें एवं कुछ चौड़ी पत्ती खरपतवारों का नियंत्रण।
4. आइसोप्रोट्यूरान 75 डब्ल्यू. पी.	बुवाई के तुरंत बाद अंकुरण के पूर्व	750	1.0 किग्रा.	संकरी पत्ती व कुछ चौड़ी पत्ती खरपतवारों का नियंत्रण।
5. ऑक्साडायजिल 6 ई.सी./ 80 डब्ल्यू.पी.	बुवाई के तुरंत बाद अंकुरण के पूर्व	90	1.50 लीटर 0.115 किग्रा.	घास एवं मोथा कुल के खरपतवारों का नियंत्रण
6. क्लोडिनाफॉप प्रोपारजिल 15 डब्ल्यू.पी.	बुवाई के 15–20 दिन बाद	60	0.40 किग्रा.	घास/संकरी पत्ती खरपतवारों का नियंत्रण
7. क्यूजालोफॉप ईथाइल 5 ई.सी.	बुवाई के 15–20 दिन बाद	50	1.0 लीटर	घास/संकरी पत्ती खरपतवारों का नियंत्रण

उपरोक्त शाकनाशियों को दी गई मात्रा के साथ 500–700 ली. पानी/हे. के साथ फ्लेटफेन एवं फ्लेटजेट नोजल से छिड़काव करें।

सिंचाई एवं जल प्रबन्धन (Irrigation and Water Management)

राई–सरसों की फसल तीन प्रकार की परिस्थितियों में उगाई जाती है:

1. वर्षा आधारित
2. वर्षा के पानी को संरक्षित करके
3. सिंचित दशा में

सरसों की फसल को मुख्यतः वर्षा के पानी को संरक्षित कर बुवाई करते हैं। एक सिंचाई 30–35 दिन की अवस्था पर करने के उपरान्त नत्रजन उर्वरकों का भुरकाव करते हैं। परन्तु आजकल सिंचित क्षेत्रों में दो फसल लेने के कारण खरीफ के बाद पलेवा देकर सीडड्रिल से कतारों में बुवाई करते हैं जिसमें पहली सिंचाई 30 दिन बाद कलिका आना शुरू होने पर व दूसरी सिंचाई फलियाँ बनते समय देनी चाहिए। यदि भूमि रेतीली है तो तीन सिंचाई की आवश्यकता पड़ सकती है। पानी की गहराई करीबन 8 सेमी. होनी चाहिए। अधिक पानी देने से पौधे मर जाते हैं तथा तना सड़न बीमारी होने का भय रहता है। तोरिया में फूल निकलने के पूर्व की अवस्था पर जल की कमी के प्रति तोरिया विशेष संवेदनशील है। इस अवस्था पर सिंचाई अवश्य करें।

फसल चक्र (Crop Rotation)

सिंचित क्षेत्रों के लिए

मूंग/उड़द/सोयाबीन – सरसों – मूंग

बाजरा/तिल – सरसों – मूंग

पड़ती – तोरिया – गेंहूँ

पड़ती – सरसों – ग्रीष्मकालीन सब्जियाँ

असिंचित क्षेत्रों के लिए

पड़ती – सरसों

हरी खाद – सरसों

लोबिया (चारा) – सरसों

अन्तर्वर्तीय फसलें (Intercrops)

1. सरसों–चना (1:9)
2. सरसों–मसूर (1:9)
3. सरसों–गेंहूँ (1:9)

सरसों की फसल को पाला से बचाव के उपाय

जब आसमान साफ होता है हवा बन्द होती है और तापमान कम हो जाय तो पाला पड़ने की सम्भावना बढ़ जाती है। पाला अधिक समय तक रहने पर फूलों एवं फलियों के बनने पर प्रतिकूल प्रभाव पड़ता है। पाले का प्रभाव सामान्यतः दिसम्बर या जनवरी माह में होता है। जिसकी वजह से फलियों में बीज नहीं बन पाते हैं। और इसका प्रतिकूल प्रभाव उत्पादन पर पड़ता है। इससे बचने के उपाय निम्नानुसार हैं–

1. धूआँ करके

सरसों के खेत के चारों ओर सायं 8 बजे से प्रातः काल तक बेकार पड़े गोबर एवं पुआल इत्यादि जला कर धूँआ करते रहना चाहिए। धूँए की वजह से वायुमण्डल का तापमान कम नहीं होने पाता है।

2. सिंचाई

पाला पड़ने की सम्भावना को देखते ही हल्की सिंचाई अवश्य करनी चाहिए। जिससे पौधे के आसपास का तापमान कम नहीं होता है।

3. सल्फ्यूरिक अम्ल का छिड़काव

यदि पाला पड़ने की सम्भावना हो तो सल्फ्यूरिक अम्ल 0.2 प्रतिशत का छिड़काव करने से पाले से होने वाली हानि से फसल को बचाया जा सकता है।

4. पाला सहनशील प्रजातियों का चयन

ऐसे स्थान जहाँ प्रत्येक वर्ष पाले से सरसों की फसल को क्षति होती है उन स्थानों पर पाला सहनशील प्रजातियों का चयन कर उसकी बुवाई करना चाहिए। जैसे आर.जी.एन.–13, आर. एच. –781, स्वर्ण ज्योति, आर. जी. एन. –48, आर. एच.–8816 आदि।

प्रमुख हानिकारक कीटों का विवरण

1. आरा मक्खी

पहचान

इस कीट का प्रौढ़, आकार में घर में पाई जाने वाली मक्खी के बराबर होता है। कीट की देह पर नारंगी पीले रंग के निशान होते हैं तथा पंखों का रंग हरा–लाल, भूरा होता है। इस कीट की मादा का अंडा रोपक यंत्र बड़ा एवं आरी के समान होता है। इस कीड़े की इल्लियां (सूड़िया) काले रंग की होती है। फसल की अंकुरित अवस्था में यह कीट सक्रिय होता है।

नुकसान का तरीका

इस कीट की सूडिंयां सरसों कुल की सभी फसलों को नुकसान पहुँचाती है। इस कीट की इल्लियाँ पत्तियों को बड़ी तेजी से खाती हैं जिससे पत्तियों में अनेक अनियमित छेद हो जाते हैं। तीव्र प्रकोप की स्थिति में पत्तियों के स्थान पर शिराओं का जाल ही शेष रह जाता है। अधिक प्रकोपित पौधों में फलियां नहीं लगती है या बहुत कम लगती हैं। इस कीट का अधिक प्रकोप नवम्बर माह में होता हैं। अधिक आक्रमण के समय सूंडिया तने की छाल तक को खा जाती हैं। 5 से 18 प्रतिशत उपज में कमी आती है। और कभी–कभी तो फसल को पुनः बोना पड़ता है।

कृषिगत नियंत्रण

गर्मी में गहरी जुताई करें।

बोनी जल्दी करें।

खेत में साफ सफाई की व्यवस्था रखें।

अंकुरित अवस्था में सिंचाई अवश्य करें जिससे डूबने के कारण लार्वा मर जाते है।

अत्याधिक ठंड कीट के विकास को कम करता है।

यांत्रिक नियंत्रण

संक्रमित पौधे एवं उनके भाग, अंडे एवं इल्लियों को इकट्ठा करके नष्ट करें।

रासायनिक नियंत्रण

रासायनिक खाद का उपयोग आर्थिक देहली स्तर को पार करने पर ही करें।

एन्डोसल्फान 35 ई.सी. 625 मि.ली./हे. की दर से छिड़काव करें।

क्विनालफॉस 25 ई.सी. 625 मिली/हे. 600–700 लीटर पानी में उपयोग करें।

मिथाईल पैराथियॉन 2 प्रतिशत का 25 किग्रा./हे. की दर से उपयोग करें।

यदि आवश्यक हो तो, क्वेनोल्पफास 25% या इथेफेनप्रोक्स 10% ई. सी. की 500 मिलीलीटर मात्रा 500 लीटर पानी में मिलाकर प्रति हैक्टेयर छिड़काव कर सकते हैं।

2. पेन्टेड बग

पहचान

Painted bug

प्रौढ़ बग चपटी होती हैं। इसका रंग चमकीला काला तथा शरीर के ऊपर नारंगी या भूरे रंग के धब्बे होते हैं।

नुकसान का तरीका

यह कीट फसल को दो बार हानि पहुंचाता है– प्रारम्भिक अवस्था में (अक्टूबर –नवम्बर में) तथा फसल पकने की अवस्था में (मार्च–अप्रैल)। इस कीट के शिशु एवम् प्रौढ़ दोनों ही पत्तियों, फूलों, तनों तथा फलियों का रस चूसते हैं। प्रारंभिक अवस्था में आक्रमण होने से पत्तियों पर सफेद रंग के निशान बन जाते है। अधिक प्रकोप

होने पर पौधों की बढ़वार रुक जाती है। अधिक आक्रमण से पौधे मर भी जाते हैं। फसल पकने के समय भी कीट के प्रौढ़ व शिशु फलियों से रस चूसकर दानों में तेल की मात्रा को कम कर देते हैं जिससे दानों के वजन में भी कमी आ जाती है।

प्रबंधन

1. सरसों के बीज को इमिडाक्लोप्रीड 17.8 एस.एल. द्वारा 7 ग्रा./किलो बीज की दर से बीजोपचार करें।
2. प्रकोप की प्रारम्भिक अवस्था में कीड़ों को हाथ से एकत्र करके नष्ट कर दें।
3. अण्डों को नष्ट करने के लिए फसल काटने के बाद गहरी जुताई करें।
4. छोटे पौधों में सिंचाई करने से पौधे इस कीट के प्रकोप को सहन कर पाने में काफी हद तक सक्षम हो जाते हैं।
5. सरसों की कटाई के पश्चात् गहाई जल्द करें।
6. अंकुरण के 7–10 दिन में पेन्टेड बग व आरा मक्खी कीट अधिक हानि पहुंचाते हैं। इनकी रोकथााम के लिए मैलाथियॉन 5 प्रतिशत या कारबोरिल 5 प्रतिशत चूर्ण 20 से 25 किलो की दर से बुरकाव करें या डाईमेथोएट 30 ई.सी. 1.5 मिली.ली. प्रति लीटर पानी के साथ घोल बनाकर प्रातः या सांयकाल छिड़काव करें या यदि अक्टूबर माह से आवश्यक हो तो 500 मिलीलीटर मैलाथियोन 50 ई.सी. 1000 लीटर पानी में मिलाकर प्रति हैक्टेयर छिड़काव करें।

Mustard Aphid

3. चेपा/माहू/लासा

पहचान एवं निरीक्षण

ये कीट आकार में छोटे मुलायम, सफेद–हरे रंग के होते हैं तथा प्रौढ़ कीट पंखहीन तथा पंखसहित दोनों प्रकार के होते हैं। शरीर के पिछले सिरे में दो नलिकायें होती हैं। इनके मुखांग रस चूसने वाले होते हैं। इसके झुण्ड पत्तियों, फूलों,

डंठलों व फलियों आदि पर चिपके रहते हैं एवम् रस चूसकर पौधों को कमजोर बना देते हैं।

1. एफिड छोटे कोमल शरीर वाले मोती के आकार के एवं इनके वेक्स उत्सर्जित ट्यूब रहते हैं जो पेट के 5 या 6 सेगमेन्ट पर रहते हैं।
2. इनकी शिशु की चार अवस्थायें रहती हैं।
3. पंख रहित मादा पीले हरे या ग्रे हरे रंग की होती है जिनका पूरा शरीर सफेद मोम जैसे पदार्थ से घिरा रहता है।
4. पंख वाली मादा का हरा पेट होता है जिसके पूरे शरीर पर गहरी धारियां होती हैं।
5. नर तेला हरे से भूरे रंग के होते हैं।
6. दिसम्बर के दूसरे एवं तीसरे सप्ताह में यह तेला आक्रमण करता है जो मार्च तक जारी रहता है।
7. 8 से 24 डिग्री तापमान इनके लिए अनुकूल है।
8. वर्षा एवं नमी वाला वातावरण कीट के विकास को बढ़ाता है।
9. येलो स्टिकी ट्रेप को तेला के निरीक्षण के लिए लगाएं।

नुकसान का प्रकार

इस कीट के शिशु एवं प्रौढ़ दोनों ही पौधे की पत्तियों, तनों, पुष्पक्रम एवं फलियों से समूह से समूह में रहकर रस चूसते हैं। इसके कारण पौधे पीले बदरंग और कमजोर हो जाते हैं तथा फलियों की संख्या कम तथा दाने कम एवं छोटे रह जाते हैं। ये कीट मधु जैसा पदार्थ भी स्रावित करते हैं जिस पर बाद में काले रंग की फफूंद (कैपनोडिम स्पी.) का विकास हो जाता है तथा यह फफूंद पत्तियों को ढक लेता है जिससे पौधों की प्रकाश संश्लेषण क्रिया प्रभावित होती है। बादलों वाला मौसम एवं कम तापमान इस कीट के प्रसार के लिए बहुउपयुक्त होता है। यह कीट सरसों की फसल को 25 से 40 प्रतिशत तक नुकसान पहुँचाती हैं।

आर्थिक क्षति स्तर

जब एक पौधे पर माहू की संख्या 50 तक पहुँच जाए तथा 30 प्रतिशत पौधों पर इसका संक्रमण हो जाए।

क्षति

1. फसल की हर अवस्था में कीट का आक्रमण होता है।
2. शिशु एवं वयस्क दोनों पत्तियां कलियों और फल्लियों से रस चूसते हैं।
3. पत्तियां मुड़ जाती हैं और आगे की अवस्था में पौधा सूख जाता है और मर जाता है।
4. पौधा अकड़ जाता है और एक चिपचिपा पदार्थ भी कीट द्वारा त्यागा जाता है।
5. संक्रमित खेत चिपचिपा एवं चमकीला नजर आता है।

कृषिगत नियंत्रण

1. सहनशील किस्में उगाएं।
2. 20 अक्टूबर के पहले फसल की बोनी कर दें।
3. 70 से 80 प्रतिशत नमी कीट के लिए अनुकूल है।

यांत्रिक नियंत्रण

संक्रमित पौधे एवं उनके भाग, अंडे एवं इल्लियों को इकट्ठा करके नष्ट करें।

जैविक नियंत्रण

निम्नलिखित जैविक कीट नियंत्रण साधनों को संरक्षित कर जैव नियंत्रण को प्रोत्साहित किया जा सकता है। जैसे – स्पाइडर (मकड़ी), स्टेफेलिनिड बीटल, ड्रेगन फलाई, मिरिड बग, *मिनोचिलस, ट्राइकोग्रामा, कोटेसिया* (अण्ड परजीवी), *प्लेटीगेस्टर, नियानस्टेट्स, हेपिलोगोनोटोपस, एपेन्टेलिस, टिलेनोमस, टेट्रास्टिकस* इत्यादि।

प्रबंधन

1. फूल व फली आने की अवस्था–जनवरी से मार्च–इस दौरान चेंपा का निरीक्षण कर आर्थिक चेतावनी स्तर के अनुसार ही कीटनाशकों का प्रयोग करें।
2. हर 10–15 दिन पर राई–सरसों उत्पादक क्षेत्रों का सर्वेक्षण कर क्षति स्तर का आंकलन करते रहें।

3. चेपा कीट के प्रकोप से प्रभावित टहनियों को प्रारम्भिक अवस्था में ही तोड़कर नष्ट कर दें।

4. माहू के परजीवी कीट डायरेटिला रेपी इस कीट को परजीवीयुक्त कर मार देता है। इसके अतिरिक्त परभक्षी कीट जैसे–काक्सीनेला, क्राइसोपा, सिरफिड आदि चेपा कीट के शिशु एवम् प्रौढ़ों को खाकर इस कीट की संख्या को बढ़ने से रोकते हैं। अतः उपरोक्त परजीवी तथा परभक्षी कीट जो कि मित्र कीट हैं इनकी संख्या खेत में ज्यादा होने पर कीटनाशकों का प्रयोग न करें।

5. राया–सरसों की फसल में नत्रजल युक्त उर्वरकों की मात्रा सिफारिश के अनुसार ही देनी चाहिये क्योंकि इससे फसल की बढ़वार ज्यादा होती है। अध्ययनों से यह पाया गया है कि नत्रजन उर्वरकों/खादों से कीटों का विकास व प्रजनन तेज होता है। इसलिए कीड़ों का आक्रमण ज्यादा होगा। दूसरी तरफ, पोटाशयुक्त उर्वरकों के देने से कीटों से फसल सुरक्षित होती हैं।

6. माहू के जैविक नियंत्रण हेतु वर्टीसिलीयम लैकेनी का 2 मिली./लीटर पानी के साथ घोल बनाकर छिड़काव करें।

7. यदि आवश्यक हो तो आक्सीडेमेटान मिथाइल 25 ई.सी. या डाइमिथेट 30 ई.सी. या मैलाथियान 50 ई.सी. की क्रमशः 1 मिलीमीटर मात्रा 1 लीटर पानी में घोलकर छिड़काव कर सकते हैं।

8. छिड़काव सांयकाल के समय करें क्योंकि इस समय मधुमक्खियों तथा अन्य पर–परागण करने वाले कीटों की संख्या फसल पर कम होती है।

पत्ती खाने वाले

बिहारी रोएदार इल्ली (*स्पाइलोसोपा ओबलिकुआ*)

पहचान एवं निरीक्षण

1. वयस्क 40–50 मिमी. लम्बा होता है जो भूरे रंग का एवं लाल पेट वाला होता है।

2. पत्तियों के निचले भाग में 50–100 के समूह में अण्डे दिये जाते हैं।

3. 5 सेमी. लम्बे काले बालों से इल्ली घिरी रहती है।
4. सूखी मिट्टी में प्यूपा बनता है।

क्षति

1. पत्तियां के निचले हिस्सों को इल्ली बहुत खाती है और अधिक संक्रमण पर पूरा पौधे की पत्तियां खा लेती है।
2. संक्रमित पत्तियाँ सूख जाती हैं।

कृषिगत नियंत्रण

1. मानसून के पहले गहरी जुताई करें और मिट्टी में छिपे हुए प्यूपा को अलग करें।
2. परपोशी पौधों को हटाएं एवं नष्ट करें।

यांत्रिक नियंत्रण

संक्रमित पौधे एवं उनके भाग, अंडे एवं इल्लियों को इकट्ठा करके नष्ट करें।

जैविक नियंत्रण

1. निम्नलिखित जैविक कीट नियंत्रण साधनों को संरक्षित कर जैव नियंत्रण को प्रोत्साहित किया जा सकता है। जैसे – स्पाइडर (मकड़ी), स्टेफेलिनिड बीटल, ड्रेगन फलाई, मिरिड बग, *मिनोचिलस, ट्राइकोग्रामा, कोटेसिया* (अण्ड परजीवी), *प्लेटीगेस्टर, नियानस्टेट्स, हेपिलोगोनोटोपस, एपेन्टेलिस, टिलेनोमस, टेट्रास्टिकस* इत्यादि ।
2. जैविक नियंत्रक जैसे *बेवेरिया बेसियाना* जीवाणु का 1 किग्रा. अथवा 1 लीटर प्रति हेक्टेयर की दर से 30 से 35 एवं 50 से 55 दिन की फसल अवस्था पर छिड़काव पत्ती भक्षक इल्लियों हेतु उपयोगी है।
3. *बैसिलस थुरेन्जेंसिस* जीवाणु का 1 किग्रा. अथवा 1 लीटर प्रति हेक्टेयर की दर से 30 से 35 एवं 50 से 55 दिन की फसल अवस्था पर छिड़काव पत्ती भक्षक इल्लियों हेतु उपयोगी है।

रासायनिक नियंत्रण

1. रासायनिक खाद का उपयोग आर्थिक देहली स्तर को पार करने पर ही करें।
2. क्विनालफॉस 25 ई.सी. 1.5 लीटर/हे. या मिथोमिल 40 एस.पी 100 ग्राम/हे. की दर से भुरकाव करें या क्लोरीपाइरीफॉस 20 ई.सी. 1.5 लीटर/हे. की दर से छिड़काव करें।
3. खेत के चारों ओर गहरे खाई बनाएं और 2 प्रतिशत मिथाईल पैराथियॉन को उसमें डाले जिससे रोंऐदार इल्ली का पलायन रोका जा सके।

केबेज शीर्ष छेदक (*हेलूला अनडेलिस*)

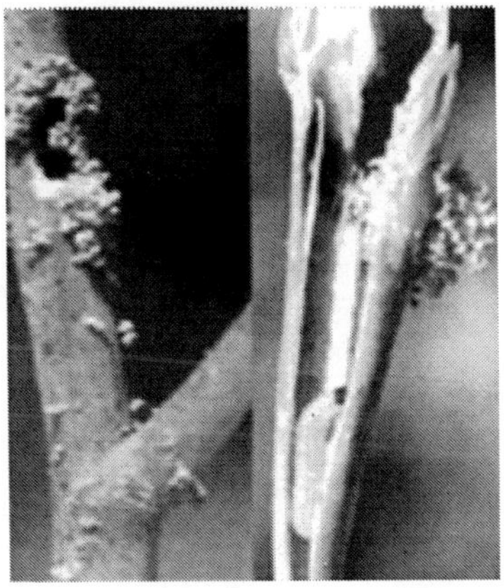

पहचान एवं निरीक्षण

1. शलभ ग्रे भूरे और बीच में लाल रंग का होता है।
2. अगले पंख ग्रे लहरदार और निचले पंख धुंधले होते हैं।
3. इल्ली धुधंली सफेद भूरी होती है और इसके 4 से 5 गुलाबी भूरे धारियां होती हैं।

क्षति

1. इल्ली पत्तियों को छेदती है और उसे सफेद कागज से बना देती हैं।
2. तने को भी छेदते हैं और तने का प्रवेश छेद रेशम और मल से भरा रहता है।

यांत्रिक नियंत्रण

संक्रमित पौधे एवं उनके भाग, अंडे एवं इल्लियों को इकट्ठा करके नष्ट करें।

रासायनिक नियंत्रण

1. 5 प्रतिशत मैलाथियॉन को 37.5 कि.ग्रा/हे. की दर से पूर्ण विकसित इल्ली के नियंत्रण के लिए उपयोग करें।

2. 940 मिली ट्राईक्लोफॉन को 600 से 700 लीटर पानी में उपयोग करें। 50 डब्लू पी काबरीयल का 375 ग्राम को 150 लीटर पानी के साथ उपयोग करें।

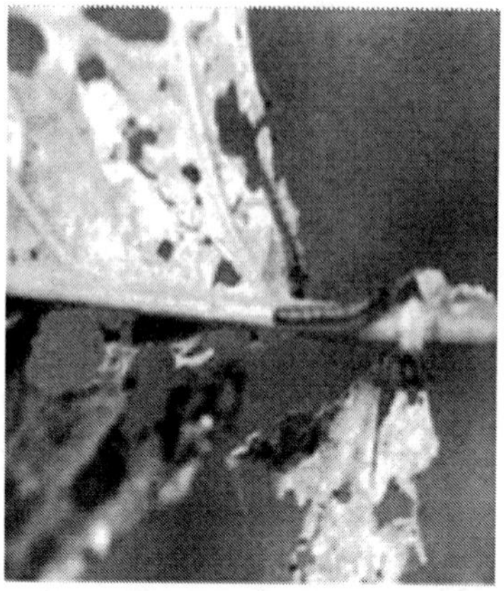

Diamond Black Moth

डायमंड बैक मोथ (*प्लेटेला एक्सलोटेला*)

पहचान एवं निरीक्षण

1. वयस्क छोटा ग्रे मोथ में तीन त्रिभुज के आकार के धब्बे अगले पंख में दिखाई पड़ता है।
2. पंख में त्रिकोणीय धब्बे हीरा के आकार के हो जाते हैं।
3. इल्ली धुंधला हरा और दोनों तरफ नुकीली रहती है।
4. फेरोमेन प्रपंच से निरीक्षण किया जाता है।

क्षति

1. इल्ली पत्तियां को खाती है। पत्तियां मुरझा जाती हैं और बाद की अवस्था में इल्ली पत्तियां को छेदकर उन्हें पूरा खाती है।
2. यह फल्लियों को भी छेदती है और विकसित होते बीजों को खाती है।

यांत्रिक नियंत्रण

1. संक्रमित पौधे एवं उनके भाग, अंडे एवं इल्लियों को इकट्ठा करके नष्ट करें।
2. फेरोमेन प्रपंच से निरीक्षण किया जाता है।

जैविक नियंत्रण

1. *कोटेशिया प्लूटेला* को संरक्षित करें।
2. *डाईडेगमा इसूलारे* को संरक्षित करें।

रासायनिक नियंत्रण

क्विनालफॉस 25 ई.सी. 1.5 लीटर/हे. या मिथोमिल 40 एस.पी 100 ग्राम/हे. की दर से भुरकाव करें या क्लोरीपाइरीफॉस 20 ई.सी. 1.5 लीटर/हे. की दर से छिड़काव करें।

लीफ वेबर (*क्रोकीडोलोमिया बिनाटालिस*)

पहचान एवं निरीक्षण

1. वयस्क शलभ पीले भूरे होते हैं अगले पंख लाल भूरे धारीदार रेखायें होंती हैं और सफेद धब्बे होते हैं।
2. पिछले पंख सफेद होते हैं।
3. लार्वा धुंधला पीले भूरे रंग के होते हैं और काले चित्ते होते हैं।

क्षति

नये लार्वा पहले नई पत्तियों के क्लोरोफिल खाते हैं फिर पुरानी पत्तियों, कलियां फल्लियां खाते हैं और जाल बना लेते हैं।

यांत्रिक नियंत्रण

संक्रमित पौधे एवं उनके भाग, अंडे एवं इल्लियों को इकटठा करके नष्ट करें।

रासायनिक नियंत्रण

काबरीयल या मोनाक्रोटोफॉस का उपयोग करें।

प्रमुख रोगों का विवरण

1. आल्टरनेरिया पर्ण दाग/अंगमारी (झुलसा रोग)

Alternaria leaf blight

यह सरसों का फफूँद द्वारा होने वाला हानिकारक रोग है। इस रोग का प्रकोप पत्तियों, तनों व फलियों पर होता है। रोगग्रस्त भाग पर भूरे रंग के धब्बे पाये

जाते हैं। पत्तियों पर धब्बों के वलय दिखाई देते हैं। धब्बे आपस में मिलकर बड़े हो जाते हैं जिससे पत्तियां झुलस जाती हैं तथा पीली पड़कर गिरने लगती हैं। फलियों में रोग का प्रकोप होने से नुकसान अधिक होता है तथा दाने छोटे व सिकुड़ जाते हैं।

प्रबंधन

1. रोग जनक की मात्रा कम करने के लिये फसल चक्र पौधों के अवशेषों को जलाना तथा खरपतवारों का नष्ट करना बहुत जरूरी है।
2. रोगरहित बीज का प्रयोग करें। बीज का कार्बेन्डाजिम 50 डब्लू.पी. की 2 ग्राम मात्रा प्रति किलो बीज से उपचारित करके बुवाई करनी चाहिये।
3. उर्वरकों का संतुलित मात्रा में 80 नत्रजन प्रतिशत 40 फास्फोरस प्रतिशत 20 पोटाश (सिंचित दिशा) या 40 नत्रजन प्रतिशत 20 फास्फोरस प्रतिशत 10 पोटाश किग्रा. प्रति हेक्टे. (असिंचित) प्रयोग करना चाहिये।
4. फसल में रोग के लक्षण दिखाई देने पर मेन्कोजेब 75 डब्लू.पी. का 2 किग्रा. प्रति हेक्टेयर प्रति 800 लीटर पानी में घोल बनाकर छिड़काव करना चाहिए।

2. श्वेत किट्ट/सफेद गेरुई या श्वेत फफोला रोग

यह रोग एक अविकल्पी परजीवी कवक ऐलबूगो कैन्डिडा द्वारा उत्पन्न होता है। यह रोग फफूँद द्वारा होता है। इस रोग का प्रकोप प्रायः पत्तियों की निचली सतह व पुष्प वृन्तों पर होता है। पत्तियों की निचली सतह पर सफेद, उभरे हुये फफोले जैसी संरचनाएं दिखाई देती हैं तथा पत्तियों की ऊपरी सतह पर इसी स्थान पर पीले धब्बे दिखाई देते हैं। पुष्प वृन्त रोग ग्रस्त होने पर मोटे हो जाते हैं तथा इसमें फलियां नहीं बनती हैं। यह रोग वायु एवं संक्रमित बीज द्वारा फैलता है। वातावरण में अधिक नमी होने से रोग का प्रकोप अधिक होता है।

प्रबंधन

1. स्वस्थ व साफ सुथरे बीज बुआई हेतु प्रयोग में लेना चाहिये। बीज को मेटालेक्सिल (एप्रोन 35 एस. डी.) 6 ग्राम मात्रा प्रति कि.ग्रा. बीज से उपचारित करके बुवाई करनी चाहिये।
2. प्रायः फसल की बिजाई 15–25 अक्टूबर तक कर देनी चाहिये क्योंकि इसके बाद पुष्पांग संक्रमण बहुत अधिक होता है।
3. फसल चक्र को अपनाना, रोग ग्रसित पौधों के अवशेषों को जलाना व खरपतवारों को नष्ट करना बहुत लाभदायक हैं।
4. रोगप्रतिरोधी किस्मों जैसे जे.एम.–1, जे.एम.–2 का प्रयोग करना चाहिये।
5. फसल के 50–60 दिन की होने पर कवकनाशी डाईथेन एम–45 या रिडोमिल एम. जेड. 75 डब्ल्यू. पी. 0.2 प्रतिशत की दर से तीन छिड़काव 15–15 दिन के अन्तर पर करने से रोग का नियंत्रण हो सकता है।

3. तना सड़न

यह रोग फफूँद (स्केलेरोटोनिया) या कवक द्वारा फैलता है। यह मृदा जनित बीमारी है जिसका पौधे में संक्रमण प्रारंभिक अवस्था में हो जाता है परन्तु इसका लक्षण पौधे पर लगभग 55–60 दिन पश्चात् फूल वाली अवस्था में दिखाई पड़ता है। इस रोग में तने पर सलेटी या भूरे रंग के धब्बे दिखाई देते हैं जो आकार में ऊपर से नीचे बढ़ते हैं, जिससे तना कमजोर होकर गिर जाता है। तने के अन्दर काले रंग की संरचनाएं (स्कलोरिशिया) दिखाई देती है।

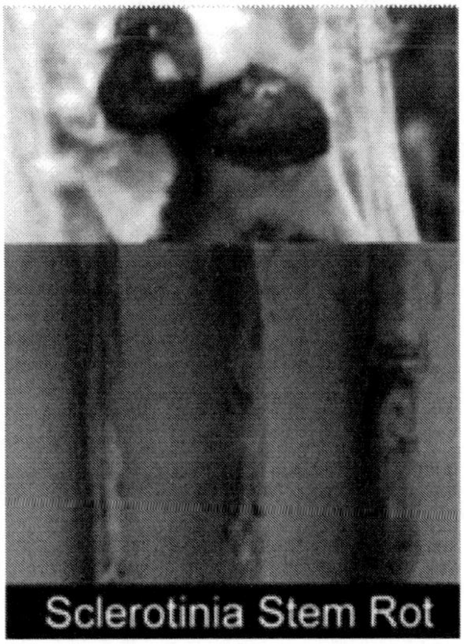

प्रबंधन

1. स्वस्थ बीज का निर्धारित मात्रा (5 किग्रा. प्रति हेक्टेयर) में प्रयोग करना चाहिये। बीज का कार्बेन्डाजिम 50 डब्लू. पी. की 2 ग्राम प्रति कि.ग्रा. बीज की दर से उपचारित करना चाहिये।

2. खेत में उचित जलनिकास रखें तथा रोगग्रस्त पौधों को उखाड़कर नष्ट कर देना चाहिए।
3. जिस खेत में इस बीमारी का प्रकोप ज्यादा होता है उनमें फसल चक्र अपनायें।
4. बुवाई के 50–55 दिन के उपरान्त कार्बेन्डाजिम (बेविस्टीन) का 2 प्रतिशत या 2 ग्रा. प्रति लीटर पानी की दर से घोल बनाकर छिड़काव करना चाहिए। दूसरा छिड़काव 15 दिन के अन्तराल पर मैन्कोजेब 2 ग्रा. प्रति लीटर पानी के हिसाब से घोल बनाकर छिड़काव करें।

Downy Mildew of Mustard

4. मृदुरोमिल असिता

लक्षण

यह रोग कवक या फफूँदी द्वारा फैलता है। इस रोग के लक्षण सबसे पहले बीज पत्रों पर दिखाई देते हैं और पौधे छोटी अवस्था में ही नष्ट हो जाते हैं। प्रारम्भिक लक्षण पत्तियों की निचली सतह पर बैंगनी भूरे रंग के गोल धब्बे में प्रकट होते हैं और ऊपरी भाग पर पीले नजर आते हैं। धब्बे अनियमित होकर मिल जाते हैं और पत्तियां सूखकर सिकुड़कर गिर जाती हैं या लटक जाती हैं। रोग के लक्षण तनों एवं पुष्पीय भागों में भी सूजन के रूप में नजर आते हैं।

प्रबंधन

1. स्वस्थ व स्वच्छ बीज को बुवाई हेतु प्रयोग करना चाहिये।
2. रोग जनक की मात्रा कम करने के लिये लम्बे समय के लिये फसल चक्र को अपनाना, रोग ग्रसित पौधों के अवशेषों को जलाना, खरपतवार को नष्ट करना बहुत आवश्यक है।
3. फसल की बिजाई 15–25 अक्टूबर तक अवश्य कर देनी चाहिए।
4. रोग के दिखाई देते ही कवकनाशी डाईथेन एम–45 (0.2 प्रतिशत)/ रिडोमिल (0.2 प्रतिशत) का 15 दिन के अन्तर पर तीन छिड़काव करें।

5. चुर्णिल असिता

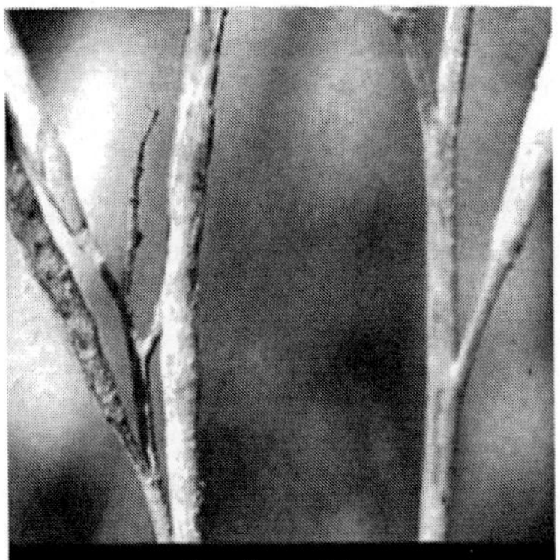

Powdery mildew

लक्षण

प्रारम्भ में यह रोग पौधों के तनों, पत्तियों एवं फलियों पर श्वेत, गोल आटे जैसे चूर्णित धब्बों के रूप में दिखाई पड़ता है। तापमान की वृद्धि के साथ–साथ ये धब्बे आकार में बड़े हो जाते हैं और समस्त पौधे को ढक लेते हैं जैसे ऊपर सफेद दानेदार चाक का चूरा छिड़का गया हो। रोगग्रस्त फलियाँ आकार में छोटी या खाली रह जाती हैं और उनमें सिकुड़े हुए कुछ ही बीज के दाने बन पाते हैं।

प्रबंधन

1. अक्टूबर के अंतिम सप्ताह तक फसल की बुआई कर लें, इसके पश्चात् बोई गई फसल पर यह रोग अधिक आक्रमण कर सकता है।
2. इस रोग की रोकथाम के लिये फसल में रोग के लक्षण नजर आते ही तुरन्त कवकनाशी कैराथेन (0.17 प्रतिशत) का 10 दिन के अंतर में तीन छिड़काव करें।

सरसों की कटाई, मड़ाई एवं भण्डारण
(Harvesting, Threshing and Storage)

राई–सरसों से अधिक उत्पादन एवं तेल की मात्रा प्राप्त करने के लिए उचित समय पर कटाई एवं मड़ाई तथा सही तरीके से भण्डारण करना आवश्यक है।

कटाई (Harvesting)

सरसों की उचित पैदावार के लिए जब 75 प्रतिशत फलियाँ पीली हो जायें तब ही फसल की कटाई करें क्योंकि अधिकतर किस्मों में इस अवस्था में बीजों को उंगलियों से दबाने पर कठोर महसूस होते हैं एवं बीज पीले रंग में बदलना शुरू हो जाते हैं। इस अवस्था में बीजों में नमी की मात्रा 30–35 प्रतिशत ही रह जाती है। वर्षा होने पर फसल की कटाई नहीं करनी चाहिए क्योंकि बीजों में नमी

की मात्रा बढ़ जाती है। जब वायु में आर्द्रता अधिक हो तब भी सरसों की कटाई नहीं करनी चाहिए।

कच्ची अवस्था में फसल की कटाई करने पर बीज छोटे रह जाते हैं तथा तेल अंश में भी कमी हो जाती है साथ ही साथ अंकुरण क्षमता भी कम हो जाती है। फसल की पैदावार भी कम हो जाती है। अत्यधिक फसल पकने पर कटाई करने से भी पैदावार कम हो जाती है। क्योंकि फलियाँ चटकना शुरू कर देती हैं एवं बीज छिटक कर जमीन पर गिर जाते हैं। परीक्षणों से यह सिद्ध हो गया है कि फसल को जल्दी तथा देरी से काटने पर 2–4 क्विंटल पैदावार कम हो जाती है। सरसों की फसल में बिखराव रोकने के लिए फसल की कटाई सुबह करनी चाहिए क्योंकि रात की ओस से सुबह फलियाँ नम रहती हैं तथा बीज का बिखराव कम होता है। सरसों की फसल की कटाई 30 से 40 सेमी. ठूंठ छोडते हुए करना चाहिए तथा तोरिया की कटाई 10 से 15 सेमी. ठूंठ छोड़ते हुए करनी चाहिए। फसल काटने के बाद उसी दिन खलिहान में पहुंचा देना चाहिए क्योंकि देरी करने पर बीज बिखर कर जमीन पर गिर जाते हैं। फसल को खलिहान में चट्टा बनाकर रखना चाहिए जिससे वह अपना प्राकृतिक रंग प्राप्त कर सकें।

मड़ाई/गहाई (Threshing)

जब बीजों में औसतन आर्द्रता अंश 12–20 प्रतिशत हो जाये तब फसल की मड़ाई करनी चाहिए। फसल के बीजों में आर्द्रता अधिक कम (6 से 10 प्रतिशत) होने पर बीज अधिक कटते हैं एवं क्षतिग्रस्त हो जाते हैं। फसल की मड़ाई थ्रैसर से ही करनी चाहिए क्योंकि इससे बीज तथा भूसा अलग–अलग निकल जाते हैं साथ ही साथ एक दिन में काफी मात्रा में सरसों की मड़ाई हो जाती है। बीज निकलने के बाद उन्हें साफ करके बोरों में भर लेना चाहिए। बैलों से गहाई करने में काफी समय लगता है क्योंकि पहले फसल की गहाई की जाती है तथा बाद में टोकरियों में भर कर हवा में बीजों तथा भूसा अलग किया जाता है। इस पद्धति में समय अधिक लगने के कारण कभी–कभी वर्षा तथा तूफान से काफी नुकसान हो जाता है। कभी–कभी अधिक बारिश होने के कारण बीज खलिहान में ही उग आते हैं।

भंडारण (Storage)

अधिकतर किसान सरसों के बीजों को बोरों तथा पॉलिथीन के थैलों में भर कर रखते हैं तथा कुछ किसान बीजों को कुंठलों एवं धातु के डिब्बों में भरकर भंडारण करते हैं। बीजों को भंडार में रखने से पूर्व भंडार को पूर्ण रूप से साफ कर लेना चाहिए। अगर भंडार की दीवारों में कोई छेद तथा दरार हो तो उसे सीमेन्ट से बन्द कर देना चाहिए। अगर चूहों के बिल हों तो उनको भी सीमेन्ट से बन्द कर देना चाहिए। भण्डारण करने से पूर्व बोरों को 2–3 दिन तक धूप में सुखा लेना चाहिए जिससे उनमें उपस्थित कीट व फफूँदी मर जाये तथा उपस्थित नमी भी कम हो जाये। जहाँ तक संभव हो सके बीजों को नये बोरों में ही भरना चाहिए जिससे बीज में नमी की मात्रा न बढ़े। बीज भण्डार में बोरों को लकड़ी के तख्तों पर चट्टा बनाकर रखना चाहिए जिससे देखभाल करने में आसानी रहें। अगर तख्ते न हों तो पक्की ईंटों के ऊपर बोरों को चट्टा बनाकर रखना चाहिए। बोरों को भण्डार की दीवारों से 8–12 इंच दूरी पर रखना चाहिए जिससे बरसात में बीजों में नमी की मात्रा न बढ़े क्योंकि बोरों के दीवारों के पास होने के कारण बीज नमी ग्रहण कर लेते हैं तथा नमी की अधिक मात्रा होने के कारण कभी–कभी बीज भण्डार में ही उग आते हैं तथा बचे बीज भी खराब हो जाते हैं। भण्डारण करने के बाद भण्डार को हवा–रोधी कर देना चाहिए जिससे बाहर की हवा अन्दर न आ सके। भण्डार की समय–समय पर देखभाल करते रहना चाहिए। अगर भण्डार में कोई कीट एवं फफूँदी दिखाई पड़े तो तुरन्त कीट एवं फफूँदीनाशक दवा का प्रयोग करना चाहिए।

उपज (Yield)

उन्नत उत्पादन तकनीक अपनाकर असिंचित अवस्था में सरसों की खेती करने से 14–16 क्विंटल/हे. और सिंचित अवस्था में 18–22 क्विंटल/हे. उपज प्राप्त की जा सकती है।

●●●

अध्याय 2

मूँगफली

वानस्पतिक नाम (Botanical Name) – अरेकिस हाइपोजिया (Arachis hypogea L.)

कुल (Family) – लेग्यूमिनेसी (Leguminaceac)

मूंगफली वानस्पतिक प्रोटीन का एक सस्ता एवं अच्छा स्रोत है। इसमें माँस से 1.3, अण्डों से 2.5 तथा फलों से 8 गुना अधिक प्रोटीन होता है। इसमें प्रायः थाइमिन, राइबोफ्लेविन, विटामिन ए. बी., बी. 12 तथा ई पर्याप्त मात्रा में पाये जाते हैं। मूंगफली के दाने में लगभग 40 प्रतिशत तक तेल पाया जाता है, जिसका उपयोग खाद्य तेल के लिए किया जाता है। मूंगफली के दाने में 25 प्रतिशत प्रोटीन तथा 10.5 प्रतिशत कार्बोहाइड्रेट होता है। इसके तेल का मुख्य उपयोग वानस्पतिक घी, क्रीम, शेविंग क्रीम, साबुन, चिकित्सा एवं दवाओं के क्षेत्र में किया जाता है। इसकी खली का उपयोग पशु आहार एवं जैविक खाद के रूप में किया जाता है। मूंगफली के दाने को कच्चा एवं तलकर, मीठे या नमकीन व्यंजन बनाकर काम में लाया जाता है। इसके दानों से दूध व दही भी बनाया जाता है। मूंगफली एक दलहनी फसल होने के कारण मृदा उर्वरता बढ़ाने के लिए भी उपयोगी है।

उत्पत्ति एवं इतिहास (Origin and History)

अधिकांश विद्वानों के अनुसार मूंगफली का जन्म दक्षिण अमेरिका एवं ब्राजील माना जाता है। ऐसा अनुमान लगाया जाता है कि सर्वप्रथम पुर्तगालियों द्वारा मूंगफली ब्राजील से अन्य देशों में ले जाई गयी। भारत में इसका आगमन चीन या ब्राजील से हुआ। मूंगफली का वैज्ञानिक नाम अरेकिस हाइपोजिया ग्रीस शब्द अरेकिस अर्थात तिलहन अथवा फली व हाइपोजिया अर्थात् भूमि के अंदर का अर्थ भूमि के अंदर पैदा होने वाली फली से है।

क्षेत्रफल एवं वितरण (Area and Distribution)

विश्व में मूंगफली उत्पादन करने वाले प्रमुख देश भारत, चीन, नाइजीरिया, म्यांमार, इण्डोनेशिया तथा अमेरिका हैं। क्षेत्रफल एवं उत्पादन की दृष्टि से भारत का विश्व में प्रथम स्थान है।

तालिका क्रं. 5. विश्व के प्रमुख देशों में मूंगफली का क्षेत्र उत्पादन एवं उपज (वर्ष 2007-08 से 2011-12 का औसत)

प्रमुख देश	क्षेत्रफल (लाख हे.)	उत्पादन (लाख टन)	उपज (किग्रा./हे.)
चीन	43.712	148.017	3386
भारत	58.108	74.015	1274
नाइजीरिया	24.615	30.903	1255
संयुक्त अमेरिका	4.966	18.493	3724
म्यॉमार	8.308	13.286	1599
इंडोनेशिया	6.158	8.813	1431
कुल योग	**234.897**	**383.196**	**1631**

भारत में वर्तमान क्षेत्रफल एवं उत्पादन के अनुसार गुजरात, आंध्रप्रदेश, राजस्थान, कर्नाटक, उत्तरप्रदेश, मध्यप्रदेश में इस की खेती की जाती है।

तालिका क्रं. 6. देश के विभिन्न राज्यों में मूंगफली का क्षेत्र, उत्पादन एवं उपज (2016-17)

राज्य	**क्षेत्रफल (लाख हे.)**	**समस्त भारत का %**	**उत्पादन (लाख टन)**	**समस्त भारत का %**	**उपज (किग्रा. हे.)**
गुजरात	17.6	32.95	31.6	42.31	1795
राजस्थान	5.60	10.42	11.4	15.29	2051
आंध्रप्रदेश	10.1	18.98	6.0	8.08	595
तमिलनाडु	2.8	5.29	5.9	7.89	2084
कर्नाटक	6.7	12.48	4.2	5.62	629
तेलंगाना	1.7	3.11	3.4	4.58	2060
मध्यप्रदेश	2.6	4.78	3.8	5.07	1482
महाराष्ट्र	3.5	6.65	4.2	5.63	1184
पश्चिम बंगाल	0.80	1.44	1.8	2.35	2279
अन्य	2.1	3.91	2.4	3.18	–
भारत	**53.40**	**100.00**	**74.6**	**100.0**	**1398**

जलवायु (Climate)

मूंगफली उष्णकटिबंधीय पौधा होने के कारण इसे लम्बे तथा गर्म मौसम की आवश्यकता होती है। अंकुरण एवं प्रारंभिक वृद्धि के लिए 24–28 डिग्री सेण्टीग्रेड तापमान होना आवश्यक है। फसल के पूर्ण जीवनकाल में पर्याप्त सूर्य का प्रकाश एवं 600–750 मिलीमीटर वार्षिक वर्षा होना आवश्यक है। बहुत अधिक वर्षा इसके लिये हानिकारक है। फसल के पकने एवं कटाई के समय तेज धूप के साथ साफ मौसम अधिक लाभदायक है।

वर्गीकरण (Classification)

अ. वृद्धि की प्रकृति के आधार पर

1. सीधे बढ़ने वाली (Erect type or Bunch type)

इस जाति के पौधे सीधे बढ़ते हैं। ये कम अवधि में शीघ्र तैयार होने वाली तथा अधिक उपज देने वाली होती हैं। इन जातियों में साधारणतः सुसुप्तावस्था नहीं पायी जाती है।

2. फैलकर बढ़ने वाली (Spreading Type)

इस प्रकार की जातियाँ भूमि पर फैलती हैं। लम्बी अवधि की, देर में तैयार होती हैं। अधिकतर जातियों में सुसुप्तावस्था का गुण होता है।

ब. वाणिज्यिक वर्गीकरण (Commercial Classification)

1. कोरोमण्डल वर्ग (Coromandal Group)

इसकी फलियां छोटी होती हैं। छिलका पतला, दाने छोटे व अण्डाकार होते हैं।

2. बोम्बे बोल्ड टाइप (Bombay Bold Type)

इसे बिग जापान भी कहते हैं। इसकी फलियां छोटी होती हैं। दाना छोटा तथा गोल होता है। दाने में अन्य किस्मों की अपेक्षा अधिक तेल पाया जाता है।

3. खानदेश स्पेनिश (Khandesh Spenish type)

कोरोमण्डल वर्ग की अपेक्षा फलियाँ छोटी होती हैं। दाना छोटा तथा गोल होता है। इसके दाने में अन्य किस्मों की अपेक्षा अधिक तेल पाया जाता है।

4. लाल नेटाल (Red Natal)

खाद देश स्पेनिश की अपेक्षा दाना बड़ा पाया जाता है। परन्तु तेल प्रतिशत कम पाया जाता है।

तालिका क्रं. 7. मूंगफली की उन्नतशील जातियां (Improved Varieties)

जाति	उत्पादकता (किग्रा./हे.)	तेल %	अनुसंशित क्षेत्र	विशेषताएं
जे.जी.एन.–23	1630	49	मध्यप्रदेश	सूखे के प्रति सहनशील, खरीफ मौसम के लिए उपयुक्त
नारायणी (TCGS-29)	3764	48	आंध्रप्रदेश	सूखे के प्रति सहनशील, खरीफ एवं रबी, गर्मियों में बोने के लिए उपयुक्त
रत्नेश्वर (LGN-1)	1500	51	महाराष्ट्र	खरीफ के लिए अनुसंशित
वसुन्धरा (DH-101)	2900	50	प. बंगाल, उड़ीसा, झारखंड एवं असम	तना गलन, थ्रिप्स एवं स्पोडोप्टेरा के प्रति सहनशील, रबी एवं जायद के लिए उपयुक्त
ए.के.–265	1950	47	दक्षिणी महाराष्ट्र, कर्नाटक, आन्ध्रप्रदेश, तमिलनाडु	पत्तियों की बीमारी के प्रति प्रतिरोधी, खरीफ के लिए उपयुक्त
ए.के.–303	2100	49	महाराष्ट्र	बड़ा दाना, खरीफ के लिए उपयुक्त
टी.जी.–51	2700	49	प. बंगाल, उड़ीसा, झारखंड, आसाम	तना एवं जड़ गलन के प्रति सहनशील, रबी, जायद के लिए उपयुक्त

जाति	उत्पादकता (किग्रा./हे.)	तेल %	अनुसंशित क्षेत्र	विशेषताएं
गिरनार–2	2900	51	उत्तरप्रदेश, पंजाब, उत्तरी राजस्थान	बड़ा दाना, खरीफ के लिए उपयुक्त
गिरनार–3	1520	45	प. बंगाल, उड़ीसा, मणिपुर	लीफ माइनर एवं थ्रिप्स के प्रति सहनशील, खरीफ के लिए उपयुक्त
टी.जी.–39	2000–2300	48	राजस्थान	मध्यम अवधि हेतु
उत्कर्ष	2200	49	उ.प्र., पंजाब, उत्तरी राजस्थान	गेरुआ रोग के प्रति प्रतिरोधी, खरीफ के लिए उपयुक्त
कादिरी–7	1650	47	आन्ध्रप्रदेश	बड़ा दाना, खरीफ हेतु
कादिरी–8	1550	47	आन्ध्रप्रदेश	बड़ा दाना
कादिरी–9	2500–3000	52	आन्ध्रप्रदेश	खरीफ के लिए उपयुक्त
मलिका	2600	48	सम्पूर्ण भारत	बड़ा दाना, कॉलर रोट के प्रति प्रतिरोधी
फुले प्रगति	1500–2400	50	सम्पूर्ण भारत	अगेती, खरीफ के लिए उपयुक्त
जूनागढ़–11	1000–1500	49	गुजरात, आन्ध्रप्रदेश, मध्यप्रदेश	ग्रीष्म व खरीफ के लिए उपयुक्त

जाति	उत्पादकता (किग्रा./हे.)	तेल %	अनुसंशित क्षेत्र	विशेषताएं
ए.के. 12–24	1000–1500	48	महाराष्ट्र, मध्यप्रदेश	खरीफ एवं ग्रीष्मकाल दोनों हेतु उपयुक्त
गंगापुरी	1500–2000	48	राजस्थान, मध्यप्रदेश, गुजरात, महाराष्ट्र	खरीफ एवं गर्मी दोनों हेतु उपयुक्त, फली में 3–4 दानें
ज्योति़	1500–2000	53	मध्यप्रदेश, गुजरात, राजस्थान	खरीफ व ग्रीष्म दोनों मौसम के लिए

भूमि (Soil)

पानी का अच्छा निकास वाली भूमि मूंगफली की खेती के लिए अत्यावश्यक है। भूमि हल्की से मध्यम रेतीली कछारी या दुमट हो मूंगफली की खेती हेतु उपयुक्त मानी जाती है।

भूमि की तैयारी (Soil Preparation)

मूँगफली बोने हेतु खेत की अच्छी तैयारी करें, तीन साल के अंतराल में एक बार गहरी जुताई अवश्य करें तथा इसके बाद दो बार देशी हल या कल्टीवेटर चलायें, इसके बाद बखर चलाकर पाटा चलाना चाहिये जिससे जमीन अच्छी भुरभुरी बन जाए। अंतिम बखरनी के समय 20–25 टन अच्छी सड़ी हुई गोबर की खाद का प्रयोग अवश्य करें क्योंकि यह फसल जमीन के अंदर लगती है इसलिये जमीन जितनी ढीली तथा भुरभुरी हो उतनी ज्यादा तंतु जमीन पर जायेंगे और साथ ही साथ ज्यादा से ज्यादा फलियाँ बनेंगी एवं विकास अच्छी तरह होगा तथा कुल मिलाकर मूँगफली का उत्पादन एवं उत्पादकता दोनों ही बढ़ेंगी।

बीज उपचार (Seed Treatment)

फसल को बीमारी से बचाने और अच्छे अंकुरण के लिये फफूंदनाशक दवा 3 ग्राम थीरम या 2 ग्राम कार्बेन्डाजिम दवा/किग्रा. बीज की दर से बीजोपचार करें। पौधों के सूखने की समस्या वाले क्षेत्र में 2 ग्राम थीरम व 1 ग्राम कार्बेन्डाजिम/किग्रा. की बीज मिलाकर उपचारित करें या जैविक उपचार ट्रायकोडर्मा 4 ग्राम चूर्ण/प्रति किग्रा. बीज की दर से उपयोग करें। इसके पश्चात 10 ग्राम/किग्रा. बीज के मान से रायजोबियम कल्चर से भी उपचार करें।

बोनी का समय (Sowing Time)

मूँगफली बोनी का सही समय वर्षा प्रारंभ होने पर जून के मध्य से जुलाई के प्रथम सप्ताह तक बोनी करनी चाहिये। इसके बाद बोनी करने से उत्पादन कम मिलता है।

बोने की विधि (Sowing Method)

बोनी कतारों में सरता दुफन या तिफन से ऐसी व्यवस्था से करना चाहिए कि उर्वरक पहले लगभग 10 सेमी. गहराई पर पड़े जिससे अंकुरण अच्छा हो तथा जैसे ही जड़े निकलें पोषक तत्व उसकी आवश्यकतानुसार ज्यादा से ज्यादा मिल सकें। बीज की बुवाई लगभग 4–6 सेमी. की गहराई पर करनी चाहिये। कतार से कतार की दूरी 30 सेमी. तथा पौधे से पौधे की दूरी 8–10 सेमी. रखनी ही चाहिये।

खाद एवं उर्वरक (Manure and Fertilizer)

भूमि की तैयारी के समय गोबर की खाद 5–10 टन/हेक्टेयर प्रयोग करें। उर्वरक के रूप में 20 किग्रा. नत्रजन, 40–80 किग्रा. स्फुर एवं 20 किग्रा. पोटाश/हेक्टेयर देना चाहिये। यदि खेत में गोबर की खाद व पी.एस.बी. का प्रयोग किया जाता है तो स्फुर की मात्रा 80 किग्रा./हेक्टेयर की जगह मात्र 40 किग्रा. /हेक्टेयर ही पर्याप्त है। खाद की पूरी मात्रा आधार खाद के रूप में प्रयोग करें। मूँगफली फसल में गंधक का विशेष महत्व है। यदि यूरिया की जगह अमोनियम सल्फेट तथा फास्फेट के रूप में सिंगल सुपर फास्फेट का प्रयोग किया जाता है तो गंधक पर्याप्त मात्रा में मिल जाता है। अन्यथा 2 क्विंटल/हेक्टेयर की दर से जिप्सम या पायराइट का उपयोग आखिरी बखरनी के साथ करें। साथ ही 25 किग्रा./हे. की दर से तीन साल के अन्तर पर जिंक सल्फेट का प्रयोग अवश्य करें।

फसल चक्र (Crop Rotation)

1. मूँगफली (खरीफ) – गेंहू (रबी)
2. मूँगफली (खरीफ) – मक्का (रबी)
3. मूँगफली (खरीफ) – चना (रबी)
4. मूँगफली (रबी) – कपास (खरीफ)
5. मूँगफली (रबी) – मक्का/ज्वार/कपास

अन्तर्वर्तीय फसलें (Intercrops)

अंतरवर्तीय फसलों के रूप में मक्का, ज्वार, सोयाबीन, मूँग, उड़द, अरहर आदि फसलों को 4:2, 2:1, 8:2, 3:1, 6:3, के अनुपात में आवश्यकतानुसार लिया जा सकता है।

सिंचाई एवं जल प्रबन्धन (Irrigation and Water Management)

सिंचाई की सुविधा होने पर अवर्षा से उत्पन्न सूखे की अवस्था में पहला पानी 50–55 दिन में तथा दूसरा पानी 70–75 दिन में दिया जाना चाहिये। यदि क्रांतिक अवस्था में पानी दिया जाता है तो फसल की अच्छी उपज ली जा सकती है।

निंदाई-गुड़ाई एवं खरपतवार नियंत्रण (Inter Culture and Weed Control)

फसल बोने के 15–20, 25–30 तथा 40–45 दिन की अवस्था में डोरा या कोल्पा चलावें जिससे समय–समय पर नींदा नियंत्रण किया जा सके। नींदानाशक दवाओं के उपयोग से भी नींदा को नियंत्रित किया जा सकता है।

बोनी के 40–45 दिन बाद मूँगफली फसल में कोई भी कर्षण क्रिया नहीं करना चाहिए अन्यथा उपज पर विपरीत प्रभाव पड़ता है। इसी समय यदि संभव हो तो मिट्टी चढ़ा देना चाहिए जिससे ज्यादा से ज्यादा तंतु जमीन में जाकर फलियाँ बना सकते हैं।

तालिका क्रं. 8. मूंगफली में शाकनाशियों द्वारा खरपतवार नियंत्रण

शाकनाशी	प्रयोग का समय	उपयोग की मात्रा		अभियुक्ति
		सक्रिय तत्व (ग्रा./हे.)	व्यापारिक उत्पाद कि.ग्रा. या ली./हे.	
1. ट्राईफ्लुरेलिन 4 ई.सी.	अंतिम बखरनी पूर्व छिड़ककर मिट्टी में मिलायें।	1000	2.225 लीटर	प्रारंभ में खरपतवारों का अंकुरण, सभी घास एवं कुछ चौड़ी पत्ती खरपतवारों का नियंत्रण।
2. ऑक्साडायजॉन 25 ई.सी.	बोनी उपरांत 0–3 दिन	750	3.0 ली.	सभी वार्षिक घासें एवं कुछ चौड़ी पत्ती खरपतवारों का नियंत्रण।
3. ऑक्सीफ्लुओ–रफेन 23.5 ई.सी.	बोनी उपरांत 0–3 दिन	300	1.06–1.275 ली.	सभी वार्षिक घासें एवं कुछ चौड़ी पत्ती खरपतवारों का नियंत्रण।
4. पेन्डीमिथलिन 30 ई.सी.	बोनी उपरांत 0–3 दिन	750–1000	2.5–3.33 ली.	संकरी पत्ती एवं कुछ चौड़ी पत्ती वाले खरपतवारों का प्रारंभिक नियंत्रण।
5. मेट्रीब्युजिन 70 डब्ल्यू.पी.	बोनी उपरांत 0–3 दिन	350–525	0.5–0.75 किग्रा.	सभी वार्षिक घासें व कुछ चौड़ी पत्ती वाले खरपतवारों का नियंत्रण।
6. क्विजेलफॉप ईथाईल खड़ी फसल में	बोनी के 15–20 दिन बाद	40–50	0.800–1.00 ली.	संकरी पत्ती वाले खरपतवारों का नियंत्रण।
7. इमेजाथापायर 10% एस.एल.	बोनी उपरांत 15–20 दिन	100	1.0 ली.	वार्षिक घास एवं चौड़ी पत्ती के खरपतवारों का प्रभावी नियंत्रण।
8. क्लोरीम्यूरान 20 डब्ल्यू. पी.	बोनी उपरांत 15–20 दिन	08–12	0.040–0.060 ली.	घास कुल व मोथा कुल के खरपतवारों का नियंत्रण।

पौध संरक्षण

1. मूँगफली के प्रमुख कीट

पत्ती खाने वाले

मूँगफली पत्ती सुरंगक (स्टोमोप्टेरीक्स सबसेसिवेल्ला)

पहचान एवं निरीक्षण

Leaf Minor of Groundnut

1. वयस्क भूरा शलभ 6 मिमी लंबा व 10 मिमी पंख चौड़ाई वाला होता है।
2. अण्डे चमकीले सफेद व पत्तियों की निचली सतह पर एक–एक कर दिये जाते है।
3. लार्वा पत्तियों में सुरंग बनाते पहले करीब 1 मिमी लम्बा व बाद में बड़ा हो जाता है।
4. शंखी पत्ती जाली में बनाती है।
5. फेरोमेन प्रपंच 1/हे. लगाकर चौकसी करें।
6. यह अगस्त–अक्टूबर में अधिक क्षतिकारक है।

क्षति

1. छोटे लार्वा छोटी पत्तियों में शुरू में सुरंग कर बीच के ऊतक खाकर पत्तियों पर छोटे–छोटे धब्बे बनाते हैं।
2. बाद में लार्वा पत्तियों में जाला बनाकर इकट्ठी कर मोड़ में रहकर इन्हें खाते हैं।
3. अधिक प्रकोप होने पर खेत दूर से जले हुए दिखते हैं।

कृषिगत नियंत्रण

1. चवला या सोयाबीन की प्रपंच फसल यहां–वहां बोना।
2. नियमित अधिक कीट प्रकोप होने पर दलहन छोड़कर अन्य फसल के साथ फसल चक्र अपनाएं।
3. मूंगफली के साथ सोयाबीन व अन्य दलहनी फसलें न लेवें।
4. प्रतिरोधक/सहनशील किस्में बोयें। जैसे आई सी जी वी 86031 एन सी ए सी की 343, 2232 व 2230.

यांत्रिक नियंत्रण

1. अण्ड समूह व छोटी लार्वा को एकत्र कर नष्ट करें।
2. फीरोमेन प्रपंच 5/हे. लगाकर अधिक कीट फसायें।
3. नीम आधारित कीटनाशक 5 प्रतिशत छिड़कें।

जैविक नियंत्रण

1. ट्राइकोग्रामा काइलोनिस का 50 हजार/हे दो बार 7–10 दिन के अन्तराल में छोड़ें।
2. प्राकृतिक जैव नियंत्रकों को संरक्षण देवे जैसे मकड़ियों लंबे एन्टेनी वाले टिड्डे, प्रेइंग मेंन्टिड, रॉबर मक्खी, हरा लेस विंग, डेमसल मक्खी, सोन मक्खी, फूल बग, शिलड ग्रब, लेडी बर्ड बीटल, भूमि बीटल, झिंगुर, ईयरबग, ब्रेकनिडस, ट्राईकोग्रामा, एन पी वी, हरी मेंस्कार्डिन फंफूद आदि।
3. धान का भूसा ढकने से पत्ती सुरंगक में कमी व परजरवर प्रतिशत में वृद्वि होती है।
4. मूंगफली के साथ पेन्निसेटम ग्लेकम की अन्तरवर्तीय फसल लेने से परजीवी गोनियोजस स्पी इस कीट पर अधिक प्रभावी होता है।

रासायनिक नियंत्रण

1. सुरक्षित रासायनिक कीटनाशकों को सिफारिशी मात्रा में प्रयोग करें यदि ई टी एल पार करे।

2. कीटनाशक का प्रयोग 45 और 70 दिन की फसल पर प्रभावशील नियंत्रण हो सकता है।
3. क्विनालफॉस 25 ई.सी. 2 मिली मिथाईल डेमेटान 25 ई.सी. 1.6 मिली या डायमिथोऐट 30 ई.सी. 2 मिली/ली पानी में घोलकर छिड़कें।

मूंगफली फली वेधक (अनार्सिया एफिप्यिस)

पहचान एवं निरीक्षण

1. लार्वा चाकलेटी भूरा व 10–15 मिमी लंबा होता है।
2. मध्य से निकली कोमल पत्तियों पर प्रांरभ में छोटे छिद्र दिखते हैं।
3. अधिक प्रकोप होने पर उगती पत्तियों वर केवल मध्य नस बचती है या कई तिरछे खाये गये छेद दिखते हैं।

क्षति

1. लार्वा ऊपरी कलियों तने और मुख्य तने के सिरे पर छेद कर खाता है।
2. मध्य से निकली मोतल पत्तियों पर प्रांरभ में छोटे छिद्र दिखते हैं।
3. अधिक प्रकोप होने पर उगती पत्तियों पर केवल मध्य नस बचती है या कई तिरछे खाये गये छेद दिखते हैं।

जैविक नियंत्रण

1. नीम तेल 3 प्रतिशत व वाइअेक्स नेगुमडो 5 प्रतिशत निचोड़ प्रभावी है।
2. हाइमेनोप्टेरा परजीवी ब्रेकन गेलेन्ची व ब्रेकाइमेरिया स्पी. 24 प्रतिशत लार्वा में लगता है।

रासायनिक नियंत्रण

मोनोक्रोटोफॉस 36 एस.एल. 0.5 प्रतिशत इस कीट हेतु आर्थिक प्रभावशाली है।

बिहार रोयेदार इल्ली (स्पाइलारक्सिया आब्लिकुआ)

पहचान एवं निरीक्षण

1. वयस्क एक भूरा शलभ होता है जिसका 40–50 मिमी पंख चौड़ाई व लाल उदर होता है।
2. अण्डे 50–100 के समुदाय में पत्तियों की निचली सतह पर दिए जाते हैं।
3. इल्लियां 5 से.मी. तक लंबी पीले से काले रोयो से ढकी रहती हैं।
4. शंखी भूमि में सूखी पत्तियों व कचरे में बनता है।
5. शंखी एक पतला रेशमी ककून, इल्लियां के झड़े बालों से बुना हुआ होता है।

क्षति

1. छोटी इल्लियां झुन्ड में अधिकतर पत्तियों की निचली सतह पर खाती हैं।
2. पत्तियां खाने से पौधे पत्तीविहीन होकर क्षतिग्रस्त हो जाते हैं।
3. पत्तीहीन पौधों की फल्लियां भी यह खाती है।

कृषिगत नियंत्रण

1. मानसून पूर्व गहरी जुताई से शीत निष्क्रिय शंखी बाहर आने पर सूर्य के प्रकाश और परभक्षी पक्षियों द्वारा नष्ट किये जा सकते हैं।
2. जंगली अतिरिक्त पोषक पौधे जिन पर रोयेदार इल्लियां लगती हैं को हटाकर नष्ट कर देवें।

3. चवला अंरडी व रतनजोत जैसी प्रपंच फसलें खेत के मेड़ों पर लगाएं जिनमें इल्लियां आकर्षित हों।
4. एक बार सिंचाई करें जिससे लंबी अवधि का बीच में सूखा नहीं हो और फसल पकने के पूर्व कीट प्रकोप न आये।

यांत्रिक नियंत्रण

1. मेड़ों पर रात में आगजनी करें।
2. अण्डे और नई निकली इल्लियों को अधिक एकत्र कर नष्ट करें।
3. अकौआ रतनजोत व पपीता की टहनियां और पत्तियां खेत के चारों ओर रखे जिससे बड़ी इल्लियाँ आयें जिन्हें नष्ट करें।

जैविक नियंत्रण

1. प्राकृतिक जैव नियंत्रकों को संरक्षण देवे जैसे मकड़ियों लंबे एन्टेनी वाले टिड्डे, प्रेइंग मेंन्टिड, रॉबर मक्खी, हरा लेस विंग, डेमसल मक्खी, सोन मक्खी, फूल बग, शिलड ग्रब, लेडी बर्ड बीटल, भूमि बीटल, झिंगुर, ईयरबग, ब्रेकनिडस, ट्राईकोग्रामा, एन पी वी, हरी मेंस्कार्डिन फंफूद आदि।
2. एन पी वी को 500 एल. ई./ हे. की दर से बादल वाले दिनों में प्रयोग करना प्रभावी होगा।
3. ब्रेकनिड परजीवियों का सरंक्षण करे।

रासायनिक नियंत्रण

1. सुरक्षित रासायनिक कीटनाशकों को सिफारिशी मात्रा में प्रयोग करें यदि ई टी एल पार करे।
2. खेत के चारों ओर गहरी खाई खोद कर मिथाईल पौराथियान 2 प्रतिशत डस्ट उसमें डालें ताकि रोयेदार इल्लियां का सामुदायिक फैलाव न हो।
3. क्विलानफॉस 25 ई.सी. (2 मिली/ली.) क्लोरपाइरिफॉस 20 ई.सी 2.5 मिली/ली का छोटी इल्लियों पर छिड़काव की सिफारिश है।

तम्बाकू की इल्ली (स्पोडोप्टेरा लिटूरा)

पहचान एवं निरीक्षण

1. वयस्क हल्के भूरे शलभ हैं जिसके पंखों की चौड़ाई करीब 30 मिमी व चित्रित अग्रपंख होते हैं।
2. अण्डा समूह करीब 4 गुणित 7 मिमी पत्तियों की ऊपरी सतह पर सुनहरे भूरे दिखते हैं।
3. छोटे लार्वी हल्के हरे रंग की होते हैं।
4. पेर्ण बड़े लार्वी मोटे गोलाकर पीत हरे भूरे व गहरे निशान वाले रहते हैं।
5. शंखी लाल भूरे व पौधे के पास भूमि में रहते हैं।
6. लार्वी अधिकतर रात में खाते हैं।
7. फेरोमोन प्रपंच आदि लगाकर कीट संख्या की चौकसी करें।
8. यह मूंगफली के गंभीर पीड़क कीटों में से एक है।

क्षति

1. नई निकली लार्वा झुण्ड में खाती है हरित पदार्थ को खुरचकर तुरन्त बिखर जाती है।
2. बाद की अवस्था रात में पत्तियों को अधिक खाती है और दिन में पौधों के नीचे भूमि में प्रायः छिप जाती है।
3. कभी–कभी भारी क्षति होने पर केवल डन्ठल और शाखायें ही बचते हैं।
4. हल्की भूमि में इल्ली फलियों में छेद करती है।

कृषिगत नियंत्रण

1. गहरी ग्रीष्म जुताई।
2. शीघ्र बोनी से कीट क्षति से बचाव।
3. एक सिंचाई से लंबे मध्य क्रम के सूखे से बचाव।
4. अरण्डी या सूरजमुखी पौधों की प्रपंच फसल लेने से इनमें दिये अण्डे या प्रथम अवस्था के लार्वी को नष्ट की कीट संख्या कम करने में मदद मिलती है।

यांत्रिक नियंत्रण

1. प्रकाश प्रपंच लगाए।
2. बोनी के 15–20 दिन बाद दो बार खरपतवार निकालें।
3. फीरोमेन प्रपंच 5/हे लगाकर शलभ संख्या की चौकसी करें।
4. 10–12 पक्षी शरणगाह/हे. बनाएं।
5. अण्डा समूह/छोटे लार्वी प्रपंच फसल से एकत्र करें।

जैविक नियंत्रण

1. प्राकृतिक जैव नियंत्रकों को संरक्षण देवे जैसे मकड़ियां, लंबे एन्टेनी वाले टिड्डे, प्रेइंग मेंन्टिड, रॉबर मक्खी, हरा लेस विंग, डेमसल मक्खी, सोन मक्खी, फूल बग, शिलड ग्रब, लेडी बर्ड बीटल, भूमि बीटल, झिंगुर, ईयरबग, ब्रेकोनिड्स, ट्राईकोग्रामा, एन पी वी, हरी मेंस्कार्डिन फंफूद आदि।
2. टेलेनोयस रेमस को 50 हजार/हे चार बार फीरोमेन प्रपंच की पकड़ के आधार पर छोडें।
3. एस एन वी पी को 250 एल ई/हे या बी टी को 1 किग्रा/हे प्रयोग करें जब बड़ी संख्या में अण्डा समूह और छोटे लार्वी दिखें।
4. ट्राइकोग्रामा कीलोनिस को 50 हजार/हे दो बार 7–10 दिन के अन्तर से फीरोमेन प्रपंच की पकड़ के आधार पर छोडें।
5. ब्रेकन हीबेटर को 5 हजार/हे 2 बार 7–10 दिन के अन्तराल से छोड़ें।
6. कीटाहारी फंफूद नोमुरीया रिले प्रारंभिक अवस्था की लार्वी पर छिड़कें।

7. 5 प्रतिशत नीम गुडली निचोड़ आवश्यकतानुसार प्रयोग करें।

रासायनिक नियंत्रण

1. सुरक्षित रासायनिक कीटनाशकों को सिफारिशी मात्रा में प्रयोग करें यदि ई टी एल पार करे।
2. मिथाईल पैराथियान 2 प्रतिशत डस्ट को 20 कि/हे डालें या मोनोक्रोटॉफॉस 36 एस एल क्विनालफॉस 25 ई.सी. को 1500 मिली या ट्राईजोफॉस 40 ई.सी. को 800 मिली 700–800 ली पानी में घोलकर छिड़कें।
3. मोनोक्रोटोफॉस 36 एसएल या कार्बरिल को खवल भूसी गुड़ व पानी के साथ विष प्रलोभन का प्रयोग बड़े लार्वी के नियंत्रण हेतु किया जा सकता है।

लाल रोएदार इल्ली (एम्सेक्टा मूराई व ए. एल्बिस्टिगा)

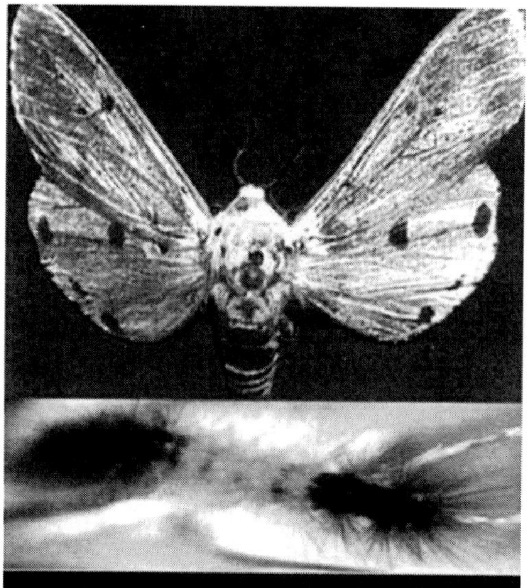

Red Headed Hairy Caterpillar of Groundnut

पहचान एवं निरीक्षण

1. वयस्क दक्षिण पश्चिम मानसून आने के साथ भूमि में से बाहर निकलते हैं।
2. ये हल्के भूरे शलभ होते हैं बड़े होने पर लाल व रोयेदार हो जाते हैं तथा 5 सेमी. तक लंबे होते हैं।
3. मानसून के तत्काल बाद प्रकाश प्रपंच लगाकर पीड़क कीट की चौकसी करें।

क्षति

1. इल्लियां फसल को पत्तीविहीन कर देती हैं क्योंकि ये अधिक खाती हैं और प्रायः एक खेत से दूसरी खेत में फसलों को खाती हुई आगे बढ़ती हैं।

2. करीब 30–40 प्रतिशत खाकर ये प्रायः बिना जुती खेत या फसल नहीं बोये गये क्षेत्र की भूमि में घुसकर शंखी बनाती हैं।

कृषिगत नियंत्रण

1. ग्रीष्म में गहरी जुताई।
2. खरीफ फसल पश्चात खेत में हल चलाएं ताकि शंखी बाहर निकलकर परभक्षी पक्षियों का शिकार बनें।
3. शीघ्र बोनी से कीट क्षति से बचाव होता है।
4. मूंगफली की 5–6 कतार के बाद एक कतार अरण्डी की अन्तरवर्तीय फसल लेवें।
5. फसल चक्र में ज्वार लघु धान्य या मक्का लेवें।
6. वानस्पतिक प्रपंच रतनजोत या आइपोमिया लेने से बडी लार्वी का फैलाव रुक जाता है।
7. एक सिंचाई कर लंबे मध्यकाल के सूखे को रोककर फसल कटने के पूर्व कीट प्रकोप रोका जा सकता है।

यांत्रिक नियंत्रण

1. अधिक क्षतिग्रस्त क्षेत्र में 12 प्रकाश प्रपंच लगाएं या आगजनी करें।
2. प्रकाश प्रपंच मानसून के तत्काल बाद 20–25 दिन के लिए लगाकर वयस्क शलभ को एकत्र कर नष्ट करना अधिक प्रभावी है।
3. खेत में प्रकाश प्रपंच के चारों ओर अण्डा समूहों को एकत्र कर नष्ट करें।
4. 10–12/हे पक्षी शरणगाह बनायें।
5. बोनी के 15–20 बाद दो बार खरपतवार बाहर निकालें।

जैविक नियंत्रण

1. ए–एन पी वी और बेसिलस थुरिन्जियेन्सिस बीटी छिड़के।
2. ब्रेकन हेबेटर 5 हजार/हे 7–10 दिन के अन्तराल से दो बार छोड़ें।
3. प्रमुख परभक्षी जैसे कॉक्सीनेल्ला स्पी. व मीनोकाइलस सेक्समेकुलेटा और परजीवी जैसे कीलोनस स्पी का संरक्षण करें।

4. प्राकृतिक जैव नियंत्रकों को संरक्षण देवें जैसे मकड़ियां, लंबे एन्टेनी वाले टिड्डे, प्रेइंग मेंन्टिड, रॉबर मक्खी, हरा लेस विंग, डेमसल मक्खी, सोन मक्खी, फूल बग, शिलड ग्रब, लेडी बर्ड बीटल, भूमि बीटल, झिंगुर, ईयरबग, ब्रेकोनिड्स, ट्राईकोग्रामा, एन पी वी, हरी मेंस्कार्डिन फंफूद आदि।
5. 5 प्रतिशत नीम गुठली निचोड़ आवश्यकतानुसार प्रयोग करें।
6. अरहर मूंग व सोयाबीन के साथ अन्तरवर्तीय फसल लेने से मकड़ियों की संख्या बढ़ती है।
7. मूंगफली के साथ मक्का मूंग व सोयाबीन की अन्तरवर्तीय फसल लेने से।

रासायनिक नियंत्रण

1. सुरक्षित रासायनिक कीटनाशकों को सिफारिशी मात्रा में प्रयोग करें यदि ई टी एल पार करे।
2. मिथाईल पैराथियान 2 प्रतिशत को 25–30 कि/हे या फनपेलेरेट 0.4 प्रतिशत को 15–20 कि/हे बुरकें।
3. क्विनालफॉस 25 ईसी को 1250 मिली/हे या नूवान 76 प्रतिशत को 500 मिली/हे छिड़कने से पूर्ण विकसित पीड़क कीट नियंत्रित होते हैं।

चने की इल्ली (हेलीकोवर्पा आर्मिजेरा)

Gram Caterpillar of Groundnut

पहचान एवं निरीक्षण

1. शलभ के पंखों की चौड़ाई 40 मिमी व अग्रपंख हल्के भूरे होते हैं।
2. मटमैले अण्डे एक–एक कर छोटी पत्तियों व फूल की कलियों पर दिए जाते हैं।
3. इल्लियां गहरी हरित भूरी होती हैं। वक्ष पर काले धब्बे नहीं होते हैं। भूमि में शंखी बनती है।

4. फेरोमोन प्रपंच से वयस्क नर संख्या की निगरानी करे।

क्षति

1. इल्लियां पत्तियों विशेषकर फूल व कलियां खाती हैं।
2. कोमल पत्ती की कलियां खाने से समान छेद या कट पत्तियां खोलने पर दिखते हैं।

कृषिगत नियंत्रण

1. ग्रीष्मकालीन गहरी जुताई।
2. अरहर की अन्तर्वर्ती फसल, एक कतार प्रति 5–6 लेवे।

यांत्रिक नियंत्रण

फेरोमेन प्रपंच 5/हे की दर से लगाए।

जैविक नियंत्रण

1. प्राकृतिक जैव नियंत्रकों को संरक्षण देवे जैसे मकड़ियां, लंबे एन्टेनी वाले टिड्डे, प्रेइंग मेंन्टिड, रॉबर मक्खी, हरा लेस विंग, डेमसल मक्खी, सोन मक्खी, फूल बग, शिलड ग्रब, लेडी बर्ड बीटल, भूमि बीटल, झिंगुर, ईयरबग, ब्रेकोनिड्स, ट्राईकोग्रामा, एन पी वी, हरी मेंस्कार्डिन फंफूद आदि।
2. ट्राइकोग्रामा कीलोनिस 1 लाख/हे. या क्राईसोपर्ला कार्निया 5 हजार/हे मूंगफली बोने के 40–50 दिन बाद प्रयोग करने से इस कीट की प्रभावशाली रोकथाम की जा सकती है।
3. एच.एन.पी.वी 250 एल.ई या बी.टी. 1 कि.ग्रा/हे या 5 प्रतिशत एन एस के ई के प्रयोग से अण्डे व छोटी इल्लियां की चौकसी होती है।

रासायनिक नियंत्रण

1. सुरक्षित रासायनिक कीटनाशकों को सिफारिशी मात्रा में प्रयोग करें यदि ई टी एल पार करे।
2. एन्डोसल्फान को तिल के तेल के साथ या मोनोक्रोटाफॉस प्रभावी है।
3. क्विनालफॉस 2 मिली या क्लोरोपाइरीफॉस 3 मिली/लीटर पानी में मिलाकर छिड़कें।

रस चूसक खाने वाले

तेला (थ्रिप्स पामी, सिर्टोथ्रिप्स डॉर्सेलिस)

पहचान एवं निरीक्षण

1. ये छोटे कीट फूलों व मुड़ी हुई पत्तियों में रहते हैं।
2. ये करीब 10 मिमी लंबे पीत रंग के व छिपे होते हैं।
3. अण्डे पौधे के नये ऊतक में दिये जाते हैं।
4. निम्फ 15 दिन बाद चार अवस्थाएं पार कर वयस्क बनता है।

क्षति

1. निम्फ व वयस्क पत्तियों को खुरेदकर निकले रस चूसते हैं जिससे पत्तियों की निचली सतह पर सफेद धब्बे पड़ जाते हैं और छोटी पत्तियां टेढ़ी–मेढ़ी हो जाती हैं।
2. अधिक प्रकोप होने पर पौधे बौने रह जाते हैं।
3. थ्रिप्स पामी पीनट बड़े नेक्रोसिस को फैलाता है।

कृषिगत नियंत्रण

1. सहनशील किस्में बोयें जैसे ए एल आर 3 ए रोबट 33.1 ए कादिरी 3 व आई सी जी एस 86031
2. मूंगफली की कुछ लाइनें जैसे 21018 थिप्स प्रतिरोधी हैं।
3. कुछ जीनोटाइप जैसे एन सी ए सी 1705 2230 2232 2240 2242 2243 343 सक्षम पाई गई हैं।

यांत्रिक नियंत्रण

क्षतिग्रस्त पौधे गंभीर होने पर उखाड़कर नष्ट कर देवें।

जैविक नियंत्रण

निम्नलिखित जैविक कीट नियंत्रण साधनों को संरक्षित कर जैव नियंत्रण को प्रोत्साहित किया जा सकता है। जैसे – स्पाइडर (मकड़ी), स्टेफेलिनिड बीटल, ड्रेगन फ्लाई, मिरिड बग, मिनोचिलस, ट्राइकोग्रामा, कोटेसिया (अण्ड परजीवी), प्लेटीगेस्टर, नियानस्टेट्स, हेपिलोगोनोटोपस, एपेन्टेलिस, टिलेनोमस, टेट्रास्टिकस इत्यादि।

रासायनिक नियंत्रण

1. रासायनिक खाद का उपयोग आर्थिक देहली स्तर को पार करने पर ही करें।
2. डायमेथोएट 30 ईसी या मोनोक्रोटोफॉस 36 एस. एल. का 600 मिली 600 लीटर पानी में घोलकर छिड़कें।
3. मोनोक्रोटोफॉस 320 मिली को 1 लीटर नीम तेल और 1 कि साबुन पाऊडर को 200 लीटर पानी में मिलाकर 10 दिन के अन्तराल से दो बार छिड़कें।

एफिड माहू (एफिस क्राक्सीवोरा)

पहचान एवं निरीक्षण

1. यह छोटे आकार 2 मिमी लंबा नाशपती जैसा हरा हरित भूरा या हरित काला होता है।
2. निम्फ गहरे भूरे होकर चमकीले भूरे वयस्क बन जाते हैं।
3. वयस्क प्रायः पंखहीन होते हैं किन्तु कुछ पंखी रूप भी होते हैं।
4. इसकी 12–14 पीढ़ियां प्रति वर्ष होती हैं।

Aphids of Groundnut

क्षति

1. निम्फ व वयस्क कोमल बढ़ते हुए तने पत्तियों व फूलों का रस चूसकर पत्तियों व तने टेढ़े–मेढ़े कर देते हैं और पौधों की वृद्धि नहीं होती है।
2. ये मधु श्राव विसर्जित करते हैं जिस पर काली फंफूद सूटी मोल्ड आकर्षित होने से काली परत जम जाती है।
3. एफिड पीनट स्ट्राइप विषाणु और मूंगफली रोजेट विषाणु रोग फैलाता है।

कृषिगत नियंत्रण

1. फसल की समय पर बोनी करें।
2. गिरनार 1 जैसी किस्में बोये जो घनी रोएदार व कड़ी पत्तियों वाली हो जिसमें एफिड कम लगती है।

यांत्रिक नियंत्रण

पौधे के क्षतिग्रस्त भागों को नष्ट करें।

जैविक नियंत्रण

1. ट्राइकोडर्मा विरिडी से बीजोपचार 4 ग्रा/कि
2. नीम गुठली 5 प्रतिशत निचोड़ पानी में रस चूसक कीटों हेतु छिड़कें।
3. मीनोचिलस सेक्समेकुलेटस 1250/हे. छोड़ें।
4. निम्नलिखित जैविक कीट नियंत्रण साधनों को संरक्षित कर जैव नियंत्रण को प्रोत्साहित किया जा सकता है। जैसे – स्पाइडर (मकड़ी), स्टेफेलिनिड बीटल, ड्रेगन फ्लाई, मिरिड बग, मिनोचिलस, ट्राइकोग्रामा, कोटेसिया (अण्ड परजीवी), प्लेटीगेस्टर, नियानस्टेट्स, हेपिलोगोनोटोपस, एपेन्टेलिस, टिलेनोमस, टेट्रास्टिकस इत्यादि।

रासायनिक नियंत्रण

1. रासायनिक खाद का उपयोग आर्थिक देहली स्तर को पार करने पर ही करें।
2. छोटी फसल पर मोनोक्रोटोफॉस 36 एस एल 600 मिली/हे या डायमेथोएट 30 ईसी 650 मिली/ 600 लीटर पानी/हे डालें।

फुदका (अफिलिओना मैकुलोसा)

पहचान एवं निरीक्षण

Jassids of Groundnut

1. अण्डे पत्तियों के ऊतक में मध्य नस के पास या पत्ती के डन्ठल में दिये जाते हैं।
2. अण्डे एक सप्ताह में फूटते हैं और निम्फ 10 दिन में वयस्क बनता है।
3. अगस्त–सितम्बर और फरवरी मार्च में प्रकोप अधिक होता है।

क्षति

1. निम्फ व वयस्क दोनों पत्तियों के बीच की सतह से रस चूसकर विष्ठा अन्दर छोड़ते हैं जिससे नसें सफेद हो जाती हैं और वी आकार के सफेद धब्बे विशेषकर पत्तियों के सिरे पर बनते हैं।
2. अधिक प्रकोप से फसल पीली और झुलसी हुई दिखती है जिसे हॉपरबर्न कहते हैं।

कृषिगत नियंत्रण

1. समय पर बोनी और स्वच्छ खेती।
2. गिरनार 1 जैसी सहनशील किस्में बोयें।
3. फसल चक्र अपोषक फसल के साथ।
4. पर्ल मिलेट के साथ अन्तरवर्ती फसल।
5. मूंगफली व अरण्डी की अन्तरवर्ती फसल न लेवें क्योंकि इससे प्रकोप बढ़ता है।
6. एक बार सिंचाई कर लंबे मध्य क्रम के सूखे को हटाकर समय से पूर्व फसल कटाई रोक सकते हैं।

यांत्रिक नियंत्रण

क्षतिग्रस्त पौध भागों को एकत्र कर नष्ट करें।

जैविक नियंत्रण

निम्नलिखित जैविक कीट नियंत्रण साधनों को संरक्षित कर जैव नियंत्रण को प्रोत्साहित किया जा सकता है। जैसे – स्पाइडर (मकड़ी), स्टेफेलिनिड बीटल, ड्रेगन फलाई, मिरिड बग, मिनोचिलस, ट्राइकोग्रामा, कोटेसिया (अण्ड परजीवी), प्लेटीगेस्टर, नियानस्टेट्स, हेपिलोगोनोटोपस, एपेन्टेलिस, टिलेनोमस, टेट्रास्टिकस इत्यादि।

रासायनिक नियंत्रण

1. रासायनिक खाद का उपयोग आर्थिक देहली स्तर को पार करने पर ही करें।
2. 0.05 25 ई.सी. क्विनालफॉस या 0.01 मेलाथियॉन का छिड़काव करें।

जड़ व फली भक्षी

ज्वेल भृंग (स्फिनोप्टेरा इंडिका)

Jewel Beetle of Groundnut

पहचान एवं निरीक्षण

1. वयस्क चमकीला भृंग है जो 10 मिमी लंबा व मिमी चौड़ा होता है।
2. अण्डे मुख्य तने पर एक–एक करके दिये जाते है।
3. ग्रब धीरे चलते हैं इनका सिर गोलाकार व शरीर लम्बा तथा चपटा रहता है।
4. शंखी लार्वा के सुरंग में बनता है।

क्षति

1. ग्रब भूमि की सतह के पास तने में छेद करता है और पौधा मर जाता है।
2. क्षतिग्रस्त खेतों में मृत व मरते हुए पौधे दिखते हैं जिन्हें उखाड़ने पर पोले किये गये तने में ग्रब/शंखी दिख सकते हैं।

कृषिगत नियंत्रण

1. सहनशील किस्में बोयें।
2. ग्रीष्मकालीन गहरी जुताई।
3. अच्छा सड़ा जैविक खाद उपयोग करें।

यांत्रिक नियंत्रण

क्षतिग्रस्त तनों को नष्ट करने से कीट संख्या में कमी होगी।

जैविक नियंत्रण

ब्रेकोनिड मक्खी, ट्राइकोग्रामेटिड, एन पी वी हरा मेस्कार्डिन फफूंद का संरक्षण करें।

रासायनिक नियंत्रण

1. सुरक्षित रासायनिक कीटनाशकों को सिफारिशी मात्रा में प्रयोग करें यदि ई टी एल पार करे।
2. कार्बोफ्यूरान दाने को पौधे लगाने की कतार में डालना प्रभावी हो सकता है।
3. कार्बोफ्यूरान को 2.25 कि सक्रिय तत्त्व/हे डालें।

सफेद ग्रब (होलोट्रिकिया कान्सेन्गीनीया)

पहचान एवं निरीक्षण

1. यह बहुभक्षी पीड़क कीट है।
2. वयस्क 18–20 मिमी लम्बा व 7–9 मिमी चौड़ा भृंग है।

White Grub of Groundnut

3. अण्डा सफेद गोलाकार होता है।
4. छोटा ग्रब अर्द्धपारदर्शी सफेद व 5 मिमी लंबा होता है।
5. भृंग मानसून आने के 3–4 दिन बाद भूमि में से निकलते हैं।
6. मानसून आते ही प्रकाश प्रपंच लगाकर भृंग संख्या रोज गिनें।

क्षति

1. ग्रब व वयस्क दोनों क्षति पहुचांते हैं।
2. ग्रब जड़ों व फलियों को खाता है।
3. ग्रब छोटी–छोटी जड़ों को खाता है जिससे पहले वे सूखे पौधे होकर कुछ हिस्सों में मर जाते हैं।

कृषिगत नियंत्रण

1. ग्रीष्म में गहरी जुताई।
2. सदा अच्छा सड़ा जैविक खाद डालें। कच्चे खाद में भृंग आकर्षित होते हैं।
3. अन्य पोषक पौधे निकाल देवें और कुछ बहुत पंसदीदा पोषक वृक्ष रहने दें ताकि इन पर भृंग एकत्र हों।
4. ज्वार/पर्ल धान्य या मक्का के साथ फसल चक्र लेवें।

यांत्रिक नियंत्रण

खेत के चारों ओर के पोषक वृक्षों से भृंग एकत्र कर नष्ट कर देवें।

जैविक नियंत्रण

ब्रेकोनिड मक्खी, ट्राइकोग्रामेटिड, एन पी वी हरा मेस्कार्डिन फफूंद का संरक्षण करें।

रासायनिक नियंत्रण

1. रासायनिक खाद का उपयोग आर्थिक देहली स्तर को पार करने पर ही करें।
2. छिड़काव एक सामुदायिक कार्य के रूप में करें और प्रत्येक वर्षा के बाद मध्य जुलाई तक दोहराना चाहिए।
3. खेत के पास के वृक्षों पर क्लोरीपाइरीफॉस 20 ईसी को 2 मिली/ली पानी की दर से प्रथम मानसून बौछारों के तुरन्त बाद छिड़काव कर दें।

मूंगफली बुकिड (करीयेडॉन सेर्रेटस)

पहचान एवं निरीक्षण

1. वयस्क करीब 4–7 मिमी लम्बा व 5 मिमी चौड़ा व बड़े पिछले पैरों वाला एक भूरा भृंग है।
2. अण्डे दूधिया सफेद रंग के होते हैं।

क्षति

1. लार्वा फलियों में छेदकर बीज खाता है।
2. क्षति की पहचान ग्रब द्वारा फली में शंखी बनने के पूर्व खिड़की बनाई दिखती है जिससे वयस्क बाहर आसानी से निकलें।

कृषिगत नियंत्रण

1. फलियों को सुखायें ताकि बीज की मध्यम नमी स्तर करीब 7 प्रतिशत रहे।
2. फलियों को पोलीथीन लाइन वाले बोरों में भंडारण करे।
3. बोरों के मुंह बंद या सिलाई नहीं करे अकुंरण में हानि न हों।
4. टूटन नहीं होना देवें। टूटे बीज लंबे समय तक भंडारण नहीं करें।

5. ए बी सी जैसे अक्रिय पदार्थ बुरकें।

रासायनिक नियंत्रण

1. रासायनिक खाद का उपयोग आर्थिक देहली स्तर को पार करने पर ही करें।
2. फलियों में ए बी सी डस्ट 5 ग्राम/कि मिलाने से एक वर्ष तक ब्रुकिड प्रकोप नहीं होता है।
3. बीज हेतु रखी फलियों को थिरम 3 ग्राम/कि से उपचारित करने से एक वर्ष तक यह कीट नहीं लगता है।
4. एल्यूमीनियम फास्फाइड के ध्रुमण 3 ग्राम गोली/40 कि. मूंगफली से इस कीट का प्रभावी नियंत्रण होता है।

   अ. **माँहू, थ्रिप्स एवं सफेद मक्खियाँ** – इनके लिये इमिडाक्लोप्रिड 17.6 एस.एल. का 125 मिली./हे. अथवा डाई मिथोएट 30 ई.सी. का 650 मिली./हे. का छिड़काव करना चाहिए।

   ब. **लीफ माइनर** – क्लोरोपायरीफास 20 ई.सी. का 700 मिली. या प्रोफेनोफास 1000 मिली./हे. छिड़काव करें।

   स. **लाल बालों वाली इल्ली** – मिथाइल पेराथियान 2 प्रतिशत चूर्ण का 25 से 30 किग्रा./हे. प्रारंभिक अवस्था में भुरकाव या प्रोफेनोफास 1000 मिली./हे. के मान से छिड़काव करें।

   द. **सफेद सूंडी** – इनसे बचाव हेतु निम्नलिखित उपाय करें।

      क. मिट्टी में छिपे भृंगों को बाहर लाने के लिए मई–जून के महीने में खेत की दो बार जुताई करना चाहिए।

      ख. अगेती बुवाई 10–20 जून के बीच करनी चाहिये।

      ग. समस्या वाले क्षेत्रों की मिट्टी में फिप्रोनिल 0.3 जी की 25 किग्रा./हे. या कारबोफ्यूरान 3 जी की 25 किग्रा./हे. की दर से डालना चाहिए।

      घ. बीज को फफूंदनाशक उपचार के बाद क्लोरोपायरीफास 20 ई.सी. दवा से 6 मिली./किग्रा. बीज की दर से बीज उपचार कर छाया में सुखा लेना चाहिए। इसके बाद बोनी करनी चाहिए।

2. प्रमुख रोग

Early Leaf Spot

1. पर्ण दाग/रतुआ रोग

बोने के 4–5 सप्ताह से प्रारंभ कर 2–3 सप्ताह के अंतर से दो या तीन बार बावीस्टीन 0.05 प्रतिशत तथा डायथेन एम.–45 का 0.2 प्रतिशत का छिड़काव करना चाहिए।

2. कालर सड़न शुष्क जड़ सड़न

बीज को 5 ग्राम थायरम अथवा 3 ग्राम डायथेन एम.–45 या 2 ग्राम बावीस्टीन/किग्रा. बीज दर से उपचारित करें।

कटाई एवं भंडारण (Harvesting and Storage)

जैसे ही फसल पीली पड़ने लगे तथा प्रति पौधा 70–80 प्रतिशत फली पक जावे, उस समय पौधों को उखाड़ लेना चाहिये। फलियों को धूप में इतना सुखाना चाहिये कि नमी 8–10 प्रतिशत रह जाये। तभी बोरों में रखकर नमी रहित स्थान पर भण्डारण करें। बोरियाँ रखने के बाद उन पर मेलाथियान दवा का छिड़काव करना चाहिये।

उपज (Yield)

मूंगफली की उन्नत उत्पादन तकनीक से खेती करने एवं समय पर पर्याप्त वर्षा होने पर खरीफ में मूंगफली की उपज लगभग 15–20 क्विंटल/हेक्टेयर तक प्राप्त होती है।

●●●

अध्याय 3

सोयाबीन

वानस्पतिक नाम (Botanical Name) – **ग्लाइसिन मेक्स (Glycine Max L. Merril)**

कुल (Family) – **लेग्यूमिनेसी (Leguminaceac)**

सोयाबीन भारत की एक मुख्य तिलहनी फसल है। भारत में यह नई तिलहनी फसल है। सोयाबीन अमेरिका तथा अन्य कई देशों में वनस्पति तेल उत्पादन का एक प्रमुख स्रोत है। सोयाबीन दलहनी वर्ग की एक प्रमुख तिलहनी फसल है। आजकल सोयाबीन का स्थान भारतीय कृषि में मुख्य फसलों में सम्मिलित हो गया है। इसका प्रयोग हमारे देश में, प्रोटीन व तेल की अधिक मात्रा होने के कारण विभिन्न प्रकार के घरेलू और औद्योगिक कार्यों में किया जाता है। सोयाबीन की खली और भूसा जानवरों एवं मुर्गियों के लिए एक उत्तम भोजन है। सोयाबीन में 42% प्रोटीन, 22% वसा तथा 30% तक कार्बोहाइड्रेट पाया जाता है।

उत्पत्ति एवं इतिहास (Origin and History)

अधिकांश वैज्ञानिकों के अनुसार सोयाबीन का उत्पत्ति एवं जन्म स्थान पूर्वी एशिया तथा चीन है। चीन के प्राचीन साहित्य (Materia Medica) में भी सोयाबीन के पौधे का वर्णन किया गया है। चीन में 5000 ई.पू. से सोयाबीन की खेती के प्रमाण मिले हैं।

क्षेत्रफल एवं वितरण (Area and Distribution)

विश्व में सर्वाधिक क्षेत्र एवं उत्पादन की दृष्टि से अमेरिका प्रथम स्थान पर हैं। भारत, अर्जेन्टाइना, ब्राजील एवं चीन में भी इसकी खेती प्रमुखता से होती है।

भारत में सोयाबीन की खेती मुख्यतः मध्यप्रदेश, महाराष्ट्र एवं राजस्थान में की

जाती है। मध्यप्रदेश में देश के कुल क्षेत्रफल एवं उत्पादन का 50 प्रतिशत भागीदारी के साथ मध्यप्रदेश को सोयाबीन राज्य कहा जाता है।

तालिका क्रं. 9. विश्व के प्रमुख देशों में सोयाबीन का क्षेत्र, उत्पादन एवं उपज (वर्ष 2007-08 से 2011-12 का औसत)

प्रमुख देश	क्षेत्रफल (लाख हे.)	उत्पादन (लाख टन)	उपज (किग्रा./हे.)
संयुक्त राष्ट्र अमेरिका	295.784	837.602	2832
ब्राजील	221.716	637.215	2874
अर्जेंटाइना	172.064	452.541	2630
चीन	86.474	145.640	1684
भारत	95.675	111.576	1166
कुल योग	**967.666**	**2400.345**	**2441**

तालिका क्रं. 10. देश के विभिन्न राज्यों में सोयाबीन का क्षेत्रफल उत्पादन एवं उपज (2016-17)

राज्य	क्षेत्रफल (लाख हे.)	समस्त भारत का %	उत्पादन (लाख टन)	समस्त भारत का %	उपज (किग्रा./हे.)
मध्यप्रदेश	54.0	48.30	66.5	50.53	1231
महाराष्ट्र	38.4	34.35	45.9	34.86	1194
राजस्थान	10.6	9.44	11.3	8.60	1072
तेलंगाना	2.8	2.48	3.2	2.45	1162
कर्नाटक	3.2	2.84	2.40	1.80	745
गुजरात	1.2	1.07	0.90	0.65	717
अन्य	1.7	1.52	1.50	1.11	–
भारत	**111.8**	**100.00**	**131.6**	**100.00**	**1177**

जलवायु (Climate)

सोयाबीन की फसल 650 से 900 मि.मी. वार्षिक वर्षा वाले स्थानों पर सफलतापूर्वक की जाती है। फसल अंकुरण के समय 32–35 डिग्री सेण्टीग्रेड तापक्रम उपयुक्त रहता है। फूल एवं फलियां भरते समय भूमि में नमी होना आवश्यक है, अन्यथा उपज में भारी कमी होती है। बहुत अधिक तापक्रम होने पर भी सोयाबीन की वृद्धि एवं विकास पर प्रतिकूल असर पड़ता है। फलियां पकते समय वर्षा होने से उपज एवं गुणवत्ता में कमी हो जाती है।

भूमि एवं भूमि की तैयारी (Soil and Soil Preparation)

सोयाबीन की खेती अधिक हल्की, रेतीली व हल्की भूमि को छोड़कर सभी प्रकार की भूमि में सफलतापूर्वक की जा सकती है, परन्तु पानी के निकास वाली चिकनी दोमट भूमि सोयाबीन के लिए अधिक उपयुक्त होती है। पानी रुकने की जगह पर सोयाबीन की खेती न करें।

ग्रीष्मकालीन गहरी जुताई कम से कम तीन वर्ष में एक बार अवश्य करें। वर्षा प्रारंभ होने पर 2 या 3 बार बखर तथा पाटा चलाकर खेत को तैयार कर लेना चाहिए। इससे हानि पहुँचाने वाले कीटों की सभी अवस्थायें नष्ट हो जाती हैं। ढेला रहित व भुरभुरी मिट्टी वाले खेत सोयाबीन के लिए उत्तम होते हैं। खेत में पानी भरने से सोयाबीन की फसल पर प्रतिकूल प्रभाव पड़ता है, अतः अधिक उत्पादन के लिए खेत में जल निकासी की व्यवस्था करना अत्यावश्यक है। जहां तक संभव आखिरी बखरनी एवं पाटा समय से करें जिससे अंकुरित खरपतवार नष्ट हो सकें। संभव हो तो रिज एवं फरो बनाकर सोयाबीन की बुवाई करें।

बीज दर (Seed Rate)

1. छोटे दाने वाली किस्में – 65 किग्रा./हेक्टेयर
2. बड़े दाने वाली किस्में – 75 किग्रा./हेक्टेयर

बोने का समय (Sowing Time)

जून के अंतिम सप्ताह से जुलाई के प्रथम सप्ताह तक का समय सबसे उपयुक्त होता है। बोने के समय अच्छे अंकुरण हेतु भूमि में 10 सेमी. गहराई तक नमी होनी चाहिए। जुलाई के प्रथम सप्ताह के पश्चात् बीज दर 5–10 प्रतिशत बढ़ा देनी चाहिए।

तालिका क्रं. 11. सोयाबीन की प्रमुख उन्नतशील जातियां (Improved Varieties)

जाति	पकने की अवधि (दिन)	उपज (क्विं/हे.)	अनुसंशित क्षेत्र	विशेषताएं
जे. एस. 71–05	90–97	20–24	मध्यप्रदेश	बेल्टीरियम पस्चून, माइरोथीयम, एन्थ्रेक्नोज, विषाणु रोग, तना मक्खी एवं गर्डल बीटल के प्रति सहनशील
जे. एस. 335	95–100	20–24	मध्यप्रदेश, महाराष्ट्र, राजस्थान, गुजरात एवं बुन्देलखंड क्षेत्र में अच्छा प्रदर्शन	बैंगनी रंग का फूल, पूर्वी एवं दक्षिणी राज्यों में बेल्टीरियम पस्चून, रोग हेतु प्रतिरोधक
जे. एस. 93–05	90–95	25–30	उपरोक्तानुसार	चार दाने वाली जाति, प्रमुख कीट एवं बीमारियों के प्रति सहनशील
जे. एस. 90–41	87–98	25–30	मध्यप्रदेश	मुख्य रोगों के प्रति सहनशील, चार दानों वाली जाति।
जे. एस. 80–21	105–110	25–30	मध्यप्रदेश, महाराष्ट्र, राजस्थान, गुजरात एवं बुन्देलखंड क्षेत्र	पत्ती खाने वाले कीटों के प्रति प्रतिरोधक

जाति	पकने की अवधि (दिन)	उपज (क्विं/हे.)	अनुसंशित क्षेत्र	विशेषताएं
एन.आर.सी.–7 (अहिल्या–3)	90–95	25–35	मध्यप्रदेश	बेल्टीरियम ब्लाईट के प्रति सहनशील, बैंगनी रंग का फूल
एन.आर.सी.–7 (अहिल्या–4)	96–102	35–40	मध्यप्रदेश, महाराष्ट्र, राजस्थान, विदर्भ, मराठवाड़ा, बुन्देलखंड क्षेत्र	सफेद फूल, पीला विषाणु रोग, प्रमुख कीट व बीमारियों के प्रति प्रतिरोधक
पी.के.–472	104–106	20–30	उत्तरी मैदानी एवं मध्यक्षेत्र	बेक्टरियमपरचून एवं पीला विषाणु रोग हेतु प्रतिरोधक
हरा सोया (HIMSO 1563)	108–125	15–20	हिमाचल प्रदेश एवं उत्तराचंल	सफेद फूल, दाना हरा
इन्दिरा सोया–9	100–106	22–23	मध्यप्रदेश, प. बंगाल, आसाम, बिहार, झारखंड, मेघालय, सिक्किम, अरुणाचल प्रदेश, नागालैण्ड, त्रिपुरा	गेरुआ रोग के प्रति प्रतिरोधी
एम.ए.सी.एस.–57	85–100	25–30	महाराष्ट्र	रबी एवं गर्मी दोनों के लिए

जाति	पकने की अवधि (दिन)	उपज (क्विं/हे.)	अनुसंशित क्षेत्र	विशेषताएं
एम.ए.सी.एस.–58	90–100	25–30	मध्यक्षेत्र	पीला, विषाणु रोग के प्रति सहनशील
पूसा–22	110–120	25–30	उत्तरी दिल्ली क्षेत्र, कुछ मध्य क्षेत्रों के लिए	बेक्टीरियम परचुन रोग के प्रति प्रतिरोधक
पूसा–40	95–100	25–30	दक्षिणी क्षेत्र	बैंगनी रंग का फूल
वी.एल. सोया–1	110–113	20–25	उत्तरप्रदेश, उत्तरांचल	सफेद फूल
आर.वी.एस. 2001–4	25–27	92–95	मध्यप्रदेश	अण्डाकार, दाना पीले रंग का
आ.वी.एस. 2001–18	23–25	92–94	मध्यप्रदेश	पीला मोजेक, चारकोल सड़न, झुलसा जीवाणु आदि के लिए प्रतिरोधी
आर.वी.एस. 2002–4	19–20	94–96	म.प्र.,छ.ग., महाराष्ट्र, गुजरात, उ.प्र. व राज.	प्रमुख कीट एवं बीमारियों के प्रति सहनशील
आर.वी.एस. 2007–6	20–21	98–100	म.प्र., छ.ग., महाराष्ट्र, गुजरात, उ.प्र. व राज.	प्रमुख कीट एवं बीमारियों के प्रति सहनशील
आई.एस.–130	15–17	91–93	म.प्र.,छ.ग., महाराष्ट्र, गुजरात, उ.प्र. व राज.	चारकोल रोट रोग के लिए सहनशील

जाति	पकने की अवधि (दिन)	उपज (क्विं/हे.)	अनुसंशित क्षेत्र	विशेषताएं
एम.आर.सी.–127	20–21	100–102	म.प्र.,छ.ग., महाराष्ट्र, गुजरात, उ.प्र. व राज.	चारकोल रोट एवं पीला रोग के प्रति प्रतिरोधी
जे.एस. 20–34	20–21	85–88	म.प्र.,छ.ग., महाराष्ट्र, गुजरात, उ.प्र. व राज.	चारकोल रोट के प्रति सहनशील
जे.एस. 20–69	18–20	100–102	म.प्र.,छ.ग., महाराष्ट्र, गुजरात, उ.प्र. व राज.	चारकोल रोट एवं पीला रोग हेतु सहनशील
एम.ए.सी.एस.–1460	22–24	89–90	दक्षिणी महाराष्ट्र, कर्नाटक, तेलंगाना, बिहार, आन्ध्र प्रदेश, तमिलनाडु, प. बंगाल, झारखंड	गेरुआ रोग के प्रति सहनशील
पी.एस.–1556	22–23	125–130	हिमाचल प्रदेश एवं उत्तराखंड	पीला विषाणु एवं बेक्टीरियम परचून रोग के लिए प्रतिरोधी
वी.एल.एस.–89	22–23	120–125	उपरोक्तानुसार	पत्ती खाने वाले कीटों के प्रति प्रतिरोधी

पौध संख्या (Plant Population)

4–6 लाख पौधे प्रति हेक्टेयर पौध संख्या उपयुक्त है। असीमित बढ़ने वाली किस्मों के लिए 4 लाख एवं सीमित वृद्धि वाली किस्मों के लिए 6 लाख पौधे प्रति हेक्टेयर होना चाहिए।

बोने की विधि (Sowing Method)

सोयाबीन की बोनी कतारों में करना चाहिए। कतारों की दूरी बौनी किस्मों के लिए 30 सेमी. तथा बड़ी किस्मों के लिए 45 सेमी. होनी चाहिए। 20 कतारों के बाद एक कूड़ जल निथार तथा नमी संरक्षण के लिए खाली छोड़ देना चाहिए। बीज 2.5–3 सेमी. गहराई तक बोयें। बीज एवं खाद को अलग–अलग बोना चाहिए ताकि अंकुरण क्षमता प्रभावित न हो।

बीज उपचार (Seed Treatment)

सोयाबीन के अंकुरण को बीज तथा मृदा जनित रोग प्रभावित करते हैं। इसकी रोकथाम हेतु बीज को थीरम या केप्टान 2 ग्राम, कार्बेन्डाजिम 1 ग्राम मिश्रण प्रति किग्रा. बीज की दर से उपचारित करना चाहिए, अथवा ट्राइकोडरमा 4 ग्राम कार्बेनजिम 2 ग्राम प्रति किग्रा. बीज से उपचारित करके बोयें।

कल्चर का उपयोग (Use of Culture)

फफूँदनाशक दवाओं से बीजोपचार के पश्चात् बीज को 5 ग्राम राइजोवियम एवं 5 ग्राम पी.एस.बी. कल्चर प्रति किग्रा. बीज की दर से उपचारित करें। उपचारित बीज को छाया में रखें तथा शीघ्र बोनी करें। ध्यान रहे कि फफूँदनाशक दवा एवं कल्चर को एक साथ न मिलायें।

समन्वित पोषण प्रबंधन (Integrated Nutrient Management)

अच्छी सड़ी हुई गोबर की खाद, 20 टन प्रति हेक्टेयर अंतिम बखरनी के समय खेत में अच्छी तरह से मिला दें तथा बोते समय 20 किग्रा. नत्रजन, 60 किग्रा. स्फुर, 20 किग्रा. पोटाश एवं 20 किग्रा. गंधक प्रति हेक्टेयर के हिसाब से खेत में डालें। यह मात्रा मिट्टी परीक्षण के आधार पर घटाई या बढ़ाई जा सकती है यथा संभव नाडेप, फास्फो कम्पोस्ट के उपयोग को प्रथमिकता दें। रासायनिक उर्वरकों

को कूंडों में लगभग 5–6 सेमी. की गहराई पर डालें। गहरी काली मिट्टी में जिंकसल्फेट 50 किग्रा./हेक्टेयर एवं उथली मिट्टी में 25 किग्रा./हेक्टेयर की दर से 5–6 फसलें लेने के बाद उपयोग करना चाहिए।

खरपतवार प्रबन्धन (Weed Management)

फसल के प्रारम्भिक 30 से 40 दिनों तक खरपतवार नियंत्रण बहुत आवश्यक होता है। बतर आने पर डोरा या कुल्फा चलाकर खरपतवार नियंत्रण करें व दूसरी निंदाई अंकुरण होने के 30–45 दिन बाद करें।

तालिका क्रं. 12. सोयाबीन में शाकनाशियों द्वारा खरपतवार प्रबंधन

शाकनाशी	प्रयोग का समय	उपयोग की मात्रा		अभियुक्ति
		सक्रिय तत्व (ग्रा./हे.)	व्यापारिक उत्पाद कि.ग्रा. या ली./हे.	
1. ट्राईफ्लुरेलिन 48 ई.सी.	अंतिम बखरनी पूर्व छिड़ककर मिट्टी में मिलायें+एक निंदाई गुड़ाई 25–30 दिन बोनी उपरांत	1000	2.5 लीटर	सभी वार्षिक घासें एवं कुछ चौड़ी पत्ती खरपतवारों का नियंत्रण।
2. फ्लूक्लोरालिन 48 ई.सी.	अंतिम बखरनी पूर्व छिड़ककर मिट्टी में मिलायें	1000	2.25 लीटर	सभी वार्षिक घासें एवं कुछ चौड़ी पत्ती खरपतवारों का नियंत्रण।
3. पेन्डीमिथलिन 30 ई.सी.	अंकुरण पूर्व (0–3 दिन बोनी उपरांत)	1000	3.3 ली.	सभी वार्षिक घासें एवं कुछ चौड़ी पत्ती खरपतवारों का नियंत्रण।
4. मेट्रीब्युजिन 70 डब्ल्यू.पी.	उपरोक्तानुसार	500	0.5–0.75 किग्रा.	सभी वार्षिक घासें व कुछ चौड़ी पत्ती वाले खरपतवारों का नियंत्रण
5. ऑक्सीडायजॉन 25 ई.सी.	उपरोक्तानुसार	500	2.0 ली.	सभी वार्षिक घासें एवं कुछ चौड़ी पत्ती खरपतवारों का नियंत्रण।
6. फिनॉक्साप्रॉप 10 ई.सी.	20–25 दिन बोनी उपरांत	80–100	1.0 ली.	वार्षिक घासों का प्रभावी नियंत्रण।

शाकनाशी	प्रयोग का समय	उपयोग की मात्रा		अभियुक्ति
		सक्रिय तत्व (ग्रा./हे.)	व्यापारिक उत्पाद कि.ग्रा. या ली./हे.	
7. फिनॉक्साप्रॉप 10 ई.सी. + क्लोरीम्यूरान 20 डब्ल्यू. पी.	20–25 दिन बोनी उपरांत	80–100 + 0.006	0.860 ली. 0.036 किग्रा.	चौड़ी एवं संकरी पत्ती के खरपतवारों का प्रभावी नियंत्रण
8. इमेजाथापायर 10 एस.एल.	15–20 दिन बोनी उपरांत	100	1.0 ली.	चौड़ी एवं संकरी पत्ती के खरपतवारों का प्रभावी नियंत्रण
9. इमेजाथापायर+ इमेजा–माक्स 70 डब्ल्यू.पी.	15–20 दिन बोनी उपरांत	70	0.100 किग्रा.	सभी चौड़ी एवं संकरी पत्ती के खरपतवारों का प्रभावी एवं कम लागत में नियंत्रण।
10. क्यूजालोफॉप ईथाइल क्लोरीम्यूरान ईथाइल	20–25 दिन बोनी उपरांत	30–40	0.12–0.16 ली.	चौड़ी एवं संकरी पत्ती खरपतवारों का नियंत्रण
11. ऐसीक्लोरफेन सोडियम 16.5% + क्लोडिनाफाप 8% (यूडोरा)	20–25 दिन बोनी उपरांत	250	1.0 किग्रा.	मुख्यतः घास एवं चौड़ी पत्ती वाले खरपतवारों का प्रभावी नियंत्रण।
12. डायक्लोसुलम (स्ट्राँआर्म)	बोनी के तुरंत बाद	–	0.026 ग्राम	समस्त वार्षिक घास एवं चौड़ी पत्ती वाले खरपतवारों का प्रभावी नियंत्रण
13. हेलाक्सीफॉप 10 ई.सी. गैलेंट	बोनी के 15–20 दिन उपरांत	100	1.0 ली.	चौड़ी व संकरी पत्ती वाले समस्त खरपतवारों का नियंत्रण।
14. क्विजेलफॉप ईथाईल	15–20 दिन बोनी उपरांत	50	1.0 लीटर	केवल संकरी पत्ती वाले खरपतवारों का नियंत्रण।

सिंचाई एवं जल प्रबन्धन (Irrigation and Water Management)

खरीफ मौसम की फसल होने के कारण सामान्यतः सोयाबीन को सिंचाई की आवश्यकता नहीं होती है। फलियों में दाना भरते समय यदि खेत में पर्याप्त नमी न हो तो आवश्यकतानुसार एक या दो हल्की सिंचाई करना सोयाबीन की भरपूर फसल लेने के लिए लाभदायक होता है।

सोयाबीन के प्रमुख कीट

Girdle Beetle of Soybean

सोयाबीन की चक्र भृंग

पहचान

इस कीट की इल्ली हल्का पीलापन लिये सफेद रंग की कोमल पादविहीन होती है तथा इसके शरीर पर उभार पाये जाते हैं। इस कीट के वयस्क पीले भूरे रंग के 7–10 मि.मी. लम्बे होते हैं तथा उनके शरीर पर नुकीली कंटिकायें होती हैं। इनकी मादा नर से आकार में बड़ी होती हैं।

क्षति लक्षण

इस कीट की वयस्क मादा भृंग मुख्य तने अथवा डंठल में दो समानान्तर चक्र बनाती हैं तथा निचले चक्र से कुछ ऊपर तीन छेद एक–दूसरे के समानान्तर बनाती हैं एवं बीच वाले छेद में अण्डे देती हैं। एक मादा लगभग 8 से 72 अंडे देती है। अण्डे से निकलने वाली इल्ली तने के अंदर गूदे को खाकर पूरी तरह खोखला कर देती है जिससे पत्तियां पूरी तरह सूख जाती हैं और ग्रसित पौधा अलग से सूखा दिखलाई देता है। इस प्रकार इस कीट द्वारा ग्रसित पौधो की उपज कम हो जाती है। इल्लियां तने या उसके टुकडों में अक्टूबर से जून या जुलाई तक सुप्तावस्था में बनी रहती हैं। यह सुप्तावस्था मानसून आते ही जून या जुलाई में पहली वर्षा के साथ खत्म होती है।

प्रबंधन

1. खेत की ग्रीष्मकालीन गहरी जुताई करें एवं आवश्यक फसल चक्र अपनायें।
2. सोयाबीन की बुवाई जुलाई के प्रथम पखवाड़े तक कर लेनी चाहिए।
3. खेतों में प्रति हेक्टेयर 3–4 प्रकाश प्रपंच का शाम को 8 से 11 बजे तक उपयोग करना चाहिए।
4. बीज की मात्रा ज्यादा रखें तथा ग्रसित पौधों, पत्तियों व तनों को तोड़कर नष्ट करें।
5. खेतों में सोयाबीन की 6 लाइन बीजाई करने के बाद एक लाईन ट्रेप क्रॉप के रूप में ढेंचा या मक्का की बीजाई करें।
6. जैविक नियंत्रण के अंतर्गत बेवेरिया बेसियाना 1 ली./हे. का छिड़काव बुवाई के 30 दिन के बाद करें।
7. कीटनाशक क्यूनालफॉस 25 ई.सी. 1.25–1.5 ली./हे. या ट्राइजोफॉस 40 ई.सी. 1 ली./हे. या इथोफेनप्रोक्स 10 ई.सी. 1 ली./हे. या मिथोमिल 1 ली./हे. आदि कीटनाशकों में किसी एक का छिड़काव 500 ली. पानी के घोल बनाकर 40–45 दिन की अवस्था पर करें।

सोयाबीन की हरी अर्धकुंडलक इल्ली (कुबड़ा कीट)

क्षति लक्षण

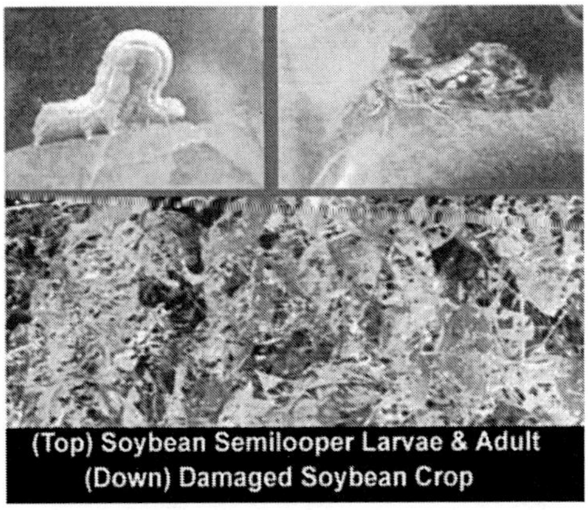

(Top) Soybean Semilooper Larvae & Adult
(Down) Damaged Soybean Crop

इस कीट की केवल सूंडी ही पौधे को नुकसान पंहुचाती है। अण्डों से सूंडियां निकलने के बाद पत्तियों को खुरच कर खाती हैं, सूंडियों द्वारा पत्तियों के खाए हुये भाग पर सफेद झिल्ली ही रह जाती है। बड़ी होने पर ये सूंडियां पत्तियों में विभिन्न आकार के छेद बनाती हुई खाती हैं जिससे पत्तियों मे केवल मध्य शिरा एवं अन्य शिराऐं ही रह जाती हैं। इल्लियां फूलों एवं फलियों को भी नुकसान पहुंचाती हैं। पत्तियों की अनुपस्थिति में पौधे अपना भोजन

संश्लेषण नहीं कर पाते हैं और पौधा शीघ्र ही मुरझा जाता है। इस कीट का प्रकोप अगस्त–सितम्बर से आरंभ होता है जो फसल के पकने तक रहता है।

प्रबंधन

1. खेत की ग्रीष्मकालीन गहरी जुताई करें।
2. खेतों में प्रति हेक्टेयर 3–4 प्रकाश प्रपंच का शाम को 8 से 11 बजे तक उपयोग करना चाहिए।
3. फसलों के बीच–बीच में प्रति हेक्टेयर 25 बर्ड पर्चर (पक्षी बैठक) लगायें या लकड़ी गाड़कर रस्सी की सहायता से पक्षी टिकान बनाऐं।
4. खेतों में अण्डे दिखाई देते ही अण्ड परजीवी ट्राइकोग्रामा स्पी. के 50000 अण्डे प्रति हेक्टेयर की दर से 15 दिन के अंतराल पर फसलों पर लगाऐं।
5. जैविक नियंत्रण के अंतर्गत बेवेरिया बेसियाना 1 ली./हे. का छिड़काव बुवाई के 30 दिन की बाद अवस्था पर करें।
6. सूंडियों का कृमिकोष में रूपान्तरण होने पर कृमिकोष परजीवी जैन्थोस ब्रुचीयम खेतों मे छोड़ें, खेतों में क्राइसोपा, बर्ड आदि का ज्यादा से ज्यादा संरक्षण करें जो इस कीट पर परभक्षी है।
7. इस कीट के प्रबंधन के लिए खड़ी फसल पर प्रति हेक्टेयर 1 ली. क्यूनालफॉस 25 ई.सी या 1 ली. प्रोफेनोफॉस 50 ई.सी. या 400–500 मिली. लैम्बडासायहेलोथ्रिन 5 ई.सी. आदि कीटनाशकों में से किसी एक का छिड़काव करें।

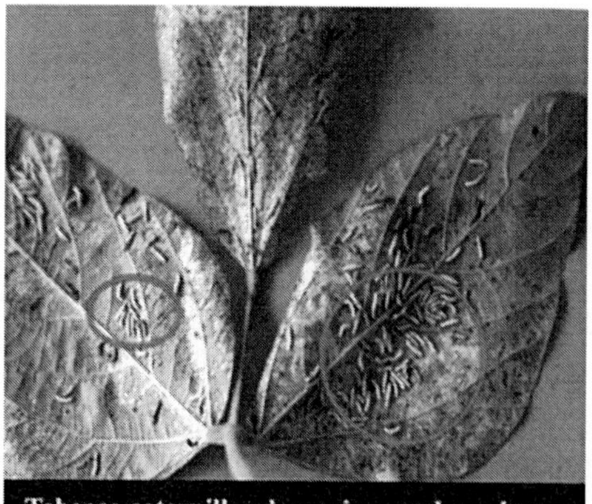

Tobacco caterpillar damaging soybean leaves

तम्बाकू की सूंडी

पहचान

इस कीट की इल्लियां भूरा या काला रंग लिये होती हैं, जिनके उदर पर प्रथम एंव अंतिम खण्डों में काले रंग के धब्बे होते है। वयस्क कीट अग्र पंखो पर धब्बों से पहचाने जाते हैं जो सुनहरे भूरे रंग के होते हैं।

क्षति लक्षण

प्रारंभिक अवस्था में छोटी इल्लियां समूह में रहकर पर्ण हरित को खुरच कर खाती हैं, विकसित होने के पश्चात् ये खेत में फैलकर पौधों की पत्तियों को कुतर–कुतर कर खाकर नष्ट करती हैं। ज्यादा उग्र अवस्था में पूर्ण विकसित इल्लियां फलियां आने पर नरम फलियों को खाकर तथा कड़ी फलियों को छेद कर दानों को भी नुकसान पहुंचाती है।

प्रबंधन

1. खेत की ग्रीष्मकालीन गहरी जुताई करें।
2. खेतों में प्रति हेक्टेयर 3–4 प्रकाश प्रपंच का शाम को 8 से 11 बजे तक उपयोग करना चाहिए।
3. फसलों के बीच–बीच में प्रति हेक्टेयर 25 बर्ड पर्चर (पक्षी बैठक) लगाये या लकड़ी गाड़कर रस्सी की सहायता से पक्षी टिकान बनाऐं।
4. तम्बाकू की इल्ली की निगरानी हेतु 20 फेरोमोन ट्रेप/हे. की दर से खेत में 30 दिन की अवस्था पर लगायें।
5. खेतों में अण्डे दिखाई देते ही अण्ड परजीवी ट्राइकोग्रामा स्पी. के 50000 अण्डे प्रति हेक्टेयर की दर से 15 दिन के अंतराल पर फसलों पर लगाऐं।
6. जैविक नियंत्रण के अंतर्गत बेवेरिया बेसियाना 1 ली./हे. का छिड़काव बुवाई के 30 दिन की बाद अवस्था पर करें।
7. सांयकालीन एन.पी.व्ही. (न्यूक्लियर पोलीहेड्रोसिसि वायरस) की एस.एन.पी. व्ही. स्ट्रेन की 300 एल.ई. मात्रा को प्रति हेक्टेयर छिड़काव करें, अच्छे परिणाम हेतु छिड़काव करते समय घोल में टिपॉल 0.1 प्रतिशत या गुड़ का 0.5 प्रतिशत घोल मिलाने पर वायरस पत्तियों की सतह पर अच्छी तरह से चिपक सकता है।
8. खड़ी फसल पर प्रति हेक्टेयर 1 किग्रा. बी.टी. (बैसिलस थ्यूरिनजन्सिस) का छिड़काव करे जो इस कीट में रोगजनक है अर्थात इस कीट में रोग फैलाकर उन्हें खत्म कर देता है।
9. इस कीट के प्रबंधन के लिए खड़ी फसल पर प्रति हेक्टेयर 1 ली. क्यूनालफॉस 25 ई.सी या 1 ली. प्रोफेनोफॉस 50 ई.सी. या 400–500

मिली. लैम्बडासायहेलोथ्रिन 5 ई.सी. या इण्डोक्जाकार्ब 300 ग्राम प्रति हेक्टेयर आदि कीटनाशकों में से किसी एक का छिड़काव करें।

सोयाबीन की तना मक्खी

पहचान

इस कीट की मादा मक्खी त्रिमुखी पत्तियों पर अण्डे देती है, अण्डों से इल्लियां लगभग 2 से 7 दिन में निकल आती हैं, यह इल्लियां पत्तियों की शिरा में घुस कर मध्य शिरा से होते हुये मुख्य तने में पहुंचती हैं। जहां यह टेढ़ी–मेढ़ी सुरंग बनाते हुये तने के अंदर मध्य भाग को नष्ट कर खोखला कर देती हैं। अधिक तापक्रम 39.4 से 42.00 डिग्री से.ग्रे. कम आर्द्रता एवं कम वर्षा इस कीट की सक्रियता पर विपरीत प्रभाव डालते हैं।

क्षति लक्षण

इल्लियां लगभग 70 प्रतिशत तने को सुरंग बनाकर खोखला कर देती हैं तथा दाने की उपज 33 प्रतिशत तक कम कर देती हैं। तने में सुरंग बनाने के कारण पत्तियां झड़ने लगती हैं तथा फूल परिपक्व होने से पहले ही गिर जाते हैं। खरीफ मौसम में यह लगभग 90 प्रतिशत पौधों को ग्रसित करते हैं।

प्रबंधन

1. गर्मी में गहरी जुताई करें तथा सोयाबीन की बीजाई जून के अंतिम सप्ताह में अवश्य कर लेनी चाहिए। प्रतिरोधी किस्म एन.आर.सी. 12, एम.ए.सी.एच. 124 की बीजाई करें।
2. फसलों पर समय–समय पर नीम के बीजों के पावडर या निंबौली के पावडर का 5 प्रतिशत से छिड़काव करते रहना चाहिए।

3. कार्बोफ्यूरान 3 जी. 25 किग्रा. का प्रयोग बुवाई के समय बीज के साथ प्रयोग करें।
4. खड़ी फसल पर प्रति हेक्टेयर 1 ली., इथियोन 50 ई.सी. या 1 ली., ट्राइजोफॉस 40 ई.सी. आदि में से किसी एक का 500 ली. पानी के साथ छिड़काव करें।

बिहार रोएंदार कीट (कम्बल कीट)

पहचान

इस कीट की इल्ली प्रारंभ में हल्के पीले तथा विकसित होने पर भूरे रंग की होती है, जिसके शरीर पर रोंए पाए जाते हैं, वयस्क पंखी गुलाबी से लाल रंग की होती है तथा अग्रपंख सफेद रंग की लालामी लिए होते है जिनपर गहरे काले रंग के धब्बे पाये जाते हैं।

Bihar Hairy Caterpillar

क्षति लक्षण

इस कीट की छोटी इल्लियां समूह में पत्तियों को खुरच कर क्लोरोफिल को नष्ट करती हैं, बाद में यह विकसित होने पर फैल कर पत्तियों को नुकसान पहुंचाती हैं जिससे फलियों का आकार एवं दानों का वजन कम हो जाता है।

प्रबंधन

1. खेत की ग्रीष्मकालीन गहरी जुताई करें तथा फसल चक्र अपनायें।
2. खेतों में प्रति हेक्टेयर 3–4 प्रकाश प्रपंच का शाम को 8 से 11 बजे तक उपयोग करना चाहिए।
3. फसलों के बीच–बीच में प्रति हेक्टेयर 25 बर्ड पर्चर (पक्षी बैठक) लगाये या लकड़ी गाड़कर रस्सी की सहायता से पक्षी टिकान बनाऐं।
4. खड़ी फसल पर प्रति हेक्टेयर 1 किग्रा. बी.टी. या बेवेरिया बेसियाना का छिड़काव करें जो इस कीट का रोगजनक है जो इस कीट में रोग फैलाकर उन्हे खत्म कर देता है।

5. इस कीट के प्रबंधन के लिए प्रयास करना चाहिए कि कीटनाशकों का छिड़काव तृतीय अवस्था से पूर्व कर लेना चाहिए। संस्तुत कीटनाशकों जैसे – क्यूनालफॉस 25 ई.सी. 1.25 ली./हे. या ट्राईजोफॉस 40 ई.सी. 1 ली./हे या प्रोफेनोफॉस 50 ई.सी. 1 ली/हे. आदि में किसी एक का छिड़काव करना चाहिए।
6. कीटनाशक धूल मिथाईल पेराथियान 25 किग्रा./हे. या फेनवेलरेट 20 किग्रा./हे. का कीटों के प्रादुर्भाव के पश्चात् भूरकाव (डस्टिंग) करें।

लाल रोएंदार भुडली/कमला कीट

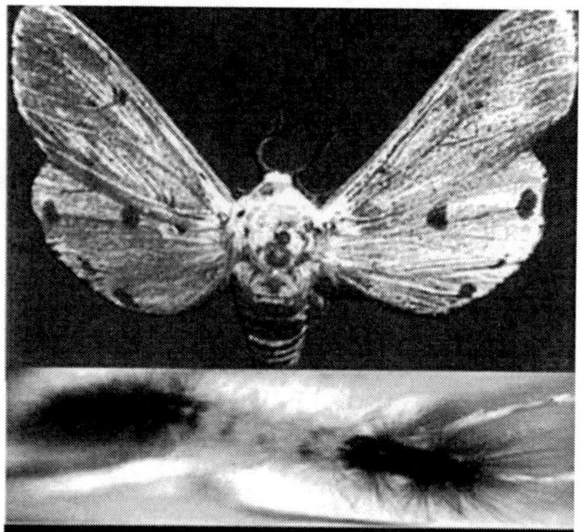

Red Headed Hairy Caterpillar of Groundnut

पहचान

इस कीट की इल्ली प्रारंभ में प्रथम एवं द्वितीय अवस्था में हल्के पीले–लाल रंग की होती है। पूर्ण विकसित इल्ली लाल–काले रंग की होती है जिसके संपूर्ण शरीर पर रोंये पाये जाते हैं।

क्षति लक्षण

अण्डों से निकलकर सूंडी आरंभ में पौधों की पत्तियों को खाती हैं तथा बाद में अन्य कोमल भागों पर भी आक्रमण करती है। इसका प्रकोप हल्की भूमि या कम वर्षा वाले क्षेत्रों में अधिक होता है। यह सड़कों, नहरों व तालाबों के किनारों पर भी पाई जाती है। इस कीट का प्रकोप उत्तरी भारत में अधिक होता है।

प्रबंधन

बिहार रोंयेदार कीट के अनुसार।

चने की इल्ली

पहचान

प्रौढ़ कीट भूरे रंग का होता है, अगले पंख में सेम के बीज के समान एक–एक काला धब्बा रहता है, पिछले पंखो के बाहरी किनारों पर काली पट्टी रहती है। कीट की इल्लियों के रंग में विविधता पाई जाती है, ये पीले, हरे, गुलाबी, नांरगी, भूरे या काले रंग की होती हैं तथा शरीर के किनारे हल्के या गहरे रंग की धारियां पायी जाती हैं।

क्षति लक्षण

प्रथम और द्वितीय अवस्था इल्ली पत्तियों को जबकि बड़ी इल्ली फूल एवं फली को खाती हैं। इल्लियां फली में छेद कर दानों को खाती हैं जिससे पैदावार में कमी आती है।

प्रबंधन

1. खेत की ग्रीष्मकालीन गहरी जुताई करें।
2. खेतों में प्रति हेक्टेयर 3–4 प्रकाश प्रपंच का शाम को 8 से 11 बजे तक उपयोग करना चाहिए।
3. फसलों के बीच–बीच में प्रति हेक्टेयर 25 बर्ड पर्चर (पक्षी बैठक) लगाये या लकड़ी गाड़कर रस्सी की सहायता से पक्षी टिकान बनाऐं।
4. चने की इल्ली के निगरानी हेतु 20 फेरोमोन ट्रेप/हे. की दर से खेत में 30 दिन की अवस्था पर लगायें।
5. जैविक नियंत्रण के अंतर्गत बेवेरिया बेसियाना 1 ली./हे. का छिड़काव बुवाई के 30 दिन के बाद की अवस्था पर करें।
6. सांयकालीन एन.पी.व्ही. (न्यूक्लियर पोलीहेड्रोसिसि वायरस) की एच.एन.पी. व्ही. स्ट्रेन की 300 एल.ई. मात्रा को प्रति हेक्टेयर प्रयोग करें, अच्छे परिणाम हेतु छिड़काव करते समय घोल में टिपॉल 0.1 प्रतिशत या गुड़

का 0.5 प्रतिशत घोल मिलाने पर वायरस पत्तियों की सतह पर अच्छी तरह से चिपकता है।

7. इस कीट के प्रबंधन के लिए खड़ी फसल पर प्रति हेक्टेयर 1 ली. क्यूनालफॉस 25 ई.सी या 1 ली. प्रोफेनोफॉस 50 ई.सी. या 400–500 मिली. लैम्बडासायहेलोथ्रिन 5 ई.सी. या इण्डोक्साकार्ब 300 ग्राम प्रति हेक्टेयर आदि कीटनाशकों में से किसी एक का छिड़काव करें।

हरा फुदका (जैसिड)

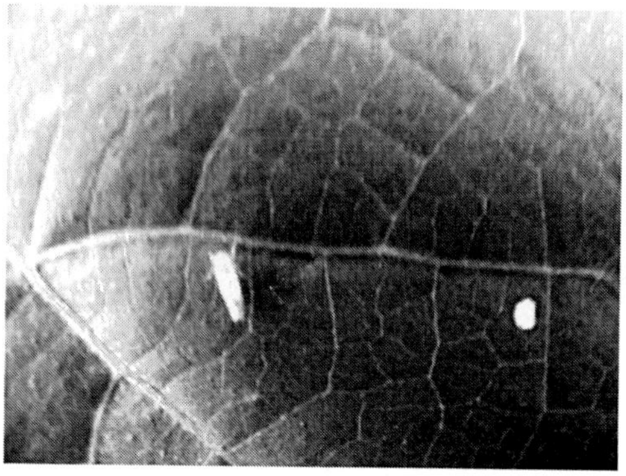

पहचान

इस कीट के वयस्क लगभग 3 मिलीमीटर लम्बे पंच भुजाकार हरे पीले रंग के होते हैं इनके अगले पंखो पर एक काला धब्बा पाया जाता है। कीट के सपंखीय वयस्क हल्की आहट से पौधों की सतह पर कूदते या उड़ते दिखाई देते हैं ये तिरछे चलते हैं जो इनकी विशिष्ट पहचान है।

क्षति लक्षण

इस कीट के शिशु तथा प्रौढ़ दोनों ही पत्तियों की निचली सतह से रस चूसते है जिससे पत्तियां पीली पड़ने लगती हैं तथा ऊपर की तरफ मुड़ जाती हैं। अत्यधिक प्रकोप होने पर पीली पड़कर गिर जाती हैं तथा पौधा पत्ती विहीन हो जाता है।

सफेद मक्खी

पहचान

कीट के वयस्क लगभग 1 से 1.5 मि.मी. लम्बे, हल्के पीले रंग के होते हैं इनका शरीर सफेद मोमीय पाउडर से ढंका रहता है, इनके दो

जोड़ी सफेद पंख होते हैं पिछले जोड़ी पंख अपेक्षाकृत लम्बे होते हैं। जूं के समान दिखाई देने वाले शिशु सुस्त पंखहीन मटमैले पीले रंग के होते हैं।

क्षति लक्षण

इस कीट के शिशु व वयस्क दोनों ही पत्तियों की निचली सतह एवं अन्य मुलायम पौधे के भाग पर बैठकर रस चूस कर हानि पहुंचाते हैं इससे पत्तियां पीली पड़कर सूखने लगती हैं। यह कीट शहद जैसा चिपचिपा पदार्थ भी छोड़ते हैं जिस पर फफूंद उत्पन्न होकर पत्तियों का रंग काला कर देती है एवं पत्तियां पूर्ण विकसित होने से पूर्व ही झड़ जाती हैं। यह कीट विषाणु रोग (पत्ती मोड़क रोग) फैलाने में भी सहायक होता है।

हरा फुदका (जैसिड) एवं सफेद मक्खी का प्रबंधन

1. फसल की अगेती बीजाई करें।
2. प्रति हेक्टेयर 25 से 30 पीले या चिपचिपे ट्रेप भी लगाने चाहिए।
3. खेतों में तथा आस–पास की जगहों से पीली बूटी, पीली कंघी आदि खरपतवार को नष्ट कर दें।
4. नाइट्रोजनयुक्त उर्वरकों का अधिक मात्रा में इस्तेमाल ना करें।
5. इस कीट पर परभक्षी कीट, जैसे – क्राईसोपा, कारनिया आदि का खेतों में ज्यादा से ज्यादा संरक्षण करें।
6. प्रति हेक्टेयर 1.0 ली. ट्राइजोफॉस 40ई.सी. या 200–250 मिली., इमिडाक्लोप्रिड 17.8 एस.एल. या 200 ग्राम. थायामेथोक्साम 25 डब्ल्यू.जी. या 125 मिली. थायाक्लोप्रिड या 150–250 ग्रा. ऐसिटामिप्रिड 20 एस.पी. या 500–600 ग्रा. डायफेन्थुरॉन आदि में से किसी एक का छिड़काव करें।

सोयाबीन के प्रमुख रोग

सोयाबीन फसल पर विभिन्न कारकों (फफूंद, शाकाणु, विषाणु, सूत्रकृमि) के माध्यम से विभिन्न रोगों का प्रकोप होता है। रोगों के लिए आवश्यक अनुकूल वातावरण में प्रकोप होने पर सोयाबीन उत्पादन में 90 प्रतिशत तक कमी आ जाती है। अतः यह आवश्यक है कि इन रोगों को लक्षणों के आधार पर पहचान कर इनका प्रबंधन किया जाये।

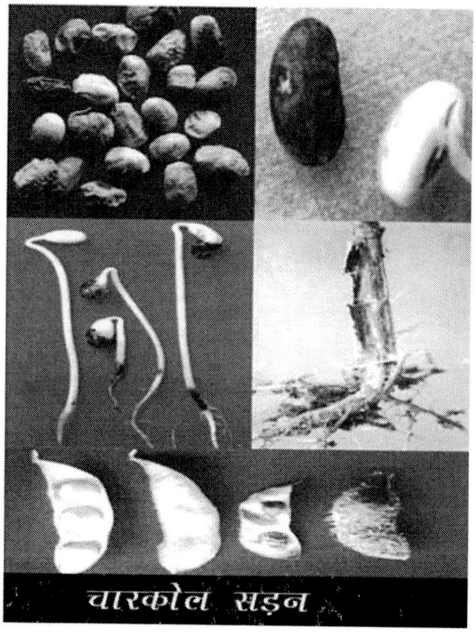

1. चारकोल सड़न (Charcoal Rot)

यह एक फफूंदजनित रोग है जिससे 77% तक नुकसान हो सकता है। यह रोग मिट्टी में नमी की कमी एवं गर्म वातावरण में होता है, जो प्रारंभिक अवस्था में पौधे की जड़ों में सड़न पैदा करने के साथ नवजात पौधों को सुखाकर मार देता है, तथा तने का जमीन से ऊपर वाला हिस्सा सूख जाता है, तथा पत्तियाँ सूख कर उसी में लटकी रहती हैं एवं पौधे मुरझाये से दिखते हैं। रोग ग्रसित तने व जड़ के हिस्सों के बाहरी आवरण को निकालकर देखने से वहाँ असंख्य छोटे–छोटे काले रंग के स्केलेरोशिया दिखाई देते हैं।

2. गर्दनी सड़न (Coller Rot)

उत्पादन में 30–40 प्रतिशत तक हानिकारक यह रोग गर्मी व अधिक नमी के वातावरण में विशेष फफूंद द्वारा होता है। जमीन से लगे हुए तने के निचले हिस्से में यह फफूंद हल्के भूरे रंग के धब्बे बनाता है जो कि सफेद कवकजाल से ढक जाता है व इस पर लाल–भूरे रंग के सरसों के बीज जैसे गोलाकार स्केलेरेशिया बनते हैं जो इस रोग का प्रमुख लक्षण है। बाद में तने का यह हिस्सा सड़ जाता है जिससे पौधा मुरझाकर झुक या गिर जाता है।

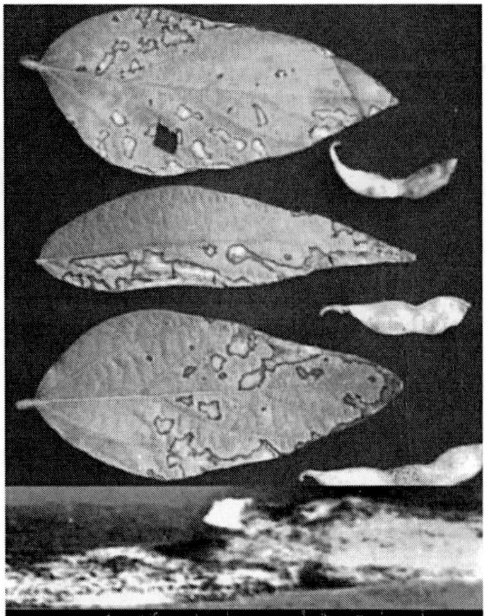

एथ्रोक्नोज

3. अंगमारी व फली झुलसन (Enthrecnos and Pod Blight)

यह फफूंदजनित रोग अधिक तापक्रम व अधिक नमी होने पर प्रकट होता है जिससे उत्पादन में औसतन 16–25% तक तथा तीव्रता अधिक होने पर शत प्रतिशत तक नुकसान करता है। सोयाबीन में फूल आने के समय तने, पर्णवृन्त व फली पर लाल से गहरे भूरे रंग के किसी भी आकार के धब्बे दिखाई देते हैं जो कि बाद में फफूंद की काली संरचनाओं व छोटे कांटों जैसी संरचनाओं से ढक जाते हैं तब इन्हें आंखों से भी देखा जा सकता है। पत्तियों पर शिराओं का पीला–भूरा होना, पत्तियों का मुड़ना व झड़ना भी इस रोग के लक्षण हैं। रोग ग्रसित बीज को बोने से पौधे जमीन से बाहर आने के पहले या तुरंत बाद मर जाते हैं।

पीला मोजेक वायरस

4. पीला मोजाइक (Yellow Mosaic)

यह रोग मूंग के पीले मोजाइक विषाणु क्षरा होता है। सफेद मक्खी इस वायरस के वाहक का कार्य करते हुए रोग को फसल पर फैलाती है। इस रोग का प्रमुख लक्षण पत्तियों पर पीले–हरे रंग की पच्चीकारी बनना है। रोग तीव्र होने की स्थिति में पत्तियां पीली पड़ जाती हैं। बाद में पीले हिस्सों पर गहरे भूरे रंग के धब्बे बन जाते हैं व धीरे–धीरे पत्तियां झुलसी हुई प्रतीत होती हैं।

Field View of Soybean Rust

Leaves infected With Soybean Rust

5. गेरूआ रोग

यह भी एक फफूंदजनित रोग है, जो केवल जीवित पौधों में ही फैलता है। बारिश अधिक होने या तापक्रम कम (18 से 28 डिग्री से.) व नमी (आपेक्षिक आर्द्रता 80 प्रतिशत के आसपास) अधिक होने पर व पत्तियों पर 3–4 घंटे लगातार नमी बने रहने पर रोग आने की संभावना बढ़ जाती है। रात या भोर के समय कोहरा रोग की संभावनाओं को और बढ़ा देता है। रोग का आगमन पौधों पर छोटे–छोटे, सुई के नोंक के आकार के मटमैले भूरे व लाल–भूरे, सतह से उभरे हुए धब्बों के रूप में पत्तियों व समूह में होता है। इन धब्बों के आसमान का हिस्सा पीला होता है। धब्बे पहले व अधिक संख्या में नीचे की पत्तियों की निचली सतह पर आते हैं। बाद में यह धब्बे गहरे–भूरे–काले रंग के हो जाते हैं व धीरे–धीरे पत्ती पीली पड़कर सूख जाती हैं। रोग के प्रकोप से एक सप्ताह के अंदर ही पूरी फसल की पत्तियां परिपक्व अवस्था पहले ही झड़ जाती हैं व पैदावार में 40–80 प्रतिशत तक नुकसान हो जाता है। ग्रसित पत्तियों को उंगली से थपथपाने पर भूरें रंग का पाउडर निकलता है।

समेकित रोग प्रबंधन के घटक

1. गर्मी के मौसम में खेत की गहरी जुताई करने से भूमि में विद्यमान रोग के जीवाणु नष्ट हो जाते हैं साथ ही अपने खेत को रोगमुक्त रखने हेतु अंतःसस्यकर्षण की क्रियाओं का अनुपालन कर साफ–स्वच्छ रखें।
2. अनुसंशित बीज दर, उपयुक्त दूरी एवं गहराई पर उपयुक्त समय पर बोनी करने से रोग होने की संभावनाओं को कम किया जा सकता है। बीमारियों के प्रकोप से मुकाबला करने हेतु अनुसंशित पोषक तत्वों का संतुलित प्रयोग करें।

3. समय–समय पर फसल की निगरानी करने से होने वाली बीमारियों का आंकलन कर उनके प्रबंधन के उपयुक्त घटकों को अपनाने से संभावित हानि को कम किया जा सकता है।

4. प्रारंभिक अवस्था में रोगग्रस्त पौधे तथा खेत के आसपास पाये जाने वाले परपोषी पौधों के निष्कासन से, व्यापक रूप से रोग का फैलाव रोका जा सकता है।

5. अंतरवर्ती फसल प्रणाली/फसल चक्र अपनाकर विभिन्न रोग का प्रकोप रोकें। साथ ही विभिन्न समयावधि में पकने वाली 4–5 किस्मों की काश्त करने से रोगों का प्रकोप कम होता है।

रोग	**किस्म**
चारकोल सड़न	जेएस 75–46, एनआरसी 37, पीके 1042, वीएलएस 2
गर्दनी सड़न	एनआरसी 37
पीला मोजाइक	पीके 1024, 1029, पूसा37, एसएल 525, एसएल 688, जेएस 97–52
गेरुआ	इंदिरा सोया 9, जेएस 80–81, पीके 1024, पीके 1029, एमएयूएस 61–2
अंगमारी व फली झुलसन	ब्रेग, हिमसो 1563, जेएस. 80–21, एनआरसी 7, एनआरसी 12, वीएलएस 21

6. ऐसे क्षेत्र जहां प्रत्येक वर्ष किसी विशेष बीमारी का प्रकोप हो, वहां उस रोग की सहनशील/प्रतिरोधक प्रजातियों का प्रयोग करें।

7. बीज उपचार बोनी से पहले सोयाबीन के बीज को थायरम एवं कार्बेन्डाजिम (2:1) 3 ग्राम/किग्रा. बीज की दर से अथवा मिश्रित उत्पाद कार्बोक्सिन 37.5 प्रतिशत थयरम 37.5 प्रतिशत (विटावेक्स पॉवर) 2–3 किग्रा. बीज या जैविक उत्पाद ट्राइकोडर्मा विरडी (8–10 ग्राम/किग्रा. बीज) से उपचारित करें।

उपयुक्त रसायन द्वारा छिड़काव

अंगमारी व फली झुलसन रोग की रोकथाम हेतु फसल पर जाइनेब या मेंकोजेब 0.2 प्रतिशत का छिड़काव करें।

पीला मोजाइक रोग की रोकथाम हेतु बीज को थायमिथाक्सम 70 डब्ल्यू. एस. (3 ग्राम/किग्रा. बीज) से उपचार या प्रकोप की शुरूवाती अवस्था में फसल पर थायमिथाक्सम 25 डब्ल्यू. पी. (100 ग्राम/हे.) या मिथाइल डेमेटान (मेटास्टिाक्स) या इथोफेनप्रॉक्स का 0.1 प्रतिशत का छिड़काव करना चाहिए।

गेरूआ रोग के प्रकोप की शुरूवाती अवस्था में ग्रसित पौधे को उखाड़कर नष्ट करना व फसल पर हेक्जाकोनाजोल (कन्टाफ) या प्रोपीकोनाजॉल (टिल्ट) 800 मिली. या ट्राइडिमेफोन (बेलेटान) 800 ग्राम या ऑक्सी कार्बोक्सीन 800 ग्राम दवा का 800 लीटर पानी में घोल बनाकर एक हेक्टेयर में भली प्रकार छिड़काव करना चाहिए।

एकीकृत प्रबंधन

1. ग्रीष्मकालीन गहरी जुताई करें एवं आवश्यक फसल चक्र अपनायें।
2. मानसून प्रारंभ होते ही बुवाई करें। देर से बुवाई करने पर बीमारी का प्रकोप ज्यादा होता है।
3. बीज को वीटावेक्स पावर 2.5 ग्राम या थायरम 3 ग्राम/किग्रा. बीज की दर से उपचारित करके बुवाई करें।
4. मृदा के भूमि उपचार हेतु खेत में ट्राईकोडर्मा विरडी 5 किग्रा./हे. की दर से सड़ी हुई गोबर की खाद में मिलाकर अंतिम जुताई के समय खेत में मिलायें।
5. खड़ी फसल में रोग लक्षण दिखाई देने पर कार्बेन्डाजिम 50 प्रतिशत 1 किग्रा./हे या जिनेब 1 किग्रा./हे या मेन्कोजेब 1 किग्रा./हे. की दर से छिड़काव करें।
6. जीवाणुज स्फोट बीमारी हेतु ब्लाईटॉक्स 2ग्राम/ली. पानी या वेलिडामाईसिन 1 मिली./लीटर पानी की दर से घोल बनाकर छिड़काव करें।

7. गेरूआ/रस्ट रोग हेतु कान्टाफ 5 ई.सी. 1 मिली./लीटर पानी की दर से घोल बनाकर छिड़काव करें।

8. पीला मोजेक रोग के प्रबंधन हेतु प्रारंभिक अवस्था में रस चूसक कीट के नियंत्रण हेतु बीज को थाइमेथाक्जाम 70 डब्ल्यू.एस. 3 ग्राम प्रति किलो बीज की दर से उपचारित करने पर अच्छे परिणाम प्राप्त होते हैं, खड़ी फसल में रस चूसक कीटों के प्रबंधन हेतु इमिडाक्लोप्रिड 17.8 एस.एल. 125 मिली./हे. या थायामेथोक्साम 25 डब्ल्यू.जी. 300 ग्राम/हे. का छिड़काव करें।

फसल कटाई एवं गहाई

अधिकांश पत्तियों के सूखकर झड़ जाने पर और 10 प्रतिशत फलियों के सूख कर भूरी हो जाने पर फसल की कटाई कर लेना चाहिए।

उपज (Yield)

सोयाबीन की उन्नत उत्पादन तकनीक से खेती करने एवं समय पर पर्याप्त वर्षा होने पर खरीफ में सोयाबीन की उपज लगभग 18–25 क्विंटल/हेक्टेयर तक प्राप्त होती है।

●●●

अध्याय 4

तिल

वानस्पतिक नाम (Botanical Name) – सेसेमम इण्डिकम (Sesamum indicum L.)

कुल (Family) – पेडेलिएसी (Pedaliaceae)

भारत में तिल की खेती प्राचीनकाल से की जाती है। तिल के बीजों का प्रमुख उपयोग तेल तैयार करने के लिए किया जाता है। तिल का तेल अत्यंत स्वादिष्ट एवं बहुपयोगी होता है। इसके तेल का प्रयोग खाना बनाने, शरीर में लगाने, व्यापारिक सुगन्धित तेल निर्माण, साबुन बनाने इत्यादि के लिए किया जाता है। इसके बीजों का उपयोग मिठाईयाँ, लड्डू आदि बनाने में भी किया जाता है।

तिल के बीजों में लगभग 50% तेल तथा 18.2% तक प्रोटीन पाई जाती है। इसकी खली पशुओं को खिलाई जाती है।

उत्पत्ति तथा इतिहास (Origin and History)

अधिकांश वैज्ञानिकों के अनुसार तिल का उत्पत्ति स्थान अफ्रीका है, क्योंकि अफ्रीका में तिल का पौधा जंगली रूप में पाया जाता है। बेबीलोन (1926) एवं डी कण्डोल (1886) के अनुसार तिल का जन्म स्थान अफ्रीका, भारत एवं दक्षिणी पश्चिमी एशिया में माना जाता है। वैज्ञानिकों का मत है कि आर्यों के आगमन से पहले भी भारत में तिल की खेती की जाती थी। भारतवर्ष में पूजा एवं हवन सामग्री में तिल का उपयोग प्राचीन काल से चला आ रहा है।

क्षेत्रफल एवं वितरण (Area and Distribution)

तिल की खेती विश्व में लगभग 71 देशों में की जाती है। विश्व में क्षेत्र की दृष्टि से भारत एवं उत्पादन की दृष्टि से म्यांमार का प्रथम स्थान है।

तालिका क्रं. 13. विश्व के प्रमुख देशों में तिल का क्षेत्र, उत्पादन एवं उपज (वर्ष 2007-08 से 2011-12) का औसत

प्रमुख देश	क्षेत्रफल (लाख हे.)	उत्पादन (लाख टन)	उपज (किग्रा./हे.)
म्याँमार	15.167	8.433	556
भारत	19.070	7.378	387
चीन	4.797	5.921	1234
सूडान	12.774	2.895	227
यूगांडा	2.842	1.724	607
कुल योग	**74.58**	**39.592**	**535**

भारतवर्ष में तिल की खेती मुख्य रूप से राजस्थान, उत्तरप्रदेश, गुजरात, मध्यप्रदेश एवं पश्चिम बंगाल में की जाती है। भारत में तिल की खेती लगभग 26 राज्यों में की जाती है।

तालिका क्रं. 14. भारत के प्रमुख राज्यों में तिल का क्षेत्र, उत्पादन एवं उपज (वर्ष 2007-08 से 2011-12) का औसत

प्रमुख राज्य	क्षेत्रफल (लाख हे.)	उत्पादन (लाख टन)	उपज (किग्रा./हे.)
राजस्थान	4.988	1.532	307
उत्तर प्रदेश	3.072	0.517	168
गुजरात	2.599	1.100	423
मध्य प्रदेश	2.458	1.120	456
पश्चिम बंगाल	1.914	1.617	845
कुल योग	**19.070**	**7.378**	**387**

जलवायु (Climate)

तिल की फसल के लिए गर्म और नम जलवायु की आवश्यकता होती है।

इसलिए तिल की खेती देश के विभिन्न भागों में वर्षभर की जाती है। देश के उत्तरी भाग में तिल खरीफ में बोई जाती है, जबकि महाराष्ट्र, गुजरात एवं अन्य भागों में खरीफ एवं रबी दोनों में इसे उगाया जाता है। तिल के लिए 500 से 650 मिलीमीटर वार्षिक वर्षा की आवश्यकता होती है। कम वर्षा वाले स्थानों पर तिल की खेती सफलतापूर्वक की जा सकती है। अधिक वर्षा तथा जिन स्थानों पर पानी भरता है वे इसकी खेती के लिए उपयुक्त नहीं हैं।

भूमि (Soil)

अच्छी जल निकास वाली हल्की से मध्यम गठी हुई मिट्टी उपयुक्त है। बलुई दुमट मिट्टी में पर्याप्त नमी होने पर फसल बहुत अचछी होती है। अम्लीय या क्षारीय भूमि तिल की खेती के लिए अनुपयुक्त है। इसकी खेती के लिए भूमि का पी.एच. मान 5.5–8.0 होना चाहिये।

भूमि की तैयारी (Soil Preparation)

बीज के उचित अंकुरण एवं खेत में पर्याप्त पौध संख्या प्राप्त करने हेतु अच्छी तरह से गहरी जुताई किया हुआ भुरभुरी मिट्टी वाला खेत आवश्यक होता है। खेत को एक या दो बार हल तथा एक बार बखर चलाना चाहिये। पाटा चलाकर खेत को समतल करें। असमतल खेत में अनावश्यक पानी का जमाव होने से पोधे मर सकते हैं। अतः अनावश्यक पानी का जमाव न होने दें।

फसल चक्र (Crop Rotation)

तिल, शीघ्र पकने वाली फसल होने के कारण एकल फसल अथवा कई फसल पद्धतियों में रबी या ग्रीष्म के लिये उपयुक्त है। देश में तिल उगाने वाले विभिन्न क्षेत्रों में साधारणतः ली जाने वाली क्रमिक फसल इस तरह हैं

धान	–	तिल	तिल	–	चना
तिल	–	गेंहूँ	तिल	–	अलसी
कपास और तिल	–	गेंहूँ	तिल	–	मसूर
तिल	–	सरसों			

तालिका क्रं. 15. तेल की प्रमुख उन्नतशील जातियां (Improved Varieties)

जाति	उत्पादकता (किग्रा./हे.)	तेल %	अनुसंशित क्षेत्र	विशेषताएं
टी.के.जी.–306	750–800	49–52	मध्यप्रदेश	खरीफ हेतु, दाने का रंग सफेद, फाइटोफ्लोरा ब्लाइट रोग हेतु प्रतिरोधी
टी.के.जी.–308	700–750	48–50	मध्यप्रदेश	खरीफ हेतु
जवाहर तिल–12 (PKDS-12)	700–750	48–52	मध्यप्रदेश	ग्रीष्म हेतु, 82–85 दिन में पकने वाली, दाने का रंग सफेद
जवाहर तिल–14 (PKDS-8)	700–750	50–53	मध्यप्रदेश	ग्रीष्म हेतु, 82–85 दिन में पकने वाली
गुजरात तिल–3	750–800	48–52	सौराष्ट्र गुजरात क्षेत्र	खरीफ हेतु, दाना बड़ा, सफेद
जे.एल.टी.–408	700–800	51–53	महाराष्ट्र का विदर्भ, मराठवाड़ा क्षेत्र	दाने का रंग सफेद
षुभ्रा	800–900	48–62	उड़ीसा	खरीफ व ग्रीष्म दोनों के लिए उपयुक्त, दाना बड़ा व सुनहरी पीला
गुजरात तिल–4	750–800	47–49	गुजरात	खरीफ, दाने का रंग सफेद

जाति	उत्पादकता (किग्रा./हे.)	तेल %	अनुसंशित क्षेत्र	विशेषताएं
टी.केजी.–21	950–1000	55	मध्यप्रदेश	दाने का रंग सफेद, सरकोस्पोरा, पर्णदाग तथा जीवाणु चित्ती रोगों के लिए प्रतिरोधी
टी.के.जी.–22	950	53	मध्यप्रदेश	दाने का रंग सफेद
टी.के.जी.–55	700	53	मध्यप्रदेश	75–80 दिन, दाने का रंग सफेद
कंचन	900	54	मध्यप्रदेश	सफेद रंग का बड़ा दाना
एम.–32	800	53	मध्यप्रदेश	दाना सफेद, चमकदार
रामा	700–1000	45	मध्यप्रदेश	रबी एवं ग्रीष्म दोनों मौसम के लिए उपयुक्त
उमा	600	51	मध्यप्रदेश, राजस्थान	अगेती किस्म, अवधि 75–80 दिन

अन्तर्वर्तीय फसलें (Intercrops)

तिल की एकल फसल की उपज और आय मिश्रित/अन्तः फसल की अपेक्षा कम होती है। देश में ली जाने वाली कुछ लोकप्रिय मिश्रित अंतः फसल पद्धतियाँ इस प्रकार हैं–

तिल – मूँग (2:2 या 3:3)

तिल – उड़द (2:2 या 3:3)

तिल – सोयाबीन (2:1 या 2:2)

बीज उपचार (Seed Treatment)

मृदाजन्य एवं बीजजन्य रोगों से बचाव के लिए बोनी पूर्व बीज को थायरम 3 ग्राम प्रति किग्रा. बीज की दर से या थायरम (0.15 प्रतिशत) = बाविस्टीन (0.05) 1:1 से बीजोपचार करें। जहाँ पर जीवाणु पत्ती धब्बा रोग की संभावना होती है वहाँ बोनी के पूर्व बीजों को एग्रीमाइसीन–100 के 0.025 प्रतिशत के घोल में आधा घंटे तक भिगोयें।

बोनी का समय (Sowing Time)

प्रदेश में फसल को मुख्यतः दो मौसम में उगाया जाता है जिनका बोनी का समय निम्नानुसार है

खरीफ – जुलाई माह का प्रथम सप्ताह

अर्ध रबी – अगस्त माह के अंतिम सप्ताह से सितम्बर माह के प्रथम सप्ताह तक

ग्रीष्मकालीन – जनवरी माह के दूसरे सप्ताह से फरवरी माह के दूसरे सप्ताह तक

बोने की विधि (Sowing Method)

फसल को आमतौर पर छिटक कर बोया जाता है जिसके फलस्वरूप निंदाई–गुड़ाई करने में अत्यंत बाधा आती है। फसल से अधिक उपज पाने के लिये कतारों में बोनी करनी चाहिये। छिटकवां विधि से बोनी करने पर बोनी हेतु

2–3 किग्रा./हेक्टेयर बीज की आवश्यकता होती है। कतारों में बोनी करने हेतु यदि सीड ड्रिल का प्रयोग किया जाता है तो बीज दर घटाकर 2–2.5 किग्रा./हेक्टेयर बीज की आवश्यकता होती है। बोनी के समय बीजों का समान रूप से वितरण करने के लिये बीज को रेत, सूखी मिट्टी या अच्छी तरह से सड़ी हुई गोबर की खाद के साथ 1:20 के अनुपात में मिलाकर बोना चाहिये। मिश्रित पद्धति में तिल की बीजदर 2.0 किग्रा./हेक्टेयर से अधिक नहीं होना चाहिये। कतार से कतार एवं पौधे से पौधे के बीच की दूरी 30 × 10 सेमी. रखते हुये लगभग 3 सेमी. की गहराई पर बोनी करना चाहिये।

खाद एवं उर्वरक (Manure and Fertilizer)

भूमि की उत्पादकता को बनाए रखने के लिये तथा अधिक उपज पाने के लिए भूमि की तैयारी करते समय अंतिम बखरनी के पहले 10 टन/हे. की दर से अच्छी सड़ी हुई गोबर की खाद को मिला देना चाहिए। वर्षा पर निर्भरता की स्थिति में 40 : 30 : 20 के अनुपात में नत्रजन, फास्फोरस एवं पोटाश किग्रा./हे. की सम्पूर्ण मात्रा तथा नत्रजन की आधी मात्रा आधार खाद के रूप में देना चाहिए। नत्रजन की शेष मात्रा पौधों में फूल निकलने के समय यानी बोनी के 30 दिन बाद दी जा सकती है। रबी मौसम में फसल में अनुसंशित की गई उर्वरकों की संपूर्ण मात्रा आधार रूप में बोनी के समय दी जानी चाहिये। तिलहनी फसल होने के कारण मिट्टी में गंधक तत्व की उपलब्धता फसल के उत्पादन एवं दानों में तेल के प्रतिशत को प्रभावित करती है। अतः फास्फोरस की पूर्ति सिंगल सुपर फास्फेट उर्वरक द्वारा करना चाहिये। भूमि परीक्षण के उपरांत जमीन में यदि गंधक की कमी पायी जाती है तो वहां पर जिंक सल्फेट 25 किग्रा./हेक्टेयर की दर से भूमि में तीन साल में एक बार अवश्य प्रयोग करें।

सिंचाई एवं जल प्रबन्धन (Irrigation and Water Management)

खरीफ मौसम में फसल वर्षा आधारित होती है अतः वर्षा की स्थिति, भूमि में नमी का स्तर, भूमि का प्रकार एवं फसल की माँग के अनुसार सिंचाई की आवश्यकता भूमि में पर्याप्त नमी बनाये रखने के लिये होती है। खेतों में एकदम प्रातःकाल के समय पत्तियों का मुरझाना, सूखना एवं फूलों का न फूलना लक्षण दिखाई देने पर फसल में सिंचाई की आवश्यकता होती है। अच्छी उपज के लिए

सिंचाई की क्रांतिक अवस्थायें, फूल आने की अवस्था और फली आने की अवस्था है, अतः इन दोनों अवस्थाओं पर किसान भाई सिंचाई अवश्य करें।

खरपतवार नियंत्रण (Weed Management)

बोनी के 15 दिन बाद निंदाई एवं फसल में विरलीकरण की प्रक्रिया को पूरा कर लें। फसल में नींदा की तीव्रता को देखते हुये आवश्यकता होने पर 15–20 दिन बाद पुनः निंदाई करें। कतारों में कोल्पा अथवा हैंड हो को चलाकर नींदा को नियंत्रित किया जा सकता है।

तालिका क्रं. 16. तिल में शाकनाशियों द्वारा खरपतवार नियंत्रण

शाकनाशी	प्रयोग का समय	उपयोग की मात्रा		अभियुक्ति
		सक्रिय तत्व (ग्रा./हे.)	व्यापारिक उत्पाद कि.ग्रा. या ली./हे.	
1. पेन्डीमिथलिन 30 ई.सी.	अंकुरण के पूर्व + एक निंदाई गुड़ाई (30–35 दिन पर)	750	2.5 ली.	सभी वार्षिक घासें एवं कुछ चौड़ी पत्ती वाली खरपतवारों का नियंत्रण।
2. ट्राईफ्लुरेलिन 48 ई.सी.	अंतिम बखरनी पूर्व छिड़ककर मिट्टी में मिलायें + एक निंदाई गुड़ाई 25–30 दिन बोनी उपरांत।	1000	2.5 लीटर	सभी वार्षिक घासें एवं कुछ चौड़ी पत्ती वाली खरपतवारों का नियंत्रण।
3. फ्लूक्लोरालिन 48 ई.सी.	अंतिम बखरनी पूर्व छिड़ककर मिट्टी में मिलायें	1000	2.25 लीटर	सभी वार्षिक घासें एवं कुछ चौड़ी पत्ती वाली खरपतवारों का नियंत्रण।
4. प्रोपाक्विजाफॉप 10 ई.सी.	बोनी के 18–20 दिन बाद	62.5	0.625 ली.	संकरी पत्ती वाले खरपतवारों का प्रभावी नियंत्रण।
5. क्यूजालोफॉप ईथाइल 5 ई.सी.	बुवाई के 18–20 दिन बाद	50	1.0 ली.	संकरी पत्ती वाले खरपतवारों का प्रभावी नियंत्रण।

पौध संरक्षण

अ. प्रमुख कीट

Gall Fly infected Sesamum plant

तिल की फसल को नुकसान पहुँचाने वाले प्रमुख कीट निम्नानुसार हैं–

1. गाल फ्लाई के मैगोट

ये फूल के भीतरी भाग को खाते हैं और फूल के आवश्यक अंगों को नष्ट कर पित्त बनाते हैं। कीट का संक्रमण सितम्बर माह में कलियाँ निकलते समय प्रारंभ होकर नवंबर माह के अंत तक होता है।

पहचान एवं निरीक्षण

1. वयस्क एक मच्छर जैसी मक्खी है।
2. मैगट सफेद, पदविहीन होता है, जिसकी देह उपर की ओर नुकीली होती है।
3. मैगट, गॉल के अन्दर शंखी (प्यूपा) बनता है।
4. कलियां लगते समय चौकसी करें, सितम्बर से नवम्बर कीट संख्या अधिकतम रहती है।

क्षति

1. मैगट (लार्वा) फूल की कलियों के अंदर खाकर गॉल (छोटी गठान) जैसी रचना बनाता है, जिससे कलियां फूल/फलियां नहीं बन पाती हैं।
2. क्षतिग्रस्त कलियां सूखकर गिर जाती हैं।

कृषिगत नियंत्रण

1. प्रतिरोधी/सहनशील किस्में, जैसे एन–32, आर.टी–46, स्वेता तिल, आर.टी.–103, आर.टी. 108 व आर.टी. 125 बोयें।

2. मूंग, पर्ल लघुधान्य व मूंगफली की अन्तर्वर्त्ती फसल लेवें।

यांत्रिक नियंत्रण

गॉल काट देवें, गिरी हुई कलियां एकत्र कर जला देवें।

रासायनिक नियंत्रण

इसके नियंत्रण हेतु कलियाँ निकलते समय फसल पर 0.03 प्रतिशत डाइमेथोएट 30 ई.सी. या इमिडाक्लोप्रिड 17.8 एस.एल. /125 मिली./हे. 650 लीटर में घोलकर प्रति हेक्टेयर की दर से छिड़काव करें।

2. तिल की पत्ती मोड़क एवं फली छेदक इल्लियाँ

ये प्रारंभिक अवस्था में पत्तियों को खाती हैं। फसल की अंतिम अवस्था में ये फूलों का भीतरी भाग खाती हैं। फसल पर पहली बार संक्रमण 15 दिन की अवस्था पर होता है तथा फसल वृद्धि के पूरे समय तक सक्रिय रहता है।

Leaf Webber and Pod borer of Sesamum

पहचान एवं निरीक्षण

1. वयस्क मध्यम आकार का शलभ (मॉथ) है जिसके लाल – पीले अग्रपंख होते हैं।
2. लार्वा हरे रंग की, काले सिर वाली व करीब 15 मिमी. लंबा होती है।
3. सक्रिय अवधि जुलाई से अक्टूबर है।
4. यदि प्रकोप 1–2 लार्वा/पौधा से अधिक हो तो कीट नियंत्रण करें।
5. प्रकाश प्रपंच का प्रयोग कर चौकसी करें।

क्षति

1. छोटी लार्वी (इल्ली) उपर की कुछ पत्तियों को मिलाकर जाले से मोड़कर खाती हैं।

2. बाद में कुछ अधिक पत्तियां क्षतिग्रस्त होती हैं।
3. प्रारंभिक अवस्था में प्रकोप होने पर पौधे, बिना कोई शाखा या तना बनायें, मर जाते हैं।
4. बाद की अवस्था में प्रकोप होने पर क्षतिग्रस्त तनों पर फूल नहीं लगते हैं।
5. फूल आने पर लार्वी उनके अंदर खाती हैं और फलियां लगने पर लार्वी उनमें छेदकर विकसित हो रहे बीज खाती हैं।

कृषिगत नियंत्रण

1. शीघ्र बोई (जुलाई प्रथम सप्ताह) खरीफ फसल, देर से बोई फसल की अपेक्षा कम क्षतिग्रस्त होती है।
2. प्रतिरोधी/सहनशील किस्में लगायें।
3. मूंग, पर्ल लघुधान्य, उड़द, मोठ व मूंगफली की अंतर्वर्ती फसल लेवें।

यांत्रिक नियंत्रण

1. पौधों की प्रारंभिक वृद्धि के समय लार्वो को पत्तियों के जालों से हटायें
2. जैविक नियंत्रण
3. ब्रेकन हीबेटर, ब्रे. ब्रेविकॉर्निस व फेनेरोटोमा हेन्डेकेसिसेल्ला को तना वेबर (जाला बनाने वाला) के विरुद्ध खेत में छोड़े।
4. लार्वा परभक्षी जैसे केन्थेकोनिडया फर्सेल्लेटा, सिसिनडेल्ला स्पी. इरियोबोरस स्पी., टेमेलुका बिगुहुला एपेन्टेलीस स्पी. व क्रेमेस्टस फ्लेवुर्बिटेलिस छोड़ें।

रासायनिक नियंत्रण

इसे नियंत्रित करने के लिए प्रोफेनोफास 50 ई.सी. 1.0 ली./हे. अथवा क्विनॉलफॉस 1.0 लीटर/हे. का 650 लीटर पानी में घोल बनाकर प्रति हेक्टेयर की दर से फूल आने की अवस्था में आरंभ कर 15 दिनों के अंतराल से 3 बार छिड़काव करें।

3. तिल हॉक माथ इल्लियाँ

Hawk Moth of Sesamum

ये पौधों की सभी पत्तियाँ खाती हैं। इस कीट का संक्रमण कभी–कभी दिखाई देता है। फसल की पूरी अवस्था में कीट सक्रिय रहते हैं।

पहचान एवं निरीक्षण

1. वयस्क एक विशाल गहरा पीला शलभ (मॉथ) है, जिसके अग्रपंख गहरे भूरे, और पृचपंख पीले होकर उन पर दो काली आड़ी रेखायें होती है।
2. पूर्ण विकसित लार्वा मोटा तगड़ा, हरा व 5 सेमी. लंबा होकर उसके 8वें उदर खंड पर एक विशेष उपरी हार्न (कांटे जैसा) होता है।

क्षति

1. इल्लियां (लार्वा) पत्तियां खाकर पौधे पत्तीहीन कर देती हैं।
2. यह कीट फसल के पूरे समय सक्रिय रहता है।

कृषिगत नियंत्रण

गहरी जुताई से शंखी (प्यूपा) बाहर निकलकर कीटभक्षी पक्षियों का आहार बन जाती है।

यांत्रिक नियंत्रण

इल्लियों को एकत्र कर नष्ट करना।

रासायनिक नियंत्रण

नियंत्रण हेतु इल्लियों को हाथ से निकालकर नष्ट करें। क्लोरोपायरीफास 20 ई.सी, 1.50 ली. प्रति हेक्टेयर की दर से 650 ली. पानी के साथ खड़ी फसल में छिड़काव करना चाहिये।

Bihar Hairy Caterpillar of Sesamum

4. बिहार रोमयुक्त इल्लियाँ

आरंभिक अवस्था में लार्वा कुछ पौधों का अधिकांश भाग खाते हैं। परिपक्व इल्लियाँ दूसरे पौधे पर जाकर तने के अतिरिक्त सभी भाग खाती हैं। इसका आक्रमण खरीफ फसल में उत्तरी भारत में सितम्बर और अक्टूबर के आरंभ में अधिक होता है।

पहचान एवं निरीक्षण

1. इल्ली का शरीर विभिन्न रंगों, जैसे लाल, नारंगी, भूरे नारंगी या काले, रोयों से ढका रहता है।
2. ए. मूराई मानसून आने पर (जुलाई) सक्रिय होता है। स्पा. ओब्लिकुआ सितम्बर व अक्टूबर के शुरू में उत्तर भारत में अधिक क्षतिकारक होता है।
3. यदि प्रकोप 1–2 लार्वा/पौधा से अधिक हो तो कीट नियंत्रण करें। प्रकाश प्रपंच लगाकर चौकसी करें।

क्षति

1. प्रारम्भिक अवस्था में लार्वी (इल्लियां) सामूहिक रूप से खाती हैं और कुछ पौधों पर छाई रहती हैं।
2. विकसित इल्लियां अन्य पौधों पर जाकर, तने को छोड़कर सब पौध भागों को अत्यधिक खाती है।

कृषिगत नियंत्रण

प्रतिरोधी/सहनशील किस्में, जैसे तिलोत्तमा व रामा प्रयोग करें।

यांत्रिक नियंत्रण

1. अण्डा समूहों व इल्लियों को एकत्र कर नष्ट करें।
2. पक्षी शरणगाह लगायें।

रासायनिक नियंत्रण

नियंत्रित करने हेतु क्लोरोपायरीफास 20 ई.सी, 1.50 ली. प्रति हेक्टेयर या क्विनालफास 25 ई.सी. 1.5 ली./हे. 650 लीटर पानी में घोल बनाकर प्रति हेक्टेयर की दर से छिड़काव करें।

ब. प्रमुख रोग

1. फाइटोफथोरा अंगमारी

पत्तियों तथा तनों पर जलसिक्त धब्बे दिखाई देते हैं। इस स्थान पर सिंघाड़े के रंग के धब्बे बनते हैं जो बाद में काले पड़ जाते हैं। आर्द्र वातावरण में यह रोग तेजी से फैलता है जिससे पौधा झुलस जाता है एवं जड़ें सड़ जाती हैं।

2. आल्टरनेरिया पर्ण दाग

पत्तियों पर भूरे वलयाकार धब्बे बनते हैं जो नम वातावरण में तेजी से फैलते हैं।

Alternaria Leaf Spot of Sesamum

3. फाइलोडी

इस रोग में सभी पुष्पीय भाग हरे रंग की पत्तियों के समान हो जाते हैं। पत्तियां छोटे गुच्छे में लगती हैं। रोगग्रस्त पौधों में फलियां नहीं बनती हैं, यदि बनती भी हैं तो उनगें बीज नहीं बनता है।

Phyllody of Sesamum

रोग प्रबंधन

1. रोग निरोधक जातियों की बोनी करें, तथा बुवाई से पूर्व बीज को थायरम तथा कार्बेन्डाजिम का मिश्रण 3 ग्राम/किग्रा. बीज की दर से उपचारित करें।

2. खड़ी फसल में रोग का प्रकोप होने पर कार्बेन्डाजिम फफूंदनाशक का 0.05 प्रतिशत का छिड़काव 15 दिन के अंतराल से तीन बार करें।

कटाई (Harvesting)

तिल फसल की सभी फलियाँ प्रायः एक साथ नहीं पकती हैं किंतु अधिकांश फलियों का रंग भूरा पीला पड़ने पर कटाई करना चाहिये। फसल के गट्ठे बनाकर रख देना चाहिये। सूखने पर फलियों के मुँह चटक कर खुल जायें तब इनको उलटा करके डंडों से पीटकर दाना अलग कर लिया जाता है। इसके पश्चात् बीज को सुखाकर 9 प्रतिशत नमी रहने पर भंडारण करना चाहिये।

उपज (Yield)

तिल की सिंचित अवस्था में 10–12 क्विंटल/हेक्टेयर और असिंचित अवस्था में उचित वर्षा होने पर 5–6 क्विंटल/हेक्टेयर उपज प्राप्त होती है।

●●●

अध्याय 5

अलसी (Linseed or Flax)

वानस्पतिक नाम (Botanical Name) – **लाइनम यूसीटेटीसिमम (Linum usitatissimum)**

कुल (Family) – **लाइनेसी (Linaceae)**

अलसी तिलहन वर्ग की एक मुख्य फसल है। अलसी के बीजों का उपयोग तेल निकालने के लिए प्रमुख रूप से किया जाता है। इसका तेल जल्दी सूखने वाला होने के कारण व्यापारिक एवं औद्योगिक दृष्टि से महत्वपूर्ण है। इसकी खली का उपयोग पशुओं को पौष्टिक आहार के रूप में किया जाता है। अलसी के तेल से रंग, पेन्ट, वार्निश और छपाई के लिए प्रयुक्त स्याही बनाने में किया जाता है। अलसी के बीज में 38–40 प्रतिशत तेल पाया जाता है। इसके तने से रेशा भी उत्पन्न होता है जिससे दरी एवं अन्य मोटे कपड़े तैयार किये जाते हैं।

उत्पत्ति तथा इतिहास (Origin and History)

अधिकांश विद्वानों के मतानुसार अलसी का उत्पत्ति स्थान फारस की खाड़ी से लेकर केस्पियन सागर के मध्य का कोई स्थान है। बेबीलोन के अनुसार अलसी का जन्म स्थान अफगानिस्तान है।

क्षेत्रफल एवं वितरण (Area and Distribution)

विश्व में लगभग 51 देशों में अलसी की खेती की जाती है। प्रमुख रूप से कनाडा, भारत, चीन, संयुक्त राज्य अमेरिका एवं सोवियत संघ में अलसी की खेती की जाती है। विश्व में कनाडा का क्षेत्रफल एवं उत्पादन की दृष्टि से प्रथम स्थान है। भारत का क्षेत्रफल की दृष्टि से तृतीय एवं उत्पादन की दृष्टि से चौथा स्थान है। इसका मुख्य कारण प्रति हेक्टेयर उत्पादकता कम होना है।

तालिका क्रं. 17. विश्व के प्रमुख देशों में अलसी का क्षेत्र, उत्पादन एवं उपज (वर्ष 2007-08 से 2011-12) का औसत

प्रमुख देश	क्षेत्रफल (लाख हे.)	उत्पादन (लाख टन)	उपज (किग्रा./हे.)
कनाडा	4.798	6.432	1341
चीन	3.409	3.252	954
संयुक्त राज्य अमेरिका	1.290	1.569	1216
भारत	3.799	1.571	413
सोवियत संघ	1.823	1.367	750
कुल योग	**21.275**	**18.667**	**877**

भारत के अधिकांश राज्यों में अलसी की खेती सफलतापूर्वक की जाती है। मध्यप्रदेश, उत्तरप्रदेश, महाराष्ट्र, छत्तीसगढ़, बिहार अलसी के मुख्य उत्पादक राज्य हैं।

तालिका क्रं. 18. भारत के प्रमुख राज्यों में अलसी का क्षेत्र, उत्पादन एवं उपज (वर्ष 2007-08 से 2011-12) का औसत

प्रमुख राज्य	क्षेत्रफल (लाख हे.)	उत्पादन (लाख टन)	उपज (किग्रा./हे.)
मध्यप्रदेश	1.186	0.463	390
उत्तरप्रदेश	0.633	0.241	382
छत्तीसगढ़	0.451	0.136	301
महाराष्ट्र	0.424	0.108	255
बिहार	0.250	0.214	858
कुल योग	**3.799**	**1.571**	**413**

जलवायु (Climate)

अलसी की फसल को शुष्क एवं ठंडी जलवायु की आवश्यकता होती है।

सामान्यतः 750–900 मिमी. वार्षिक वर्षा वाले स्थान अलसी की खेती के लिए उत्तम हैं। फसल वृद्धि काल में अधिक वर्षा होना हानिकारक होता है। बढ़वार एवं फूल आने के समय पाले से बहुत हानि होती है। फसल के पकने के समय अधिक तापमान की आवश्यकता होती है।

भूमि (Soil)

अलसी की फसल के लिये काली भारी एवं दोमट भूमि अधिक उपयुक्त होती है। अधिक उपजाऊ मृदाओं की अपेक्षा मध्यम उपजाऊ मृदायें अच्छी समझी जाती हैं। भूमि में उचित जल निकास का प्रबंध होना चाहिये। आधुनिक संकल्पना के अनुसार उचित जल एवं उर्वरक व्यवस्था करने पर किसी भी प्रकार की मिट्टी में अलसी की खेती सफलतापूर्वक की जा सकती है।

भूमि की तैयारी (Soil Preparation)

अलसी का अच्छा अंकुरण प्राप्त करने के लिए खेत को भुरभुरा एवं खरपतवार रहित रहना चाहिए। अतः खेत को 2–3 बार हैरो चलाकर तैयार करना चाहिए। प्रत्येक जुताई के बाद पाटा लगाना आवश्यक है, जिससे नमी संरक्षित रह सके। अलसी का दाना छोटा व महीन होता है अतः अच्छे अंकुरण हेतु खेत का भुरभुरा होना अति आवश्यक है।

फसल चक्र (Crop Rotation)

देश में अलसी की खेती वर्षा आधारित क्षेत्रों में खरीफ पड़त के बाद रबी में शुद्ध फसल के रूप में की जाती है। सोयाबीन–अलसी व उड़द–अलसी आदि फसल चक्रों से अधिक लाभ लिया जा सकता है।

मिश्रित खेती (Mixed Cropping)

अलसी को चना एवं अलसी सह फसल (3:1) के रूप में तथा मसूर व सरसों के साथ भी इसकी मिश्रित खेती की जा सकती है।

उतेरा पद्धति (Utera Cultivation)

अलसी की उतेरा खेती धान उगाये जाने वाले क्षेत्रों में प्रचलित है जहाँ अधिक

नमी के कारण भूमि की तैयारी में परेशानी आती है। अतः नमी का सदुपयोग करने हेतु धान के खेत में अलसी बोयी जाती है। इस पद्धति में धान की खड़ी फसल में (फूल अवस्था) के बाद अलसी के बीज को छिटक दिया जाता है। फलस्वरूप धान की कटाई पूर्व ही अलसी का अंकुरण हो जाता है। संचित नमी से ही अलसी की फसल पककर तैयार हो जाती है। अलसी की खेती की इस विधि को उतेरा पद्धति कहते हैं।

बीज की मात्रा एवं बोनी की विधि (Seed Rate and Sowing Method)

अलसी की खेती के लिए 30 किग्रा./हेक्टेयर बीज बोना चाहिये। बोनी कतारों में करना चाहिये। कतारों से कतारों की दूरी 30 सेमी. तथा पौधे से पौधे की दूरी 8–10 सेमी. रखें। बीज की गहराई 2–3 सेमी. रखें। देशी हल में नारी या चौंगा लगाकर अथवा सीडड्रिल से बोनी करें।

बोनी का समय (Sowing Time)

अलसी की बोनी 15–30 अक्टूबर तक तथा सिंचित अवस्था में देरी से बोनी के लिए उपयुक्त किस्मों को 15 नवम्बर तक बोया जाता है। जल्दी बोनी करने पर अलसी की फसल को कली की मक्खी एवं पाउडरी मिलड्यू रोग आदि से बचाया जा सकता है।

बीज उपचार (Seed Treatment)

1 ग्राम कार्बेन्डाजिम या 2 ग्राम थायरम दवा प्रति किग्रा. बीज के हिसाब से बुआई पूर्व उपचार करें।

खाद एवं उर्वरक (Manure and Fertilizer)

अलसी की फसल को गोबर की खाद उपलब्ध होने पर 4–5 टन/हेक्टेयर दें। अच्छी तरह से सड़ी हुई गोबर की खाद की मात्रा को अन्तिम जुताई के समय खेत में अच्छी तरह से मिला देना चाहिये।

असिंचित अवस्था में नत्रजन, स्फुर तथा पोटाश 40:20:10 किग्रा./हेक्टेयर देना चाहिये। बोने के पहले नारी, चोंगा या सीडड्रिल से 5–6 सेमी की गहराई पर उर्वरकों की मात्रा देनी चाहिये।

तालिका क्रं. 19. अलसी की प्रमुख उन्नतशील जातियां (Improved Varieties)

जाति	उत्पादकता (किग्रा./हे.)	तेल %	अनुसंशित क्षेत्र	विशेषताएं
प्रताप अलसी–1	2000	41	राजस्थान	सफेद फूल, गेरूआ रोग के प्रति सहनशील
आजाद अलसी–1	1600	39.9	उ. प्र. का बुंदेलखंड क्षेत्र, म. प्र. व राज.	नीला फूल, गेरूआ, उखटा रोग एवं काली मक्खी के प्रति सहनशील
दीपिका (RLCTS)	1275	41.39	छत्तीसगढ़, म.प्र.	नीला फूल, उतेरा खेती के लिए उपयुक्त
हिमानी	600	36.40	हिमाचल प्रदेश, जम्मू एवं कश्मीर, हरियाणा एवं पंजाब	नीला फूल, गेरूआ रोग के प्रति प्रतिरोधी
जवाहर अलसी–66 (SLS-66)	1200	42.20	मध्यप्रदेश का वर्षा आधारित क्षेत्र	
पी.के.वी.एन.एल.–260	975	37.67	महाराष्ट्र	अगेती किस्म
रूचि (LCK-504)	1370	39.80	उ.प्र., बिहार, प.बंगाल, झारखंड, आसाम, उत्तरी पूर्वी राज्य	

जाति	उत्पादकता (किग्रा./हे.)	तेल %	अनुसंशित क्षेत्र	विशेषताएं
जे.एल.एस.–73	1200	38	म.प्र., राज., उ.प्र., गुजरात, महाराष्ट्र	अगेती, कम अवधि की किस्म
जवाहर अलसी–17	1000–1500	38–40	मध्यप्रदेश	नीला फूल, बड़ा बीज, गेरूआ रोग के प्रति सहनशील
जवाहर अलसी–23	1100–1200	38.40	मध्यप्रदेश	सफेद फूल, बीज मध्यम आकार का, बादामी व चमकीला
जवाहर अलसी–532	1000–1200	38–40	मध्यप्रदेश	फूल नीला, उतेरा पद्धति हेतु उपयुक्त
किरन	1200–1300	38–40	मध्यप्रदेश	उखटा रोग हेतु सहनशील, पिछेती किस्म

सिंचित अवस्था में नत्रजन, स्फुर व पोटाश 60:40:20 किग्रा./हेक्टेयर देना चाहिये। नत्रजन की आधी मात्रा, स्फुर व पोटाश की पूरी मात्रा बोने के पहले तथा बची हुई नत्रजन की मात्रा प्रथम सिंचाई के तुरंत बाद खड़ी फसल में दें।

तिलहनी फसलों के उच्च उत्पादन हेतु गंधक का उपयोग अनुसंशित है। अतः अलसी में 25 किग्रा./हेक्टेयर की दर से गंधक बीज बोने के पहले देना चाहिये।

जैव उर्वरक (Bio Fertilizer)

आधुनिक खेती में जैव उर्वरकों का प्रयोग बढ़ रहा है। अलसी में एजोटोबैक्टर/एजोस्प्ररीलम और स्फुर घोलक जीवाणु आदि जैव उर्वरक उपयोग किये जा सकते हैं। उक्त जैव उर्वरक बीज उपचार द्वारा 10 ग्राम जैव उर्वरक प्रति किग्रा. के हिसाब से दिये जा सकते हैं। मृदा उपचार द्वारा भी इनका उपयोग किया जा सकता है। इस हेतु 2 किग्रा. पी.एस.बी. जैव उर्वरकों की मात्रा को 50 किग्रा. सड़ी गोबर की खाद के साथ मिलाकर अंतिम जुताई के पहले नमीयुक्त खेत में बराबर बिखेर दें।

खरपतवार प्रबंधन (Weed Management)

अलसी बुवाई के 25 दिन तक खेत को खरपतवारों से रहित रखना चाहिये। इसके लिए बोनी के 20 दिन बाद पहली निंदाई हाथ अथवा खुरपी द्वारा करना चाहिये।

सिंचाई एवं जल प्रबन्धन (Irrigation and Water Management)

असिंचित अवस्था की तुलना में 1 या 2 सिंचाई देने पर उपज 2 से 2.5 गुना बढ़ाई जा सकती है। प्रथम सिंचाई बोने के 35–40 दिन तथा 60–65 दिन बाद दूसरी सिंचाई करें।

तालिका क्रं. 20. तिल में शाकनाशियों द्वारा खरपतवार नियंत्रण

शाकनाशी	प्रयोग का समय	उपयोग की मात्रा		अभियुक्ति
		सक्रिय तत्व (ग्रा./हे.)	व्यापारिक उत्पाद कि.ग्रा. या ली./हे.	
1. ट्राईफ्लुरेलिन 48 ई.सी.	अंतिम बखरनी पूर्व छिड़ककर मिट्टी में मिलायें	1000	2.0 लीटर	सभी वार्षिक घासें एवं कुछ चौड़ी पत्ती वाले खरपतवारों का नियंत्रण।
2. पेन्डीमिथलिन 30 ई.सी.	बुवाई के तुरंत बाद	1000	3.3 ली.	सभी वार्षिक घासें एवं कुछ चौड़ी पत्ती वाले खरपतवारों का नियंत्रण।
3. ऑक्सीडायजॉन 25 ई.सी.	0–3 दिन बोनी उपरांत	500	2.0 ली.	सभी वार्षिक घासें एवं कुछ चौड़ी पत्ती वाले खरपतवारों का नियंत्रण।
4. क्विजेलफॉप ईथाईल 5 ई.सी.	15–20 दिन बोनी उपरांत	40–50	0.8.–1 लीटर	वार्षिक घासों का उत्तम नियंत्रण।
5. आइसोप्रोट्यूरान 75 डब्ल्यू. पी.	0–3 दिन बोनी उपरांत	1000–1500	1.5–2.0 ली.	वार्षिक घासें एवं चौड़ी पत्ती वाले खरपतवारों का प्रभावी नियंत्रण।

पौध संरक्षण

प्रमुख कीट

कली मक्खी (Bud Fly)

प्रौढ़ मक्खी आकार में छोटी तथा नारंगी रंग की होती है। इसके पंख पारदर्शी होते हैं। इल्ली गुलाबी रंग की होती है। मादा मक्खी 1–10 अण्डे पंखुड़ी के निचले हिस्से पर रखती हैं जिनसे इल्ली निकलकर कली के अंदर जनन अंगों विशेष रूप से अण्डाशय को खाती हैं जिससे कली पुष्प के रूप में विकसित नहीं होती है तथा कैप्सूल एवं बीजों का निर्माण नहीं होता।

नियंत्रण

1. बोनी अक्टूबर मध्य के पूर्व करने पर कीट से नुकसान कम होता है।
2. निरोधक किस्में जैसे आर 552, जवाहर 23 लगाना चाहिए।
3. प्रकाश प्रपंच का उपयोग करें।
4. कीट की संख्या अधिक होने पर इमिडाक्लोप्रिड 17.8 एस.एल., 125 मिली. /हेक्टेयर का प्रथम छिड़काव इल्लियों के प्रकोप प्रारंभ होने पर तथा दूसरा 15 दिन बाद करें। आवश्यकता पड़ने पर तीसरा छिड़काव 15 दिन बाद करें।

अलसी की इल्ली

Perigea Caterpillar of Safflower

प्रौढ़ कीट मध्यम आकार का गहरे भूरे या धूसर रंग के पीले धब्बों से युक्त होते हैं तथा पिछले पंख सफेद चमकीले अर्ध पारदर्शक होकर बाहरी सतह धूसर रंग की होती है। इल्लियां लम्बी, भूरे रंग की होती हैं। ये कीट अधिकतर पत्ती की बाहरी सतह को खाते हैं। इस कीट की इल्लियां तने के ऊपरी भाग में पत्तियों को चिपकाकर खाती हैं, इस कारण कीट से ग्रसित पौधों की बाढ़ रुक जाती है।

अर्द्ध कुंडलक इल्ली

इस कीट के प्रौढ़ पतंगों के अगले पंखों पर सुनहरे धब्बे रहते हैं। इसकी इल्लियां हरे रंग की होती हैं। ये इल्लियां पत्तियों को खाती हैं बाद में फलियों को भी नुकसान पहुंचाती हैं।

चने की इल्ली

इस कीट के प्रौढ़ भूरे रंग के होते हैं तथा अगले पंखों में सेम के बीज के समान काला धब्बा रहता है। इल्लियों के रंग में विविधता होती है, ये पीले, हरे,

गुलाबी, नारंगी, भूरी या काली होती हैं। छोटी इल्लियां पौधे के हरे पदार्थ को खुरचकर खाती हैं। बड़ी इल्लियां कलियों, फूलों व फलियों को नुकसान पहुंचाती हैं। इलिलयां फलियों में छेदकर अपना सिर अंदर घुसाकर दानों को खा जाती हैं। एक इल्ली अपने जीवनकाल में 30–40 फलियों को नुकसान पहुंचाती है।

नियंत्रण

1. फेरोमेन प्रपंचों का उपयोग करें। एक हेक्टेयर के लिये 5 प्रपंचों की आवश्यकता होती है।
2. क्लोरपायरीफास 20 ई.सी. की 750 से 1000 मिली. मात्रा प्रति हेक्टेयर के हिसाब से छिड़काव करें
3. कीट संख्या अधिक होने पर प्रोफेनोफास 30 ई.सी. 1.0 लीटर या क्विनालफास 25 ई.सी 1.5 लीटर का प्रति हेक्टेयर की दर से छिड़काव करें।

प्रमुख रोग

गेरूआ रोग

पत्तियों के शीर्ष तथा निचली सतहों पर एवं तना, शाखाओं पर गोल लम्बवत् नारंगी भूरे रंग के धब्बे दिखाई पड़ते हैं।

इस रोग के नियंत्रण हेतु डायथेन एम 745 का 0.25 प्रतिशत घोल खड़ी फसल पर दो बार 15 दिन के अंतराल से छिड़काव करें। गेरूआ रोग प्रतिरोधक किस्म आर–552, किरण आदि का प्रयोग करें।

उकठा रोग

यह काफी हानिकारक रोग है जो मिट्टी में रोगग्रस्त पौधों के ठूंठ से फैलता है। इस रोग का प्रकोप फसल के अंकुरण से लेकर पकने की अवस्था तक कभी भी हो सकता है। पौधा रोगग्रस्त होने पर पत्तियों के किनारे अंदर की ओर मुड़कर मुरझा जाता है।

इस रोग के नियंत्रण के लिये 2 या 3 वर्ष का फसल चक्र अपनायें अर्थात उकठा ग्रसित खेत में लगातार 2–3 वर्षों तक अलसी की फसल न लगायें। कार्बेन्डाजिम फफूंदनाशक दवा से 3 ग्राम/किग्रा की दर से बीजोपचार कर बोयें।

भभूतिया या सफेद चूर्ण रोग

इस रोग के कारण पत्तियों पर सफेद चूर्ण जम जाता है। रोग की तीव्रता अधिक होने पर दाने सिकुड़ जाते हैं तथा उनका आकार छोटा हो जाता है। देर से बुवाई करने एवं शीतकालीन वर्षा होने पर अधिक समय तक आर्द्रता बनी रहने पर इस रोग का प्रकोप बढ़ जाता है।

इस रोग के नियंत्रण के लिए फसल की बुवाई जल्दी करें। 0.3 प्रतिशत घुलनशील गंधक या केराथेन 0.2 प्रतिशत का छिड़काव 15 दिनों के अंतर से करें। इसकी रोग निरोधक किस्में जैसे जवाहर–23, आर–552 एवं किरण का उपयोग करें।

अल्टरनेरिया अंगमारी या अल्टरनेरिया ब्लाइट रोग

जमीन के ऊपर अलसी पौधे के सभी अंग इस रोग से प्रभावित होते हैं। परन्तु विशेष रूप से फूलों के अंगों के रोगग्रस्त होन पर नुकसान अधिक होता है। फूलों की पंखुड़ियों के निचले हिससे में गहरे भूरे रंग के लम्बवत् धब्बे दिखाई देते हैं जो आकार में बढ़ने के साथ फूल के अंदर तक पहुँच जाते हैं जिसके कारण फूल खिलने के पूर्व ही मुरझाकर सूख जाते हैं तथा दाने नहीं बनते हैं।

इस रोग के नियंत्रण हेतु बीजों को थीरम या कार्बेन्डाजिम दवा 2.5 ग्राम प्रति किग्रा. बीज की दर से उपचारित करें। रोग की गंभीरता को देखते हुए डायथेन एम. 45 (0.25 प्रतिशत) का छिड़काव 15 दिनों के अंतराल से करें।

उपज (Yield)

अलसी की उन्नत उत्पादन तकनीक अपनाकर 12–15 क्विंटल/हे. तक उपज प्राप्त कर सकते हैं।

●●●

अध्याय 6

अरण्डी (Castor)

वानस्पतिक नाम (Botanical Name) – **रिसिनस कोम्यूनिस (Ricinus communis L.)**

कुल (Family) – **यूफोरविएसी (Euphorbiaceae)**

भारत में अरण्डी की खेती विभिन्न भागों में की जाती है। इसके बीज से तेल निकाला जाता है। भारत से तेल व अरण्डी बीजों का निर्यात कर विदेशी मुद्रा प्राप्त की जाती है। इसके तेल का उपयोग लुब्रीकेंट बनाने में किया जाता है। इसके तेल में कम तापक्रम पर न जमने तथा अधिक समय तक रखने पर भी न सूखने का गुण पाया जाता है। अरण्डी का तेल कई प्रकार के सुगन्धित तेल एवं दवाईयाँ बनाने के काम आता है। इसके तेल का प्रयोग पेट साफ करने के लिए जुलाब के रूप में प्रयुक्त होता है। अरण्डी के पौधे की हरी पत्तियों का प्रयोग रेशम के कीड़े के भोजन के रूप में किया जाता है।

उत्पत्ति एवं इतिहास (Origin and History)

वैज्ञानिकों के मतानुसार अरण्डी का जन्म स्थान अफ्रीका एवं इथोपिया है। कुछ वैज्ञानिक अरण्डी का उत्पत्ति स्थान भारत को भी मानते हैं। वैज्ञानिक वाट (1892) के अनुसार अरण्डी का जन्म स्थान भारत है।

क्षेत्रफल एवं वितरण (Area and Distribution)

विश्व में अरण्डी की खेती भारत, चीन, ब्राजील, पेरूग्वे एवं थाइलैण्ड में प्रमुखता से होती है। क्षेत्रफल एवं उत्पादन की दृष्टि से भारत का प्रथम स्थान है जहाँ कुल उपज का लगभग 70–80% उत्पादन होता है।

तालिका क्रं. 21. विश्व के प्रमुख देशों में अरण्डी का क्षेत्र, उत्पादन एवं उपज (वर्ष 2007-08 से 2011-12) का औसत

प्रमुख देश	क्षेत्रफल (लाख हे.)	उत्पादन (लाख टन)	उपज (किग्रा./हे.)
भारत	9.478	13.758	1451
चीन	2.100	1.780	848
ब्राजील	1.681	1.053	627
पेराग्वे	0.108	0.125	1157
थाईलैंड	0.131	0.115	876
कुल योग	**15.738**	**17.937**	**1140**

भारत के 16 राज्यों में अरण्डी की खेती की जाती है। भारत में सर्वाधिक (65 प्रतिशत) उत्पादन गुजरात में होता है। भारत में गुजरात के साथ ही राजस्थान, आंध्रप्रदेश एवं छत्तीसगढ़ में अरण्डी की खेती बहुतायत रूप से की जाती है।

तालिका क्रं. 22. भारत के प्रमुख राज्यों में अरण्डी का क्षेत्र, उत्पादन एवं उपज (वर्ष 2007-08 से 2011-12) का औसत

प्रमुख राज्य	क्षेत्रफल (लाख हे.)	उत्पादन (लाख टन)	उपज (किग्रा./हे.)
गुजरात	5.164	10.360	2006
राजस्थान	1.607	2.087	1299
आंध्रप्रदेश	1.890	0.894	472
छत्तीसगढ़	0.454	0.210	463
कुल योग	**9.478**	**13.758**	**1451**

जलवायु (Climate)

अरण्डी की खेती के लिए साधारणतः उच्च तापक्रम तथा कम वर्षा की आवश्यकता होती है। पौधे की जड़ें अधिक गहराई तक जाने के कारण सूखे को

भी सहन कर लेती है। जहाँ वार्षिक वर्षा 650–850 मिमी. होती है। वहाँ पर इसकी खेती सफलतापूर्वक की जा सकती है। फसल पकते समय शुष्क तथा औसत तापमान का होना आवश्यक है।

भूमि व भूमि की तैयारी (Soil and Soil Preparation)

भारत के विभिन्न भागों में अरण्डी की खेती भिन्न–भिन्न प्रकार की मृदा पर की जाती है। उत्तरी भारत में साधारणतः एल्यूवियल मृदा और दक्षिणी भारत में लैटराइटिक मृदा अरण्डी की खेती के लिए उपयुक्त साबित हुई है। सामान्यतः अरण्डी की खेती के लिए हल्की और भुरभुरी मृदा उपयुक्त होती है। मटियार और भारी मृदा में पौधों की अच्छी वृद्धि नहीं होती और फसल से कम उपज प्राप्त होती है।

अरण्डी की खेती के लिए मृदा में जल निकास का अच्छा प्रबंध होना चाहिए। अच्छी पैदावार के लिए मध्यम उपजाऊ मृदा आवश्यक है। अरण्डी के पौधे भूमि के क्षारीपन को सहन नहीं कर सकते हैं, किन्तु कुछ हद तक हल्की अम्लीय भूमि में उग सकते हैं।

अरण्डी की फसल को अधिकतर मिश्रित रूप में उगाते हैं। अतः साथ में उगाई जाने वाली फसलों जैसे कपास, ज्वार, गन्ना, अरहर, मिर्च, लोबिया, मूंगफली आदि फसलों के लिए की गई खेत की तैयारी अरण्डी के लिए भी उपयुक्त होती है।

अरण्डी की अकेली फसल के लिए खरीफ में वर्षा प्रारम्भ होने पर पहली जुताई मिट्टी पलटने वाले हल से व 2–3 जुताई देशी हल से करते हैं। दक्षिण भारत में खेत की जुताई की संख्या अधिक रखते हैं।

उन्नतशील जातियाँ (Improved Varieties)

अरण्डी की विभिन्न जातियों का वर्गीकरण विभिन्न आधारों पर किया जाता है।

अ. पौधों की अवधि के आधार पर : अवधि के आधार पर पौधों को दो भागों में बांटा जाता है –

1. **एक वर्षीय जातियाँ :** ये ऊँचाई में छोटी होती हैं। इनकी बुआई जून–जुलाई में की जाती है तथा कटाई अप्रैल में की जाती है।

2. **बहुवर्षीय जातियाँ :** इन जातियों से कई वर्षो तक उपज प्राप्त की जाती है। इनकी ऊँचाई 5–6 मीटर तक होती है।

ब. **बीज के आधार पर :** बीज के आकार के आधार पर अरण्डी की दो जातियाँ पायी जाती हैं–

1. **छोटी बीज वाली जातियाँ :** इन प्रजातियों में तेल प्रतिशत अधिक तथा फसल अवधि कम होती है।

2. **बड़े बीज वाली जातियाँ :** अपेक्षाकृत तेल प्रतिशत कम होता है।

छोटे बीज वाली जातियों से प्राप्त तेल अधिक अच्छे गुणों वाला होता है तथा दवाई के रूप में प्रयोग किया जाता है। बड़ी जातियों से प्राप्त तेल मशीनों को चिकना करने व रोशनी के लिये जलाने के काम में लिया जाता है।

बोने की विधि (Sowing Method)

अलग–अलग क्षेत्रों में बुआई की अलग–अलग विधि प्रचलित हैं। मृदा में नमी की मात्रा, मृदा की किस्म, फसल उत्पादन की व्यवस्था और उपलब्ध सुविधाओं के अनुसार अरण्डी की फसल की बुआई की निम्नलिखित विधियाँ प्रयुक्त की जाती हैं।

1. हल के पीछे पंक्तियों में बुआई

मिश्रित अथवा अकेली फसल में इच्छित अन्तरण पर एक आदमी कूंड बनाता है व दूसरा आदमी उचित दूरी पर बीज कूंडों में डालता है। पाटा चलाकर बीज को ढक दिया जाता है।

2. डिबलिंग विधि

खेत में रस्सी की सहायता से उचित अन्तरण पर निशान लगाकर पंक्तियों की दूरी निश्चित कर लेते हैं। खुरपी की सहायता से पौधों से पौधों का अन्तरण ध्यान में रखते हुए दो बीज एक साथ दबा देते हैं। अंकुरण के 15–20 दिनों बाद फालतू व कमजोर पौधे को अलग कर देते हैं। बीज बोने की गहराई 5–8 सेमी. तक रखते हैं।

तालिका क्रं. 23. अरण्डी की प्रमुख उन्नतशील जातियां (Improved Varieties)

जाति	उत्पादकता (किग्रा./हे.)	तेल %	अनुसंशित क्षेत्र	विशेषताएं
ज्योति	1000–1200	52	राजस्थान, आन्ध्रप्रदेश,	अवधि 90–150 दिन कर्नाटक, तमिलनाडु
क्रान्ति	1500–3000	54	राजस्थान, आन्ध्रप्रदेश	अवधि 180–240 दिन
अरूणा	2000–2300	52	आन्ध्रप्रदेश, पंजाब, हरियाणा, म.प्र., बिहार के मुख्य क्षेत्रों के लिए उपयुक्त	अवधि 145–175 दिन
भाग्य	2000–2500	50	आन्ध्रप्रदेश	दानों का आकार मध्यम, भूरा रंग, पकने की अवधि 120–150 दिन
सौभाग्य	2000–2500	50	आन्ध्रप्रदेश	अवधि 180–210 दिन

जाति	उत्पादकता (किग्रा./हे.)	तेल %	अनुसंशित क्षेत्र	विशेषताएं
हाईब्रिड किस्में				
जी.सी.एच.–5	1500–1700	48	गुजरात, राजस्थान, हरियाणा, पंजाब	पकने की अवधि 140–150 दिन
जी.सी.एच.–4	1500–2000	48	गुजरात, राजस्थान, हरियाणा, पंजाब	पकने की अवधि 140–160 दिन
जी.सी.एच.–7	1500–[illegible]700	48	गुजरात, राजस्थान, हरियाणा, पंजाब	पकने की अवधि 140–150 दिन
डी.सी.एच.–519	1500–2000	48	गुजरात, राजस्थान, हरियाणा, पंजाब	पकने की अवधि 145–165 दिन
डी.सी.एच.–177	1500–2000	48	गुजरात, राजस्थान, हरियाणा, पंजाब	पकने की अवधि 150–165 दिन

बीज दर (Seed Rate)

बीज सदैव जाति के अनुसार प्रमाणित एवं कवकनाशी रसायनों से उपचारित करना चाहिये। बीज की मात्रा, बीज के आकार, बोने की विधि व मृदा में बोने के समय नमी की मात्रा आदि पर निर्भर करती है। विभिन्न परिस्थितियों में अरण्डी के बीज की दर निम्न प्रकार रखते हैं–

विभिन्न परिस्थितियों में अरण्डी के बीज की प्रयोग की जाने वाली मात्रा

बुआई की विधि	शुद्ध फसल	मिश्रित फसल
डिबलिंग विधि	8–10 किग्रा./हे.	3–5 किग्रा./हे
हल के पीछे कूंडों में	12–15 किग्रा./हे.	5–8 किग्रा./हे.

बड़े बीज वाली जातियों में बीज की मात्रा अधिक व छोटे बीज वाली जातियों में बीज की मात्रा कम लगती है।

बीजों का अंतर (Seed Spacing)

शुद्ध अथवा अकेली फसल में पंक्तियों के बीच 90 सेमी. व पौधों के बीच 60 सेमी. का अंतर रखते हैं। बौनी किस्मों में 60 × 45 सेमी. रखते हैं।

मिश्रित फसल के अनुसार पंक्तियों व पौधों का अंतर सुविधानुसार कम या अधिक कर सकते हैं।

बोने का समय (Sowing Time)

वर्षा प्रारम्भ होने पर जून के अंतिम सप्ताह से लेकर जुलाई के प्रथम सप्ताह तक इसकी बुआई करनी चाहिए। देर से बुआई करना लाभदायक नहीं है। कर्नाटक में अप्रैल माह में ही अरण्डी की बुआई कर ली जाती है।

खाद एवं उर्वरक (Manure and Fertilizer)

अरण्डी की फसल से अच्छी उपज प्राप्त करने के लिए नत्रजन,, फास्फोरस व पोटाश की आवश्यकता होती है। विभिन्न जातियों के लिए खाद की मात्रा निम्नानुसार है –

पोषक तत्व (किग्रा./हे.)	क्षेत्रीय जातियाँ	संकर जातियाँ
नत्रजन	40–50	80
फास्फोरस	40–50	60
पोटाश	20–40	50

तेल के प्रतिशत व गुणों को अच्छा बनाने के लिए यह आवश्यक है कि कार्बनिक (गोबर की खाद) व खलियों की खाद का प्रयोग खेत में किया जाये। अनुसंधानों के अनुसार 100–150 क्विंटल गोबर की खाद व 8–10 क्विंटल नीम की खली की खाद प्रति हेक्टेयर देना लाभदायक पाया गया है। नत्रजन की शेष मात्रा अमोनियम सल्फेट से फास्फोरस, सुपर फास्फेट से, पोटाश व पोटेशियम सल्फेट से देना लाभदायक है। इन सभी उर्वरकों के प्रयोग से गंधक की आवश्यक मात्रा भी खेत में पहुंच जाती है। कार्बनिक खाद बुआई से 15–20 दिन पहले व अकार्बनिक खाद बुआई के समय ही खेत में देते हैं।

सिंचाई एवं जल प्रबन्धन (Irrigation and Water Management)

अरण्डी की फसल में यदि 600–800 मिमी. वर्षा का वितरण वर्षभर समान होता रहे तो अच्छी उपज प्राप्त कर सकते हैं। बुआई के समय पर्याप्त नमी का मृदा में होना आवश्यक है। वर्षा ऋतु से सूखा पड़ने पर 1–2 सिंचाई की आवश्यकता पड़ सकती है। अरण्डी की जड़ें अधिक गहराई से भी नमी का शोषण कर लेती हैं। अतः अन्य फसलों की अपेक्षा अधिक सूखा सहन कर सकती हैं। इसकी खेती असिंचित क्षेत्रों में भी सफलतापूर्वक की जा सकती है।

निकाई-गुड़ाई व खरपतवार नियंत्रण (Interculture and weed Control)

अरण्डी की शुद्ध फसल में 2–3 गुड़ाई करना लाभदायक है। मिश्रित फसल में मुख्य फसल के अनुसार निकाई गुड़ाई करते हैं। आधार बीज के लिए निपिंग लाभदायक है।

अन्तः कृषि व फसल चक्र (Intercrops and Crop Rotation)

अरण्डी को मूंगफली, ज्वार, बाजरा, मूँग, लोबिया, अरहर व कपास आदि के

साथ मिश्रित रूप में उगाया जाता है। अनुसंधानों के आधार पर यह पाया गया है कि सदैव मिश्रित रूप में अरण्डी की फसल लेने पर प्रति इकाई क्षेत्र अधिक उपज प्राप्त होती है। अरण्डी की कम अवधि की किस्मों को निम्न फसल चक्रों में उगाते हैं

1. अरण्डी–गेंहू/अलसी/मसूर
2. अरण्डी–ग्रीष्मकालीन मूँग/लोबिया

फसल की कटाई एवं मड़ाई (Harvesting and Threshing)

सामान्यतः 4–5 महीने में पौधों पर फूल आने प्रारम्भ हो जाते हैं। फल आने के बाद फल 2–3 माह के बाद पकते हैं। विभिन्न जातियों की बुआई के अनुसार फसल नवम्बर से फरवरी तक पककर तैयार हो जाती है।

अरण्डी के पौधों पर बहुत सारे फूल एक गुच्छे के रूप में आते हैं। गुच्छों की लंबाई 30–80 सेमी. तक जातियों के अनुसार पायी जाती है। एक गुच्छे में 200 तक फल पाये जाते हैं। एक फल में प्रायः तीन तक बीज पाये जाते हैं। एक पौधे पर कभी–कभी कई गुच्छे आते हैं जो अलग–अलग समय पर पकते हैं। गुच्छों को सही समय पर तोड़ना आवश्यक है क्योंकि फल अधिक सूखने पर चटक जाते हैं व बिखर जाते हैं। अतः गुच्छों को तोड़कर धूप में सुखाकर डंडे की सहायता से अलग कर लिया जाता है।

दाने में तेल की मात्रा पर प्रभाव डालने वाले कारक

दाने में तेल की मात्रा पर निम्न कारकों से प्रभाव पड़ता है –

1. **फलों की परिपक्वता :** अपरिपक्व फलों से प्राप्त दानों में तेल की मात्रा कम व परिपक्व फलों से प्राप्त दानों में तेल की मात्रा अधिक होती है।
2. **मौसम का प्रभाव :** मौसम के तापमान, प्रकाश, अपेक्षित आर्द्रता आदि का भी तेल की मात्रा पर प्रभाव पड़ता है।
3. **फूल खिलने की अवधि :** मादा फूल सभी एक साथ न खिलकर 10–12 दिनों तक खिलते रहते हैं। अतः फल आगे व पीछे पकते हैं।
4. **मृदा का प्रभाव :** मृदा में पाये जाने वाले पोषक तत्वों की किस्म व उपलब्धि का प्रभाव तेल की मात्रा व गुणों पर पाया जाता है।

पौधा संरक्षण

प्रमुख कीट

1. बिहार की रोएंदार सुंडी या गिड़ार

यह कीट लगभग सारे भारत में फैला हुआ है। इसका प्रकोप सोयाबीन, तिल, अरण्डी, लोबिया, शकरकन्द और मूंगफली आदि फसलों में होता है। अरण्डी पर इसका प्रकोप अगस्त से नवम्बर तक होता है। इसके उपचार के लिए क्विनालफास 25 ई.सी., 1.50 ली./हे. 650 लीटर पानी में मिलाकर छिड़काव करें।

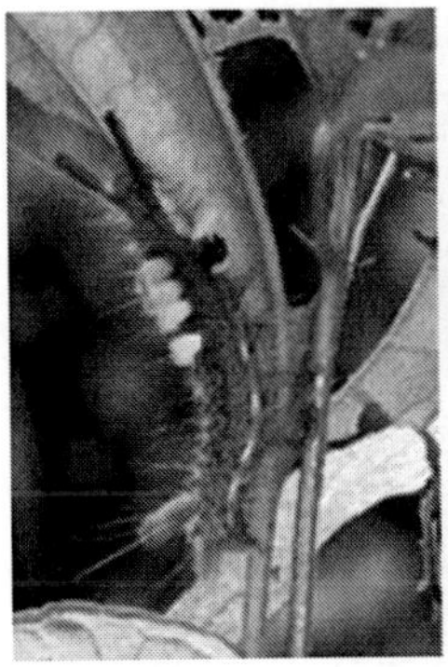
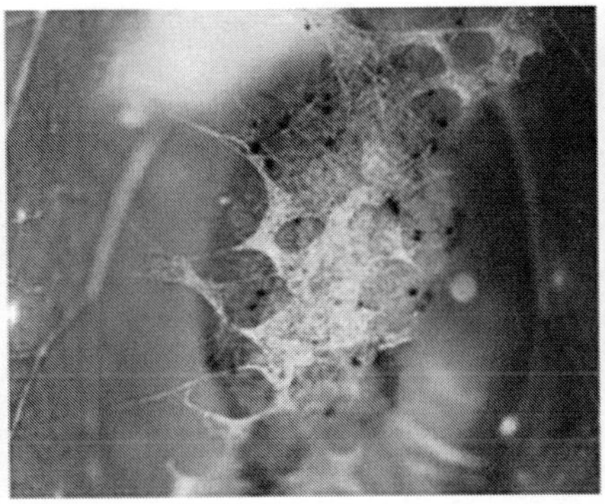

2. अरण्डी की सेमीलूपर

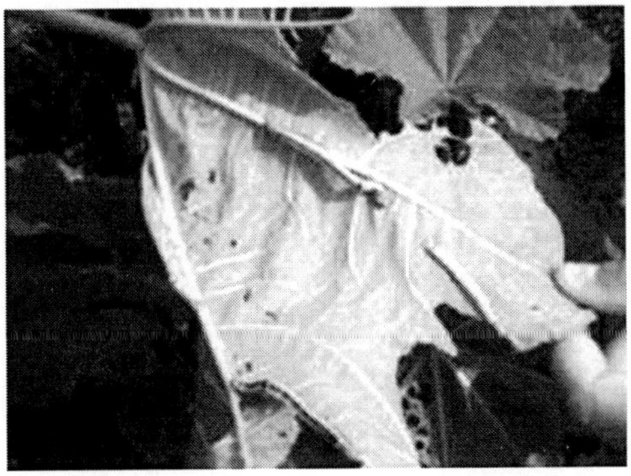

इसके मौथ के पंख का अगला किनारा गहरे रंग का होता है। इसकी सूंडी पत्तियों की निचली सतह को खाती है। ये अधिकतर जुलाई से नवम्बर तक अधिक क्रियाशील होती है। वर्षभर में इनकी दो–तीन पीढ़ियां हो जाती हैं। इसकी रोकथाम के लिए क्विनालफास 25 ई.सी., 1.50 ली./हे. 650 लीटर पानी में मिलाकर छिड़काव करें।

3. अरण्डी बीज छेदक

इसका मोथ चमकदार पीले रंग का होता है। कुछ काले धब्बे इसके पंखों पर पाये जाते हैं। इसकी सूंडी 2 सेमी. के लगभग लंबी गुलाबी रंग की होती है।

इसकी सूंडी अरण्डी के फलों में छेद करके अंदर घुस जाती है और दानों को खा जाती है। यह सितम्बर और फरवरी में अधिक क्रियाशील रहती है। इसकी एक वर्ष में 4–5 पीढ़ी होती हैं। इसकी रोकथाम के लिए प्रोफेनोफास 50 ई.सी. 1000 मिली. 650 लीटर पानी में घोलकर एक हेक्टेयर में छिड़काव करें। इसके 15 दिन के अंतराल में 2 छिड़काव करें।

***Alternaria* leaf spot with concentric rings**

प्रमुख रोग

1. लीफ ब्लाइट या अंगमारी

यह बीमारी फफूंद से लगती है। यह बीजांकुर के 15–20 सेमी. होने के बाद लगती है और बीजांकुरों को नष्ट कर देती है। पत्तियों पर दोनों तरफ गोल धूसरित हरे रंग के धब्बे बन जाते हैं और रंग बढ़ता जाता है तथा पत्तियां गिरने लगती हैं। कभी–कभी तना भी गलने लगता है। इसकी रोकथाम के लिए 2:2:50 का बोर्डो मिश्रण का छिड़काव (2 या 3 बार 15 दिन के अंतर से) करना चाहिये। जिनेब का 10–15 दिन के अन्तर पर 0.2 प्रतिशत का छिड़काव तीन बार करना भी लाभदायक है। खेत का जल निकास भी उत्तम प्रकार का होना चाहिये।

2. रतुआ या गेरूई

पत्तियों की दोनों सतहों पर भूरे धब्बे पड़ते हैं। पत्ती की निचली सतह पर अधिक धब्बे होते हैं। अधिक प्रकोप में पत्तियां सूख जाती हैं। इसकी रोकथाम के लिये 0.2% का डाइथेन जैड–78 (जिनेब) अथवा डाइथेन एम–45 (मिनेब) का घोल छिड़कना चाहिए।

उपज (Yield)

अरण्डी की खेती की उन्नत उत्पादन तकनीक अपनाकर उन्नतशील जातियों से 15–18 क्विंटल/हेक्टेयर तक उपज प्राप्त होती है। हाइब्रिड जातियों से 20–25 क्विंटल/हे. तक उपज प्राप्त होती है।

●●●

अध्याय 7

सूरजमुखी (Sunflower)

वानस्पतिक नाम (Botanical Name) – हेलीएन्थस एनस (Helianthus annus)

कुल (Family) – कम्पोजिटी (Compositae)

सूरजमुखी वर्ष भर उगाई जाने वाली तिलहनी फसल है। यह एक ऐसी तिलहनी फसल है जिस पर प्रकाश का कोई फर्क नहीं पड़ता है। यह प्रकाश असंवेदी (फोटोइन्सेंसिटिव) फसल है। भारतवर्ष में इसे खरीफ, रबी एवं जायद तीनों मौसम में उगा सकते हैं। इसके बीजों में 40–50% तक तेल पाया जाता है। जो सूरजमुखी देखने में जितना खूबसूरत होता है, स्वास्थ्य के लिए उतना ज्यादा लाभदायक भी होता है। इसके बीजों व फूलों में अनेक औषधीय गुण छिपे रहते हैं। दिल को स्वस्थ रखने से लेकर यह कैंसर जैसी जानलेवा बीमारी से बचाव करता है। यह अर्थराइटिस, स्किन की समस्याओं को भी दूर करता है। यह कफ–वात संबंधी परेशानियों में भी लाभदायक है। सूरजमुखी की खेती के साथ मधुमक्खी पालन भी सफलतापूर्वक किया जा सकता है।

उत्पत्ति एवं इतिहास (Origin and History)

सूरजमुखी का जन्म स्थान कई वैज्ञानिकों के अनुसार उत्तरी अमेरिका है। इसकी व्यावसायिक खेती सर्वप्रथम रूस में प्रारंभ की गई। इसके बाद सूरजमुखी की खेती अमेरिका, मिस्र, ब्रिटेन, डेनमार्क, स्वीडन, सहित विश्व के विभिन्न प्रमुख देशों में की जाने लगी। भारत में भी इसकी व्यावसायिक खेती धीरे–धीरे प्रारंभ होकर वर्तमान में प्रचुर मात्रा में की जाती है।

क्षेत्रफल एवं वितरण (Area and Distribution)

भारत में सूरजमुखी की खेती सर्वप्रथम 1969 में उत्तराखंड के पंतनगर में की गई थी। भारत में यह लगभग सभी राज्यों में उगाया जाता है। कर्नाटक, आंध्रप्रदेश, महाराष्ट्र एवं तमिलनाडू में मुख्य रूप से सूरजमुखी की खेती की जाती है।

तालिका क्रं. 24. विश्व के प्रमुख देशों में सूरजमुखी का क्षेत्र, उत्पादन एवं उपज (वर्ष 2007-08 से 2011-12) का औसत

प्रमुख देश	क्षेत्रफल (लाख हे.)	उत्पादन (लाख टन)	उपज (किग्रा./हे.)
सोवियत संघ	58.754	69.036	1175
यूक्रेन	42.253	65.006	1539
अर्जेटिना	19.958	33.048	1656
चीन	9.164	16.688	1821
फ्रांस	6.616	16.270	2459
भारत	13.724	9.279	676
कुल योग	**238.778**	**332.089**	**1391**

तालिका क्रं. 25. भारत के प्रमुख राज्यों में सूरजमुखी का क्षेत्र, उत्पादन एवं उपज (वर्ष 2007-08 से 2011-12) का औसत

प्रमुख राज्य	क्षेत्रफल (लाख हे.)	उत्पादन (लाख टन)	उपज (किग्रा./हे.)
कर्नाटक	7.22	3.670	508
महाराष्ट्र	2.168	1.304	601
आंध्रप्रदेश	3.156	8.32	832
तमिलनाडू	0.213	0.213	1484
कुल	**13.724**	**9.279**	**676**

जलवायु (Climate)

सूरजमुखी की खेती को शुष्क एवं नम जलवायु की आवश्यकता होती है। 700–900 मिमी. वार्षिक वर्षा वाले स्थानों पर इसकी खेती सफलतापूर्वक की जा सकती है।

भूमि व भूमि की तैयारी (Soil and Soil Preparation)

खरीफ के मौसम में सूर्यमुखी की खेती के लिए हल्की से मध्यम मिट्टी जिसमें पानी के निथार की अच्छी व्यवस्था हो उपयुक्त पायी गई है। दुमट व भारी मिट्टी में यह फसल रबी या चेत के मौसम में अर्धसिंचित व सिंचत क्षेत्रों में की जा सकती है, इन क्षेत्रों में यह गेंहूँ, जौ, जई आदि की फसलों के साथ बोयी जा सकती है। एक या दो बार गहरी जुताई कर बखर चलायें तथा नींदा नष्ट कर मिट्टी को भुरभुरा कर लें।

बीज का चुनाव (Selection of Seed)

दो प्रकार की किस्मों का बीज बाजार में उपलब्ध है–

1. साधारण किस्में
2. संकर बीज।

साधारण किस्मों का बीज किसानों को हर साल बदलना नहीं पड़ता है एवं इन किस्मों के बीजों को किसान अपने उत्पादन से हर साल तीन वर्षों तक प्रयोग में ला सकता है। किन्तु संकर किस्मों के बीजों को प्रत्येक फसल बुवाई के लिए नया खरीदकर बोना आवश्यक है। किस्मों का चयन देश के विभिन्न कृषि अंचलों की जलवायु को देखते हुए करना चाहिए।

बोनी का समय (Sowing Time)

कम वर्षा वाले क्षेत्रों में खरीफ मौसम में सूरजमुखी की फसल के लिये उपयुक्त समय जुलाई के द्वितीय पखवाड़े से अगस्त का पहला पखवाड़ा है। बोनी के समय का निर्धारण वर्षा, अवधि, भूमि तथा सहयोगी फसल पर निर्भर करता है। मुख्य फसल के रूप में इसकी बोनी के लिये वर्षा के अनुसार जुलाई मध्य से अगस्त के मध्य तक का समय उपयुक्त है। सहयोगी फसल के रूप में इसे मूंगफली, कपास तथा ज्वार के साथ बोया जाना चाहिये।

तालिका क्रं. 26. सूरजमुखी की प्रमुख किस्में (Improved Varieties)

जाति	उत्पादकता (किग्रा./हे.)	तेल %	अनुसंशित क्षेत्र	विशेषताएं
मोरडेन	600–800	30–38	सूरजमुखी उत्पादन करने वाले सभी राज्य	75–80 दिनों में पकती है। पौधे की ऊँचाई 80–100 सेमी.
ई.सी–68414	800–1000	40–42	सभी राज्य एवं केन्द्र शासित प्रदेश	100–110 दिनों में पकने वाली, 150–200 सेमी. पौधे की ऊँचाई
ई.सी–68415	800–1000	32–35	कर्नाटक	100–110 दिनों में पकने वाली, 150–200 सेमी. पौधे की ऊँचाई
सूर्या	800–1000	32–35	महाराष्ट्र	अवधि 90–95 दिन, ऊँचाई 60–80 सेमी.
सी.ओ.–1	500–700	38–39	तमिलनाडु	अवधि 65–70 दिन
सी.ओ.–2	800–1000	38–40	तमिलनाडु	अवधि 85–90 दिन
TNAUSUF-7	800–1200	38–42	सभी राज्य एवं केन्द्र शासित प्रदेश	अवधि 90–95 दिन
GAUSUF-15	800–1200	38–42	गुजरात	अवधि 90–95 दिन
85–56	500–700	40–42	महाराष्ट्र	अवधि 60–70 दिन

जाति	उत्पादकता (किग्रा./हे.)	तेल %	अनुसंशित क्षेत्र	विशेषताएं
हाईब्रिड किस्में				
बी.एस.एच.–1	1000–1500	40–42	सभी राज्य एवं केन्द्र शासित प्रदेश	अवधि 85–90 दिन, ऊँचाई 130–150 सेमी.
के.बी.एस.एच.–1	1200–1500	42–44	सभी राज्य एवं केन्द्र शासित प्रदेश	अवधि 90–95 दिन, ऊँचाई 150–180 सेमी.
ए.पी.एस.एच.–11	1000–1500	42–44	सभी राज्य एवं केन्द्र शासित प्रदेश	अवधि 90–95 दिन
एम.एस.एफ.एच.–8	1000–1500	38–42	सभी राज्य एवं केन्द्र शासित प्रदेश	अवधि 90–95 दिन
एम.एस.एफ.एच.–1	1000–1500	38–42	सभी राज्य एवं केन्द्र शासित प्रदेश	अवधि 90–95 दिन
एम.एस.एफ.एच.–17	1000–1500	38–42	सभी राज्य एवं केन्द्र शासित प्रदेश	अवधि 90–95 दिन
एल.एस.एच.–1	900–1200	37–39	सभी राज्य एवं केन्द्र शासित प्रदेश	अवधि 85–90 दिन

आदिवासी बाहुल्य क्षेत्रों में रामतिल के बदले सूर्यमुखी की बोनी मध्य अगस्त में की जा सकती है। अधिक वर्षा से नष्ट हुए ज्वार, मूँग, उड़द एवं अन्य खरीफ फसलों के स्थान पर इसे बो सकते हैं। खरीफ सूर्यमुखी की बोनी की योजना इस तरह से करें कि पुष्पावस्था के समय वर्षा न हो एवं मौसम खुला रहे। पुष्पावस्था में वर्षा होने पर उत्पादकता में कमी आती है। रबी मौसम के लिए अक्टूबर के प्रारंभ से नवम्बर तक का समय उपयुक्त है, जायद फसल के लिए जनवरी के अंतिम सप्ताह से फरवरी के मध्य तक का समय उपयुक्त है।

बीज की मात्रा (Seed Rate)

उन्नत किस्मों के लिए 10 किग्रा./हेक्टेयर तथा संकर किस्मों के लिए 7–8 किग्रा. बीज की आवश्यकता होती है।

बीज उपचार (Seed Treatment)

बीज जनित रोगों की रोकथाम के लिए 2 ग्राम थायरम एवं 1 ग्राम कार्बेन्डाजिम के मिश्रण को 1 किग्रा. बीज अथवा 3 ग्राम/किग्रा. बीज एवं डाउनी मिल्ड्यू के लिए रिडोमिल 6 ग्राम/किग्रा. बीज के साथ उपचारित करें।

बोने की विधि (Sowing Method)

खरीफ के मौसम में पानी के निस्तार की अच्छी व्यवस्था वाले खेत में बोनी कतारों में सीडड्रील की सहायता से अथवा दुफन या तिफन में सरता लगाकर कतारों में करें। खरीफ की फसल के लिए कतारों से कतार की दूरी 60 सेमी. रखें। पौधे से पौधे की दूरी 45 सेमी., रबी एवं संकर किस्मों के लिए कतार से कतार की दूरी 60 सेमी. रखें। पौधे से पौधे की दूरी 30 सेमी. रखें एवं प्रति बिन्दु 2–3 बीज बोयें। बोनी 4–5 सेमी. गहराई तक ही करें। अधिक गहराई पर बोनी करने से अंकुरण पर प्रतिकूल प्रभाव पड़ेगा।

विरलन, निंदाई-गुड़ाई व खरपतवार नियंत्रण (Thinning, Interculture and Weed Control)

बोनी के 3–4 सप्ताह बाद प्रति बिन्दु एक पौधा छोड़ कर पौधे से पौधे की दूरी 30 सेमी. रखते हुये अतिरिक्त पौधों को उखाड़ दें। जिन बिन्दुओं पर अंकुरण

नहीं हुआ है उन पर पुनः बोनी करें। प्रति हेक्टेयर पौधों की संख्या सुनिश्चित करें। फसल में पहली गुड़ाई, बुवाई के 15–20 दिन बाद तथा दूसरी गुड़ाई, बुवाई के 35 दिन पर करना चाहिए।

तालिका क्रं. 27. सूरजमुखी में शाकनाशियों द्वारा खरपतवार नियंत्रण

शाकनाशी	प्रयोग का समय	उपयोग की मात्रा		अभियुक्ति
		सक्रिय तत्व (ग्रा./हे.)	व्यापारिक उत्पाद कि.ग्रा. या ली./हे.	
1. ऑक्साडायजॉन 25 ई.सी.	बुवाई के 0–3 दिन बाद	500	2.0 लीटर	चौड़ी पत्ती एवं घास वर्गीय खरपतवारों का प्रभावी नियंत्रण।
2. ट्राईफ्लुरेलिन 48 ई.सी.	बुवाई के पूर्व छिड़काव कर खेत में मिलायें	1000	2.0 लीटर	सभी वार्षिक घासें एवं कुछ चौड़ी पत्ती खरपतवारों का नियंत्रण।
3. पेन्डीमिथलिन 30 ई.सी.	बुवाई के तुरंत बाद अंकुरण के पूर्व	1000	3.30 लीटर	सभी वार्षिक घासें एवं कुछ चौड़ी पत्ती खरपतवारों का नियंत्रण।
4. आइसोप्रोट्यूरान 75/50 डब्ल्यू. पी.	बुवाई के तुरंत बाद अंकुरण के पूर्व	750	1.0–1.50 किग्रा.	संकरी पत्ती व कुछ चौड़ी पत्ती खरपतवारों का नियंत्रण।

खाद एवं उर्वरक (Manure and Fertilizer)

सूर्यमुखी के विपुल उत्पादन के लिए कम्पोस्ट/गोबर की पकी हुई खाद 7–8 टन/हेक्टेयर की दर से बोनी के पूर्व खेत में डालें। रासायनिक खाद के प्रयोग के पूर्व मिट्टी परीक्षणोपरांत आवश्यकतानुसार बोनी के समय 30–40 किग्रा. नत्रजन, 60 किग्रा. स्फूर (सुपर फास्फेट के रूप में) 30 किग्रा. पोटाश की मात्रा खेत में डालें। स्फुर के रूप में सुपर फास्फेट का उपयोग करने से फसल में गंधक की पूर्ति भी होती है। नत्रजन की शेष मात्रा 20–30 किग्रा. प्रति हेक्टेयर की दर से बोनी के 30–45 दिन बाद डालें।

सिंचाई एवं जल प्रबन्धन (Irrigation and Water Management)

खरीफ में 2–3 एवं जायद में 6–8 सिंचाई करना चाहिए। स्टार अवस्था फूल खिलते समय एवं बीज भरने की अवस्था में आवश्यक हो तो सिंचाई करना चाहिये, ताकि उत्पादन में कमी न हो।

प्रमुख कीट

सफेद भृंग

इस कीट की इल्ली काजू के आकार की मुड़ी हुई सफेद रंग की एवं सिर बड़ा भूरे काले रंग का होता है। ये जमीन के अंदर ही रहकर पौधों की जड़ों को खाकर काफी नुकसान पहुँचाती हैं। इसके प्रकोप से पौधे की बाढ़ एवं फूल का आकार छोटा रह जाता है। अत्यधिक प्रकोप होने पर पूरा पौधा ही सूख जाता है।

इस प्रकार कीट के नियंत्रण हेतु प्रभावित क्षेत्रों में 10: दानेदार फोरेट 12 किग्रा./हेक्टेयर अथवा 1.3: लिंडेन चूर्ण का 30 किग्रा./हेक्टेयर की दर से बोनी के समय मिट्टी में मिलाकर बोनी करना चाहिए।

कटुआ इल्ली

Leaf Eating Caterpillar

इसका प्रकोप बोनी से लेकर 35–40 दिनों तक अत्यधिक रहता है। रात्रि के समय इल्ली भूमि से निकलकर छोटे पौधों को भूमि की सतह से काटकर गिरा देती है। इल्ली भूरे मटमैले रंग की एवं चिकनी होती है दिन के समय इल्ली भूमि के अंदर छिपी रहती है। इसके प्रकोप से खेत में पौध संख्या कम हो जाती है, फलस्वरूप उपज में कमी आ जाती है।

इस कीट के नियंत्रण के लिए शाम को खेत में 2–3 मीटर की दूरी पर घास के ढेर लगायें एवं सुबह इनके नीचे छीपी इल्लियों को नष्ट करें। पैराथियान 2: चूर्ण का 25 किग्रा./हेक्टेयर की दर से भुरकाव करने से इल्लियों का प्रभावी ढंग से नियंत्रण किया जा सकता है। भुरकाव शाम के समय ही करें।

रस चूसक कीट

माहू

इस कीट के शिशु एवं वयस्क दोनों कोमल पत्तियों की निचली सतह एवं तनों से लगातार रस चूसते रहते हैं जिसके फलस्वरूप पौधे कमजोर हो जाते हैं। अधिक प्रकोप हो जाने पर एक ही पौधों पर हजारों की संख्या में देखें जाते हैं। ये हल्के पीले रंग के कोमल शरीर वाले छोटे कीट होते हैं। अत्यधिक प्रकोप पर पौधे सूख जाते हैं।

फुदका

ये हरे रंग के छोटे भुनगे होते हैं। इस कीट के शिशु व वयस्क दोनों पौधों के कोमल अंगों से रस चूसकर क्षति पहुँचाते हैं। प्रभावित पत्तियाँ पहले हल्के पीले रंग की हो जाती हैं। अधिक प्रकोप होने पर पत्तियाँ कटोरे के आकार में मुड़ जाती हैं एवं किनारे हल्के गुलाबी रंग के हो जाते हैं। पौधों को हिलाने पर ये तिरछे–तिरछे उड़ते हैं। इनके प्रकोप से काफी क्षति होती है।।

माहू एवं फुदका दोनों ही रस चूसते हैं, अतः दैहिक कीट विष का छिड़काव करना चाहिये। इसके लिए डायमिथोएट 30 ई.सी. या मिथाइल डेमेटान 25 ई.सी का 650 मिली. प्रति हेक्टेयर की दर से 600 ली. पानी में घोलकर अच्छी तरह से छिड़काव करना चाहिये। आक्रमण पुनः होने पर 15–20 दिन के अंतराल पर दवा का छिड़काव करने चाहिये।

पत्ती एवं फूल को खाने वाले कीट

तम्बाकू इल्ली के प्रौढ़ मादा पंखी पत्तियों में समूह में 1000 से 1500 की संख्या में अंडे देती है। अंडों से 5–6 दिनों में इल्लियाँ निकलकर पत्ती के हरे भाग को खाती हैं, जिसके कारण पत्ती सफेद एवं सिर्फ नसें ही दिखाई पड़ती हैं। ऐसे ग्रसित पत्तियों को ध्यान से देखने पर सैकड़ों की संख्या में स्लेटी रंग की इल्लियाँ दिखाई देती हैं। ये इल्लियाँ 6–7 दिनों तक समूह में एक ही पत्ती पर रहने के बाद पूरे खेत में फैलकर पत्तियाँ खाती हैं और पौधे को नुकसान पहुँचाती हैं। ये फूल आने के बाद फूल एवं दानों को भी खाकर क्षति पहुँचाती हैं।

रोमिल इल्ली

ये भी पत्तियाँ खाती हैं तथा अत्यधिक प्रकोप होने पर फूल एवं बीज को भी क्षति पहुँचाती हैं।

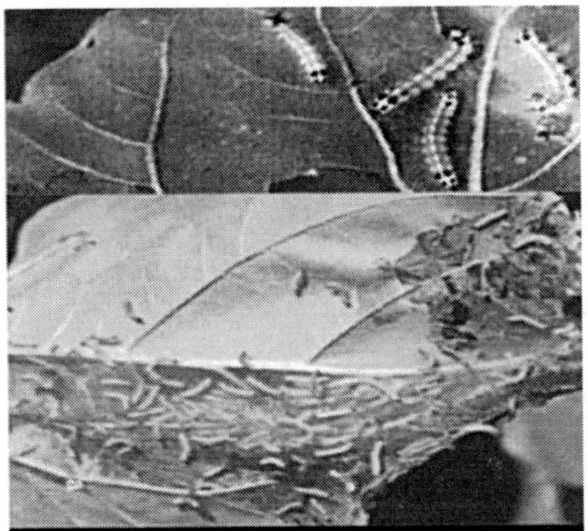

Bihar Hairy Caterpillar

चने की इल्ली

इस कीट का आक्रमण इस फसल में काफी होता है। ये कीट चना एवं अरहर को अत्यधिक क्षति पहुँचाती हैं। अतः अधिक सावधान रहने की आवश्यकता है ताकि लगातार भोजन उपलब्ध होते रहने से यह कीट महामारी का रूप लेकर भयंकर क्षति न पहुँचाये। इल्लियाँ बढ़ते दानों को बड़े चाव से खाती हैं। ये मुण्डक में भी छेद कर देती हैं जिसके फलस्वरूप पूरा मुंडक ही सड़ जाता है।

Gram Caterpillar

इन इल्लियों के नियंत्रण हेतु बहुत सावधानी से कीटनाशकों का चयन करना चाहिये जो कि मधुमक्खियों के लिए घातक न हों, क्योंकि भरपूर उपज प्राप्त करने हेतु फसल में मधुमक्खियों द्वारा परागण

होना अति आवश्यक है। अतः अत्यावश्यक न होने पर फूल आने के बाद जहरीले रसायनों का प्रयोग न करें। आवश्यकता होने पर 4 प्रतिशत फोसेलान चूर्ण 20–25 किग्रा./हे. की दर से छिड़काव करें। यदि उस क्षेत्र में मधुमक्खी पालन कार्य चल रहा हो तो, दवा के उपयोग के पहले मधुमक्खी पालक को इसकी जानकारी दें, ताकि उनका उचित प्रबंध किया जा सके।

प्रमुख रोग

बीज सड़न

यह रोग कई फफूंदों के कारण होता है जैसे एस्परजीलस, पीथियम, फाइटोपथ्थेरा, फ्यूजेरियम आदि। इन फफूंदों से बीज या तो अंकुरण के पहले ही सड़ जाता है या अंकुरित होने के बाद नन्हें पौधों पर इन फफूंदों के आक्रमण के कारण भूरे कत्थई धब्बे बनते हैं और पौधे मर जाते हैं। बीज सड़न पैदा करने वाली फफूंद अधिकांशतः भूमि में या कुछ हद तक बीज पर भी रहती है।

नियंत्रण

बीज सड़न रोकने के लिए स्वस्थ एवं प्रमाणित बीज ही बोयें। बीजों को बोने से पहले फफूंदनाशी जैसे केप्टान या डाइथेन एम. 45 की 3 ग्राम/किग्रा. बीज या कार्बेन्डाजिम 1.5 ग्राम/किग्रा. बीज के हिसाब से बीजोपचार करें एवं फसल चक्र अपनायें।

Sclerotial Wilt & Collar Rot of Sunflower

उकठा, तना सड़न और जड़ सड़न रोग

उकठा रोग सूर्यमुखी का अत्यंत व्यापक रोग है। यह रोग कई प्रक्षेत्रीय फफूंदों के कारण होता है।

यह उत्तरी क्षेत्र में उगाई जाने वाली फसल पर नवम्बर–दिसम्बर तथा जनवरी के माह में उग्र रूप में दिखाई देता है। जहां नमी तथा पौधों के डंठल आदि अधिक रहते हैं और 25–30 डिग्री सें. तापक्रम हो वहां

रोग का प्रकोप अधिक होता है। इस रोग से संक्रमित पौधों की पत्तियाँ पीली पड़ जाती हैं और पौधे सूखकर गिर जाते हैं। तने का निचला भाग जो भूमि में रहता है, पर सफेद जाले के समान फफूंद दिखाई देती है। इसमें 2–3 मिमी. ठोस व कठोर काले रंग की संरचनायें स्केलेरेशिया भी दिखाई पड़ते हैं। कभी–कभी तने में धारियाँ पड़ जाती हैं और तना सड़ जाता है। पौधे में फूल नहीं लगते हैं। यह रोग स्केलेरोटेनिया स्केलेरोशियम फफूंद से होता है जिसके स्केलेरोशिया जमीन में कई साल तक जीवित रहते हैं और अनुकूल वातावरण में अंकुरित होकर फसल पर आक्रमण करते हैं।

स्केलेरोशिया उकठा

स्केलेरोशिया उकठा रोग स्केलेरोशियम नामक फफूंद से होता है। इस रोग का प्रकोप जुलाई, अगस्त और फरवरी की फसल में अधिक होता है। इस फफूंद के कारण पौधे सूख जाते हैं। कभी–कभी तो कतार की कतार सूख जाती हैं। रोगी पौधा दूर से ही पहचाना जा सकता है।

इस रोग का प्रकोप 40–50 दिन पुरानी फसल पर अधिक होता है। पौधा अचानक सूख जाता है और फिर सूखकर मर जाता है। रोगी पौधे को यदि ध्यान से देखें तो तने के निचले भाग पर सफेद फफूंद और उसमें भूरे रंग के स्केलेरोशिया दिखाई देते हैं इसमें भी रोगी पौधे पर किसी प्रकार के फूल या बीज नहीं लगते हैं।

उकठा रोग वरटीसिलियम जाति की फफूंद के कारण भी होता है और कई अन्य फफूंद भी इसमें शामिल होती हैं। ये फफूंद भूमि में जीवित रहती हैं।

तना सड़न और जड़ सड़न रोग

राइजोक्टोनिया बटाटीकोला जाति की फफूंद के कारण यह रोग होता है जो कि तने और जड़ पर आक्रमण करके उसे गला देते हैं तथा पौधा मर जाता है।

नियंत्रण

इन रोगों का नियंत्रण बहुत कठिन है क्योंकि जिन फफूंदों के कारण ये रोग होते हैं उनके बीजाणु प्रतिकूल परिस्थितियों में भी जीवित रहते हैं। केप्टान या थायरम 3 ग्राम/किग्रा. बीज की दर से बीजोपचार करने से शुरू की अवस्था में पौधों का बचाव होता है लेकिन फसल की बाद की अवस्था में बचाव नहीं होता है।

रोग की रोकथाम के लिए गर्मी में गहरी जुताई करें तथा खेत में नीम, सरसों, करंज की खली बुआई से पूर्व डालें।

झुलसा रोग

इस रोग का संक्रमण फसल पर किसी भी मौसम में हो सकता है परन्तु खरीफ के मौसम में इस रोग से काफी हानि हो सकती है। दो से तीन सप्ताह पुरानी फसल पर रोग के लक्षण दिखाई देने लगते हैं। पत्तियों पर बादामी रंग के गोल धब्बे दिखाई देते हैं जो बाद में काले रंग के हो जाते हैं। अनुकूल मौसम में ये धब्बे आपस में मिल जाते है और पूरी पत्तियाँ झुलस जाती हैं। इस रोग से शीर्ष कली तथा तने पर भी धब्बे बनते हैं जिससे पौधा सूखने लगता है। रोगी पौधों पर फूल छोटे लगते हैं और ऐसे फूलों पर हल्के व कम संख्या में दाने लगते हैं जिससे उपज में कमी आ जाती है। यह रोग अल्टरनेरिया हेलियेथाई या 'अल्टरनेरिया टेन्युइस' फफूंद के कारण होता है जो कि भूमि में जीवों पर जीवित रहती है।

नियंत्रण

बोने के लिए स्वस्थ एवं प्रमाणित बीज का उपयोग करें। बीज बोने से पूर्व किसी फफूंदनाशी दवा से उपचारित करके ही बोयें। रोग के लक्षण दिखते ही डायथेन एम 45 या डायफोयेटान 0.3 प्रतिशत का घोल बनाकर छिड़काव करें। छिड़काव 10 दिनों के अंतर से 3 या 4 बार करने से रोग बढ़ने नहीं पाता और उपज में वृद्धि होती है। फसल अवशेषों को जलाकर नष्ट कर देना चाहिये।

Rust of Sunflower

रतुआ

यह रोग बीजपत्र की अवस्था से लेकर फूल आने और बीज विकसित होने तक कभी भी लग सकता है। सामान्यतः खरीफ की फसल पर इसका प्रकोप अधिक होता है। इस रोग में पत्तियों की निचली सतह पर छोटे, गोल, लालिमा लिए भूरे फफोले पड़ जाते हैं, अनुकूल मौसम होने पर फफोले बड़े हो जाते हैं और आपस में मिल जाते हैं। इन फफोलों से भूरे रंग का चूर्ण निकलता है।

जो कि रोगजनक के बीजाणु होते हैं जो हवा द्वारा दूसरे स्वस्थ पौधों पर पहुँचकर उन्हें भी संक्रमित कर देते हैं। यह रोग नम मौसम में बहुत तेजी से फैलता है। रोगग्रस्त पौधों की पत्तियाँ गिर जाती हैं और फूल कम तथा असामान्य लगते हैं। फूलों में बीज सिकुड़े हुए और कम वजन वाले बनते हैं जिनमें तेल की मात्रा भी काफी कम रहती है।

यह रोग 'पक्सीनिया हेलियेन्थाई' फफूंद के कारण होता है जो कि सूरजमुखी के पौधों पर जीवित रहती है।

नियंत्रण

रोगी पौधों को इकट्ठा करके जला देते हैं। सूरजमुखी कुल के खरपतवार को नष्ट कर दें। रोग दिखते ही फफूंदनाशी दवाओं जैसे जिनेब या डाइथेन एम. –45 के 0.3 प्रतिशत के सान्द्रता के घोल का छिड़काव करें। रतुआरोधी किस्मों को लगायें।

मृदुरोमिल आसिता (डाउनी मिल्ड्यू)

Downy Mildew of Sunflower

यह रोग 'प्लाजमोपेरा हेलस्टेंडी' फफूंद के कारण होता है, जो बीजों के ऊपर या मिट्टी में जड़ों के टुकड़ों पर जीवित रहती है। इस रोग का प्रकोप सितम्बर से नवम्बर माह में अधिक होता है। इस रोग में कई प्रकार के लक्षण दिखाई देते हैं। सर्वप्रथम बीज के अंकुरण के तुरंत बाद फफूंद का आक्रमण होता है और नन्हा पौधा मर जाता है, इस तरह के लक्षण उस खेत में दिखाई देते हैं जहां पानी इकट्ठा होता है। जब रोग का आक्रमण फूल लगने की अवस्था में होता है तब पत्तियां पीली एवं कुछ मोटी हो जाती है, जड़ एवं पौधे की बढ़वार रुक जाती है। नम मौसम में पत्तियों की निचली सतह पर भूरे रंग की फफूंद दिखाई देती है। फूल सूर्य की ओर न होकर सीधे ऊपर की ओर मुंह किये रहते हैं। इससे फसल को बहुत हानि होती है।

नियंत्रण

सूरजमुखी के खेत में पानी का निकास अच्छा होना चाहिए। स्वस्थ एवं प्रमाणित बीज को ही बोने के लिए उपयोग करना चाहिये। बीजों को बोने से पूर्व रिडोमिल नामक दवा 3 ग्राम/किग्रा. बीज की दर से उपचारित करके बोना चाहिए। रोगरोधी किस्मों को लगाना चाहिए। मूंगफली तथा ज्वार के साथ फसल चक्र अपनाना चाहिए।

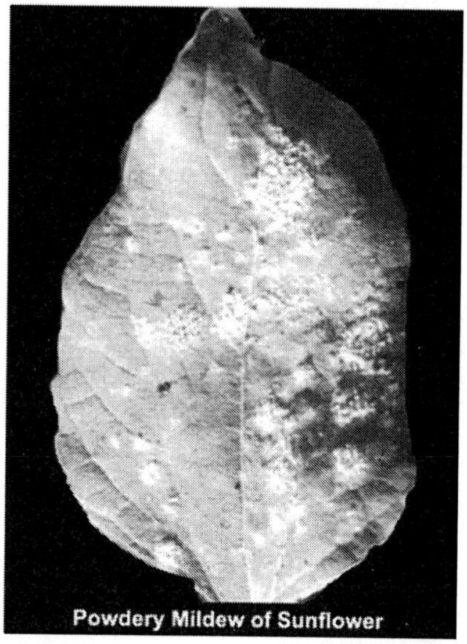

Powdery Mildew of Sunflower

चूर्णी फफूंद

इसे भभूतिया रोग भी कहते हैं। इस रोग में पत्तियों की ऊपरी सतह पर सफेद चूर्णी धब्बे बन जाते हैं, रोग की उग्र अवस्था में ये धब्बे पत्तियों की निचली सतह, तने पर भी फैल जाते हैं और पौधे का अधिकांश भाग ढक लेते हैं। संक्रमित पौधे की पत्तियां गिरने लगती हैं। यह आमतौर पर अपेक्षाकृत अधिक तापमान और शुष्क स्थितियों में होता है। यह रोग 'एरिसाइफी सिकोरेसिएरम' नामक फफूंद के द्वारा होता है। रोगजनक के बीजाणु हवा में उड़कर एक पौधे से दूसरे पौधे पर पहुंचते हैं। यह फफूंद दूसरे कई पौधों पर भी रोग फैलाती है एवं उन पर जीवित रहती है।

नियंत्रण

रोग नियंत्रण के लिए रोग दिखते ही गंधकयुक्त फफूंदनाशी जैसे वेटसल्फ, सल्टाफ या गंधक घोल का 0.3 प्रतिशत का घोल बनाकर छिड़काव करें तथा 10 दिन बाद पुनः छिड़काव करने पर यह रोग काफी हद तक नियंत्रित हो जाता है।

काला सड़न

इस रोग का आक्रमण ग्रीष्मकालीन फसल पर अधिक होता है। ग्रस्त पौधों की पत्तियाँ पीली पड़ जाती हैं। अनुकूल अवस्था में तने का सबसे नीचे का भाग

जो जमीन की सतह पर होता है वह भी काला पड़ जाता है। यदि रोगी पौधे के तने को अन्दर फाड़कर देखा जाये तो काले रंग के छोटे–छोटे दाने गूदे में दिखाई देते हैं। ये दाने फफूंद के स्केलेरोशिया होते हैं। खरीफ के मौसम में तने का निचला भाग सड़ जाने से पौधे गिर जाते हैं और पूरा पौधा मर जाता है। पत्तियों पर इस फफूंद के संक्रमण से भूरे धब्बे बनते हैं जो बाद में काले पड़ जाते हैं। अनुकूल मौसम में ये धब्बे पूरी पत्ती पर फैल जाते हैं और पत्तियाँ झड़ने लगती हैं। इस रोग से ग्रसित पौधों पर फूल अविकसित बनते हैं और उपज पर प्रतिकूल प्रभाव पड़ता है।

यह रोग 'मेक्रोफोमिना फैसिलाई' फफूंद के कारण होता है जो जमीन में पाई जाती है। इसके स्केलेरेशिया जमीन में कई वर्षों तक जीवित रहते हैं। इस रोग का प्रसार संक्रमित बीज के द्वारा भी होता है। इस फफूंद के कई पोषिता हैं जैसे दलहन, तिलहन और धान्य फसलें। इन फसलों को लगातार एक ही खेत में बोनी करने से रोगजनक बढ़ जाता है। अधिक नमी तथा 23–37 डिग्री से. तापक्रम रोग के लिए अनुकूल होते हैं।

नियंत्रण

बोने से पूर्व थायरम तथा कार्बेन्डाजिम (1.5 ग्रा. दोनों दवा) के मिश्रण 3 ग्राम/किग्रा. बीज के हिसाब से उपचारित करके बोयें। ग्रीष्मकाल में खेत की गहरी जुताई करें। खली (नीम, सरसों) की खाद का प्रयोग करें।

शीर्ष सड़न

यह सूरजमुखी का बहुत व्यापक एवं महत्वपूर्ण रोग है जो फसल को सर्वाधिक हानि पहुँचाता है। यह कई प्रकार का होता है –

क. फ्यूजेरियम शीर्ष सड़न

इसमें फूल की अंखुड़ियां और पंखुड़ियां भूरी हो जाती हैं और झुलस जाती हैं। रश्मि और बिम्ब पुष्पक भी संक्रमित होकर भूरे हो जाते हैं और सिर सिकुड़कर हल्के या गहरे भूरे रंग का हो जाता है तथा सूख जाता है।

एस्परजीलस नरम सड़न

इस रोग में संक्रमित फूल पर विभिन्न आकार के जलसिक्त धब्बे बन जाते हैं। ये धब्बे आकार में बढ़कर आपस में मिल जाते हैं और पूरा पुष्पक्रम सड़ जाता है। उसके ऊपर भूरे हरे रंग की परत छा जाती है और फूल से दुर्गन्ध आने लगती है। यह रोग 'एस्परजीलस' फफूंद के द्वारा होता है। शीर्ष सड़न रोग 'राइजोपस या क्लेडोस्पोरियम' फफूंद के कारण भी होता है।

इन फफूंदों के कारण भी फूल सड़ जाते हैं और उनमें बीज नहीं बनते हैं। फूल लगने के बाद वर्षा होने या नमी अधिक होने पर शीर्ष सड़न रोग का प्रकोप अधिक होता है।

नियंत्रण

बीजों को केप्टान या थाइरम से बीजोपचार करके बोयें। फूल लगने के बाद डायथेन जेड–78 का 0.3 प्रतिशत घोल छिड़काव करें तथा आवश्यकतानुसार छिड़काव दोहरायें।

फाइलोडी

पौधों में इस रोग के कारण अतिवृद्धि हो जाती है, तना चपटा और मांसल हो जाता है, पत्तियां मोटी और आकार में बड़ी हो जाती हैं। पुष्प नहीं लगते, पुष्पीय भाग पत्तीनुमा संरचना में बदल जाते हैं इससे उपज में काफी कमी होती है। यह रोग एम.एल.ओ. द्वारा होता है।

नियंत्रण

रोगग्रस्त पौधों को उखाड़कर नष्ट कर दें।

कटाई, गहाई एवं भंडारण (Harvesting, Threshing and Storage)

जब फसल के पौधे पककर पीले रंग के पड़ने लगते हैं, तब फसल की कटाई कर सुखा लेना चाहिए। सूखे फूलों को लाठी से पीटकर या दो फूलों को आपस में रगड़कर गहाई की जा सकती है। उड़ावनी विधि से बीज को साफ कर धूप में सुखा लें।

विशेष

मधुमक्खियों से सूर्यमुखी के परागण पर अच्छा प्रभाव पड़ता है एवं उपज में वृद्धि होती है। इसलिये सूर्यमुखी के साथ–साथ मधुमक्खी पालन करने पर शहद का वाणिज्यिक उत्पादन किया जा सकता है, साथ ही फसल की उत्पादकता भी बढ़ती है। तोतों के द्वारा पुष्पावस्था के बाद सूर्यमुखी की फसल को अत्यधिक हानि पहुँचती है। इसलिए किसानों को आपस में मिलकर अधिक से अधिक क्षेत्र में सूर्यमुखी की फसल को लगाना चाहिए। ताकि पक्षियों से होने वाली क्षति को कम किया जा सकता है।

सूरजमुखी के उत्पादन में ध्यान देने योग्य बातें

1. विपुल उत्पादन हेतु प्रमाणित बीज का ही प्रयोग करें।
2. बोनी के पहले बीज को 12 घंटे तक भिगोकर बाद में छाया में सुखाकर बोने से अंकुरण तथा पैदावार 10–25 प्रतिशत बढ़ोत्तरी होती है।
3. बोनी की योजना ऐसी करें कि सूर्यमुखी फूलती फलती फसल पर पानी बादल का प्रभाव न पड़ पाये।
4. फूल खिलने के समय फसल पर 0.20 प्रतिशत बोरेक्स चूर्ण का छिड़काव करें, जिससे माथा अच्छा और बीज ज्यादा भरेगा।
5. सूर्यमुखी की फूलती फसल पर कीट एवं रोग नाशक दवा का भुरकाव एवं छिड़काव को टालना चाहिए। अनिवार्य हो तो दवा का प्रयोग संध्या काल में ही करें। सूर्यमुखी का परागण मधुमक्खियों से होता है अतः रोग व कीटनाशी दवाओं से ये मर जाती हैं।
6. हस्त परागण सुबह 8–10 बजे एक दिन के अंतर से करना चाहिए ऐसा करने से माथे में बीज अच्छा भरता है उपज में वृद्धि होती है।

7. सूर्यमुखी के साथ ही मधुमक्खी पालन कर शहद का उत्पादन करें एवं सूर्यमुखी की उत्पादकता भी बढ़ावें। इससे शहद की अतिरिक्त आमदनी होगी।

उपज (Yield)

सूरजमुखी की उन्नत उत्पादन तकनीक अपनाकर खरीफ में 8–10 क्विंटल/हे. एवं रबी में 10–12 क्विंटल/हे. उपज प्राप्त की जा सकती है।

●●●

अध्याय 8

कुसुम (Safflower)

वानस्पतिक नाम (Botanical Name) – कार्थेमस टिंक्टोरस (Carthamus tinctorus)

कुल (Family) – एस्टीरेसी (Asteraceae)

कुसुम रबी मौसम में उगाई जाने वाली एक तिलहनी फसल है। इसका पौधा लगभग 4–5 फुट ऊँचा एवं कटीला होता है। इसके बीजों से तेल निकाला जाता है जो खाद्य तेल के रूप में प्रयुक्त होता है। भारतवर्ष में कुसुम की खेती लगभग 4.30 लाख हेक्टेयर में की जाती है, जिसमें लगभग 2 लाख टन उत्पादन प्राप्त होता है। भारत में कुसुम की औसत पैदावार 465 किग्रा./हेक्टेयर है।

उत्पत्ति एवं इतिहास (Origin and History)

कई वैज्ञानिकों के अनुसार कुसुम का जन्मस्थान एशिया एवं अफ्रीका में माना जाता है। कुछ वैज्ञानिकों के अनुसार कुसुम का जन्मस्थान नील नदी के पास भी माना गया है।

क्षेत्रफल एवं वितरण (Arca and Distribution)

भारतवर्ष में कुसुम की खेती वर्षा आधारित है, जहां पर वार्षिक वर्षा 500–700 मिमी. तक होती है, सफलतापूर्वक की जा सकती है। कुसुम की खेती को कम पानी एवं नमी की आवश्यकता होती है। सूखे का इसकी फसल पर प्रभाव न होने के कारण सूखाग्रस्त क्षेत्रों में भी इसकी खेती सफलतापूर्वक की जा सकती है।

कुसुम को करडी के नाम से भी जाना जाता है। इसकी जड़ें जमीन में गहराई तक जाकर पानी सोख लेने की क्षमता रखने के कारण इसे बारानी खेती के लिए विशेष उपयुक्त पाया गया। सिंचित क्षेत्र में कुसुम का पौधा कम पानी में भी

सफलतापूर्वक उगता रहता है। कुसुम की सूखी लाल पंखुड़ियों से उत्तम प्रकृति का खाने योग्य रंग प्राप्त होता है। उन पंखुड़ियों से तैयार कुसुम चाय से चीन में बहुत सी बीमारियों का इलाज किया जाता है।

तालिका क्रं. 28. विश्व के प्रमुख देशों में कुसुम का क्षेत्र, उत्पादन एवं उपज (वर्ष 2007-08 से 2011-12) का औसत

प्रमुख देश	क्षेत्रफल (लाख हे.)	उत्पादन (लाख टन)	उपज (किग्रा./हे.)
भारत	2.794	1.777	636
संयुक्त राज्य अमेरिका	0.669	1.047	1564
मेक्सिको	0.740	1.029	1390
कजाकिस्तान	1.145	0.756	660
अर्जेंटिना	0.721	0.557	772
कुल योग	**7.298**	**6.272**	**859**

तालिका क्रं. 29. भारत के प्रमुख राज्यों में कुसुम का क्षेत्र, उत्पादन एवं उपज (वर्ष 2007-08 से 2011-12) का औसत

प्रमुख राज्य	क्षेत्रफल (लाख हे.)	उत्पादन (लाख टन)	उपज (किग्रा./हे.)
महाराष्ट्र	1.802	1.058	587
कर्नाटक	0.642	0.492	766
गुजरात	0.307	0.217	707
आंध्रप्रदेश	0.132	0.080	606
कुल योग	**2.794**	**1.777**	**636**

चना व अलसी के अतिरिक्त कुसुम को मसूर, राई व सरसों के साथ भी अन्तरवर्तीय फसल के रूप में ले सकते हैं। अन्तरवर्तीय फसल पद्धति में कुसुम की दो कतारों के बाद दूसरी फसल की 6 कतारें बोयी जाती हैं।

कुसुम पद्धति अधिक लाभकारी पायी गई है। खरीफ मौसम में उड़द व मूँग की फसल लेने के बाद जब खेत खाली हो जाते हैं उसी समय खेत को खाली करके कुसुम की बुवाई कर सकते हैं। हालांकि उस समय तक तापमान अधिक रहता है लेकिन कुसुम फसल तापमान असंवेदनशील होने के कारण इसकी बुवाई सितम्बर के अंत तक कर सकते हैं।

भूमि एवं भूमि की तैयारी (Soil and Soil Preparation)

मध्यम से भारी काली/गहरी भूमि विशेष उपयुक्त है। खेत को 2–3 बार कल्टीवेटर चलाकर एवं पाटा देकर तैयार कर लेना चाहिये। कुसुम की खेती के लिए 6.5–7.5 पी.एच. की मृदा उपयुक्त होती है।

बीज की मात्रा (Seed Rate)

कुसुम के भरपूर उत्पादन के लिए 20 किग्रा./हेक्टेयर बीज का उपयोग करना चाहिए।

बोने की विधि (Sowing Method)

असिंचित अवस्था में

असिंचित अवस्था में बिना काँटेवाली, फूल लाल रंग के (खिले फूल पीले व मुरझाने पर नारंगी रंग के) दानों का आकार छोटा, छिलका पतला की बोनी हेतु खेत की अच्छी तैयारी करना अत्यंत आवश्यक है जिससे खेत में भरपूर नमी न होने पर भी अच्छा अंकुरण हो सके। बोनी के उपरांत कतारों को करते हुए खेत में पाटा अवश्य चलायें।

विधि

खेत की तैयारी व नमी को देखते हुए या तो सूखा बीज बोयें (विशेषकर वर्षा की संभावना होने पर) या बीज को 12–14 घंटे पानी में भिगोकर बीजाई करें। बीज गहरा बोयें ताकि वह नमी तक पहुँचे तथा पाटा चलायें।

इस विधि से बोये खेत में अंकुरण के लिये बाद में सिंचाई न करें।

खेत में पर्याप्त नमी न होने पर

बीज सूखी जमीन में बोयें और एक सिंचाई करें। यह पद्धति ज्यादा अच्छी है क्योंकि सिंचाई के पानी का उपयोग शुरू से ही अंकुरण व पौध की बढ़वार के लिए होता है।

अच्छे अंकुरण के लिए उपाय

कुसुम के अंकुरण का विशेष ध्यान रखना जरूरी है। कुसुम को अंकुरण के लिए ज्यादा नमी की आवश्यकता होती है क्योंकि इसके बीज का छिल्का कड़ा होता है। इसलिये जब तक बीज मिट्टी में पर्याप्त नमी तक नहीं पहुँचता व बीज के चारों ओर गीली मिट्टी नहीं चिपकती तब तक बीज फूलेगा नहीं व अंकुरित नहीं होगा। यह आवश्यक है कि बोनी के तुरंत बाद पाटा चलायें ऐसा करने से गीली मिट्टी बीज के चारों ओर चिपकी रहे। यद्यपि कुसुम के बीज को अंकुरण के लिए अधिक नमी आवश्यक होती है किन्तु एक बार बीज फूलने पर अत्यधिक नमी बीज को नुकसान पहुँचा सकती है जिससे अंकुरण नहीं हो पाएगा। इसलिए बीज की बोनी नमी में करने के बाद व पाटा लगाने के बाद यदि वर्षा होती है या सिंचाई दी जाती है तो अंकुरण नहीं होता है, क्योंकि फूला हुआ बीज पानी के सम्पर्क में अधिक समय तक रहने के कारण सड़ जाता है। इसी प्रकार यदि बीज पानी में भिगोकर बोया है तो इसके बाद सिंचाई न करें।

पौधों की दूरी (Plant Spacing)

बीज को कतारों में बोयें। कतार से कतार की दूरी 45 सेमी. तथा पौधे से पौधे की दूरी 20 सेमी. रखना चाहिए।

बीज उपचार (Seed Treatment)

3 ग्राम थायरम प्रति किग्रा. की दर से बीज का बीजोपचार करें।

खाद एवं उर्वरक (Manure and Fertilizer)

40 : 30 : 20 किग्रा. नत्रजन, स्फुर एवं पोटाश/हेक्टेयर, एवं 20–25 किग्रा. गंधक का प्रयोग करें। संपूर्ण खाद की मात्रा को आधार खाद के रूप में देना चाहिए।

तालिका क्रं. 30. कुसुम की प्रमुख किस्में (Improved Varieties)

जाति	उत्पादकता (किग्रा./हे.)	तेल %	अनुसंशित क्षेत्र	विशेषताएं
पी.बी.एन.एस.–40	1500	27	मध्यप्रदेश	कांटे रहित किस्म
ए.के.एस.–2007	1200–1400	27	महाराष्ट्र	–
एन.ए.आर.आई.–38	2030	28	सभी राज्य एवं केन्द्र शासित प्रदेश	उकठा रोग के प्रति सहनशील
एस.एस.एफ.–658	1430	28	सभी राज्य एवं केन्द्र शासित प्रदेश	माहूँ एवं उकठा रोग के लिए प्रतिरोधी
एस.एस.एफ.–708	1300–2200	29	पश्चिमी महाराष्ट्र	माहूँ कीट के प्रति सहनशील
पी.के.वी. गुलाबी (AkS-311)	2200–2500	33	महाराष्ट्र का विदर्भ क्षेत्र	उकठा रोग के प्रति सहनशील
एन.ए.आर.आई.–57	1400–1700	348	महाराष्ट्र, कर्नाटक, म.प्र., राजस्थान, पंजाब, उत्तर प्रदेश, प. बंगाल	उकठा रोग के प्रति सहनशील
जे.एस.एफ.–1	1400–1500	34	म.प्र.	–––

जाति	उत्पादकता (किग्रा./हे.)	तेल %	अनुसंशित क्षेत्र	विशेषताएं
हाईब्रिड किस्में				
एन.ए.आर.आई. एच–23	1500–2600	33	महाराष्ट्र, कर्नाटक, म.प्र., छत्तीसगढ़, राजस्थान, पं. बंगाल	सिंचित क्षेत्रों के लिए अनुसंशित
डी.एस.एच.–29	1600–1800	33	म.प्र., बिहार, महाराष्ट्र, उ.प्र., आन्ध्रप्रदेश	सिंचित क्षेत्रों के लिए अनुसंशित
एम.के.एच.–11	1600–1800	33	म.प्र., बिहार, महाराष्ट्र, उ.प्र., आन्ध्रप्रदेश	सिंचित क्षेत्रों के लिए अनुसंशित

पौधों का विरलीकरण (Thinning)

बोनी के 25–30 दिन बाद कतारों में पौधे से पौधे की दूरी 20 सेंमी. करें।

निंदाई-गुड़ाई एवं खरपतवार नियंत्रण (Interculture and Weed Control)

अंकुरण के पश्चात आवश्यकतानुसार एक–दो बार निंदाई करने के बाद डोरा चलाकर खेत को नींदा रहित रखें व मिट्टी की पपड़ी को तोड़ते रहें जिससे भूमि में पानी की कमी न हो।

तालिका क्रं. 31. कुसुम में शाकनाशियों द्वारा खरपतवार नियंत्रण

शाकनाशी	प्रयोग का समय	उपयोग की मात्रा		अभियुक्ति
		सक्रिय तत्व (ग्रा./हे.)	व्यापारिक उत्पाद कि.ग्रा. या ली./हे.	
1. ऑक्साडायजॉन 25 ई.सी.	बुवाई के 0–3 दिन बाद	500	2.0 लीटर	चौड़ी पत्ती एवं घास वर्गीय खरपतवारों का प्रभावी नियंत्रण।
2. ट्राईफ्लुरेलिन 48 ई.सी.	बुवाई के पूर्व छिड़काव कर खेत में मिलायें	1000	2.0 लीटर	सभी वार्षिक घासें एवं कुछ चौड़ी पत्ती खरपतवारों का नियंत्रण।
3. पेन्डीमिथलिन 30 ई.सी.	बुवाई के तुरंत बाद अंकुरण के पूर्व	1000	3.30 लीटर	सभी वार्षिक घासें एवं कुछ चौड़ी पत्ती खरपतवारों का नियंत्रण।
4. आइसोप्रोट्यूरान 75/50 डब्ल्यू. पी.	बुवाई के तुरंत बाद अंकुरण के पूर्व	750	1.0 1.50 किग्रा.	संकरी पत्ती व कुछ चौड़ी पत्ती खरपतवारों का नियंत्रण।

सिंचाई एवं जल प्रबन्धन (Irrigation and Water Management)

बुवाई के 50–55 दिन बाद पहली सिंचाई व 80–85 दिन बाद दूसरी सिंचाई करें। दो से अधिक सिंचाई न करें।

पौध संरक्षण

अ. प्रमुख कीट

Aphids Uroleucon compositae of safflower

माहूँ

यह कीट कुसुम का मुख्य कीट है इसके नियंत्रण के लिए निम्न विधियाँ हैं–

पहली बार माहूँ दिखने पर तुरंत नीम की निंबोली का 5 प्रतिशत घोल खेत के चारों ओर बॉर्डर पर 2 मीटर चौड़ा छिड़काव करें तथा 15 दिनों बाद रोगर दवा का 750 मिली./हे. की दर से छिड़काव करें। इससे 90 प्रतिशत नियंत्रण हो जाता है क्योंकि ये कीट सर्वप्रथम बॉर्डर पर ही आते हैं इसके बाद खेत के अन्दर जाते हैं।

खेतों में अच्छी सड़ी, पकी गोबर की खाद 5–6 टन प्रति हेक्टेयर डालें। नत्रजनीय उर्वरक का अधिक प्रकोप माहूं के पनपने में सहायक होता है अतः उर्वरकों का रिफारिश के अनुसार ही प्रयोग करें।

तीव्र प्रकोप की स्थिति में डायमिथोएट 30 ई.सी. 0.05 प्रतिशत या थायोमिथाक्जाम 25 डब्ल्यू. जी का 0.005 प्रतिशत या एसिटामिप्रिड 15.1 का छिड़काव किया जा सकता है। दवा छिड़काव के समय आर्थिक हानि का ध्यान रखें। यदि 25 माहूं (शिशु एवं वयस्क) प्रति 5 सेमी. अग्रशीर्ष पर हैं तो आवश्यकता पड़ने पर दवा का पुनः छिड़काव किया जा सकता है। दवा का छिड़काव खेत में फसल के चारों ओर घूमते हुए अंदर की तरफ करना चाहिए। भुरकने वाली दवाओं मिथाइल पैराथियान 2.5 प्रतिशत या क्यूनालफास 1.5 प्रतिशत चूर्ण का 40–60 दिन की फसल अवस्था पर लगभग 20 किग्रा./हे. की दर से उपयोग कर सकते हैं।

मक्खी तथा फलछेदक इल्ली

फल छेदक इल्ली फूल खिलने के समय डोडों में छेद कर भीतरी भाग खा जाती है। इन कीटों की समस्या होने पर थायोडान 750 मिली./हेक्टेयर का छिड़काव फसल पर करें।

कीटनाशक दवाओं का प्रयोग करते समय मित्र कीटों जिसे लेडी बड़ बीटल भी कहा जाता है की संख्या का ध्यान रखना चाहिए ताकि इनकी हानि कम से कम हो।

खेत के चारों ओर किनारों पर सफेद ग्रीस लगी पीली पट्टियां लगाकर प्रकोप का पूर्वानुमान लगाना सरल हो जाता है।

ब. प्रमुख रोग

कुसुम में रोग संबंधी समस्या नहीं है। बीमारियाँ हमेशा वर्षा के बाद, अधिक आर्द्रता की वजह से खेत में फैली गंदगी से खेत के आसपास काफी समय से संचित गंदा पानी फसल में बहकर आने से, एक ही स्थान पर बार–बार कुसुम की फसल लेने से होती है। अतः उचित फसल चक्र अपनाना, बीज उपचारित कर बोना व प्रति वर्ष खेत बदलना आवश्यक है।

अल्टरनेरिया पत्तों के धब्बे

यह बीमारी बहुत सामान्य है और सभी जगह देखी जाती है। इसमें गहरे रंग की गोल–गोल धब्बेनुमा धारियाँ दिखती हैं। इस बीमारी में रोग नीचे के पत्तों से आरंभ होकर ऊपर की ओर बढ़ता है, तथा तीव्र अवस्था में होने पर आसपास की पत्तियों पर भी फैल जाता है व तनों पर भी धब्बे पड़ जाते हैं। इस रोग से पत्ते पीले पड़कर टूटने लगते हैं और पैदावार बहुत कम आती है बीमारी बहुत ज्यादा होने पर बीज छोटे हो जाते हैं और उनका रंग

बदल जाता है। हमेशा स्वस्थ फसल में से बीज बोने के लिए लें। बीज को थायरम से उपचारित कर बोयें।

इसके नियंत्रण बोनी पूर्व 3 ग्राम थायरम/किग्रा. बीज की दर से बीजोपचार करें। रोग नियंत्रण हेतु फसल पर डायथेन–एम 45 का 0.25 प्रतिशत छिड़काव करें।

Fusarium Wilt of Safflower

उकटा (विल्ट)

इस बीमारी में पौधे के नीचे के पत्ते पीले पड़ने लगते हैं, तथा बीमारी धीरे–धीरे ऊपर के पत्तों की ओर बढ़ने लगती है मुख्य तने इस रोग से ग्रसित होकर एवं आसपास की शाखायें मुरझाकर सूखने लगती हैं। बाद में पूरा पौधा सूख जाता है। यह रोग अत्यधिक बारिश, खेत में ज्यादा पानी, जल निकास अच्छा नहीं होने व एक ही खेत में बार–बार कुसुम बोने से होता है।

इसके नियंत्रण हेतु 3 ग्राम/किग्रा. थायरम से बीज उपचारित करें। उचित फसल चक्र अपनायें, तथा खेत में पानी के निकास की अच्छी व्यवस्था करें।

जड सड़न रोग

यह रोग बोनी के बाद उगने वाले छोटे पौधों में सामान्यतः देखा जाता है। सूखे से अत्यधिक प्रभावित फसल को एकाएक सिंचाई देने से यह रोग फैलता है। इस रोग में जड़ें सड़ने लगती है और पौधे सूखने लगते हैं। इस रोग की फफूंद जमीन से बीमार पौधों के डंठलों से स्वस्थ पौधों में प्रवेश कर रोग फैलाती हैं।

बीमारी से ग्रस्त पौधों को उखाड़ कर फेंक दें। 3 ग्राम थायरम/किग्रा. बीज से उपचार कर बीजारोपण करें। उचित फसल चक्र अपनायें।

गेरुआ (पक्सीनिया कार्थेमाइ)

इस बीमारी में पत्तों पर चॉकलेटी रंग के उभरे हुए धब्बे दिखते हैं जिन्हें हाथ लगाने पर हाथ पर चाकलेटी रंग का पाउडर चिपकता है। पत्ते बाद में पीले पड़कर गिर जाते हैं। इस रोग के फफूंद के अंश चाकलेटी धब्बों के रूप में बीज पर दिखाई देती है, यह बीज बाद में अगली फसल पर इस रोग को पहुँचाते हैं।

Safflower Rust

इसके नियंत्रण हेतु स्वस्थ बीज का प्रयोग थायरम से उपचारित करके करें। डायथेन एम 45, 0.2 प्रतिशत का छिड़काव करें।

चूर्णिल आसिता, भभूतिया रोग

Powdery Mildew of Safflower

इस रोग से पत्तों के निचले व ऊपरी भाग पर सफेद चूर्ण/भभूत जैसे धब्बे दिखाई देते हैं। ये धब्बे बाद में बढ़कर पूरे पत्ते में फैल जाते हैं। पत्ते गिरने लगते हैं। अत्यधिक नमी व कम तापमान में यह रोग अधिक फैलता है।

इस रोग से बचाव हेतु कैराथेन दवा 5 ग्राम/लीटर पानी में मिलाकर छिड़काव करें।

रोग नियंत्रण हेतु सावधानियाँ

1. खेत में जल निकास का अच्छा प्रबंध करें।

2. उचित फसल चक्र अपनायें।
3. खेत में उचित सफाई रखें व खेत की मेढ़ हमेशा खरपतवार रहित व गंदगी रहित रखें।
4. रोग लगी फसल के पौधे उखाड़कर नष्ट करें।
5. रोग लगी फसल का बीज बोनी के लिए प्रयोग न करें।
6. बोने के लिए स्वस्थ बीज का प्रयोग करें व बोनी के पूर्व बीज को 3 ग्राम/किग्रा. बीज की दर से उपचारित करें।
7. कुसुम की बोनी सितम्बर के प्रथम या द्वीतिय माह में ही करें।
8. फसल की अधिक सिंचाई न करें।
9. खेत के निचले हिस्से में जहाँ खेत हमेशा गीला बना रहता है वहाँ कुसुम न बोयें।

पक्षियों से सुरक्षा

पक्षियों में विशेषकर तोते इस फसल को अधिक नुकसान पहुँचाते हैं। इसलिए दाने भरने से पकने तक लगभग तीन सप्ताह तक फसल की रखवाली आवश्यक है।

कटाई एवं गहाई (Harvesting and Threshing)

फसल के पूर्ण रूपेण सूखने पर कांटेदार कुसुम की कटाई हाथ में दस्ताने पहनकर या कपड़ा लपेटकर या दो शाखा वाली लकड़ी में पौधे को फंसाकर हँसिये से करते हैं। गहाई पौधे को डंडे से पीटकर, चौड़े मुँह वाले पॉवर थ्रेसर से या पौधों के ऊपर ट्रेक्टर चलाने से बड़ी आसानी से की जाती है। बिना कांटे वाली जातियों की कटाई में कोई परेशानी नहीं होती है, इनमें दस्ताने आदि पहनने की जरूरत नहीं होती है।

उपज (Yield)

असिंचित अवस्था में 12–15 क्विंटल/हेक्टेयर तथा सिंचित अवस्था में 25–30 क्विंटल/हेक्टेयर तक उपज प्राप्त होती है।

●●●

अध्याय 9

रामतिल (Niger)

वानस्पतिक नाम (Botanical Name) – **गजोटिया एबीसिनिका (Guizotia abyssinica)**

कुल (Family) – **कम्पोजिटी (Compositae)**

भारतवर्ष में जगनी के नाम से जनजातीय क्षेत्रों में पहचानी जाने वाली रामतिल एक मुख्य तिलहनी फसल है। रामतिल के बीजों में 35–45 प्रतिशत तेल एवं 25–35 प्रतिशत प्रोटीन की मात्रा पायी जाती है। रामतिल की फसल विषम परिस्थितियों में भी उगायी जा सकती है। इसका तेल एवं बीज पूर्णतः विषैले तत्वों से मुक्त रहते हैं। रामतिल की खेती जनजातीय क्षेत्रों की ऊपरी ढलुआ, पहाड़ी क्षेत्रों की सीमान्त एवं सम सीमान्त भूमि पर की जाती है।

उत्पत्ति एवं इतिहास (Origin and History)

कई वैज्ञानिकों के अनुसार रामतिल का जन्म स्थान नीग्रो जाति के निवास स्थान के स्पेनिश देशों में माना गया है। रामतिल इथोपिया, भारत और नेपाल में व्यापक रूप से उगाई जाती है, तथा मोंटाने, पूर्वी और दक्षिणी अफ्रीका, बांग्लादेश, भूटान, पाकिस्तान और वेस्ट इंडीज के कुछ हिस्सों में छोटे पैमाने पर लगाई जाती है।

क्षेत्रफल एवं वितरण (Area and Distribution)

भारत में उगाई जाने वाली तिलहनी फसलों में रामतिल का महत्वपूर्ण स्थान है। इसे लगभग 3.82 लाख हेक्टेयर में बोया जाता है। इसका वार्षिक उत्पादन लगभग 1.02 लाख टन है। इस फसल की उपज में भारत का प्रथम स्थान है। भारत में मध्यप्रदेश, उड़ीसा, महाराष्ट्र, बिहार, कर्नाटक और आन्ध्रप्रदेश इसके प्रमुख

उत्पादक राज्य हैं। अरूणाचल प्रदेश, गुजरात, उत्तरप्रदेश, राजस्थान और तमिलनाडू के कुछ क्षेत्रों में भी इसकी खेती की जाती है।

तालिका क्रं. 32. विश्व के प्रमुख देशों में रामतिल का क्षेत्र, उत्पादन एवं उपज (वर्ष 2007-08 से 2011-12) का औसत

प्रमुख देश	क्षेत्रफल (लाख हे.)	उत्पादन (लाख टन)	उपज (किग्रा./हे.)
मध्यप्रदेश	1.146	0.242	212
उड़ीसा	0.980	0.354	362
छत्तीसगढ़	0.702	0.121	173
महाराष्ट्र	0.380	0.100	263
कर्नाटक	0.252	0.076	302
कुल योग	**3.824**	**1.064**	**278**

भूमि (Soil)

रामतिल आमतौर पर अच्छी पानी के निकास वाली दोमट भूमि पर अच्छी उपज देती है। इसकी फसल को कीटों, रोगों एवं पशु पक्षियों से कम नुकसान होता है। इसे सभी प्रकार की भूमि में उगाया जा सकता है। उत्तम जल निकासी वाली गहरी दुमट भूमि खेती हेतु अच्छी होती है।

भूमि की तैयारी (Soil Preparation)

खेत की तैयारी करते समय पिछली फसल की कटाई पश्चात् हल से दो बार गहरी जुताई करें, तथा 2–3 बार बखर एवं पाटा चलाकर भूमि को समतल एवं खरपतवार रहित करना चाहिए, जिससे बीज समान गहराई तक पहुंचकर उचित अंकुरण एवं पौध संख्या प्राप्त हो सके।

फसल चक्र (Crop Rotation)

रामतिल को दलहनी, अनाज वाली फसलों तथा मोटे अनाज वाली फसलों के साथ बोया जाता है। एकल फसल में इसकी उपज मिश्रित फसल की अपेक्षा

तालिका क्रं. 33. रामतिल की प्रमुख उन्नतशील जातियां (प्ुचतवअमक टंतपमजपमे)

जाति	उत्पादकता (किग्रा./हे.)	तेल %	अनुसंशित क्षेत्र	विशेषताएं
ऊटकमंड	500–650	43	म.प्र. एवं छत्तीसगढ़	पकने की अवधि 110 दिन
आई.जी.पी.–76	500	40	म.प्र., छत्तीसगढ़, उड़ीसा, महाराष्ट्र	पकने की अवधि 105 दिन
नंबर–71	500–550	42	म.प्र., उड़ीसा, महाराष्ट्र	पकने की अवधि 92–95 दिन
बिरसा नाइजर–1	600–700	41	म.प्र., उड़ीसा, महाराष्ट्र	पकने की अवधि 95–100 दिन
श्री लेखा	500–525	43	म.प्र., उड़ीसा, महाराष्ट्र	अवधि 86 दिन
बी.एन.एस.10	650–700	36–39	सभी रामतिल उत्पादक राज्य	अवधि 95–100 दिन, रोग एवं कीटों के प्रति सहनशील
के.बी.एन.–1	500–600	38	कर्नाटक	उपरोक्तानुसार
आई.जी.पी.एन.–2004	650–700	39–41	महाराष्ट्र एवं कर्नाटक	पकने की अवधि 95–100 दिन

जाति	उत्पादकता (किग्रा./हे.)	तेल %	अनुसंशित क्षेत्र	विशेषताएं
बिरसा नाइजर–3	650–700	38–39	झारखंड, छत्तीसगढ़, उड़ीसा, महाराष्ट्र, आन्ध्रप्रदेश, प. बंगाल, केरल, म.प्र.	अगेती किस्म, पकने की अवधि 85 दिन सूखा रोग के प्रति सहनशील
उत्कल नाइजर–150	650–700	38–40	उड़ीसा	पकने की अवधि 105–110 दिन
डी.एन.एस.–4	500–600	39–41	कर्नाटक	पकने की अवधि 100–110 दिन
जे.एन.सी–1	550–700	35–38	मध्यप्रदेश	पकने की अवधि 95–105 दिन
जे.एन.सी–7	550–650	38–40	मध्यप्रदेश	पकने की अवधि 110 दिन

ज्यादा उपज देती है। फसल हेतु कुटकी – रामतिल, रागी (अगेती) – रामतिल, उड़द (अगेती) – रामतिल लाभदायक फसल चक्र हैं।

मिश्रित फसल प्रणाली (Intercrops)

रामतिल + कोंदो (2:2)

रामतिल + कुटकी (2:2)

रामतिल + बाजरा (2:2)

रामतिल + मूँग (2:2)

रामतिल + मूँगफली (6:2 अथवा 4:2)

बोने का समय (Sowing Time)

मध्यप्रदेश	जुलाई के तीसरे सप्ताह से अगस्त का दूसरा सप्ताह
महाराष्ट्र	जून के अन्त से अगस्त का प्रथम सप्ताह
आन्ध्रप्रदेश	अगस्त का दूसरा सप्ताह
बिहार	अगस्त के दूसरे सप्ताह से सितम्बर का द्वितीय सप्ताह (खरीफ फसल के बाद)
उड़ीसा	जुलाई के तीसरे सप्ताह से अगस्त का प्रथम सप्ताह
कर्नाटक	जून से अगस्त

बीज उपचार (Seed Treatment)

फसल को भूमि जनित या बीज जनित बीमारियों से बचाने के लिए बीजों को बोनी पूर्व कार्बेन्डाजिम 3 ग्राम प्रति किग्रा. बीज की दर से उपचारित करें।

बीज दर एवं बोने की विधि (Seed Rate and Sowing Method)

5–8 किग्रा./हेक्टेयर बीज बोनी हेतु आवश्यक होता है। अंतरवर्ती फसल हेतु बीज की दर कतारों के अनुपात पर निर्भर करती है। बोनी करते समय बीजों को कतारों में समान रूप से वितरण हेतु 1:20 के अनुपात में गोबर की छनी हुई अच्छी सड़ी खाद के साथ मिलाकर बोनी करनी चाहिए।

खाद एवं उर्वरक (Manure and Fertilizer)

फसल को 10 किग्रा. नत्रजन् 20 किग्रा. फास्फोरस/हेक्टेयर बोनी के समय और 10 किग्रा./हेक्टेयर नत्रजन खड़ी फसल में बोनी के 35 दिन बाद दें। उसके अलावा स्फुर घुलनशील जैव उर्वरक कल्चर (पी.एस.बी.) भूमि में अनुपलब्ध स्फुर को उपलब्ध कर फसल को लाभ पहुँचाता है। पी.एस.बी. कल्चर को बोनी के पूर्व आखरी बखरनी के समय मिट्टी में 2–3 किग्रा./हेक्टेयर की दर से गोबर की खाद अथवा सूखी मिट्टी में मिलाकर खेत में समान रूप से बिखेरें। इस समय खेत में नमी का होना आवश्यक है।

भूमि में उपलब्ध तत्वों के परीक्षण उपरांत यदि भूमि में गंधक की कमी पायी जाती है तो 20–30 किग्रा./हेक्टेयर की दर से गंधक का प्रयोग करने पर तेल के प्रतिशत एवं पैदावार में बढ़ोत्तरी होती है।

कतारों की दूरी (Spacing)

अच्छे उत्पादन हेतु कतारों में बोनी करनी चाहिये। कतार से कतार की दूरी 30 सेमी. तथा बीज से बीज की दूरी 10 सेमी तथा बीज की गहराई 3 सेमी होनी चाहिये। पौधों की संख्या पूरे खेत में समान वितरण हेतु 1/20 के अनुपात में गोबर की छनी हुई खाद के साथ मिलाकर बोनी करनी चाहिये।

सिंचाई एवं जल प्रबन्धन (Irrigation and Water Management)

रामतिल की फसल को मुख्यतः खरीफ मौसम में अवर्षा की स्थिति में यदि सिंचाई का साधन उपलब्ध है तो फूल आते समय तथा फलियाँ बनते समय सिंचाई करने से अच्छे परिणाम मिलते है।

निंदाई-गुड़ाई एवं खरपतवार नियंत्रण (Interculture and Weed Control)

बोनी के 20–25 दिन पश्चात् पहली निंदाई अवश्य करनी चाहिये तथा इसी समय आवश्यकता से अधिक पौधे खेत से निकालना चाहिये। यदि आवश्यक हुआ तो दूसरी निंदाई बोनी के करीब 35–40 दिन बाद (नत्रजन युक्त उर्वरकों की खड़ी फसल में छिड़काव के पूर्व) करना चाहिये। कतारों में बोई गई फसल में हाथों द्वारा चलने वाला हो अथवा डोरा चलाकर नींदा नियंत्रण करें। रासायनिक नींदा

नियंत्रण के लिए निम्नलिखत शाकनाशियों का उपयोग कर खरपतवारों को नियंत्रित किया जा सकता है।

तालिका क्रं. 34. रामतिल में शाकनाशियों द्वारा खरपतवार नियंत्रण

शाकनाशी	प्रयोग का समय	उपयोग की मात्रा		अभियुक्ति
		सक्रिय तत्व (ग्रा./हे.)	व्यापारिक उत्पाद कि.ग्रा. या ली./हे.	
1. पेन्डीमिथलिन 30 ई.सी.	अंकुरण के पूर्व + एक निंदाई गुड़ाई (30–35 दिन पर)	750	2.5 ली.	सभी वार्षिक घासें एवं कुछ चौड़ी पत्ती वाले खरपतवारों का नियंत्रण।
2. ट्राईफ्लुरेलिन 48 ई.सी.	अंतिम बखरनी पूर्व छिड़ककर मिट्टी में मिलायें + एक निंदाई गुड़ाई 25–30 दिन बोनी उपरांत	1000	2.5 लीटर	सभी वार्षिक घासें एवं कुछ चौड़ी पत्ती वाले खरपतवारों का नियंत्रण।
3. फ्लूक्लोरालिन 48 ई.सी.	अंतिम बखरनी पूर्व छिड़ककर मिट्टी में मिलायें	1000	2.25 लीटर	सभी वार्षिक घासें एवं कुछ चौड़ी पत्ती वाले खरपतवारों का नियंत्रण।
4. प्रोपाक्विजाफॉप 10 ई.सी.	बोनी के 18–20 दिन बाद	62.50	0.625 ली.	संकरी पत्ती वाले खरपतवारों का प्रभावी नियंत्रण।
5. क्यूजालोफॉप ईथाइल 5ई.सी.	बुवाई के 18–20 दिन बाद	50	1.0 ली.	संकरी पत्ती वाले खरपतवारों का प्रभावी नियंत्रण।

पौध संरक्षण

अ. प्रमुख कीट

रामतिल की इल्ली

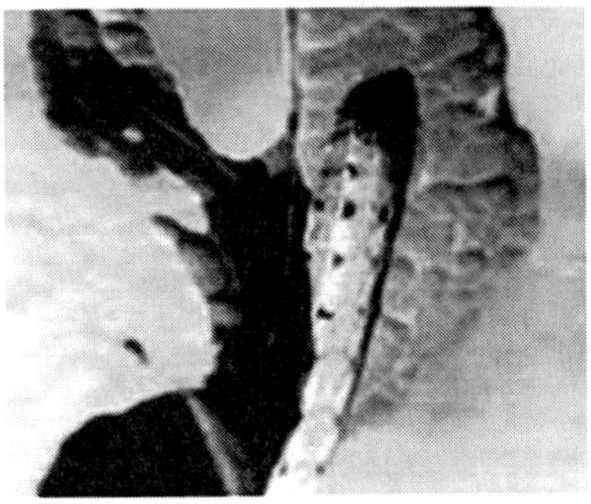

यह हरे रंग की होती हैं जिस पर जामुनी रंग की धारियाँ होती हैं। ये पत्तियों को खाकर प्रारंभिक अवस्था में ही पौधे को पत्ती रहित कर देती हैं।

पहचान एवं निरीक्षण

1. यह पीड़क (पेस्ट) जुलाई – अगस्त में सक्रिय रहता है।
2. वयस्क गहरा भूरा मध्यम आकार का शलभ है जिसके अग्रपंखों पर पीले लहराते निशान होते हैं।
3. इल्ली (लार्वा) तगड़ी, हरी व चिकनी होती है।
4. प्रकाश प्रपंच से कीट की स्थानीय आबादी की चौकसी करें।

क्षति

लार्वा फसल पत्तीहीन कर उपज में बहुत हानि पहुंचाता है।

कृषिगत नियंत्रण

1. देर से पकने वाली किस्में, जैसे जी.ए.–10, जी.ए.–2 व ई.के.सी.–1, बोयें।
2. स्वच्छ खेती करें।
3. फसल चक्र व मिश्रित फसल लेवें।
4. शीघ्र बोनी करें।

यांत्रिक नियंत्रण

1. अण्डा समूहों व प्रारंभिक अवस्था की इल्लियां एकत्र कर नष्ट करें।
2. प्रकाश प्रपंच लगाकर वयस्क पकड़ें।

जैविक नियंत्रण

1. एपेन्टीलीस रूफिकस व काइलोनिस स्पी. खेत में छोड़ें।
2. क्रेबोटर अर्बाना को लार्वा नियंत्रण हेतु संरक्षण करें।

रासायनिक नियंत्रण

1. पैराथियॉन 2 प्रतिशत डस्ट 20–25 कि./हे. भुरकें।
2. मोनोक्रोटोफॉस 0.04 प्रतिशत, डायमेथोएट 0.03 प्रतिशत या डायक्लोरवॉस 0.05 प्रतिशत आवश्यकतानुसार छिड़कें।

माहूँ

इस कीट के शिशु तथा प्रौढ़ पत्तियों तथा तने पर चिपके रहते हैं तथा रस चूसते हैं, जिससे उपज में कमी आती है।

पहचान एवं निरीक्षण

1. यह कोमल देह वाला कीट है जो 1.5 से 2 मिमी. लंबा होता है।
2. वयस्क बड़े आकार का, काला, नाशपाती की शक्ल जैसा, पंखी या पंखहीन होता है जिसके स्पष्ट कॉर्निकल्स होते हैं।
3. निम्फ व वयस्क दोनों तने पर होने पर उनका सिर भूमि की ओर होता है।

क्षति

1. निम्फ व वयस्क पौधे के कोमल भाग, पत्तियां, टहनियां, फूल व फलियां, का रस चूसते हैं।
2. अधिक प्रकोप होने पर पौधे बोने रह जाते हैं और बीज उत्पादन में बुरा प्रभाव पड़ता है।

कृषिगत नियंत्रण

1. समय से बोनी, देर से बोई फसल में अधिक क्षति होती है।
2. स्वच्छ कृषि।
3. मिश्रित फसल व फसल चक्र।

जैविक नियंत्रण

परभक्षी लेडी बर्ड भृंग व क्राईसोपा का संरक्षण करें।

रासायनिक नियंत्रण

इनके नियंत्रण के लिए इमिडाक्लोप्रिड 17.8 एस.एल. 125 मिली./हे. 500 ली. पानी के साथ छिड़काव करें।

ब. प्रमुख रोग

सरकोस्पोरा पर्णदाग

इस रोग में पत्तियों पर छोटे धूसर भूरे रंग के धब्बे बनते हैं जिसके मिलने पर रोग पूरी पत्ती पर फैल जाता है तथा पत्ती गिर जाती है। नियंत्रण हेतु बीजों को 0.3 प्रतिशत थायरम से उपचारित कर बोयें।

आल्टरनेरिया पत्ती धब्बा

इस रोग में पत्तियों पर भूरे, अंडाकार, गोलाकार एवं अनियंत्रित वलयाकार धब्बे बनते हैं। इस रोग के नियंत्रण हेतु बोनी पूर्व बीजों को 0.3 प्रतिशत थायरम से बीजोपचार करें। जीनेब (0.2 प्रतिशत) या बाविस्टीन (0.05 प्रतिशत) दवा का छिड़काव रोग आने पर 15 दिन के अंतराल पर करें।

जड़ सड़न

तना आधार एवं जड़ का छिलका हटाने पर फफूँद के स्क्लेरेशिया होने के कारण कोयले के समान कालापन होता है। इसके नियंत्रण हेतु 0.3 प्रतिशत थायरम से बोनी पूर्व बीजोपचार करें।

भभूतिया रोग (चूर्ण फफूँद)

इस रोग में पत्तियों एवं तनों पर सफेद चूर्ण दिखाई पड़ता है। नियंत्रण हेतु 0.2 प्रतिशत घुलनशील गंधक का फव्वारा पद्धति से फसल पर छिड़काव करें।

कटाई, गहाई एवं भण्डारण (Harvesting, Threshing and Storage)

रामतिल की फसल लगभग 100–120 दिनों में पककर तैयार हो जाती है। जब पौधों की पत्तियाँ सूखकर गिरने लगें, फलियों का शीर्ष भाग भूरे व काले रंग का होकर मुड़ने लगे तब फसल को काट लेना चाहिये। कटाई उपरांत पौधों को बंडलों में बांधकर खेत में खुली धूप में एक सप्ताह तक सुखाना चाहिये उसके बाद गहाई करनी चाहिये। गहाई के बाद दानों को साफ कर लेना चाहिये। बीजों को धूप में अच्छी तरह सूखाकर दानों में 9 प्रतिशत नमी पर भंडारण करना चाहिये।

उपज (Yield)

उन्नत उत्पादन तकनीक अपनाकर रामतिल की उपज 6–7 क्विंटल प्रति हेक्टेयर तक प्राप्त होती है।

●●●

अध्याय 10

तोरिया

वानस्पतिक नाम (Botanical Name) – **ब्रैसिका स्पीसीज**
(B. campestris var. yellow toria)

कुल (Family) – **क्रूसीफेरी (Cruciferae)**

महत्व एवं उपयोग (Importance and Utility)

तोरिया का उपयोग भिन्न–भिन्न रूपों में किया जाता है। तोरिया के हरे पौधे से लेकर सूखे तने और शाखाओं एवं बीज आदि सभी का मानव उपयोग में बहुत ही महत्वपूर्ण स्थान है।

तोरिया के हरे पौधे का प्रयोग जानवरों के हरे चारे के लिए भी किया जाता है। मानव के सब्जी के रूप में भी नई कोमल शाखाओं का उपयोग किया जाता है। तोरिया के तेल का उपयोग – जलाने के लिए, शरीर का मालिश के लिए, चमड़े और लकड़ी के सामान पर लगाने के लिए तथा साबुन और रबर के सामान निर्माण में किया जाता है। तोरिया के बीजों को टेबिल मस्टर्ड, मसाले तथा अचार और सब्जियों के लिए भी प्रयोग किया जाता है।

पशु आहार के रूप में बीज, तेल और खली का ठण्डा प्रभाव पड़ता है तथा बहुत से रोग और बीमारियों की रोकथाम में भी सहायता मिलती है। खली में करीब 4.9 प्रतिशत नाइट्रोजन, 2.5 प्रतिशत फास्फोरस तथा 1.5 प्रतिशत पोटाश होता है। इसलिए विश्व के कुछ भागों में इसका प्रयोग खाद के रूप में भी किया जाता है। भारत में खली केवल पशुओं को ही खिलाई जाती है। तोरिया को हरी खाद तथा भूमि संरक्षक फसल के रूप में भी प्रयोग होता है। तोरिया के औद्योगिक महत्व सीमित हैं। तेल का उपयोग ब्लोन तेल विशिष्ट चिकनाइयों, मिठाइयों तथा अन्य वस्तुओं के साथ मिश्रण में खनिज तेलों ग्रीस, साबुन और प्लास्टिक के निर्माण

में किया जाता है। इस्पात उद्योग तथा चमड़े को मुलायम करने में भी तेल का प्रयोग किया जाता है। तोरिया का तेल मुख्य रूप से ग्रीस बनाने के काम में आता है।

उत्पत्ति एवं इतिहास (Origin and History)

तोरिया के बारे में डी कन्डोल (1882) का मत है कि इसका उत्पत्ति स्थान पूर्वी यूरोप और साइबेरिया है। प्रेन (1898) ने राई की प्रचलित जातियों के संस्कृत नामों ''सिद्धार्थ व राजिका'' को ध्यान में रखते हुए बताया है कि राई का मूल उत्पत्ति स्थान चीन है और यहीं से यह पौधा पूर्वी भारत में पहुंचा। बेविलोव व वकनिश (1929) ने सुझाव दिया है कि तोरिया के स्वतंत्र रूप से तीन मूल उत्पत्ति स्थान भारत, चीन या यूरोप में कोई स्थान है। बैली (1922) व सिन्सकाई (1928) के मतानुसार तोरिया का जन्म स्थान चीन है।

तोरिया अथवा लाही आपस में बहुत अधिक मिलती–जुलती हैं इसलिए यह निष्कर्ष निकाला गया कि ये दोनों अफगानिस्तान से पंजाब व पंजाब से पूर्वी बंगाल तक फैली हैं। धर्मपाल सिंह (1958) ने देश के विभिन्न क्षेत्रों से प्राप्त नमूनों की जांच के आधार पर प्राप्त तथ्यों से यह निष्कर्ष निकाला कि इन दोनों जातियों का मूल स्थान पूर्वी अफगानिस्तान है। तोरिया का मूल स्थान धर्मपाल सिंह (1958) के अनुसार उत्तरी पूर्वी भारत है।

अधिक तेल उत्पादन के लिए तोरिया को ठंडा तापमान, साफ मौसम और पर्याप्त मृदा आद्रता की आवश्यकता होती है। पौधों में फूल आने और बीज पड़ने के समय बादल और कोहरे भरे मौसम से हानिकारक प्रभाव पड़ता है। इसके अलावा ऐसा मौसम कीटों एवं बीमारियों के लिए भी अनुकूल रहता है। सरसों की अधिक उपज के लिए सामान्य ठंडा तापमान आवश्यक है। पाले से उपज को बहुत हानि पहुंवती है। इससे फलियों में दाने मर जाते हैं। व्यवहारिक रूप से बिना वर्षा वाले क्षेत्रों में सिंचाई के अच्छे साधन जुटाकर तोरिया की खेती सफलतापूर्वक की जा सकती है। फसल की कटाई के समय साफ और सूखा मौसम होने पर कटाई, गहाई, अन्य कार्य सुविधापूर्वक किए जा सकते हैं। बीज के अंकुरण के समय कुछ उच्च तापक्रम की आवश्यकता होती है। फसल पकते समय ओले एवं वर्षा से उपज पर प्रतिकूल प्रभाव पड़ता है।

भूमि (Soil)

तोरिया की खेती के लिए हलकी रेतीली से लेकर भारी मटियार भूमियों में सरसों की फसल सफलतापूर्वक ली जा सकती है। तोरिया की खेती विभिन्न प्रकार की मृदा वाली भूमि में की जा सकती है। लेकिन इसके लिए उपयुक्त भूमि दोमट मिट्टी वाली होती है, इसकी भरपूर उपज हल्की दोमट से चिकनी दोमट मिट्टियों तक ली जा सकती है। मिट्टी गहरी एवं संतोषजनक जलधारण क्षमता की होनी चाहिए। फसल के दौरान पानी का जमाव नहीं होना चाहिए। तोरिया की अच्छी खेती के लिए सबसे उचित पी. एच. मान 7 से 8.2 है। अत्यधिक क्षारीय, लवणीय व अम्लीय मिट्टी से उत्पादकता पर असर पड़ता है। यह फसल अन्य फसलों की तुलना में हल्की लवणीय भूमि (ई.सी. 4 से कम) में भी अच्छी पैदावार देती है।

भूमि की तैयारी (Soil Preparation)

तोरिया की अच्छी पैदावार के लिए खेत को अच्छी प्रकार तैयार करना जरूरी है, जिससे मिट्टी भुरभुरी हो जाय। बारानी क्षेत्रों में भूमि तैयारी के समय नमी संरक्षण पर विशेष ध्यान देना चाहिए। भूमि की तैयारी वर्षा ऋतु से ही शुरू हो जाती है। खरपतवार नष्ट करने एवं नमी संरक्षण के लिए एक गहरी जुताई मिट्टी पलटने वाले हल से करनी चाहिए इसके पश्चात् प्रत्येक बरसात के बाद समय मिलने पर खेत की जुताई करें तथा साथ ही पाटा अवश्य लगायें। इससे नमी का ह्रास कम होगा। यदि नमी कम हो तो खेत की जुताई शाम के समय करके खुला छोड़ दें तथा सुबह सूरज निकलने से पूर्व पाटा लगायें। आखिरी बरसात के बाद गहरी जुताई करके पाटा लगाकर नमी संरक्षण करें।

सिंचित क्षेत्रों में द्विफसली पद्धति के अन्तर्गत उर्द, मूंग तथा मक्का के बाद तोरिया की खेती की जाती है। बुवाई के लिए भूमि की तैयारी खरीफ फसलों के कटाई के बाद थेवनी करके (पलेवा) प्रारंभ करें। उसके पश्चात् एक या दो जुताई हैरो तथा दो से तीन जुताई कल्टीवेटर से करके मिट्टी को भुरभुरा बनायें। उसके पश्चात् उचित नमी पर बुवाई करें। खरीफ फसलों की कटाई के बाद थेवनी करके (पलेवा) रोटावेटर से खेत को तैयार कर उचित नमी पर बुवाई कर सकते हैं।

विकसित एवं अनसंशित किस्में

सरसों उत्पादन में उन्नतशील प्रजातियों का विशेष महत्व है। उन्नतशील प्रजातियों का क्षेत्रीय अनुकूलता के अनुसार चयन कर 9 से लेकर 45 प्रतिशत तक उत्पादकता अधिक ले सकते हैं। मध्यप्रदेश के लिए अनुसंशित किस्मों का संक्षिप्त विवरण निम्न प्रकार है –

तोरिया

1. जवाहर तोरिया-1

यह एक संकुल जाति है जो कि आंचलिक कृषि अनुसंधान केन्द्र, मुरैना द्वारा विकसित की गई। इसके पौधों की ऊंचाई 125–127 से.मी. होती है तथा यह मध्यम अवधि में पककर तैयार (85–90 दिन) होती है। इसके 1000 दानों का वजन 3.4–3.5 ग्राम तथा दानों में 43 प्रतिशत तक तेल की मात्रा पाई जाती है। इसकी औसत पैदावार 1500–1800 कि.ग्रा. प्रति हेक्टेयर तक प्राप्त होती है। इस प्रजाति का विशेष गुण सफेद किट्ट रोग प्रतिरोधी है।

2. टाईप 9 (टी-9)

यह तोरिया की प्रचलित पुरानी जाति है। इस जाति को सिंचित एवं असिंचित दोनों प्रकार की परिस्थितियों में उगाया जा सकता है। इसके पौधे 102–108 से. मी. ऊंचे होते हैं तथा 90–94 दिनों में पककर 1200–1500 कि. ग्रा. प्रति हेक्टेयर पैदावार देती है। इसके 1000 दानों का वजन 3.0–3.5 ग्राम तक होता है तथा दानों में तेल की मात्रा 40 प्रतिशत तक पाई जाती है।

3. भवानी

तोरिया की यह एक जल्दी पकने वाली किस्म है। इस जाति के पौधों की ऊंचाई 70–75 से.मी. होती है तथा 75–80 दिन में तैयार हो जाती है। इसकी औसत उपज 1000–1200 कि.ग्रा. प्रति हेक्टेयर प्राप्त होती है तथा तेल की मात्रा 44 प्रतिशत तक पाई जाती है।

बुवाई का समय एवं बीज दर (Sowing time and Seed rate)

बुवाई का समय क्षेत्र की जलवायु प्रजाति तथा फसल चक्र में तोरिया के स्थान

पर निर्भर करता है। तोरिया की बुवाई का समय सितम्बर के प्रथम सप्ताह से अंतिम सप्ताह तक। तोरिया की बुवाई के लिए बीज दर 4–5 कि.ग्रा. प्रति हेक्टेयर पर्याप्त रहता है।

बीज उपचार (Seed Treatment)

तोरिया में विभिन्न रोगों से बचाने के लिए बीज का उपचार करना बहुत आवश्यक है। जहां तना गलन की बीमारी विशेष रूप से आती है, वहां बुवाई से पूर्व कार्बेन्डाजिम, (बेबस्टीन) की दो ग्राम मात्रा प्रति कि.ग्रा. की दर से उपचारित करें। जिन क्षेत्रों में सफेद गेरूई एवं तुलासिता रोग की समस्या रहती है, वहां मेटालाक्सिल 1.5 कि.ग्रा. अथवा एप्रान (एस.डी.–35) नामक दवा 6 ग्रा. प्रति कि.ग्रा. बीज की दर से उपचारित करें।

बोने की विधि (Sowing Method)

बीज की बुवाई देशी हल या सीड ड्रिल से कूंडों में 30–45 से.मी. दूरी पर कतारों में करना चाहिए। बीज की बुवाई 3–5 से.मी. गहराई तक की जानी चाहिए। वहीं खाद को 7–10 से.मी. गहराई में डालें। बुवाई के समय सावधानी बरतें कि बीज सीड ड्रिल द्वारा डाले गये खाद के सम्पर्क में न आये क्योंकि यह बीज के अंकुरण को प्रभावित करता है।

खाद एवं उर्वरकों का प्रयोग (Manure and Fertilizer)

तोरिया की एक टन पैदावार होने पर 64.5 कि.ग्रा. नत्रजन, 20.6 कि.ग्रा. फास्फोरस, 53.4 कि.ग्रा. पोटाश, 16 कि.ग्रा. गन्धक, 56.5 कि.ग्रा. कैल्शियम, 9.5 कि.ग्रा. मैग्नीशियग, 60 ग्रा. जिंक, 630 ग्रा. लोहा, 200 ग्रा मैंग्नीज तथा 20 ग्राम तांबा का अवशोषण होता है। तोरिया की फसल फास्फोरस की तुलना में गन्धक तत्व लगभग दुगनी मात्रा में अवशोषित होती है।

रासायनिक उर्वरकों के साथ–साथ वर्मी कम्पोस्ट, नेडप, गोबर की खाद का प्रयोग करें। रासायनिक उर्वरकों का प्रयोग मृदा परीक्षण के आधार पर करें। मृदा परीक्षण न होने की दशा में संतुलित मात्रा में उर्वरकों का प्रयोग कर अच्छी पैदावार ली जा सकती है।

फसल का नाम	नत्रजन (किग्रा/हे.)	फास्फोरस (किग्रा/हे.)	पोटाश (किग्रा/हे.)	सल्फर (किग्रा/हे.)
तोरिया	60	30	20	20

असिंचित क्षेत्रों में उर्वरकों की सम्पूर्ण मात्रा अंतिम जुताई के बाद बोने के दो–तीन दिन पूर्व कूंडों में 10–12 से.मी. की गहराई पर डालकर पाटा चला देना चाहिए। सिंचित क्षेत्रों में फास्फोरस तथा पोटाश की पूरी मात्रा बुवाई के समय पोरा अथवा नाली द्वारा खेत में प्रयोग करें और उसी के साथ–साथ बुवाई भी करें। लेकिन बीज एवं उर्वरक का प्रयोग मिलाकर न करें। नत्रजन का प्रयोग दो बार में भुरकाव कर करें। पहला भुरकाव प्रथम सिंचाई के बाद तथा दूसरा भुरकाव शाखाऐं निकलते समय करें।

सल्फर युक्त फास्फोरस उर्वरकों का प्रयोग करने से सल्फर की भी पूर्ति हो जाती है, इसलिये बुवाई के लिये सिंगिल सुपर फास्फेट का प्रयोग करें। सल्फरयुक्त उर्वरक न मिलने की दशा में जिप्सम 250 कि.ग्रा. / है. प्रयोग करें। सल्फर का प्रयोग करने से सरसों में पैदावार के साथ तेल की मात्रा भी बढ़ती है।

खरपतवार प्रबन्धन (Weed Management)

तोरिया की फसल में विभिन्न प्रकार के खरपतवारों द्वारा उपज पर विपरीत प्रभाव पड़ता है। ऐसे पौधे जो अवांछनीय, अनुपयोगी, हानिकारक, शीघ्र फैलने वाले, कृषि कार्य में रुकावट डालने वाले, जो बिना बोये खेत में उग आते हैं, उन्हें हम खरपतवार कहते हैं। खरपतवार तोरिया में अपनी संख्या जाति तथा फसल की किस्म के अनुसार सभी पोषक तत्वों, प्रकाश, वायु एवं अन्य उपयोगी पदार्थों के लिए आपस में प्रतिस्पर्धा कर 5–60 प्रतिशत तक कमी कर देते हैं, तथा तेल की पैदावार में लगभग 12.4 प्रतिशत की कमी आती है। यह अपनी बढ़वार के लिए पर्याप्त भूजल का उपयोग कर फसलों के लिए पानी की कमी कर देते हैं, जिससे फसलों का विकास पूर्ण रूप से नही होता है, परिणामस्वरूप उपज में कमी आती है तथा गुणवत्ता भी प्रभावित होती है। फसलों के लिए हानिकारक कीड़े एवं रोगों के लिए जीवाणु तथा फफूंद खरपतवारों पर शरण लेकर अपना जीवनयापन करती है और बाद में फसलों पर आक्रमण कर फसल के उत्पादन को प्रभावित करते हैं। फसल में मुख्य रूप से पाये जाने वाले खरपतवार हिरन खुरी, पत्थरचट्टा, वथुआ, खरवथुआ, सत्यानाशी, कृष्णनील, जंगली सोया, दूब, मोथा, ऊंट कटारा,

चिरैया बाजारा, जंगली जई, जंगली प्याजी, पोलंगा, चटरी–मटरी, सेंजी (सफेद व पीली), अगरी, गोरख मुंडी, जंगली गोभी व सतघटिया आदि।

किसान भाई इन खरपतवारों को निंदाई–गुड़ाई करके खेत से निकालते हैं, जो सामान्य रूप से कठिन, खर्चीला एवं अधिक समय लगने वाला कार्य है। श्रम की कमी होने के कारण तथा मजदूरी अधिक होने के कारण ऐसी स्थिति में कम लागत में समय पर खरपतवारों को नियंत्रण करने हेतु समन्वित खरपतवार कर कम खर्च में अधिक आर्थिक लाभ लिया जा सकता है।

खरपतवार नियंत्रण के उपाय

यह ऐसे उपाय हैं जिन्हें अपनाने से कम खर्च में खेतों में उगने से रोका जा सकता है जैसे–पूर्ण रूप से सड़ी हुई कम्पोस्ट या गोबर की खाद का प्रयोग करें जिससे खरपतवारों के बीज को पुनः खेत में जाने का मौका न मिले। दूसरा खरपतवारों के बीज रहित शुद्ध बीज की बुवाई करें। पशुओं को पीस कर दाना खिलाएें जिससे खरपतवारों के बीज का अंकुरण न हो। कृषि यंत्रों को एक स्थान से दूसरे स्थान पर ले जाने से पूर्व साफ करके प्रयोग करें। सिंचाई की नालियां खेतों की मेड़ों एवं अन्य स्थानों को साफ करें। खरपतवारयुक्त स्थानों से पशुओं को न गुजरने दें।

खरपतवारों को फूल आने से पूर्व नष्ट करें जिससे बीज न बने और खरपतवारों के फैलाव को रोका जा सके।

खरपतवार नियंत्रण विधियां

खरपतवार का उन्मूलन व रोकथाम निम्नलिखित सस्ती एवं सुलभ विधियां अपनाकर किया जा सकता है –

खेत की जुताई

फसल कटने के बाद प्रथम बार सर्वाधिक गहरी ग्रीष्मकालीन जुताई करके बाद की प्रत्येक जुताई क्रमशः उथली करें, ताकि खरपतवारों के अधिकांश बीज जो कि ऊपरी सतह पर होते हैं अधिक गहराई में दब जाते हैं, जिससे उनका अंकुरण या तो होता ही नहीं, यदि होता है तो फसल के उगने के बाद होता है। सामान्य गहराई की जुताई से खरपतवारों के बीज जमीन में नहीं दब पाते हैं।

बुवाई के पूर्व थेवनी (पलेवा)

जहां सिंचाई की सुविधा उपलब्ध हो वहां पर फसल को बोने के पूर्व पलेवा के बाद खरपतवारों का अंकुरण होने पर दो से तीन से.मी. उथली जुताई करने पर खरपतवार नष्ट हो जाते हैं।

फसल एवं फसल चक्र का चुनाव

जिन खेतों में जंगली प्याजी की अधिकता हो उन खेतो में सरसों के स्थान पर तोरिया की फसल लगायें तथा तोरिया के बाद गेंहू की फसल लगाना लाभप्रद होगा। तोरिया गेंहू फसल चक्र अपनाने से पोलंगा या जंगली प्याजी का नियंत्रण बिना किसी आर्थिक नुकसान के किया जा सकता है।

बुवाई

फसल की बुवाई जल्दी करना चाहिए ताकि फसल शीघ्रता से बढ़कर छा जाये, जिससे खरपतवारों को बढ़ने एवं फैलने का मौका न मिले।

पौधों की दूरी

जिन स्थानों पर खरपतवारों की समस्या अधिक होती है वहां फसल की बुवाई संकरी कतारों में कुछ अधिक बीज दर रख कर करें। ऐसा करने पर खरपतवारों को कम जगह मिलने के कारण कम उगते हैं। बाद में उचित जमाव होने पर 15 से 20 दिन की अवस्था पर बिरलीकरण कर पौधों की उचित संख्या सुनिश्चत करें।

खरपतवारनाशी रसायनों द्वारा नियंत्रण

श्रम की कमी तथा मजदूरी महंगी होने के कारण रासायनिक विधि से खरपतवारों का नियंत्रण सरलता से कम लागत एवं कम समय में फसल की प्रारंभिक अवस्था में नष्ट किया जा सकता है, जिससे फसल के पौधों से उनकी प्रतिस्पर्धा नहीं होगी। तोरिया में निम्नलिखित रसायनों का प्रयोग कर खरपतवारों को सफलतापूर्वक नियंत्रित किया जा सकता है –

खरपतवारनाशी रसायनों की मात्रा एवं प्रयोग करने की विधि

खरपतवारनाशी (व्यापारिक नाम)	सक्रिय तत्व मात्रा (ग्राम या मिली./हे.)	व्यापारिक मात्रा (ग्राम या मिली./हे.)	प्रयोग समय बुवाई/रोपाई के दिन बाद	अभियुक्ति
फ्लूक्लोरेलिन (वासालिन)	1000	2000	बुवाई के ठीक पहले मिट्टी में मिलावें	रसायन को प्रयोग के बाद मिट्टी में मिला दें ताकि सूर्य की रोशनी से रसायन के प्रभाव पर कोई प्रतिकूल असर न पड़े। मुख्यतः सभी प्रकार के संकरी एवं चौड़ी पत्ती वाले खरपतवारों पर प्रभावी नियंत्रण।
आइसोप्रोट्यूरान (विभिन्न नाम)	750–1000	1000–1250 (75 डब्लू.पी.) 1500–2000 (50 डब्लू.पी.)	0–3 दिन के भीतर	वार्षिक चौड़ी व घासकुल के खरपतवारों की रोकथाम के लिए।
आक्साडायाजोन (रोस्टार)	500–750	2000–3000	0–3 दिन के भीतर	संकरी एवं चौड़ी पत्ती वाले खरपतवारों पर प्रभावी नियंत्रण।
पेन्डीमिथलिन (स्टाम्प)	750–1000	2500–3000	बुवाई से पहले या बुवाई के 3 दिन के अन्दर	बुवाई के पूर्व प्रयोग करने की दशा में रसायन को खेत में अच्छी तरह से मिला दें। सभी प्रकार के घास एवं कुछ चौड़ी पत्ती वाले खरपतवारों का प्रभावी नियंत्रण।
क्यूजालोफाप ईथाइल (टरगासुपर)	40–50	800–1000	15–20	घासकुल के खरपतवारों का प्रभावी नियंत्रण।

एकीकृत नियंत्रण

अधिक समस्याग्रस्त क्षेत्रों में खरपतवार नियंत्रण की विभिन्न विधियों का आपस में समन्वय कर खरपतवारों को कम किया जा सकता है। जैसे खेत की गहरी एवं उथली जुताई, कतारों में बुवाई, ग्रीष्म काल में गहरी जुताई, कृषि यंत्रों, मशीनों एवं औजारों जैसे खुरपी आदि द्वारा निराई–गुड़ाई कर कतारों में बोई गई फसलों में हल या बखर व्हील हो आदि चला कर खरपतवारों को अजीवित पदार्थों से ढककर, कर्षण क्रियाओं को अपनाकर जैसे फसलचक्र समय पर बुवाई या समय से कुछ पूर्व बुवाई करके शीघ्र बढ़ने वाली फसलें व किस्में लगाकर नियंत्रण किया जा सकता है।

सिंचाई एवं जल प्रबन्धन (Irrigation and Water Management)

तोरिया की फसल तीन प्रकार की परिस्थितियों में उगाई जाती है –

1. वर्षा आधारित
2. वर्षा के पानी को संरक्षित करके
3. सिंचित दशा में

तोरिया की फसल को मुख्यतः वर्षा के पानी को संरक्षित कर बुवाई करते हैं। एक सिंचाई 30–35 दिन की अवस्था पर करने के उपरान्त नत्रजन उर्वरकों का भुरकाव करते हैं। परन्तु आजकल सिंचित क्षेत्रों में दो फसल लेने के कारण खरीफ के बाद पलेवा देकर सीडड्रिल से कतारों में बुवाई करते हैं जिसमें पहली सिंचाई 30 दिन बाद कलिका आना शुरू होने पर व दूसरी सिंचाई फलियां बनते समय देनी चाहिए। यदि भूमि रेतीली है तो तीन सिंचाई की आवश्यकता पड़ सकती है। पानी की गहराई करीबन 8 सेमी. होनी चाहिए। अधिक पानी देने से पौधे मर जाते हैं तथा तना सड़न बीमारी होने का भय रहता है।

तोरिया के हानिकारक कीट

1. माहूं/चेपा (लाइपैफिस इंरीजिमी, एपिस गोसिपी एवं माइजस-परसिकाई)

समय से बोई गई तोरिया की फसल में माहू/चेंपा का प्रकोप नहीं होता। यदि फसल देरी से लगाई है तो इस स्थिति में इसके प्रकोप से फसल को लगभग 15 प्रतिशत से 50 प्रतिशत तक हानि पहुंचती है। ये कीट बहुत छोटे, अण्डाकार,

मुलायम शरीर वाले हरे रंग के अथवा हल्के सलेटी रंग के होते हैं। इस कीट के झुण्ड प्रायः पत्तियों, फूलों, फलियों एवं तनों पर चिपके हुऐ पाये जाते हैं, जो इनका रस चूस कर हानि पहुंचाते हैं। माहूं (चेपा) से प्रभावित पत्तियां जगह–जगह से मुड़ी हुई दिखाई देती हैं तथा फलियों के अन्दर दाने कमजोर पड़कर सिकुड़ जाते हैं, पौधों का बढ़ना रुक जाता है। पौधे पीले पड़कर सूखने लगते हैं। ये कीट जो मधु–स्त्राव शरीर से निकालते हैं, उस पर काले कवक (ब्लैक फंगस) लग जाता है, जिससे पौधे पर जगह–जगह काले धब्बे दिखाई देते हैं।

इस कीट के दो रूप होते हैं–पंखहीन (विंगलेस) और सपंखीय (विंग्ड)। पंखहीन कीटों के झुंड कोमल पत्तियों, डण्ठलों, फूलों एवं फलियों पर चिपके रहते हैं तथा पंख वाले उड़कर कीट प्रसार करते हैं। फसलों पर पंखदार कीट से ही प्रकोप शुरू होता है। शीघ्र ही इनकी संख्या बढ़ जाती है। मार्च–अप्रैल में तापमान न बढ़ने पर पंखदार नर व मादा ठंडे स्थानों पर जाकर छुप जाते हैं। शीत ऋतु में जब आसमान पर बादल छाये रहते हैं और हल्की 1–2 फुहार पड़ती है, इस समय इनकी संख्या में बहुत शीघ्र वृद्धि होती है और देखते ही देखते यह कीट महामारी का रूप धारण कर लेता है। मादा सीधे ही नन्हे बच्चों (निम्फ) को जन्म देती है जो एक सप्ताह में प्रौढ़ मादाओं में बदल कर अलैंगिक प्रजनन द्वारा बहुत से निम्फ को जन्म देती हैं। ये निम्फ बहुत ही शीघ्र (3 से 7 दिन) प्रौढ़ बनकर निम्फ पैदा करना शुरू कर देते हैं। वर्ष में कई पीढ़ियां होती हैं।

2. चितकबरा कीड़ा या सुन्दर झंगा (पेन्टेड बग) - बगराडा क्रूसीफैरम

प्रौढ़ कीट 5–7 मि.मी. चौड़ा, काले रंग का होता है। इसके शरीर के पीठ पर नारंगी पीले और लाल रंग के दाग होते हैं। शरीर का आधा (पीछे का) भाग मोटा, चमकीला तथा सिरे का आधा भाग पतला झिल्लीदार होता है। सिर छोटा, तिकोना और आंखें काली व उभरी हुई होती हैं। इस कीट की सुन्दरता के कारण इसे सुन्दर झंगा कीट के नाम से कहा जाता है। इस कीट के प्रौढ़ तथा निम्फ पौधों की पत्तियों, फलियों तथा मुलायम तनों से रस चूसकर हानि पहुंचाते हैं। पत्तियां पीली पड़कर सूख जाती हैं तथा पौधों का बढ़ना रुक जाता है। क्षतिग्रस्त पत्तियों और पौधों पर काले भूरे रंग के धब्बे दिखाई देते हैं जोकि कवक (ब्लैक फंगस) के कारण होता है।

प्रौढ़ मादा कीट अक्टूबर के महीने से अण्डे पत्तियों के निम्न सतह, मुलायम तनों, फूलों, फलियों पर देना प्रारम्भ कर देती है। मादा एक दिन में 15–20 अण्डे

तथा अपने जीवन काल में 90–250 तक अण्डे देती है। अण्डे पहले पीले रंग के तथा फूटने के पूर्व गुलाबी रंग के हो जाते हैं। अण्डों से एक सप्ताह के अन्दर चमकीले नारंगी रंग के शिशु जिनकी आंखें लाल होती हैं, निकलते हैं और 3 से 4 सप्ताह बाद बिना परिवर्तन के विकसित होकर प्रौढ़ बन जाते हैं। इसकी केवल तीन अवस्थायें, अण्डा, निम्फ और प्रौढ़ पायी जाती है। वर्ष में 6 से 7 पीढ़ियां पाई जाती हैं। फरवरी से अप्रैल तक अधिक संख्या में पाये जाते हैं। इस प्रकार वर्ष में दो बार अक्टूबर–नवम्बर एवं फरवरी से अप्रैल के बीच यह विशेष सक्रिय रहती है।

3. आरा मक्खी (सा फ्लाई) अथैलिया प्रोक्जिमा

इस कीट का प्रौढ़ आकार में बड़ी नीली मक्खी के बराबर होता है। मादा कीट पत्तियों के किनारे की तरफ कोशिकाओं के अन्दर एक–एक करके अण्डे देती है। अण्डे दूधिया रंग के होते हैं परन्तु बाद में काले हो जाते हैं। एक मादा औसतन 60 अण्डे देती है। अण्डा 2 मि.मी. लम्बा होता है। अण्डों से 5 से 7 दिन के अन्दर इल्लियां (मैंगट) निकलती है। इल्लियां हरी स्लेटी रंग की होती है, जिसका सिर काला होता है। पूर्ण विकसित सूंडी हरे काले रंग की 15 से 19 मि.मी. लम्बी होती है, जिनका रंग गहरा भूरा तथा शरीर झुर्रीदार होता है। तथा 5 स्पष्ट धारियां भी पीठ पर पायी जाती हैं। गिडारें छूते ही कुण्डली की भांति मुड़ जाती है। यह गिडारें पत्तियों को बड़ी तेजी से खाती है, जिससे पत्तियों में अनेक अनियमित आकार के छेद हो जाते हैं। तीव्र प्रकोप की स्थिति में केवल शिराओं का जाल ही शेष रह जाता है। मूली, शलजम, फूलगोभी के बाद अक्टूबर माह में तोरिया तदुपरान्त सरसों/राई पर इसका आक्रमण होता है। पूर्ण विकसित सूंडी जमीन के अन्दर 2–3 दिन में प्यूपा में बदल जाती है और प्यूपा से 10 से 13 दिन के अन्दर प्रौढ़ मक्खियां निकल कर अण्डे देना प्रारम्भ कर देती हैं। इस कीट की एक वर्ष में 5 पीढ़ियां होती हैं। इनकी सक्रियता जुलाई से मार्च तक रहती है तथा गम्भीर प्रकोप होने की दशा में फसल के छोटे पौधे पूर्ण रूप से नष्ट हो जाते हैं जिसके कारण फसल की पुनः बुवाई करनी पड़ती है।

4. बन्द गोभी की सूंडी (कैबेज मैंगट)

यह कीट तोरिया के अन्य पौधों एवं सब्जियों को अत्यधिक हानि पहुंचाते हैं। इसके प्रौढ़ एवं निम्फ दोनों ही पौधों को हानि पहुंचाते हैं। ग्रब (इल्ली) पौधों की

जड़ों में सुरंग बनाती है तथा प्रौढ़ पत्तियों में असंख्य छोटे–छोटे छेद बनाकर भारी नुकसान करते हैं।

मादा कीट पौधे के समीप जमीन में अण्डे देती है जो सफेद रंग के बहुत छोटे–छोटे होते हैं। अण्डों से 5 से 6 दिन में इल्लियां (ग्रब) निकल आती हैं, जो जड़ों में तंग सुरंग बनाकर विकसित होती हैं। ये ग्रब 10 से 15 दिन बाद जड़ों से बाहर आकर मिट्टी का खोल बनाकर उसके अन्दर प्यूपा में बदल जाती हैं। प्यूपा से 8 से 14 दिन के बाद प्रौढ़ निकल आते हैं जो पत्तियों को छेद कर हानि पहुंचाते हैं। प्रौढ़ नीले–हरे रंग के होते हैं। यह कीट मार्च से जून तथा सितम्बर से नवम्बर तक अधिक सक्रिय रहता है। इस कीट के अन्य पोषक पौधे शलजम, मूली, फूलगोभी, पत्तागोभी आदि हैं।

5. फ्ली वीटिल (फाइलोट्रेटा क्रूसीफेरी)

यह कीट तोरिया, सरसों के साथ सब्जियों को अत्यधिक हानि पहुंचाते हैं। इसके प्रौढ़ एवं शिशु दोनों ही पौधों को हानि पहुंचाते हैं। ग्रब पौधों की जड़ों में सुरंग बनाती है तथा प्रौढ़ गुबरैले पत्तियों में असंख्य छोटे–छोटे छेद बनाकर भारी नुकसान करते हैं। मादा कीट पौधे के समीप भूमि में अण्डे देती है जो सफेद रंग के बहुत छोटे–छोटे होते हैं। अण्डों से 5–6 दिन में गिडारें निकल आती हैं जो जड़ों में तंग सुरंग बनाकर उसके अन्दर प्यूपा में बदल जाती हैं। प्यूपा से 8–14 दिन बाद प्रौढ़ गुबरैले निकल आते हैं जो पत्तियों को छेदकर हानि पहुंचाते हैं। ये गुबरैले नीले–हरे रंग के होते हैं जो थोड़ा–सा भी छेड़ने पर अपने स्थान से कूद पड़ते हैं। यह कीट दिसम्बर से जनवरी माह में निष्क्रिय रहता है किन्तु मार्च से जून तथा सितम्बर से नवम्बर अत्यधिक सक्रिय रहता है।

अन्य पोषक पौधे–शलजम, मूली, फूलगोभी, पत्तागोभी आदि।

6. पत्तियों में सुरंग बनाकर रहने वाला कीट (लीफ माइनर)

मादा मक्खियों के केवल दो पंख होते हैं। ये कीट अक्टूबर तथा नवम्बर में खेत में पत्तियों के अन्दर ऊतकों में अण्डे देती है। एक मादा मक्खी एक माह में 360 अण्डे देती है। अण्डों से 3 से 4 दिन में सूंडियां निकलती हैं जो पत्तियों के अन्दर सुरंग बनाती हुई अन्दर के ऊतकों को खाते हुये पूरी पत्ती में सफेद गैलरी–सी बना देती हैं। ये सूंडियां 6 से 8 दिन तक खाने के बाद उसी गैलरी में ही प्यूपा में बदल देती हैं जिनसे एक सप्ताह बाद मक्खी निकल कर बाहर

उड़ जाती है। यह कीट फसल की बुवाई से फसल पकने तक क्षति करता है। इस कीट की वर्ष में 4 से 5 पीढ़ियां पाई जाती हैं। यह कीट राई, सरसों व तोरिया के अतिरिक्त मटर, फूलगोभी, बन्दगोभी, मूली, टमाटर आदि पर भी क्षति पहुंचाती है।

7. हैयरी कैटर पिलर

इनकी सूंडियों पर रोंये या बाल पाये जाते हैं जिससे इन्हें भुड़ली या बालदार गिडार कहते हैं। इस भुड़ली का रंग पीला अथवा नारंगी रंग का होता है परन्तु सिर एवं पीछे का भाग काला होता है। शरीर पर घने एवं काले बाल होते हैं। मादा पत्तियों के नीचे अथवा छायादार स्थान पर अण्डे देती है। नवजात सूंडी पत्तियों की निचली सतह खाती है, फिर खेत में चारों तरफ बिखर कर पत्तियों एवं मुलायम टहनियों को खा जाती है। तीव्र प्रकोप होने पर पौधा लगभग पत्तीविहीन हो जाता है। गिडारें दो से तीन सप्ताह में पूर्ण विकसित होकर सूखी पत्तियों या दरारों आदि में छिप कर प्यूपा में बदल जाती हैं। प्यूपा से 10 से 15 दिन में पतंगा निकलता है। पतंगे मध्यम आकार के हल्के पीले रंग के होते हैं जिनके पंखों पर काले धब्बे होते हैं। यह कीट मई–जून को छोड़कर वर्ष भर सक्रिय रहता है तथा इसकी 7–8 पीढ़ियां पाई जाती हैं।

8. कटुआ कीट

इस कीट की सूंडियां छोटे पौधों को अंकुरण के एक माह तक नुकसान करती हैं। यह सूंडियां रात्रिचर हैं जो छोटे पौधों को जमीन के पास से काट देती हैं। यह गिडारें दिन में मिट्टी के ढेलों के नीचे छिपी रहती हैं।

9. दीमक

यह बहुभक्षी कीट है जो मटमैले रंग का होता है तथा यह कई प्रकार के जैसे श्रमिक, सैनिक, पंखदार, प्रौढ़ नरकीट एवं पंखहीन रानी के रूप में पाये जाते हैं। यह जमीन की सतह के अन्दर या टीले बनाकर रहते हैं। फसल को अधिक क्षति श्रमिक कीट द्वारा होती है जो जड़ या तनों को खाकर उन्हें हानि पहुंचाते हैं। दीमक के प्रबन्धन हेतु गर्मी में गहरी जुताई लाभदायक है। इसकी रानी दीमक यथासम्भव नष्ट करें।

10. सेमीलूपर

इनकी सूंडियां हरे रंग की होती हैं जो पीठ को ऊपर उठाकर अर्थात् अर्द्धलूप बनाकर चलती हैं। इसी कारण इसे सेमीलूपर कहा जाता है। यह पत्तियां कुतर कर खाती है। एक मादा अपने जीवन में 400–500 अण्डे देती है। अण्डे पत्तियों पर झुण्ड के रूप में दिये जाते हैं। अण्डे से 6–7 दिन में सूंडियां निकलती हैं जो 30–40 दिन तक सक्रिय रहकर पूर्ण विकसित होती हैं। पूर्ण विकसित सूंडियां पत्तियों को लपेट कर उन्हीं के अन्दर प्यूपा बनाती हैं जिनसे एक से दो सप्ताह बाद सुनहरे रंग का पतंगा बाहर निकलता है।

एकीकृत नाशीजीव प्रबन्धन (इन्टीग्रेटेड पेस्ट मैनेजमेन्ट)

प्रदेश में कृषि के प्रति वांछित आकर्षण पैदा करने एवं उनको कम खर्चीला और अधिक लाभकारी बनाने के लिए जिन उपायों पर गौर किया जा रहा है उनमें प्रमाणित बीजों की उपलब्धि, उर्वरकों का सही ढंग से उपयोग, अच्छा जल प्रबन्ध एवं इन्टीग्रेटेड पेस्ट मैनेजमेन्ट मुख्य हैं। प्रदेश में हर वर्ष अनेक कीट रोगों, चूहों एवं खरपतवारों से फसलों की उपज पर बहुत प्रतिकूल प्रभाव पड़ता है। चने एवं अरहर की फली बेधक सरसों अथवा तोरई का सफेद गेरूई एवं आल्टरनेरिया झुलसा आलू का पछेता झुलसा, मटर का बुकनी रोग, अरहर का बन्झा रोग और गेंहू का मामा, (फैलीरस माइनर) आदि कुछ रबी की प्रमुख समस्यायें हैं।

अभी तक इन समस्याओं से निपटने के लिए खासतौर पर केवल रसायन का ही सहारा लिया जाता रहा है। यह रसायन खर्चीले होने के साथ–साथ वातावरण को दूषित करते हैं एवं कई प्रकार की दुर्घटनाओं का भय भी बना रहता है। इन रसायनों के अवशेष अक्सर फलों एवं सब्जियों आदि में रह जाते हैं तथा उपभोक्ता के स्वास्थ्य पर बहुत बुरा प्रभाव छोड़ सकते हैं। रसायनों के निरन्तर उपयोग से कई कीटों में उनके विरुद्ध अवरोध पैदा हुआ है और बहुत से कम महत्वपूर्ण कीट बड़ी समस्यायें बने हैं। साथ ही साथ खेत में या वातावरण में उपस्थित परजीवी कीट समाप्त हो जाते हैं और पर्यावरण का संतुलन बिगड़ जाता है। समस्याओं के प्रभावी निदान एवं उपरोक्त खतरों से बचने के लिए अब जिस पद्धति पर जोर दिया जा रहा है उसको ''इन्टीग्रेटेड पेस्ट मैनेजमेन्ट'' या एकीकृत नाशीजीव प्रबन्धन कहा जाता है। इस पद्धति से कीटों, रोगों और खरपतवारों आदि के उन्मूलन या नियंत्रण के स्थान पर उनके प्रबन्ध की बात की जाती है। वास्तव

में हमारा ध्येय किसी जीव को हमेशा के लिए नष्ट करना नहीं बल्कि ऐसे उपाय करने से है जिससे उनकी संख्या/घनत्व सीमित रहे और उनसे आर्थिक क्षति न पहुंच सके। इस पद्धति की मुख्य बातें निम्नलिखित हैं –

1. समस्याओं के निदान के लिए केवल एक तरीके को अपनाने के बजाय कई साधनों का समन्वय किया जाये, जैसे अवरोधी किस्मों का प्रयोग एवं अन्य शस्य क्रियाओं, तकनीकी साधन, जैविक साधनों और रसायनों का प्रयोग आदि।

2. रसायनों का इस्तेमाल उसी समय किया जाय जब वास्तव में उनकी आवश्यकता हो अर्थात् विभिन्न कीटों एवं रोगों के एक निर्धारित संख्या/घनत्व पर पहुंचने पर ही रसायनों का प्रयोग किया जाये।

3. जो साधन अपनाये जायें वह न केवल प्रभावी हों बल्कि कम खर्चीले भी हों।

4. पर्यावरण एवं वातावरण को प्रदूषित होने से बचाया जाय।

इन्टीग्रेटेड पेस्ट मैनेजमेन्ट में पहली आवश्यकता यह है कि फसलों का बराबर सर्वेक्षण किया जाता रहे ताकि किसानों एवं कार्यकर्ताओं को विभिन्न कीटों और रोगों आदि की स्थिति के बारे में ज्ञान होता रहे। यह भी आवश्यक है कि कार्यकर्ताओं और किसानों के प्रशिक्षण का उचित प्रबन्ध किया जाये ताकि वह समस्याओं को पहचानने और उससे सम्बन्धित उस बिन्दु अथवा अवस्था को जानने की समझ पा सकें जिन पर रसायनों का प्रयोग या दूसरे कार्य करने आवश्यक हो जाते हैं।

इन्टीग्रेटेड पेस्ट मैनेजमेन्ट में जैविक साधनों का बहुत महत्व है। जिसमें विभिन्न प्रकार के परजीवी/परभक्षी कीट फफूंदी, बैक्टीरिया, विषाणु और अन्य जीवजन्तु हैं जिनके द्वारा फसलों के हानिकारक कीटों एवं रोगों आदि का निदान किया जाता है। सामान्यता पर्यावरण में यह सारे जीव अपना कार्य करते रहते हैं और समस्याओं को बड़ी हद तक सीमा में रखते हैं। परन्तु आज भी सघन खेती में इनकी सामान्य कार्यशीलता पर प्रतिकूल प्रभाव पड़ा है जिसमें रसायनों का अन्धाधुन्ध प्रयोग सबसे बड़ी बाधा है। प्रदेश में कई कीट एवं अन्य समस्याओं का प्रभावी जैविक नियंत्रण किया गया है जिसमें गन्ने का पाइरिला कीट, चने का फली बेधक एवं जलकुम्भी का सफल नियंत्रण कुछ विशेष उदाहरण हैं। चने की फली बेधक के लिए न्यूकेलियर पाली हाइड्रोसिस वाइरस (एन.पी.बी.) 250 (इल्ली सूंडी)

समतुल्य (लार्वल इक्वीलेन्ट) की दर से बहुत सफल पाया गया है। जलकुम्भी जो प्रदेश के जलाशयों की बड़ी समस्या है, नियौचैटिना वीविल कीट की दो प्रजातियों के द्वारा प्रभावी ढंग से नियंत्रण में आ सकती है। यह कीट प्रजातियां जैविक नियन्त्रण प्रयोगशाला, मोदीपुरम्, मेरठ से उपलब्ध हो सकती है।

अनेक प्रमुख फसलों के मुख्य कीट/समस्याओं की उस संख्या/घनत्व का ज्ञान प्राप्त हो चुका है जिन पर रसायनों का प्रयोग किया जाना चाहिए। इसमें धान के सभी कीट, सरसों का माहू और कपास के कीट शामिल हैं। प्रदेश के विश्वविद्यालयों एवं अन्य संस्थानों में इन विषयों पर आगे शोधकार्य चल रहा है और जैसे–जैसे ज्ञान मिलता जायेगा वैसे–वैसे ''इन्टीग्रेटेड पेस्ट मैनेजमेन्ट'' की पद्धति को प्रभावी ढ़ंग से अपनाने में सफलता मिलेगी। ''इन्टीग्रेटेड पेस्ट मैनेजमेन्ट'' (आई.पी.एम.) अपनाने से कृषि रक्षा रसायनों पर खर्चा कम आयेगा, किसान को राहत मिलेगी और पर्यावरण सुरक्षित रहेगा।

(क) शस्य क्रियायें–खेती सम्बन्धी रोकथाम से जुड़े कार्य

1. **गर्मी की जुताईः** ऐसा करने से जमीन में छुपे कीटों तथा रोगों की विभिन्न अवस्थायें ऊपर आकर सूर्य की तेज धूप/गर्मी से नष्ट हो जाती है तथा पक्षियों द्वारा अनेक जीवित अथवा मृत कीड़े उनके भोजन बनकर नष्ट हो जाते हैं।
2. **खेतों की सफाई करनाः** खेतों में खरपतवार फसल के साथ–साथ उग आते हैं। वे नाशीजीवों (कीट रोगों) को संरक्षण प्रदान करते हैं। खेत को निराई–गुड़ाई करके साफ–सुथरा रखना चाहिए, इससे नाशीजीवों की अनावश्यक वृद्धि पर अंकुश लगता है।
3. प्रतिरोधी/सहनशील किस्मों के स्वस्थ बीजों का चुनाव।
4. बीज जनित रोगों की रोकथाम के लिए बीजों को संस्तुत रसायन से बीज शोधन कर बोना चाहिए।
5. बुवाई यथा सम्भव उपयुक्त समय से करना चाहिए। विलम्ब से बोई गई फसलों पर कीट–रोगों का अपेक्षाकृत अधिक प्रकोप होता है।
6. पौधों से पौधों की दूरी ज्यादा रखना चाहिए इससे निराई–गुड़ाई एवं अन्य क्रियायें करने में ज्यादा सुविधा होती है और साथ ही साथ कीट/रोगों का प्रकोप भी कम होता है।

7. गलियां–पगडण्डियां बनाना खेती संबंधी कार्यों की सहूलियतों के लिए फसल की 20–25 पंक्ति के बाद 1–2 पंक्ति छोड़ देना चाहिए।

8. उर्वरकों, खादों और सूक्ष्म तत्वों का संतुलित उपयोग करना चाहिए।

9. पानी का समुचित प्रबन्ध करना चाहिए। खेत में अधिक पानी नहीं भरा रहना चाहिए।

10. फसल की कटाई जमीन के स्तर से बिल्कुल सतह से करना चाहिए।

(ख) यांत्रिक नियंत्रण–यांत्रिक रोकथाम से जुड़े कार्य–तरीके

नाशीजीवों के अण्डे–गुच्छे और उनकी इल्लियों को इकट्ठा करके नष्ट करना अथवा उन्हें उनकी रोकथाम करने वाले प्राणि समूह की हिफाजत के सिलसिले में बांस के पिंजरों में रखना चाहिए।

1. कीट अथवा रोगों द्वारा ग्रसित पौधों के प्रभावित हिस्से अलग करके नष्ट करना चाहिए।
2. लाइट ट्रेप अथवा फेरोमोन ट्रेप का उपयोग करना चाहिए।

(ग) जैविक नियंत्रण

इसके लिए परभक्षी एवं परजीवी कीटों को संरक्षण प्रदान करना चाहिए तथा आवश्यकता पड़ने पर उन्हें बाहर से लाकर भी छोड़ते रहना चाहिए।

(घ) खरपतवारों की रोकथाम से जुड़े कार्य

1. मेड़ों और सिंचाई के लिए बनाई गई नालियों में खरपतवार नहीं रहने देना चाहिए।
2. बारहमासी–लम्बे समय तक बने रहने वाले खरपतवार–घास–पात इत्यादि नष्ट करने के लिए जहां कहीं सम्भव हो, गर्मी के मौसम में जुताई करनी चाहिए।
3. जहां कहीं संभव हो खेत में पहले से मौजूद खरपतवार नष्ट कर देना चाहिए।
4. बुवाई करने वाले बीजों को खरपतवार रहित रखना चाहिए।

5. बुवाई के 4–6 सप्ताह बाद आवश्यकतानुसार हाथ से निराई–गुड़ाई करना चाहिए।

तोरिया की फसल पर एकीकृत नाशीजीव प्रबन्धन (आई.पी.एम.)

निगरानी एवं आंकलन

1. हर 10 दिन या 15 दिनों के अन्तर पर मुख्य तोरिया उत्पादक क्षेत्रों में तीव्रगामी सर्वेक्षण करके नाशीजीव व उनके प्राकृतिक शत्रुओं तथा प्रमुख बीमारियों की संख्या एवं स्तर का आंकलन करना चाहिए।
2. **आर्थिक क्षति स्तरः** तोरिया के चेपा के लिए 30 प्रतिशत (तीस प्रतिशत) प्रभावित पौधों या 30 से 35 मांहू प्रति 10 सेमी. तने की लम्बाई में आर्थिक हानि स्तर माना जाये।

प्रतिरोधी जातियों का बोना

विभिन्न रोगों के लिए प्रतिरोधी प्रजातियों को बोने से फसल को उन रोगों के प्रकोप से बचाया जा सकता है।

बीज एवं भूमिजनक रोग से बचने के लिए बुवाई से पहले बीज को किसी फफूंदनाशक दवा से उपचारित कर लेना चाहिए।

यांत्रिक नियंत्रण की विधियां

1. पौधे की चेपा (मांहू) से प्रभावित टहनियों को दिसम्बर के अन्त तक तोड़कर जमीन में दबा देना चाहिए।
2. रोगग्रस्त पत्तियों को प्रकोप की प्रारम्भिक अवस्था में ही तोड़कर नष्ट कर देना चाहिए।
3. झुण्ड वाले कीड़ों की सूंडियों या अण्डों को इकट्ठा करके नष्ट कर देना चाहिए।

जैविक नियंत्रण की विधियां

सरसों अथवा तोरिया के नाशीजीवों के प्राकृतिक शत्रुओं जैसे इन्द्रगोप भृंग, क्राइसोपा, सिरीफेड आदि का फसल वातावरण में संरक्षण करना चाहिए।

नाशीजीव व उनके प्राकृतिक शत्रुओं की संख्या 2:1 का अनुपात होना चाहिए।

रासायनिक नियंत्रण

आवश्यकतानुसार फसल से सम्बन्धित संस्तुत रसायनों का प्रयोग करें। इसको अन्तिम उपाय के रूप में अपनाना चाहिए। इसके लिए सरसों के नाशीजीवों के प्राकृतिक शत्रुओं के लिए संरक्षित पर्यावरण हेतु सुरक्षित रसायनों का उपयोग करना चाहिए। रसायनों का उपयोग तभी करना चाहिए जबकि नाशीजीवों की संख्या आर्थिक हानि स्तर से अन्दर हो जाये। अगर नाशीजीव व उनके प्राकृतिक शत्रुओं की संख्या का अनुपात 2:1 है तो कोई भी रसायन या कोई कीटनाशक दवाई नहीं छिड़कनी चाहिए।

कवक जनित रोग

आल्टर्नेरिया अंगमारी/पर्ण चित्ती (Alternaria blight/leaf spot)

भारतवर्ष में जहाँ भी तोरिया की खेती की जाती है वहाँ पर यह रोग प्रायः पाया जाता है। इस रोग द्वारा फसल को 10–70 प्रतिशत तक क्षति पहुँचती देखी गई है।

रोग-जनक

1. आल्टर्नेरिया ब्रेसिकी (Alternaria brassicae)
2. आल्टर्नेरिया ब्रेसिसिकोला (Alternaria brassicicola)
3. आल्टर्नेरिया रैफेनाई (Alternaria raphani)

उपर्युक्त तीन कवकों द्वारा यह रोग उत्पन्न होता है। प्रायः आल्टर्नेरिया ब्रेसिकी का फैलाव अन्य दो की अपेक्षा अधिक होता है।

लक्षण

यह बीमारी पौधों की निचली पत्तियों पर छोटे–छोटे गहरे भूरे रंग के बिन्दु के रूप में प्रकट होती है, जो कि तेजी से बढ़कर एक सेण्टीमीटर तक के वृत्ताकार बड़े धब्बों का रूप ले लेती है। इन्हीं धब्बों पर सकेन्द्री वलय (target spot) भी बन जाते हैं। यह रोग तीव्र गति से बढ़कर ऊपर की पत्तियों, तनों व फलियों को ग्रसित करता है। ग्रसित फलियों का बीज भी प्रभावित होकर सिकुड़कर छोटा हो

जाता है और अधिक उग्रता होने पर सड़ जाता है। अनुकूल परिस्थितियों में पत्तियों के धब्बे आपस में मिलकर अंगमारी के लक्षण प्रकट करते है और पत्तियाँ मुरझा कर गिरने लगती हैं।

उत्तरजीविता

इस रोग के बीजाणु (कोनीडिया) व कवक जाल पौध अवशेषों (भूमि में) अथवा विभिन्न खरपतवारों में जीवित रहते हैं। बीजपत्रीय पत्तियों और निचली पत्तियों व तने पर प्राथमिक संक्रमण प्रारम्भ होता है जो कि सम्पूर्ण फसल हेतु द्वितीयक संक्रमण के स्रोत होते हैं।

अनुकूल जलवायु

नम (70 प्रतिशत से अधिक आर्द्रता) व गर्म (12–15 डिग्री सेन्टीग्रेड तापमान) जलवायु का रोग फैलाव में महत्वपूर्ण स्थान है। रुक–रुक कर वर्षा भी रोग फैलाव में सहायक होती है।

बचाव के उपाय

स्वस्थ व प्रमाणित बीज प्रयोग में लायें। रोगग्रसित फसल अवशेषों को जलाकर नष्ट कर दें तथा खरपतवार की सफाई करें। आईप्रोडियॉन (रोवरॉल)/मैंनकोजेब (डाइथेन एम 45) फफूँदीनाशक के 0–2 प्रतिशत घोल को रोग दिखते ही छिड़काव 15–15 दिन के अन्तर से करें (अधिकतम तीन छिड़काव)।

सफेद रतुवा या श्वेत किट्ट (White rust)

हमारे देश में सभी स्थानों पर जहाँ सरसों बोयी जाती है, यह रोग सामान्यतः पाया जाता है और इससे काफी आर्थिक हानि पहुँचती है। पुष्पक्रम तक संक्रमण पहुँच जाने की दशा में मृदुरोमिल आसिता व सफेद रतुवा के मिले–जुले प्रभाव से 17–32 प्रतिशत की उपज में हानि आंकी गयी है।

रोग जनक

यह रोग एल्बूगो कैन्डीडा (Albugo candida) नामक कवक द्वारा उत्पन्न होता है।

लक्षण

ग्रसित पौधों की पत्तियों की निचली सतह पर 1–2 मि.मी. व्यास के स्वच्छ व सफेद रंग के छोटे–छोटे फफोले (स्फोट) बनते हैं जोकि बाद में आपस में मिलकर अनियमित आकार ग्रहण करते हैं। इन फफोलों के ठीक ऊपर पत्ती की ऊपरी सतह पर गहरे भूरे/कत्थई रंग के धब्बे दिखने लगते हैं। पूर्ण विकसित हो जाने पर फफोले फट जाते हैं और सफेद/भूरे चूर्ण के रूप में बीजाणुधारियाँ फैल जाती हैं। तना व फलियों पर भी फफोले बन जाते हैं।

अतिवर्धन (हाइपरप्लेसिया) व अतिवृद्धि (हाइपरट्राफी) के कारण ग्रसित भाग यथा तना, पुष्पक्रम, पुष्पदण्ड आदि फूल माँसल हो जाते हैं और इसके प्रभाव से उत्पन्न आंशिक व पूर्ण नपुंसकता के कारण बीज नहीं बन पाते हैं। इस फूली हुई संरचना को बारहसिंघा (स्टेगहेड) कहते हैं। तने में सूजन काफी लम्बाई तक हो जाने के कारण तना झुक जाता है।

उत्तरजीविता

यह रोग निषिक्तांडों द्वारा चिरस्थाई बने रहते हैं। ये निषिक्तांड पौध अवशेषों में, भूमि में अथवा बीज के साथ रोगग्रस्त पौध भागों में पड़े रहते हैं। कुछ बहुवर्षीय खरपतवार भी प्राथमिक निवेश द्रव्य उपलब्ध कराने में सहायक होते हैं। फसलीय मौसम आने पर निषिक्तांड अंकुरित होकर चलबीजाणुओं को जन्म देते हैं और बीजपत्रीय पत्तियों/निचली पत्तियों पर प्राथमिक संक्रमण करते हैं तथा बीजाणुधनियों का निर्माण होता है, जिनके द्वारा जलबीजाणुओं (द्वितीयक निवेश द्रव्य) का जन्म होता है जो कि नये संक्रमण करते हुए रोग को तीव्र गति से फैलाते हैं।

अनुकूल जलवायु

नम (75 प्रतिशत से अधिक आर्द्रता), ठण्डी (5–12 डिग्री सेन्टीग्रेड तापमान) व बदलीयुक्त (2–6 घण्टे की धूप) जलवायु इस रोग के फैलाव हेतु अति उपयुक्त है।

बचाव के उपाय

समय से बुवाई करें। स्वस्थ व प्रमाणित बीज का उपयोग करें। रोगग्रसित फसल अवशेषों को जलाकर या गाड़कर नष्ट कर दें। खरपतवार से फसल को साफ रखें। मटालेक्जिल (एप्रॉन 35 एस.डी.) से बीजोपचार 6 ग्राम दवा प्रति

किलोग्राम बीज की दर से उपचारित करने से बीज द्वारा पनपने वाले रोगों को रोका जा सकता है। फसल पर रोग के लक्षण दिखते ही मैंनकोजेब डाइथेन एम 45)/रिडोमिल एम.जेड. 72 डब्लू.पी., फफूँदीनाशक के 0–2 प्रतिशत घोल का छिड़काव 15–15 दिन के अन्तर पर करने से सफेद रतुआ से बचाया जा सकता है। अधिकतम तीन छिड़काव ही आर्थिक दृष्टिकोण से उचित होते हैं। फसल की सिंचाई आवश्यकता से अधिक न करें।

मृदुरोमिल आसिता (Downy mildew)

भारतवर्ष में यह रोग सर्वत्र पाया जाता है। सफेद रतुवा व मृदुरोमिल आसिता दोनों ही कवकों द्वारा सम्मिलित रूप से 17–32 प्रतिशत तक आर्थिक हानि होती है।

रोग-जनक

पेरोनोस्पोरा पैरासिटिका (*Peronospora parasitica*)

लक्षण

आरम्भ में छोटे–छोटे गोलाकार मटमैले भूरे या बैंगनी रंग के धब्बे प्रथम दो पत्तियों व अन्य पत्तियों की निचली सतह पर बनते हैं जो कि आपस में मिलकर अनियमित आकार ग्रहण कर लेते हैं, फलस्वरूप पत्तियाँ सिकुड़ जाती हैं और नाजुक हो जाने के कारण तनिक में ही फट जाती हैं। इन्हीं धब्बों पर मटमैली सफेद या बैंगनी रंग की कवकीय वृद्धि (धुनी हुई रूई के समान) दिखाई देती है, जोकि ठण्डे व नम वातावरण में अधिक उग्र रूप से प्रकट होती है। इन्हीं धब्बों के ठीक ऊपर पत्ती की ऊपरी सतह पर पीले रंग के धब्बे दिखाई देते हैं।

रोग के लक्षण प्रकट होने पर तना काफी लम्बाई तक सूज–सा जाता है, जिससे तना झुक जाता है। पत्तियों व अन्य पुष्पांगों पर सूजन बहुत स्पष्ट नहीं होती किन्तु अंडाशय मुड़ा हुआ व बढ़कर फैल जाता है। कलियाँ कमजोर हो जाती हैं व पुष्प के सभी भाग छितरा से जाते हैं।

सूजे हुए पुष्पागों पर मृदुरोमिल आसिता व सफेद रतुवा के मिश्रित लक्षण भी दिखाई देते हैं।

उत्तरजीविता

यह रोग निषिक्तांडों द्वारा पौध अवशेषों, भूमि में अथवा रोगग्रस्त पौध भागों में रह कर चिरस्थायी रहते हैं (प्राथमिक निवेश द्रव्य)। कुछ जंगली पौधे भी प्राथमिक निवेश द्रव्य उपलब्ध कराने में सहायता करते हैं। प्राथमिक संक्रमण निषिक्तांडों द्वारा शैशवीय पौधों पर होता है, जिनसे कि बीजपत्रीय पत्तियों पर कोनीडिया उत्पन्न होते हैं, जो कि द्वितीयक निवेश द्रव्य का कार्य करते हैं और रोग को तेजी से फैलाते हैं।

अनुकूल जलवायु

नम (90 प्रतिशत से अधिक आर्द्रता) व ठण्डी (10–20 डिग्री सेन्टीग्रेड तापमान) जलवायु इस रोग के फैलाव हेतु अति उपयुक्त है।

बचाव के उपाय

समय से बुआई करें। स्वस्थ व प्रमाणित बीज का उपयेाग करें। रोगग्रसित फसल अवशेषों को साफ रखें। मेटालेक्जिल (एप्रॉन 35 एस.डी.) से बीजोपचार 6 ग्राम दवा प्रति किलोग्राम बीज की दर से उपचारित करने से बीज द्वारा पनपने वाले रोगों को रोका जा सकता है। फसल पर रोग के लक्षण दिखते ही मैनकोजेब (डाइथेन एम. 45)/रिडोमिल 72 डब्लू. पी. फफूँदीनाशक के 0–2 प्रतिशत घोल का छिड़काव 15–15 दिन के अन्तर पर करने से रोग से फसल को बचाया जा सकता है। अधिकतम तीन छिड़काव ही आर्थिक दृष्टिकोण से उचित होते हैं। फसल की सिंचाई आवश्यकता से अधिक न करें।

चूर्णिल आसिता (Powdery mildew)

यह रोग मुख्य रूप से गुजरात, राजस्थान, हरियाणा व महाराष्ट्र में पाया जाता है। फसल में क्षति की मात्रा, रोग फैलाव व फसल की अवस्था पर निर्भर करती है।

रोग-जनक

यह रोग इरीसिफी क्रूसीफेरेरम (Erysiphe cruciferarum) द्वारा उत्पन्न होता है।

लक्षण

यह रोग पौधों की निचली पत्तियों के दोनों ओर मटमैले सफेद रंग के धब्बे के रूप में प्रकट होता है, बाद में यह धब्बे तने व फलियों पर भी बनते हैं। अनुकूल वातावरण में धीरे–धीरे धब्बे बढ़ते जाते हैं और आपस में मिलकर पौधे को सम्पूर्ण रूप से ढक लेते हैं व खड़ियानुमा चूर्ण–सा फैल जाता है। ग्रसित पौधों की वृद्धि रुकने से वे बौने रह जाते हैं व उन पर फलियाँ कम बनती हैं। ग्रसित फलियों में बीज सिकुड़े, छोटे व सीमित मात्रा में केवल आधार भागों पर बिथरी हुई या झुण्ड में छोटी–छोटी काली सी संरचनायें (क्लीस्टोथीसिया) पायी जाती हैं, जो कि अगले वर्ष रोग प्रसार का कारण बनती हैं।

उत्तरजीविता

यह रोग क्लीस्टोथीसिया द्वारा पौध अवशेषों के साथ खेत में रहकर चिरस्थायी रहता है (प्राथमिक निवेश द्रव्य)। बेमौसमी परपोषी (host) पौधे भी कवक जाल के रूप में प्राथमिक निवेश द्रव्य उपलब्ध कराते हैं। प्राथमिक संक्रमण एस्कस बीजाणुओं द्वारा होता है जो कि अनुकूल वातावरण में भूमि के पास पत्तियों पर सर्वप्रथम संक्रमण करते हैं। द्वितीय संक्रमण प्राथमिक संक्रमण से बने कोनीडिया द्वारा होता है।

अनुकूल जलवायु

रोग का प्रकोप शुष्क मौसम में अत्यधिक होता है। उच्च तापमान (15–28 डिग्री सेन्टीग्रेड) निम्न आर्द्रता (60 प्रतिशत से कम आर्द्रता) बहुत कम/नगण्य वर्षा एवं थोड़ा पवन वेग आदि रोग फैलाव हेतु महत्वपूर्ण कारक है।

बचाव के उपाय

फसल की बुआई समय से करें। रोग ग्रसित फसल अवशेषों को जलाकर या गाड़ कर नष्ट कर दें। घुलनशील गंधक (0–2 प्रतिशत) या डिनोकाप (0.1 प्रतिशत) की वांछित मात्रा का घोल बनाकर रोग के प्रारम्भ होते ही छिड़काव करें। आवश्यकता होने पर 15 दिन के बाद पुनः छिड़काव करें।

स्कलेरोटीनिया तना सड़न (Sclerotinia stem rot)

पूर्व में यह रोग एक प्रमुख रोग की श्रेणी में नहीं था परन्तु विगत कुछ वर्षों

से इस रोग का फैलाव असम, उत्तरप्रदेश, बिहार, हरियाणा व राजस्थान में हो रहा है। तराई व पानी भराव वाले स्थानों में इस रोग से 35 प्रतिशत तक हानि आंकी गयी है। कभी–कभी तो रोग से ग्रसित पौधों में बीज बिल्कुल ही नहीं बनते।

रोग-जनक

यह रोग स्कलेरोटीनिया स्क्लेरोटीओरम (Sclerotinia sclerotiorum) नामक फफूँद से उत्पन्न होता है।

लक्षण

तने पर लम्बे पनिहल धब्बे बनते हैं, जिन पर कवक जाल रुई की तरह फैला रहता है। रोग के कारण जब तना चारों ओर से कवक जाल से घिर जाता है, तो पौधे मुरझा कर सूखने लगते हैं। इस रोग के कारण पौधों की वृद्धि रुक जाती है और वे बौने रहकर जल्दी पकने लगते हैं। रोग के कारण तना फट जाता है। ग्रसित तने की सतह पर या मज्जा में भूरी सफेद या काली–काली गोल आकृति की संरचनायें (स्कलेरोशिया) पाई जाती हैं।

उत्तरजीविता

यह रोग कवक जाल के रूप में (मृत/जीवित पौधों) में और स्कलेरोशिया के रूप में (संक्रमित पौध अंगों में या भूमि सतह पर या बीज के साथ अपमिश्रण रूप में) उत्तरजीवी रहते हैं और प्राथमिक निवेश द्रव्य का कार्य करते हैं। प्राथमिक संक्रमण सामान्यतया एस्कस बीजाणुओं द्वारा होता है।

भूमि सतह (3–5 सेन्टीमीटर गहराई तक) पर पाये जाने वाले स्क्लेरोशिया अंकुरित होकर कई ऐपीथीसिया बनाते हैं जिनसे बहुत से एस्कस बीजाणु उत्पन्न होते हैं व वायुमंडल में फैल जाते हैं।

रोग ग्रस्त पौधे व स्वस्थ पौधे के परस्पर संसर्ग द्वारा भी रोग फैलता है (द्वितीयक संक्रमण)।

अनुकूल जलवायु

अत्यधिक आर्द्रता (90–95 प्रतिशत आर्द्रता), औसत तापमान (18–25 डिग्री सेन्टीग्रेड) और पवनीय बहाव इस रोग के फैलाव के प्रमुख कारक हैं।

बचाव के उपाय

स्वस्थ, स्वच्छ व रोग रहित बीज का उपयोग करें। रोग ग्रसित फसल अवशेषों को जलाकर या गाड़ कर नष्ट कर दें। गर्मी में गहरी जुताई करें। गेहूँ, जौ, धान व मक्का इत्यादि उन फसलों की बुआई करें जो रोगग्राही न हों और समुचित फसल चक्र अपनायें। कार्बेन्डाजिम (0.1 प्रतिशत) फफूँदीनाशक का छिड़काव दो बार फूल आने के समय 20 दिन के अन्तराल (बुआई के 50वें व 70वें दिन पर) करने से रोग का बचाव किया जा सकता है।

गठीली/माँसल जड़ों का रोग (Club root)

भारतवर्ष में यह रोग मुख्यतया पश्चिम बंगाल के क्षेत्र में पाया जाता है। इस रोग द्वारा होने वाली आर्थिक हानि के बारे में सूचनायें उपलब्ध नहीं हैं।

रोग-जनक

प्लाजमोडिओफोरा ब्रेसिकी (Plasmodiophora brassicae)

लक्षण

ग्रसित पौधों की पत्तियाँ पीली हो जाती हैं तथा पौधे बौने दिखते हैं। थोड़े और समय में मर जाते हैं। ग्रसित पौधे की जड़ें (मुख्य व सहायक) अतिवृद्धि (hypertrophy) व अतिवर्धन (hyperplasia) के कारण फूलकर अंगुली या अँगूठे के समान व गोलाकार आदि आकारों की माँसल संरचनाओं का रूप धारण कर लेती हैं।

उत्तरजीविता

इस रोग के सुसुप्त बीजाणु भूमि में निष्क्रिय अवस्था में उत्तरजीवित रहते हैं और अनुकूल वातावरण आने पर ये स्वयमेव सक्रिय हो जाते हैं अथवा सरसों की जड़ों से निकले स्राव से सक्रिय हो जाते हैं। प्राथमिक संक्रमण चलबीजाणुओं द्वारा जड़ की रोग कोशिकाओं द्वारा प्रारम्भ होता है। द्वितीयक चलबीजाणु भी उत्पन्न होकर भूमि में फैल जाते हैं और जड़ के अन्य भागों को संक्रमित करते हैं।

अनुकूल जलवायु

नम जलवायु व भूमि में अधिक आर्द्रता रोग फैलाव हेतु उपयुक्त कारक है।

बचाव के उपाय

पानी का निकास उत्तम रखना चाहिये। लम्बा फसल चक्र अपनाना चाहिये। क्रूसीफेरी कुल की खरपतवारों को नष्ट कर देना चाहिये। बुआई से पूर्व संक्रमित भूमि में चूना दर 3 टन प्रति हैक्टेयर (जिससे भूमि की pH बढ़कर 7.2 हो जाये) व कम्पोस्ट के प्रयोग से रोग की उग्रता को कम किया जा सकता है।

जीवाणु जनित रोग

जीवाणुवीय सड़न (Bacterial root)

यह रोग हरियाणा राज्य में उग्र रूप से पाया जाता है परन्तु इसका फैलाव उत्तर प्रदेश व राजस्थान में भी हो रहा है।

रोग-जनक

जेन्थोमोनॉस कम्पेस्ट्रिस पीवी. कम्पेस्ट्रिस

लक्षण

लगभग दो माह के पौधों में यह रोग लगता है। भूमि की सतह से 8–10 से.मी. ऊपर की ओर तने में गहरे रंग के धब्बे बनते हैं जो कि चारों तरफ से तने को घेर लेते हैं। सड़न के कारण तना मुलायम व खोखला हो जाता है, फलस्वरूप पौधा गिर जाता है। कभी–कभी पत्तियों पर भी लक्षण दिखते हैं, जिससे मध्य शिरा भूरी होकर फटने लगती है और पत्तियाँ कुम्हलाने लगती हैं। ग्रसित तने व पत्तियों से पीला स्राव निकलता है।

उत्तरजीविता

यह जीवाणु भूमि में रोगग्रस्त पौध अवशेषों पर उत्तरजीवित रहता है व अनुकूल वातावरण में पौधों को संक्रमित करता है। यह रोग बीजोढ़ भी है।

अनुकूल जलवायु

गर्म व नम जलवायु इस रोग के फैलाव हेतु उपयुक्त होती है।

बचाव के उपाय

तीन चार वर्ष का फसल चक्र अपनायें। फसल बचाव के लिए कार्बोक्सिन

अथवा कॉपर आक्सीक्लोराइड रसायन के छिड़काव (0.2 प्रतिशत घोल) की भी अनुशंसा की जाती है। छिड़काव रोग की प्रारंभिक अवस्था में करें और आवश्यकता पड़ने पर 15–20 दिन पर पुनः छिड़काव करें।

जीवाणुवीय वृंत सड़न (Bacterial stalk rot)

राजस्थान राज्य में इस रोग का फैलाव वरुणा जाति पर देखा गया है। कुछ विशेष स्थानों पर 60 प्रतिशत तक इसका विस्तार देखा गया है।

रोग-जनक

इरवीनियाँ केरोटोवोरा (Eriwinia carotovora)

लक्षण

पनीले धब्बे पौधों के भूमि से निकट वाले स्थानों पर बनते हैं तथा उन पर सफेद या खुरदरापन होता है, जिससे मटमैला द्रव निकलता रहता है और तीव्र दुर्गन्ध आती है। उग्र रूप से ग्रसित पौधा गिर जाता है।

उत्तरजीविता

यह जीवाणु भूमि में रोग ग्रस्त पौध अवशेषों पर उत्तरजीवित रहता है व अनुकूल वातावरण में पौधों को संक्रमित करता है।

अनुकूल जलवायु

गर्म व नम जलवायु इस रोग के फैलाव हेतु उपयुक्त होती है।

बचाव के उपाय

स्वस्थ बीजों का प्रयोग करना चाहिये तथा फसल को खरपतवार से मुक्त रखना चाहिये।

विज्ञाणु जनित रोग

मोजेक (Mosaic)

यह रोग मुख्यरूप से हिमाचल प्रदेश में पाया जाता है। उपज में हानि के बारे में प्रामाणिक सूचनायें उपलब्ध नहीं हैं।

रोग-जनक

टर्निप वाइरस प्रथम समूह (Turnip virus I Group)

लक्षण

सरसों की पत्तियाँ चितकबरी (mottled) व गुड़मुड़ी हो जाती हैं और पत्तियों की शिरायें रंगहीन (vein clearing) हो जाती हैं व हरित शिरा–पट्टिकायें भी विकसित हो जाती हैं और उनमें बहुत कम फूल आते हैं और बीज सिकुड़ा हुआ बनता है।

उत्तरजीविता

यह रोग परपोषी पौधों और बहुत सी खरपतवारों में उत्तरजीवित रहता है। यांत्रिक साधनों व हरा माँहू/चेंपा व अन्य माँहू/चेंपा जातियों द्वारा सरसों फसल पर संचरित होता है।

अनुकूल जलवायु

10–18 डिग्री सेन्टीग्रेड औसत तापमान के साथ–साथ नम व बदलीयुक्त जलवायु इस रोग के विकास हेतु अति उपयुक्त है।

रोग बचाव

रोग–ग्रसित पौधों को उखाड़ कर जला या गाड़ देना चाहिये।

माइकोप्लाज्मा जनित रोग

फिल्लोडी (Phyllody)

यह रोग मुख्य रूप से उत्तरप्रदेश, मध्यप्रदेश, पंजाब व हरियाणा राज्यों में पाया जाता है। भारतवर्ष में इसका प्रसार मुख्य रूप से तोरिया व पीली सरसों में देखा गया है। एकल पौधे के आधार पर 90 प्रतिशत तक उपज में न्यूनता देखी गयी है। परन्तु यदि फसल में ग्रसित पौधों का प्रतिशत अधिक हो तो हानि अधिक होती है।

रोग-जनक

यह रोग माइकोप्लाज्मा सदृष्य जीव (Mycoplasma like organism) द्वारा उत्पन्न होता है।

लक्षण

इस रोग के लक्षण फूल आने के समय स्पष्ट होते हैं। रोगी पौधे बौने व शाखायें झाड़ीनुमा हो जाती हैं और फलियाँ नहीं बनती हैं। पुष्पक्रम का स्वरूप बिगड़ जाता है और फूल के प्रायः सभी भाग पत्तीनुमा हो जाते हैं तथा उनके अंगों का विकास ठीक प्रकार से नहीं होने से ठीक प्रकार से बीज नहीं बन पाते हैं। प्रायः यह रोग तोरिया में अधिक नुकसानदायक होता है।

उत्तरजीविता

यह रोग एकान्तर परपोषी जैसे तिल व अन्य पौधों पर उत्तरजीवित रहता है तथा कीट संवाहकों जैसे लीफहापर द्वारा सरसों फसल में संचरित होता है।

अनुकूल जलवायु

गर्म व शुष्क जलवायु इस रोग के विकास के लिए उपयुक्त है।

बचाव के उपाय

तोरिया जातियों की बुआई देर से करें। रोग ग्रसित पौधों को उखाड़ कर जला या गाड़ दें। मेटासिस्टॉक्स (मिथाइल डिमेटान) 25 ई.सी./डाईमिथोएट (रोगोर) 30 ई.सी. का छिड़काव रोग की प्रारंभिक अवस्था अथवा कीट संवाहकों के दिखने पर 1 मि.ली. प्रति लीटर पानी की दर से करें।

तोरिया की कटाई, मड़ाई एवं भण्डारण

तोरिया से अधिक उत्पादन एवं तेल की मात्रा प्राप्त करने के लिए उचित समय पर कटाई एवं मड़ाई तथा सही तरीके से भण्डारण करना आवश्यक है।

कटाई

तोरिया की उचित पैदावार के लिए जब 75 प्रतिशत फलियां पीली हो जायें तब ही फसल की कटाई करें क्योंकि अधिकतर किस्मों में इस अवस्था में बीजों को उंगलियों से दबाने पर कठोर महसूस होते हैं एवं बीज पीले रंग में बदलना शुरू हो जाते हैं। इस अवस्था में बीजों में नमी का मात्रा 30–35 प्रतिशत ही रह जाती है। वर्षा होने पर फसल की कटाई नहीं करनी चाहिए क्योंकि बीजों में नमी की मात्रा बढ़ जाती है। जब वायु में आर्द्रता अधिक हो तब भी सरसों की कटाई नहीं करनी चाहिए।

कच्ची अवस्था में फसल की कटाई करने पर बीज छोटे रह जाते हैं तथा तेल अंश में भी कमी हो जाती है। साथ ही साथ अंकुरण क्षमता भी कम हो जाती है। फसल की पैदावार भी कम हो जाती है। अत्यधिक फसल पकने पर कटाई करने से भी पैदावार कम हो जाती है। क्योंकि फलियां चटकना शुरू कर देती हैं एवं बीज छिटक कर जमीन पर गिर जाते हैं। परीक्षणों से यह सिद्ध हो गया है कि फसल को जल्दी तथा देरी से काटने पर 2–4 क्विंटल पैदावार कम हो जाती है। फसल में बिखराव रोकने के लिए फसल की कटाई सुबह करनी चाहिए क्योंकि रात की ओस से सुबह फलियां नम रहती हैं तथा बीज का बिखराव कम होता है। तोरिया की कटाई 10 से 15 सें.मी. ठूंठ छोड़ते हुए करनी चाहिए। फसल काटने के बाद उसी दिन खलिहान में पहुंचा देना चाहिए क्योंकि देरी करने पर बीज बिखर कर जमीन पर गिर जाते हैं। फसल को खलिहान में चट्टा बनाकर रखना चाहिए जिससे वह अपना प्राकृतिक रंग प्राप्त कर सके।

मड़ाई (गहाई)

जब बीजों में औसतन आर्द्रता अंश 12–20 प्रतिशत हो जाय तब फसल की मड़ाई करनी चाहिए। फसल के बीजों में आर्द्रता अधिक कम (6 से 10 प्रतिशत) होने पर बीज अधिक कटते हैं एवं क्षतिग्रस्त हो जाते हैं। फसल की मड़ाई थ्रैसर से ही करनी चाहिए क्योंकि इससे बीज तथा भूसा अलग–अलग निकल जाते हैं साथ ही साथ एक दिन में काफी मात्रा में सरसों की मड़ाई हो जाती है। बीज निकलने के बाद उनको साफ करके बोरों में भर लेना चाहिए। बैलों से गहाई करने में काफी समय लगता है क्योंकि पहले फसल की गहाई की जाती है तथा बाद में टोकरियों में भर कर हवा में बीजों तथा भूसा को अलग किया जाता है। इस पद्धति में समय अधिक लगने के कारण कभी–कभी वर्षा तथा तूफान से काफी नुकसान हो जाता है। कभी–कभी अधिक बारिश होने के कारण बीज खलिहान में ही उग आते हैं।

भंडारण

अधिकतर किसान बोरों तथा पॉलिथीन के थैलों में भर कर रखते हैं तथा कुछ किसान बीजों को कुठलों एवं धातु के डिब्बों में भरकर भंडारण करते हैं। बीजों को भंडार में रखने से पूर्व भंडार को पूर्ण रूप से साफ कर लेना चाहिए। अगर भंडार की दीवारों में कोई छेद तथा दरार हो तो उसको सीमेन्ट से बन्द कर देना

चाहिए। अगर चूहों के बिल हों तो उनको भी सीमेन्ट से बन्द कर देना चाहिए। भंडारण करने से पूर्व बोरों को 2–3 दिन तक धूप में सुखा लेना चाहिए जिससे उनमें उपस्थित कीट व फफूंदी मर जाय तथा उपस्थित नमी भी कम हो जाय। जहां तक संभव हो सके बीजों को नये बोरों में ही भरना चाहिए जिससे बीज में नमी की मात्रा न बढ़े। बीज भण्डार में बोरों को लकड़ी के तख्तों पर चट्टा बनाकर रखना चाहिए जिससे देखभाल करने में आसानी रहे। अगर तख्ते न हों तो पक्की ईंटों के ऊपर बोरों को चट्टा बनाकर रखना चाहिए। बोरों को भण्डार की दीवारों से 8–12 इंच दूरी पर रखना चाहिए जिससे बरसात में बीजों में नमी की मात्रा न बढ़े क्योंकि बोरों के दीवारों के पास होने के कारण बीज नमी ग्रहण कर लेते हैं तथा नमी की अधिक मात्रा होने के कारण कभी–कभी बीज भण्डार में ही उग आते हैं तथा बचे बीज भी खराब हो जाते हैं। भण्डारण करने के बाद भण्डार हवा–रोधी कर देना चाहिए जिससे बाहर की हवा अन्दर न आ सके। भण्डार की समय–समय पर देखभाल करते रहना चाहिए। अगर भण्डार में कोई कीट एवं फफूंदी दिखाई पड़े तो तुरन्त कीट एवं फफूंदी नाशक दवा का प्रयोग करना चाहिए।

●●●

अध्याय 11

कीटनाशकों का व्यावहारिक उपयोग एवं प्रयोग में रखी जाने वाली सावधानियां

कीटनाशक (Insecticide)

वह पदार्थ या पदार्थों का मिश्रण जो हानिकारक कीटों को मारने या दूर भगाने या अन्य किसी भी तरह से हानिकारक कीटों की संख्या को बढ़ने से रोकने का कार्य करते हैं, कीटनाशक कहलाते हैं।

कीट नियंत्रण में कीटनाशकों का अधिक प्रयोग होने का कारण इसका तुरन्त एवं अधिक प्रभावी होना है। इसके अतिरिक्त यह हानिकारक कीटों की विशाल संख्या को नियंत्रित करने में सफल होते हैं तथा इन्हे आवश्यकतानुसार कभी भी प्रयोग में लाया जा सकता है।

कीटनाशकों का वर्गीकरण (Classification of Insecticides)

कीटनाशकों का वर्गीकरण निम्न आधारों पर किया जाता है –

(अ) शरीर में प्रवेश के आधार पर वर्गीकरण

1. सम्पर्क विष (Contact Poison)

यह कीटनाशक कीट के शरीर पर स्पर्श करने से उनके गर्दन, टांग या अन्य खण्डों के ऊपर की पतली क्यूटिकल से होकर शरीर में प्रवेश कर जाते हैं तथा रक्त में पहुँचकर उसके सम्वेदी अंगों या तंत्रिका तंत्र को प्रभावित कर कीट की मृत्यु करते हैं, जैसे–एण्डोसल्फान, लिण्डेन, क्लोरपायरीफॉस, कार्बोरिल।

2. आमाशय या उदर विष (Stomach Poison)

यह कीटनाशक कीट के भोजन के साथ उसके आमाशय में प्रवेश कर कीट की मृत्यु करते हैं जैसे पेरिस ग्रीन, मैलाथियान एवं एण्डोसल्फान।

3. दैहिक विष (Systemic Poison)

यह विष आमाशय विष के समान ही होते हैं लेकिन यह पौधे के ऊतकों में अवशोषित होकर सम्पूर्ण पौधे में फैल जाते हैं तथा पौधे का रस विषैला कर देते हैं। जब रस चूसक कीट पौधे से रस चूसते हैं तो विष उनके आमाशय में पहुँचकर कीट की मृत्यु कर देता है।

यह कीटनाशक, रस चूसक तथा छेदक कीटों के नियंत्रण में अधिक प्रयोग होते हैं, जैसे–फोरेट, डायमेथोएट, मिथाइल डेमेटान, फास्फोमिडान, मोनोक्रोटोफास, इमिडाक्लोप्रिड।

(ब) क्रिया विधि के आधार पर वर्गीकरण

1. भौतिक विष (Physical poison)

यह कीटनाशक बारीक कणों या तरल रूप में प्रयोग होते हैं। यह स्वयं विषैले नहीं होते हैं, लेकिन कीट के श्वसन छिद्रों को बंद कर देते हैं जिससे कीट की मृत्यु हो जाती है तथा खुरदुरे बारीक कणों से त्वचा खुरच जाने से भी उनकी मृत्यु हो जाती है। जैसे जला हुआ तेल, कैल्शियम कार्बोनेट।

2. जीवद्रव्य विष (Protoplasmic poison)

यह विष कीट की कोशिकाओं के जीवद्रव्य को नष्ट कर उसकी मृत्यु करते हैं। जैसे मरकरी, आर्सेनाइट्स एवं अन्य कार्बनिक कीटनाशक। आजकल इन कीटनाशकों का उपयोग नहीं होता है।

3. श्वसन विष (Respiratory poison)

यह इन कीटनाशकों से उत्पन्न जहरीली गैस कीटों के श्वसन संस्थान को प्रभावित कर उसकी मृत्यु करती है। जैसे–H_2S, CO, HCN.

4. तंत्रिका विष (Nerve poison)

यह विष शरीर में प्रवेश करने पर तंत्रिका तंत्र और तन्तुओं को नष्ट कर देते हैं। आजकल प्रयोग होने वाले अधिकतर कीटनाशी इसी समूह में आते हैं।

(स) रासायनिक प्रकृति के आधार पर वर्गीकरण

यह रासायनिक प्रकृति के आधार पर कीटनाशकों को दो वर्गों में बाँटा जा सकता है।

1. अकार्बनिक कीटनाशक

इन कीटनाशकों का उपयोग सन् 1940 के पूर्व में अधिक होता था लेकिन आजकल बिल्कुल नहीं किया जाता क्योंकि यह मनुष्य एवं पालतू जानवरों को नुकसान पहुंचाते हैं। यह अधिक जहरीले होते हैं तथा इनका पौधों पर विपरीत असर होता है जैसे कि पेरिस ग्रीन, आरसेनिकल्स, फ्लोरीन यौगिक।

2. कार्बनिक कीटनाशक

इस समूह के कीटनाशकों को मुख्य रूप से दो श्रेणियों में बाँटा गया है –

(i) प्राकृतिक कार्बनिक कीटनाशक

(1) खनिज तेलः यह सस्ते तथा आसानी से उपलब्ध हो जाते हैं तथा जानवरों को कम जहरीले होते हैं। लेकिन यह कीटों के लिये अधिक प्रभावी नहीं होते तथा पौधों पर हानिकारक प्रभाव छोड़ते हैं इसलिये इनका उपयोग आजकल बहुत कम होता है। जैसे मिट्टी का तेल, तारपीन का तेल।

(2) वनस्पति से उत्पन्न तेलः इन कीटनाशकों को तैयार करने में पौधे के विभिन्न भागों का उपयोग होता है। जैसे पत्तियाँ, फूल, बीज, जड़ आदि। इन कीटनाशकों में निकोटीन सल्फेट, पायरेथ्रम, रोटेनॉन, सेबेडिला का उपयोग पहले अधिक होता था। आजकल नीम के बीजों का उपयोग करके विभिन्न कम्पनियाँ नीम आधारित कीटनाशक का निर्माण कर रही हैं जिनका उपयोग कीट नियंत्रण में किया जा रहा है।

(ii) संश्लेषित कार्बनिक कीटनाशक

इन कीटनाशकों का उपयोग सन् 1939 में डी.डी.टी के आविष्कार के बाद प्रारम्भ हुआ। यह कीटनाशक कीट नियंत्रण में अधिक प्रभावी होने के कारण इनका उत्पादन ही प्रमुख रूप से किया जा रहा है।

प्रभावी कीट नियंत्रण के लिये उपयुक्त कीटनाशक की वांछित मात्रा डालना आवश्यक है। बाजार में विभिन्न कीटनाशक भिन्न–भिन्न सान्द्रता में उपलब्ध हैं तथा साहित्य में भी कीटनाशकों की भिन्न–भिन्न प्रतिशत मात्रा भिन्न–भिन्न होती है। अतः बाजार में उपलब्ध प्रारूप की प्रति इकाई क्षेत्र के लिये या प्रति इकाई घोल बनाने के लिये आवश्यक मात्रा की गणना निम्न सूत्रों की सहायता से की जा सकती है।

साहित्य में दिये गये कीटनाशकों के घोलों का प्रतिशत उच्च आयतन छिड़काव यन्त्र (मानव शक्ति से चलाये जाने वाले) के लिये होते हैं। अतः प्रति हेक्टेयर घोल की आवश्यकता 600 से 1000 लीटर होती है जो कि फसल की ऊँचाई/फैलाव पर निर्भर करती है।

स्थिति क्रमांक-1. यदि कीटनाशक की मात्रा सक्रिय तत्व प्रति हेक्टेयर दी गई है।

बाजार में उपलब्ध कीटनाशक की मात्रा =

$$\frac{\text{सक्रिय तत्व/हे.} \times \text{रकबा}}{\text{बाजार में उपलब्ध कीटनाशक की सांद्रता का प्रतिशत}} \times 100$$

उदाहरणः एण्डोसल्फान 35 ई.सी. 0.5 किलो सक्रिय तत्व प्रति हेक्टेयर की दर से 2 हेक्टेयर में कितनी मात्रा लगेगी।

बाजार में उपलब्ध कीटनाशक की मात्रा =

$$\frac{\text{सक्रिय तत्व/हे.} \times \text{रकबा}}{\text{बाजार में उपलब्ध कीटनाशक की सांद्रता का प्रतिशत}} \times 100$$

$$= \frac{0.5 \times 2}{35} \times 100 = 1.33 \text{ लीटर}$$

स्थिति क्रमांक-2. यदि प्रयोग किये जाने वाले कीटनाशक की सांद्रता प्रतिशत में दी गई है।

बाजार में उपलब्ध कीटनाशक की मात्रा =

$$\frac{\text{घोल की सांद्रता\%/हे.} \times \text{घोल की मात्रा}}{\text{उपलब्ध प्रारूप की सांद्रता}} \times 100$$

उदाहरणः मैलाथियान 50 ई.सी. 0.5 प्रतिशत की दर से छिड़काव करने के लिये दवा की कितनी मात्रा 700 लीटर पानी में कितना कीटनाशक घोलना होगा। (प्रति हेक्टेयर कितना कीटनाशक लगेगा)

$$\text{बाजार में उपलब्ध कीटनाशक की मात्रा} = \frac{0.05 \times 700}{50} = 0.7 \text{ लीटर}$$

कीटनाशकों के प्रारूप (Formulation of Insecticides)

कीटनाशकों को कभी भी शत–प्रतिशत शुद्ध अवस्था में उपयोग नहीं लाया जाता है, क्योंकि वह काफी विषैले होते हैं। इसके साथ ही उनकी प्रभाविता को बढ़ाने के लिये उनमें सक्रिय तत्व के अलावा ऐसे पदार्थ भी मिलाये जाते हैं जो कीटनाशक को घोलने, फसल पर फैलने, चिपकने तथा इनकी दुर्गन्ध को कम या दूर करने में सहायक होते हैं। कीटनाशक बनाने वाली अलग–अलग संस्थायें कृषि व्यवसाय से जुड़े हुये लोगों की आवश्यकताओं के लिये तरह–तरह के कीटनाशकों का निर्माण करके बाजार में उपलब्ध कराती हैं। कीटनाशकों के बाजार में उपलब्ध प्रारूपों को प्रमुख रूप से दो समूहों में बाँटा जा सकता है–

(अ) ठोस प्रारूप (Solid formulation)

1. चूर्ण (Dust)

इस प्रकार के प्रारूप में सक्रिय तत्व और उनमें मिलाये जाने वाले पदार्थ या चूर्ण या धूल के रूप में उपस्थित रहते हैं। इस प्रारूप में सक्रिय तत्व की मात्रा 10 प्रतिशत तक होती है तथा शेष मात्रा तनुकारी पदार्थों की होती है। चूर्ण में तनुकारी पदार्थों के रूप में डायटोमाईट, कैल्शियम ऑक्साइड, कैल्साइट, टैल्क, पायरोफायलाईट, बेन्टोनाईट, केओलिनेट, अट्टापलगाईट, गंधक आदि मिलाये जाते हैं। चूर्ण में कणों का माप 20–40 माइक्रॉन तक होता है। चूर्ण के कण छोटे होने पर इसकी विषाक्तता बढ़ जाती है। चूर्ण को भुरकाव यंत्र या डस्टर की सहायता से भुरका जाता है। इसका प्रातःकालीन या सायंकालीन उपयोग अधिक लाभकारी पाया गया है। भुरकाव विधि अपेक्षाकृत सरल एवं सस्ती होती है तथा पानी की कमी वाले क्षेत्रों में इसका उपयोग उपयुक्त है परन्तु सक्रिय तत्व की अधिक कीमत, हवा के द्वारा बह जाने (ड्रिफ्ट) का अंदेशा और दैहिकी या सिस्टेमिक कीटनाशकों के इस प्रारूप में अनुपलब्धता के कारण इस प्रारूप का उपयोग सीमित है और कुछ ही कीटों के विरूद्ध प्रभावशाली होता है।

2. दानेदार गोलियाँ (Granules)

दानेदार प्रारूप भी चूर्ण की तरह ही है लेकिन इनके कणों का माप अपेक्षाकृत बड़ा (0.25–2.38 मि.मी.) होता है। दूसरे शब्दों में इनके कणों का माप 30–60 मेश के रूप में भी व्यक्त किया जाता है, अर्थात् एक रेखीय इंच में यदि 30 छिद्र किये जायें तो उस माप के छिद्र में से इस प्रारूप के अधिकांशतः दाने निकल जायेंगे और कुछ कण या तो दाने 60 मेश की छलनी से निकलेंगे। ये दाने तनुकारी पदार्थों के बने होते हैं और इनके ऊपर सक्रिय तत्व का आवरण होता है जो कि इन दानों को सक्रिय तत्व के घोल में डुबाकर रखने से चढ़ाया जाता है। इस प्रारूप में तनुकारी पदार्थों के रूप में सामान्यतः बेन्टोनाईट का उपयोग किया जाता है जो कि एक उत्तम शोषक क्ले कण होते हैं। इस प्रारूप में सक्रिय तत्वों की मात्रा 3–10 प्रतिशत तक होती है और उन्हें भूमि अथवा पौधों की मध्य पत्तियों पर डालते हैं इसलिये यह विषैला प्रभाव नहीं छोड़ते हैं। अधिक भार होने के कारण ये हवा से अप्रभावित रहते हैं। इस प्रारूप में दैहिकी कीटनाशकों की उपलब्धता होने के कारण अनेक प्रकार के कीटों के नियंत्रण में इस प्रारूप का उपयोग किया जा रहा है। इस प्रारूप के उपयोग हेतु किसी विशेष उपकरण की आवश्यकता नहीं पड़ती और साथ ही इसका विषैला प्रभाव अधिक दिनों तक फसल को कीटों से मुक्त रखता है। इन्हें सामान्यतः ''जी'' या दानेदार के रूप में दर्शाया जाता है।

3. जल निलम्बन चूर्ण (W. P.)

यह प्रारूप सक्रिय तत्व को तनुकारी पदार्थ के साथ मिलाकर पीसकर बनाया जाता है। इस प्रारूप को पानी में मिलाया जाता है तथा निलम्बन या सस्पेंशन बनाकर पौधों पर छिड़काव यंत्र की सहायता से छिड़का जाता है। यह प्रारूप पानी में पूर्ण रूप से घुलता नहीं है परन्तु इसके कण पानी में समान रूप से फैलकर लटके हुये होते हैं। इस मिश्रण को सस्पेंशन कहा जाता है। इस प्रारूप में सक्रिय तत्व की मात्रा 50 प्रतिशत तक होती है, शेष तनुकारी पदार्थ के रूप में सामान्यतः अट्टापल्गाईट लवण मिलाया जाता है। इसकी क्रियाशीलता बढ़ाने के लिये इसमें कुछ विस्तारक और भिगोने वाले पदार्थ 1–2 प्रतिशत मात्रा में मिलाये जाते हैं। इस प्रारूप में उपलब्ध कीटनाशकों को उच्च आयतन छिड़काव यंत्रो द्वारा छिड़का जाता है।

4. घुलनशील चूर्ण (Soluble Powder)

यह प्रारूप भी वेटेबल पाऊडर की तरह ही होते हैं परंतु पानी में पूर्णतः घुलनशील होते हैं। इसे भी उच्च आयतन छिड़काव यंत्रों की सहायता से छिड़का जाता है। इस प्रकार के संरूपण में सक्रिय तत्व की मात्रा 75 प्रतिशत तक हो सकती है। उदाहरण–एसीफेट 75 एस.पी., कार्टप हाइड्रोक्लोराईड 50 एस.पी. आदि।

5. ठोस धूम्रक (Solid fumigents)

यह प्रारूप है जो कि चूर्ण (कैल्शियम सायनाइड) रवेदार या क्रिस्टल्स (नेफ्थेलीन, पैराक्लोरोबेंजीन) या टिकिया (फॉस्टाक्सिन, एल्यूमिनियम फॉस्फाईड) के रूप में मिलते हैं। ये सामान्य तापमान पर विषैला कीटनाशक धूम्र या गैस में परिवर्तित हो जाते हैं, इनका उपयोग चूहे के बिलों तथा भण्डारण में किया जाता है।

(ब) तरल प्रारूप (Liquid formulation)

1. पायसीकारक सान्द्र (Emulsifiable concentrate)

यह सर्वाधिक प्रचलित एवं प्रभावशाली प्रारूप है। इस प्रारूप में कीटनाशक के सक्रिय तत्व को उपयुक्त विलायक में घोलकर बनाया जाता है तथा उसमें इमल्सीफायर का मिश्रण किया जाता है। विलायक सक्रिय तत्व को घोल के रूप में बनाये रखता है जबकि इमल्सीफायर उस कीटनाशक को पानी में घोल बनाकर पौधों पर छिड़कने में सहायक होता है। इस प्रारूप का मुख्य लाभ यह है कि छिड़काव के पश्चात् यह तुरंत ही अपने अवयवों में सरलता से विघटित हो जाता है जिसके कारण इमल्सीफायर और विलायक हवा में उड़ जाते हैं और कीटनाशक का सक्रिय तत्व अपना प्रभाव दिखाने लगता है। इस प्रारूप में सक्रिय तत्व की मात्रा अन्य प्रारूपों की अपेक्षा अधिक होती है। तनुकारी पदार्थों के रूप में इस प्रारूप में क्षारीय साबुन, कार्बनिक एमीन्स, लम्बी श्रृंखलायुक्त अल्कोहल के सल्फेट्स, सल्फोनेटेड एलिफेटिक इस्टर्स, गोंद, खनिज तेल, मछली का तेल, वानस्पतिक तेल आदि मिलाये जाते हैं। इसके अतिरिक्त विलायक के रूप में एसीटोन, पेट्रोल, ईथर, बेंजीन, ब्यूटाईल एसीटेट तथा चिपकने में सहायक पदार्थों या स्टिकर्स के रूप में केसीन, जिलेटीन, पेक्टिन, वानस्पतिक तेल, एलब्यूमिन, गोंद

आदि पदार्थों का उपयोग किया जाता है। इस प्रारूप में सक्रिय तत्व की मात्रा 2.8 से 50 प्रतिशत तक हो सकती है। अति निम्न आयतन छिड़काव उपयोग किये जाने वाले संरूपण में यह मात्रा 95 प्रतिशत तक होती है। इस प्रारूप का छिड़काव करने से रसायन समान रूप से उपचारित सतह पर फैलता है, हवा से बहने का अंदेशा चूर्ण की तुलना में कम होने के कारण रसायन का सदुपयोग होता है तथा प्रति इकाई क्षेत्र में लगने वाले सक्रिय तत्व की कीमत सामान्यतः कम होती है।

2. घुलनशील द्रव (Soluble Liquid)

एस. एल. नाम से उपलब्ध प्रारूप में सक्रिय तत्व को उपयुक्त विलायक जैसे मिनरल तेल में घोलकर उपलब्ध कराया जाता है। इस प्रारूप को भी छिड़काव पूर्व पानी में मिलाकर छिड़का जाता है। उदाहरण–मोनोक्रोटोफॉस 36 एस.एल., इमिडाक्लोप्रिड 17.8 एस.एल., फॉस्फोमिडॉन 85 एस.एल. आदि।

3. तरल धूम्रक (Liquid fumigants)

ठोस धूम्रकों की तरह कीटनाशक तरल प्रारूप में भी उपलब्ध होते हैं। यह वो प्रारूप हैं जिन्हे दबाव के अंतर्गत द्रव अवस्था में रखा जाता है और सामान्य तापमान पर गैस के रूप में परिवर्तित होकर उन स्थानों पर भी आसानी से प्रविष्ट हो जाते हैं जो अन्य प्रारूप के लिये सम्भव नहीं है। अतः इनका उपयोग भण्डारण के कीटों के विरुद्ध किया जाता है। उदाहरण – ईथालिन डाई ब्रोमाईड (ई.डी.बी.), मिथाईल ब्रोमाईड, कार्बन डाई सल्फाईड, इथलीन डाइक्लोराईड + कार्बन टेट्राक्लोराईड (ई.डी.सी.टी.) आदि।

4. एरोसॉल (Aerosol)

इस प्रकार के प्रारूप में कीटनाशकों को द्रवित गैस में घोलकर, जलाकर, गर्मी से गैस बनाकर अथवा यांत्रिक रूप से आणविक रूप में बदलकर दबाव के साथ एक छोटे से छिद्र में से निकाला जाता है। जिससे गैस शीघ्रता से वाष्पित होकर वायु में धुंध अथवा कोहरे के रूप में तैरती रहती है। एरोसोल में उपस्थित सूक्ष्म कणिकाओं का माप 0.1–50 माइक्रॉन तक होता है। उदाहरण–घरेलू कीटों जैसे मक्खी, मच्छरों, कॉकरोच आदि को मारने के लिये प्रोपोक्सर या आइसोकार्ब कीटनाशक एरोसॉल प्रारूप में उपलब्ध है।

कीटनाशकों के विषैलेपन की पहचान

बाजार में कई प्रकार के कीटनाशक उपलब्ध हैं जिनका विषैलापन अलग–अलग होता है। इनके विषैलेपन को जानने के लिये डिब्बा या पैकेट पर लगे हुये लेबिल को देखें। इस लेबिल में बनी एक चौकोर आकृति दो भागों में विभाजित होने के कारण लेबिल में दो तिकोनी आकृतियाँ बनती हैं। इन तिकोनी आकृतियों को देखकर कीटनाशक के विषैलेपन के बारे में आसानी से पता लगाया जा सकता है।

कीटनाशकों का विषैलापन उसकी अर्ध मृत्युकारक मात्रा (एल. डी. 50) पर निर्भर करता है। जिस कीटनाशी की अर्ध मृत्युकारक मात्रा जितनी कम होती है वह उतना ही अधिक विषैला होता है क्योंकि उसकी कम मात्रा भी मनुष्य और पशुओं के लिये अपेक्षाकृत अधिक घातक होती है।

ऊपर तिकोन पर छपे चिन्ह, निचले तिकोन का रंग तथा अर्ध मृत्युकारक मात्रा के आधार पर कीटनाशकों को निम्न वर्गों में बाँटा जा सकता है –

क्र. सं.	विषैलेपन का प्रकार	ऊपरी तिकोन में छपा	निचले तिकोन का रंग	अर्ध मृत्युकारक मात्रा (मि.ग्रा. प्रति किलो)
1.	अत्यधिक विषैला	मानव सिर कंकाल तथा नीचे क्रॉस बनाती दो हड्डियाँ	चमकीला लाल	मुँह में 1–50
2.	अधिक विषैला	विष लिखा होना	गहरा पीला	51–500 201–2000
3.	विषैला	खतरा लिखा होना	गहरा नीला	501–5000 2001–20000
4.	कम विषैला	सावधान लिखा होना	चमकीला हरा	5000 से अधिक 20,000 से अधिक

इस प्रकार बोतल/पैकेट पर लगे लेबल को देखकर तथा पढ़कर कीटनाशक के विषैलेपन की जानकारी प्राप्त की जा सकती है। कीटनाशक के पैकेट के साथ

एक पर्चा भी मिलता है जिसमें उसके उपयोग करने तथा आवश्यक सावधानियाँ अपनाये जाने के सम्बन्ध में लिखा होता है। उन सुझावों का पालन करना चाहिये जिससे किसी भी प्रकार की दुर्घटना न हो।

प्रतीक्षाकाल (Waiting Period)

किसी भी कीटनाशक के फसल पर छिड़काव या भुरकाव करने के बाद उस फसल की कटाई या उस फसल के किसी भी भाग को उपयोग में लाने के लिये जितने दिन तक इन्तजार करने की आवश्यकता होती है वह उस कीटनाशक का प्रतीक्षाकाल कहलाता है। रासायनिक कीटनाशक अधिक विषैले होने के कारण उनके प्रतीक्षा काल का विशेष ध्यान रखना चाहिये क्योंकि कीटनाशक प्रतीक्षाकाल की दृष्टि से हानिकारक होता है। सब्जी एवं फलों का उपयोग अधिकतर फसल अवधि में इन्हें पौधों से तोड़कर/काटकर किया जाता है। इसलिये इन फसलों में कीटनाशक के प्रतीक्षाकाल का विशेष ध्यान रखना आवश्यक है।

सब्जी या फलवाली फसलों में फलन के समय डायक्लोरवॉस या मैलाथियॉन या एण्डोसल्फान या कार्बारिल या सायरपमेथ्रिन का उपयोग करना चाहिये क्योंकि इन कीटनाशकों का प्रतीक्षाकाल लगभग 3–10 दिन तक होता है। फलन के समय इनमें दैहिक कीटनाशकों का उपयोग नहीं करना चाहिये, क्योंकि उनका प्रतीक्षाकाल अपेक्षाकृत अधिक होता है।

यदि इन फसलों में कीटनाशक का उपयोग करना है तो तोड़ने योग्य फल या सब्जियों की तुड़ाई कर लें, उसके बाद छिड़काव/भुरकाव करें जिससे लगभग एक सप्ताह तक उनकी तुड़ाई की आवश्यकता न पड़े।

सामान्यतः कीटनाशक का प्रतीक्षाकाल लगाई गई फसल तथा वातावरण के कारकों द्वारा प्रभावित होता है। लेकिन फिर भी इस प्रकार के कीटनाशक प्रयोग करना चाहिये जिनका प्रतीक्षाकाल कम से कम हो तथा उनसे कीट नियंत्रण भी प्रभावी तरीके से हो सके।

कुछ प्रमुख कीटनाशी एवं उनका प्रतीक्षाकाल

एण्डोसल्फान 35 ई.सी.	7–10 दिन
कार्बोरिल	7 दिन

साइपरमेथ्रिन	6 दिन
मोनोक्रोटोफॉस	15 दिन
डायमेथोएट	15 दिन
फेनवलरेट	10 दिन
डायक्लोरवास	4 दिन

कीटविष और उनके उपचार

अनेक प्रकार की सावधानियाँ रखने के उपरान्त भी कभी–कभी कीट विषों का विषैला प्रभाव मनुष्य के ऊपर पड़ जाता है। यदि कीटनाशी के प्रयोग करते समय या उसके पश्चात् कमजोरी, सिरदर्द, सीने में दर्द, धुँधला या बिगड़े रूप में दिखाई देना, अधिक मात्रा में लार गिरना, पसीना आना, मचलाहट, बार–बार दस्त आना और ठंडक के साथ शरीर में ऐंठन इत्यादि जैसे लक्षण प्रकट हों तो समझना चाहिये कि कीट विष का प्रभाव पड़ चुका है।

कीट विष प्रायः तीन रास्ते से शरीर में प्रवेश करते हैं। श्वसन द्वारा, त्वचा द्वारा और किसी दशा में निगल लिये जाने द्वारा कोई भी किसी भी कारण से कीट विषों का शिकार हो जाये तो तुरन्त निम्न उपाय करना चाहिये –

1. यथाशीघ्र विष को शरीर से बाहर निकालने का प्रयास करना या उल्टी कराना।
2. भोजन नली को साफ करने के लिये रेड़ी का तेल, मैग्नीशियम साइट्रेट या सल्फेट देना।
3. विषमार दवा का प्रयोग करना।
4. प्रभावित व्यक्ति को यथाशीघ्र अस्पताल में डाक्टर के पास ले जाना।

विष खा लेने पर

शीघ्रताशीघ्र उल्टी कराने का प्रबन्ध करना चाहिये। इसके लिये निम्न उपाय कर सकते हैं –

(क) 1–2 चम्मच साधारण नमक को एक गिलास गुनगुने पानी में मिलाकर दें।

(ख) एक गिलास पानी में 1 ग्राम जिंक सल्फेट मिलाकर गुनगुना करके दें।

(ग) बेहोशी की दशा में, दौरे पड़ने पर अथवा रोगी जो पहले से उल्टी कर रहा हो तो ऐसी दशा में उल्टी कराने का प्रयास नहीं करना चाहिए। इस स्थिति में पेट की सफाई डाक्टर द्वारा करायी जानी चाहिए। उल्टी या पेट की सफाई के बाद सर्वोपयोगी विषमार दवाई दें जिसमें निम्न पदार्थ मिलाते हैं –

1. जली हुयी पिसी डबल रोटी – 2 भाग
2. सान्द्र चाय – 1 भाग
3. मिल्क ऑफ मैग्नीशिया – 1 भाग
4. गुनगुना पानी – आधा गिलास

(घ) प्रभावित व्यक्ति को शीघ्रता से अस्पताल में डाक्टर के पास ले जायें।

विष सूंघ लेने पर

1. प्रभावित व्यक्ति को शीघ्र खुले हवादार स्थान में ले जायें।
2. यदि कमरे में हों तो दरवाजे, खिड़कियाँ खोल दें।
3. कपड़े ढीले कर दें।
4. रोगी को उत्तेजित होने से बचावें।
5. शोरगुल से बचावें।
6. रोगी को ठंड से बचने के लिये कम्बल में लपेटें।
7. दौरे पड़ने की स्थिति में अंधेरी जगह में रखें।
8. सांस लेने में कठिनाई होने पर पेट के बल लिटावें और बाहों को सामने फैला दें। पीठ को हल्के सहलाते हुये दबाव दें।
9. यदि सांस अनियमित रूप से आ रही हो तो कृतिम श्वास की व्यवस्था करें।

त्वचा के ऊपर पड़ने पर

1. प्रभावित भाग को शीघ्रताशीघ्र पानी और साबुन से धोयें। उसके बाद अल्कोहल से धोवें। पुनः पानी और साबुन से धोवें।

2. अंगुलियों के आधार, नखों के नीचे तथा कान के पीछे हिस्से को अच्छी प्रकार से साफ करें।

3. आँखों को पानी की धार से धोवें। आँखों में किसी रसायन का प्रयोग न करें। कीट विष से प्रभावित होने पर प्रत्येक दशा में डॉक्टर की सलाह लेना उचित है। रोगी को किस प्रकार किस विष ने प्रभावित किया है, इसका ज्ञान सच्चाई के साथ डॉक्टर को करना चाहिये। इससे उपचार में सहायता मिलती है। यदि सम्भव हो सके तो प्रभाव डालने वाले विष के पैकेट या कन्टेनर को डॉक्टर के सम्मुख प्रस्तुत करना चाहिये।

कीटनाशकों की सिफारिशें

क्र. सं.	कीटनाशक का नाम	फसल का नाम	मात्रा/हेक्टेयर	नियंत्रित होने वाले कीट
1.	एण्डोसल्फान 35 ई.सी.	सब्जियाँ, तिलहन, गन्ना	1200 मि.ली.	सभी प्रकार की इल्लियाँ, तना छेदक, फली छेदक
2.	ऐसीफेट 75 डब्लू.पी.	धान, कपास, गन्ना, सब्जियाँ	400 ग्राम	रस चूसक कीट, पत्ती खाने वाले कीट, हीरक पृष्ठ शलभ
3.	क्लोरपायरीफॉस 20 ई.सी.	धान्य फसलें, दलहन, तिलहन, सब्जियाँ, फल	1200 मि.ली.	दीमक, भूमिगत कीट, पत्ती खाने वाले कीट
4.	डायजिनॉन 20 ई.सी.	कपास, धान	1200 मि.ली.	रस चूसक कीट, माइट्स
5.	डायमेथोएट 30 ई.सी.	कपास, दलहन, तिलहन	700 मि.ली.	रस चूसक कीट, माइट्स
6.	फेन्थोएट 50 ई.सी.	कपास, दलहन	500 मि.ली.	छेदक कीट एवं पत्ती खाने वाले कीट
7.	कार्बोसल्फान 25 ई.सी.	बैंगन, भिण्डी	750 मि.ली.	प्ररोह एवं फल छेदक
8.	कार्टेप हाइड्रो–क्लोराइड 50 एस.पी.	धान, गोभी, मिर्च	700 ग्राम	हीरक पृष्ठ शलभ एवं छेदक कीट
9.	लेम्बडा साय–हेलोथ्रिन 5 ई.सी.	धान	250 मि.ली.	तना छेदक, हिस्पा, पत्ती लपेटक इल्ली

क्र. सं.	कीटनाशक का नाम	फसल का नाम	मात्रा/हेक्टेयर	नियंत्रित होने वाले कीट
10.	एसीटामिप्रिड 20 एस.पी.	कपास	200 मि.ली.	रस चूसक कीट
11.	इन्डोक्साकार्ब 14.5 ई.सी.	चना, कपास, गोभी	400 मि.ली.	फली छेदक इल्ली, हीरक पृष्ठ शलभ
12.	इमिडाक्लोप्रिड 17.8 एस.एल.	सब्जियाँ, दलहन, तिलहन	150 मि.ली.	रस चूसक कीट
13.	थायोमेथोक्साम 25 डब्लू.जी.	धान	100 ग्राम	सभी हॉपर
14.	स्पाइनोसेड 45 एस.सी.	कपास	250 ग्राम	रस चूसक कीट एवं छेदक कीट
15.	इथेफेनप्रोक्स 10 ई.सी.	सब्जियाँ, दलहन	1000 मि.ली.	सफेद मक्खी
16.	क्विनॉलफॉस 25 ई.सी.	सब्जियाँ, दलहन	1000 मि.ली.	पत्ती खाने वाले कीट

कीटनाशकों का प्रभावी उपयोग

कीटनाशक का उपयोग कीट प्रबंधन का सबसे प्रभावी साधन है। लेकिन इसके अच्छे परिणाम प्राप्त करने के लिये हमें क्षतिकारक कीट की सही पहचान, उसकी फसल पर वास्तविक संख्या तथा उसके प्राकृतिक शत्रुओं की फसल पर उपस्थिति का अनुमान लगाना आवश्यक है। यदि फसल पर इन कीटों की संख्या आर्थिक क्षति के स्तर पर पहुँचने की संभावना है तो उचित कीटनाशक का चयन करना चाहिये। कीटनाशक का प्रभावी होना निम्न कारकों पर निर्भर करता है –

1. कीटनाशक का चयन उसकी प्रभाविता, कीमत, उपलब्ध प्रारूप तथा उसके उपयोग में आवश्यक यंत्र पर निर्भर करता है।
2. कीटों की संख्या आर्थिक देहलीज के स्तर पर होने की दशा में ही इनका उपयोग करें तथा इल्लियों की प्रारंभिक अवस्था में इनका उपयोग करने से प्रभावी नियंत्रण होगा।
3. कीटनाशक घोल की पर्याप्त मात्रा का उपयोग करें जैसे–हस्तचालित यंत्र से 700 लीटर तथा शक्ति चालित यंत्र से 100 लीटर घोल प्रति हेक्टेयर

प्रयोग करना चाहिये। घोल की मात्रा फसल की ऊँचाई के आधार पर कम या अधिक हो सकती है। सम्पूर्ण फसल अच्छी तरह भीगना आवश्यक है।

कीटनाशकों के प्रयोग में रखी जाने वाली सावधानियाँ

कृषि रसायनों का उपयोग दिन–प्रतिदिन बढ़ता जा रहा है, जिस कारण दुर्घटनाएं आये दिन घटित होती रहती हैं। आइये हम सब मिलकर इन पर विचार करें तथा मनुष्य, पशु, पक्षी, फसल एवं स्प्रेयर के बचाव के लिये कुछ सुझाव दिये जा रहे हैं –

क्रय करते समय सावधानियाँ

1. विश्वसनीय विक्रेता से विश्वसनीय कंपनी की कृषि रक्षा दवा खरीदें, खरीदते समय विक्रेता से रसीद अवश्य माँगें तथा दवा के उपयोग की अन्तिम तिथि अवश्य पढ़ लें।
2. कृषि रक्षा रसायन बंद पैकिट में खरीदें।
3. दवा के साथ दिये गये कागज पर लिखे या डिब्बे पर अंकित निर्देश अवश्य पढ़ें।
4. यदि दवा के संबंध में आपको कोई शिकायत है तो दवा की कंपनी, दवा के विक्रेता की शिकायत आप जिले के उपभोक्ता फोरम में दर्ज करा सकते हैं, ध्यान रखें कि आपके पास खरीद की रसीद प्रमाण हेतु अवश्य हो।

छिड़काव से पूर्व सावधानियाँ

1. सुरक्षा उपकरणों की जाँच करें, यदि खराब है तो समय रहते उसे सुधारें।
2. पानी में दवा की सही मात्रा मिलायें तथा सांद्रता सही रखें।
3. कीटनाशक का डिब्बा, पैकिट खोलते समय उसे लीक न होने दें।
4. सभी रसायनों को खुले हुये तथा हवादार स्थान में छिड़काव हेतु मिश्रण तैयार करें। दवा को गहरे बर्तन में बड़े डण्डे से हिलायें तथा मिश्रित करें।
5. घोल बनाते समय खाने–पीने की वस्तुओं का प्रयोग न करें।

6. घोल बनाते समय हवा चलने की दिशा के विरुद्ध मुँह न करें जिससे दवा शरीर पर न आए।
7. घोल के उपयोग करने के बाद बर्तन को साफ पानी से अच्छी तरह कई बार साफ करें।

दवा छिड़काव के दौरान सावधानियाँ

1. स्प्रे के समय वस्त्रों से अपने शरीर को ढ़ँक कर रखें।
2. जहाँ तक सम्भव हो प्लास्टिक के दस्ताने पहनकर कार्य करें।
3. हवा चलने की दिशा में ही मुंह कर छिड़काव करें। दवा छिड़काव का कार्य सुबह या शाम को करें।
4. सही समय एवं सही मात्रा में फसल पर स्प्रे सुनिश्चित करें।
5. स्प्रेअर से मुंह द्वारा या नोजल द्वारा दवा न खींचें।
6. स्प्रेअर में किसी भी प्रकार का लीकेज न रखें।
7. पशु एवं अन्य व्यक्तियों को स्प्रे की दवा से दूर रखें।
8. कीड़ों/रोगों द्वारा क्षति की सीमा यदि आर्थिक रूप से महत्वपूर्ण नहीं है तो दवा का छिड़काव न करें।

छिड़काव के बाद सावधानियाँ

1. छिड़काव के बाद टंकी में बचे हुये घोल को किसी सुरक्षित स्थान पर डालें।
2. स्प्रेअर को कई बार साफ करें।
3. स्प्रे करने के बाद स्नान अवश्य करें, बाल, नाखून आदि को साबुन से साफ करें।
4. जिस खेत में छिड़काव किया गया है। उसमें आदमियों को घुसने से रोकें।
5. यदि सब्जी/फल वाली फसलों पर स्प्रे किया गया है तो पके फलों को तोड़कर ही दवा छिड़कें।

कृषि रसायनों का सुरक्षित भंडारण कैसे किया जाय?

1. दवा को किसी सुरक्षित स्थान पर बच्चों एवं पालतू पशुओं की पहुँच से दूर रखें। सम्भवतः ऊँचे स्थान पर ताले में रखें।
2. दवा को हमेशा लेबिल लगे डिब्बे में ही रखना चाहिये तथा इस डिब्बे को खाने–पीने के डिब्बों से अलग रखें।
3. कीटनाशक एवं खरपतवारनाशक दवाओं को अलग–अलग दूर रखें।
4. समय–समय पर पैकिट या डिब्बे के लीकेज की जाँच करते रहें।
5. कीटनाशक दवाओं को हमेशा ठंडे एवं शुष्क स्थान पर ही रखें।
6. कीटनाशक दवा निकालते समय बन्द स्थान का प्रयोग न करें।
7. यदि दवा पावडर के रूप में डिब्बे में है तो डिब्बा खोलते समय दवा के पाउडर को उड़ने न दें।

आजकल कृषि रसायनों से काफी मौत हो रही हैं। आप अखबारों में तमाम तरह की घटनाऐं पढ़ते होंगे। ये घटनायें जाने–अनजाने में इन कृषि रक्षा दवाओं के अनुचित उपयोग या सेवन करने से होती हैं। यदि किसान भाई उपरोक्त बताई गयी बातों का ध्यान रखेंगे तो इन घटनाओं को काफी हद तक नियंत्रित किया जा सकता है।

''जीवन मूल्यवान है इसका अस्तिव बनाये रखना जरूरी है।''

●●●

अध्याय 12

बीज भंडारण व प्रबंधन

बढ़ती हुई जनसंख्या की खाद्यान्न आपूर्ति हेतु, कृषि उत्पादन में वृद्धि आवश्यक है। यह प्रगति राष्ट्र के सामाजिक तथा आर्थिक जीवन में सुधार लाती है परन्तु यह चिंता का विषय है कि तकनीकी ज्ञान के अभाव में एवं त्रुटिपूर्ण बीज भंडारण व्यवस्था के कारण काफी नुकसान उठाना पड़ता है। भंडारण अवस्था में बीजों की समुचित ढंग से देखभाल नहीं किए जाने के कारण आने वाली फसलों पर दुष्प्रभाव पड़ता है। भंडारण की उचित व्यवस्था एवं तकनीकी ज्ञान के अभाव में कुल उत्पादन का एक बहुत बड़ा भाग नष्ट हो जाता है। यदि कृषक स्तर पर भंडारण के दौरान होने वाली हानि के कुछ भाग को रोका जा सके तो निश्चित रूप से खाद्यान्न की बढ़ती हुई मांग को पूरा किया जा सकता है।

बीज संसाधन में भंडारण का विशेष महत्तव है। बीजों का प्रबंधन उचित न हो तो उचित भंडारण परिस्थितियों में भी बीज का ह्रास शीघ्र हो सकता है। भंडारण के दौरान बीजों में भौतिक व श्वसन संबंधी परिवर्तन आते हैं। भौतिक परिवर्तन में रंग, आकार, संरचना, यांत्रिक सामर्थ्य, बीज नमी व शुष्क पदार्थ में हानि होती है, जिसका प्रभाव गुणवत्ता एवं बाजार मूल्य पर पड़ता है। श्वसन संबंधी परिवर्तन में उष्मा, जल तथा कार्बन डाई ऑक्साइड की अधिकता बीजों को जल्दी खराब कर देती है। इस परिवर्तन से बीज की अंकुरण क्षमता पर सीधा असर पड़ता है। श्वसन दर पर अनेक कारकों का प्रभाव भी पड़ता है, उदाहरण के लिए बीज में नमी की मात्रा, भंडार का तापमान आदि। नमीयुक्त बीज को (15 प्रतिशत) तीन माह तक इसी अवस्था में संचय कर रखने पर लगभग 30 प्रतिशत पौष्टिक तत्व घट सकते हैं। इसकी वजह से सूक्ष्म जीवों की सक्रियता बढ़ जाती है एवं अनेक जैव रासायनिक परिवर्तन होते हैं। इसी प्रक्रिया के कारण बीज क्षय होने लगता है। अतः बीज संसाधन व भंडारण व्यवस्था पर पर्याप्त ध्यान देना होगा।

बीज में नमी

बीज की नमी एक अति महत्वपूर्ण कारक है जो कि भंडारित बीज की गुणवत्ता को प्रभावित करती है। फसल कटाई के समय बीज की नमी भंडारण के लिए सुरक्षित सीमा से अधिक रहती है। अतः इन्हें भंडारण के पूर्व सुरक्षित सीमा तक सुखाना आवश्यक है। बीज की नमी फसल पकने के समय 20–25 प्रतिशत रहती है व इसे भंडारण के लिए 8–10 प्रतिशत तक सुखाना आवश्यक है। भंडारण के दौरान बीज में नमी इस से अधिक होने पर बीज की श्वसन क्रिया तेज हो जाती है और उष्मा की मात्रा बढ़ने के कारण बीज सड़ने की प्रक्रिया प्रारंभ हो जाती है। जिसका अंकुरण क्षमता व ओज पर विपरीत प्रभाव पड़ता है। 13 प्रतिशत से अधिक नमी में बीजों की श्वसन क्रिया बढ़ने के साथ उनमें कीट व कवक का प्रकोप बढ़ जाता है जो श्वसन एवं जीवनयापन हेतु बीज पर आश्रित होने के कारण बीज की गुणवत्ता व ह्रास को बढ़ाता है।

तापमान

1. बीज को 5°C से कम तापमान पर रखने से सुरक्षित भंडारण की अवधि दो गुनी बढ़ जाती है।
2. बीजों को अधिक तापमान पर सुखाने से उनकी क्षमता पर प्रतिकूल प्रभाव पड़ता है। अतः बीजों को 30–40°C तापक्रम से अधिक पर सुखाना चाहिए।
3. बीजों को तापमान में रखने पर उनका ओज व अंकुरण क्षमता अधिक समय तक बनी रहती है।
4. बीजों को 28°C या कम तापमान पर ही रखना चाहिए। सुक्ष्म जीवाणुओं के आक्रमण से भंडारित बीज का तापक्रम बढ़ जाता है।

संग्रहित अनाज के प्रमुख हानिकारक कीट

ग्रामीण क्षेत्रों में कृषक सामान्यतः परंपरागत भंडारण पात्रों में ही अनाज एवं बीज का भंडारण करते हैं। इसमें अनाज की हानि अधिक होती है। एक अनुमान के मुताबिक लगभग 5 प्रतिशत अनाज की हानि चूहों एवं कीड़ों के कारण होती है। भंडारगृह में कीड़ों की रोकथाम के लिए उचित व्यावस्था करना सबसे आवश्यक

है। इसके अभाव में अनेक प्रकार के कीड़े लग जाते हैं जो अनाज की गुणवत्ता को नुकसान पहुंचाते हैं।

1. चावल का घुन Rice qeevil "Sitophilus oryzae Line"

यह अनाज का सबसे खतरनाक कीड़ा है। यह अधिकांशतः सभी अनाजों को नुकसान पहुंचाता है। यह भूरे या काले रंग का बेलानाकार कीट होता है। यह कीट सभी मौसमों में सक्रिय रहता है। आर्द्रता अधिक होने पर इसकी संख्या तेजी से बढ़ती है। इसके जीवन चक्र में चार अवस्थाएं पाई जाती हैं। अंडा, ग्रब कृमि, तथा प्रौढ़। प्रौढ़ एवं ग्रब दोनों नुकसानदायक होते हैं, परन्तु ग्रब ज्यादा नुकसान पहुंचाता है। इसका जीवन चक्र एक से दो माह में पूरा होता है, जो कि तापक्रम एवं नमी पर निर्भर करता है। घुन के प्रजनन के लिए वर्षा ऋतु सबसे अनुकूल होती है, इस मौसम में एक जोड़ी नर मादा मिलकर लगभग 10 लाख अंड़े देते हैं। इसकी मादा दानों में छेद करके अंडा रखती है। अंडे से निकलने वाला ग्रब दाने के अंदर प्रवेश करता है तथा अंदर के समस्त भाग को खाकर उसे खोखला बना देता है। एक साल में 6–8 पीढ़ी होती हैं।

2. लाल सुरही Lesser grain borer "Rhizopertha dominica Fabr"

यह भंडारित अनाज का दूसरा प्रमुख हानिकारक कीट है। यह गेंहू, चावल, चना, मक्का, आटा आदि को नुकसान पहुंचाता है। यह काले बदामी रंग का बेलनाकार कीट है। वयस्क अवस्था में इसका सिर आगे की ओर झुका रहता है। वयस्क अवस्था में ही यह अनाज को अधिक नुकसान पहुंचाता है। इसके जीवन चक्र में चार अवस्थाएं अंडा, ग्रब (सुंडी), कृमि तथा प्रौढ़ होती हैं। ग्रीष्म ऋतु में इसका प्रकोप अधिक होता है। यह अपना जीवन चक्र 60–80 दिनों में पूरा कर लेता है। एक वर्ष में 6–7 पीढ़ी होती हैं तथा एक मादा अपने जीवन काल में 300 से 500 तक अंडे देती है।

3. खपरा बीटल

यह धान्य एवं दलहन फसलों का हानिकारक कीट है। यह देश के लगभग सभी स्थानों में पाया जाता है। यह भूरे रंग का अंडाकार कीट होता है। सिर छोटा है। इसके जीवन की चार अवस्थाएं होती हैं जिसमें ग्रब या इल्ली ही ज्यादा नुकसान पहुंचाती है। इसके विकास के लिए ऑक्सीजन की अधिक आवश्यकता

होती है, अतः यह भंडार गृह में ज्यादा गहराई तक नहीं जा पाता। यह दाने के अंदर तक प्रवेश नहीं कर पाता। केवल ऊपर से ही भ्रूण वाले भाग को खाता है। अतः इससे ग्रसित अनाज के दाने कटे हुए दिखाई पड़ते हैं। इसका संपूर्ण जीवन काल 35–60 दिनों में ही पूर्ण होता है।

4. लाल सुरी

यह मैदा, सूजी, आटा आदि को नुकसान पहुंचाता है। यह लाल भूरे रंग का कीट है। इसके जीवन काल में चार अवस्थाएं होती हैं। इसमें सुंडी तथा प्रौढ़ दोनों ही अवस्थाएं हानिकारक हैं। सामान्यतः यह कीट कटे हुए दाने या अन्य कीटों द्वारा ग्रसित दानों को ही हानि पहुंचाता है। यह अपना जीवन चक्र 38–114 दिनों में पूर्ण करता है जो कि वातावरण की दशा एवं भोज्य पदार्थ पर निर्भर करता है।

5. पतंगा

यह उड़ने वाला कीड़ा है। इसके पूर्ण विकसित पंख होते हैं। यह धान्य फसलों को नुकसान पहुंचाता है। इस कीट के जीवन चक्र की चार अवस्थाएं होती हैं। यह सुंडी अवस्था में नुकसान पहुंचाता है। इसकी प्रौढ़ अवस्था हानिकारक नहीं होती है। इस कीड़े का प्रकोप अनाज के ऊपरी सतह तक ही सीमित रहता है। जब तक वयस्क कीट उड़ते हुए दिखाई नहीं पड़ते तब तक इसके प्रकोप को पहचाना नहीं जा सकता। यह अपना जीवन चक्र 27 से 40 दिनों में पूरा करता है तथा वर्ष में इसकी 4 से 6 पीढ़ियां होती हैं। एक मादा अपने जीवन काल में लगभग 400 अंडे देती है।

6. ढोरा (दालों का घुन)

इस कीट का प्रकोप खेत तथा भंडार गृह दोनों में होता है। यह सभी प्रकार की दालों को नुकसान पहुंचाता है। इस कीट की चार अवस्थाएं होती हैं, जिसमें से प्रौढ़ तथा ग्रब दोनों ही नुकसान पहुंचाते हैं, परन्तु ग्रब अधिक हानिकारक होता है। यह कीट पूरे वर्ष सक्रिय रहता है। फसल की कटाई के बाद इस कीट के अंडे खेतों से भंडार गृह में पहुंच जाते हैं।

अन्य साधारण कीड़े

1. आरी दंत भ्रंग
2. बुडेल बीटल

3. सिगरेट बीटल
4. वेयर हाऊस माथ
5. लेट ग्रेन बीटल

सूक्ष्म जीवाणु

भंडार गृह में कीटों के अलावा कुछ सूक्ष्म जीव भी बीज को हानि पहुंचाते हैं। सूक्ष्म जीवों में फफूंद बैक्टीरिया यीस्ट प्रमुख है। भंडारित बीज एवं खाद्य में सूक्ष्म जीवाणुओं का विकास अनुकूल परिस्थितियों में ही होता है। जैसे नमी की मात्रा अधिक होने पर फफूंद का विकास जल्दी होता है। अतः अच्छी तरह से सुखाकर ही बीज को भंडारित करें। कवक से बचाव के लिए 2.5 ग्राम थाइरम प्रति किलो बीज का प्रयोग करें। सामान्यतः 12 प्रतिशत से कम नमी पर सूक्ष्म जीवाणुओं का प्रकोप नहीं होता है। इसके विपरीत अधिक तापमान में सूक्ष्म जीवाणुओं की वृद्धि बहुत कम हो जाती है। 40°C से अधिक तापमान पर कुछ बैक्टीरिया ही जीवित रह पाते हैं। तथा 60°C के ऊपर कोई भी बैक्टीरिया जीवित नहीं रहता। सूक्ष्म जीवाणुओं के प्रकोप से बीज की अंकुरण क्षमता पर विपरीत प्रभाव पड़ता है। सूक्ष्म जीवाणुओं से संक्रमित बीज को बुआई के लिए प्रयोग नहीं करना चाहिए। फफूंद आदि के संक्रमण से दानों का रंग बदल जाता है। उनसे दुर्गंध आने लगती है। फफूंद से संक्रमित अनाज खाने योग्य नहीं रहता, क्योंकि फफूंद की कुछ प्रजातियां हानिकारक टॉक्सिन्स उत्पन्न करती हैं।

कीड़ों का रासायनिक नियंत्रण

1. कीड़ों का प्रकोप होने पर गोदामों में मेलाथियान 50 प्रतिशत EC या डेल्टामेथ्रिन का पानी के साथ 1:100 के अनुपात में घोल बनाकर छिड़काव करें।
2. कीट ग्रसित अनाज–बीज को ई.डी.बी. से प्रधूमित करने से उनमें उपस्थित सभी कीड़े मर जाते हैं। बोरे के अंदर एक ई.डी.बी. एम्प्यूल को फोड़कर दबा दें। इससे निकलने वाली हानिकारक गैस से सभी कीड़े मर जाते हैं। भंडार गृह में इसका प्रयोग करने के लिए प्रति क्विंटल बीज के लिए एक एम्प्यूल (3 ml) रखें। जब वातावरण का तापमान 18°C से कम हो तो इसका उपयोग नहीं करें।
3. भंडारित बीज के कीड़ों का नियंत्रण करने के लिए एल्युमिनियम फास्फाइड

की गोलियों का प्रयोग किया जाता है। ये गोलियां वातावरण की नमीं के संपर्क में आने पर फास्फीन नामक जहरीली गैस छोड़ती हैं। 3 क्विंटल बीज के लिए 3 ग्राम की एक गोली पर्याप्त होती है। बीज की मात्रा के अनुपात में आवश्यक गोलियां बिखेर दें व बीज को पालीथीन से ढंककर पूर्ण रूप से वायु रोधी बना दें। इसे 7 से 8 दिनों तक ऐसा ही रहने दें। इससे सारे कीड़े मर जाएंगे।

चूहों का नियंत्रण

भंडारित बीज में कीड़ों एवं सूक्ष्म जीवों के अलावा सर्वाधिक हानि चूहों से होती है। चूहों से प्रतिवर्ष लगभग 25 प्रतिशत भंडारित बीज नष्ट हो जाते हैं। चूहे बीज को कुतर कर बर्बाद कर देते हैं, जिससे यह न तो बोने के योग्य रहता है और न ही खाने योग्य रह पाता है। खेत में बीज खाने के अलावा चूहे उसे अपने मलमूत्र से प्रदूषित कर देते हैं। चूहे अनेक बीमारियों के वाहक भी होते हैं। चूहों की संख्या बहुत तेजी से बढ़ती है। एक मादा चुहिया प्रतिवर्ष लगभग 600 बच्चो को जन्म देती है। अतः इनका नियंत्रण करना अति आवश्यक है।

1. भंडार गृह को चूहारोधी बनाना चाहिए ताकि इसमें चूहे आसानी से प्रवेश न कर सकें।
2. खाद्यान्न को खुला न रखें ताकि चूहों को वृद्धि के लिए भोजन उपलब्ध न हो।
3. चूहों के बिलों का एल्युमिनियम फास्फाइड की गोलियों से प्रमूधन करें।
4. जिंक फास्फाइड के पाउडर को आटे, मैदा या सूजी में मिलाकर रखें। इसे खाने से चूहों की तुरन्त मृत्यु हो जाती है।
5. चूहों के नियंत्रण के लिए एंटीकोआगुलैटस का भी प्रयोग किया जाता है। ये बाजार में रेटाफिन या वारफेरिन के नाम से मिलता है।

भंडार गृह बनाते समय ध्यान देने योग्य बातें

भंडार गृह की योग्यता उसकी उचित क्रियात्मक व संरचनात्मक बनावट पर निर्भर करती है। क्रियात्मक बनावट में ये कोशिश रहती है कि बीजों की गुणवत्ता में ह्रास न हो। संरचनात्मक बनावट में भंडार का व आर्द्रता का प्रबंध आवश्यक

रहता है जिसमें बीजों को आर्द्रता निरोधक पात्र में रखा जा सके। अतः भंडार गृह बनाते समय निम्न बातों का ध्यान रखें –

1. गोदाम को जमीन से एक मीटर ऊँचा बनाना चाहिए जिससे इसमें चूहे व अन्य प्राणी आसानी से प्रवेश न कर सकें व वर्षा ऋतु में पानी अंदर न जा सके।
2. गोदाम को वायुरोधी बनाना चाहिए। वायुरोधी भंडार में भंडार परिवेश व वातावरण के बीच वायु विनिमय न होने पर भंडार गृह की ऑक्सीजन बीजों की श्वसन क्रिया में खत्म हो जाती है और वायु में कार्बन डाई ऑक्साइड की मात्रा बढ़ने पर बीजों की श्वसन क्रिया खत्म हो जाती है। जिससे बीज की गुणवत्ता अधिक समय तक बनी रहती है।
3. बीजों को चूहे व कीट द्वारा काफी नुकसान पहुंचता है। गोदाम में खिड़की व दरवाजे अधिक संख्या में नहीं होने चाहिए क्योंकि दरारों में कीटों का वास होता है।
4. भंडारण के पूर्व भंडार गृह की अच्छी तरह से सफाई कर लेनी चाहिए। इसके बाद गोदाम को मेलाथियान 50 ई.सी. 1 भाग को 100 भाग पानी में घोलकर छिड़काव करना चाहिए ताकि पिछले भंडारित फसल के कीटाणु रोगाणु नष्ट हो जाएं।
5. भंडार गृह की दीवारों की सफेद रंग से पुताई करनी चाहिए ताकि सूरज की उष्मा का अवशोषण कम से कम हो और गोदाम के अंदर की उष्णता एवं आर्द्रता सीमित बनी रहे।
6. भंडार गृह की छत ढलानवाली तथा बाहरी तरफ निकली रहनी चाहिए जिससे वर्षा ऋतु में जल निकासी अच्छी तरह हो सके।

भंडारण पूर्व बीज संसाधन

फसल कटाई के पश्चात् बीजों में कुछ अवांछित पदार्थ भी मिले रहते हैं। जैसे अक्रिय पदार्थ, साधारण व हानिकारक खरपतवार के बीज तथा अन्य किस्म व फसलों के बीज। इसके अतिरिक्त बीजों में कीटाणु बीज जनित रोग व सूक्ष्मजीव क्षतिग्रस्त व सिकुड़े बदरंग दाने भी मिले होते हैं। अतः शुद्ध बीज प्राप्त करने के लिए बीज संसाधन एक महत्वपूर्ण कारक है जिसके द्वारा हम अगली फसल के

लिए अच्छा बीज अलग कर भंडारित कर सकते हैं। बीज संसाधन के महत्वपूर्ण सोपान निम्नलिखित हैं –

1. फसल कटाई के पश्चात् बीज में काफी अवांछनीय पदार्थों का मिश्रण रहता है जिसे संसाधन व भंडारण पूर्व अलग करना आवश्यक होता है। इन विजातीय पदार्थों को अलग करने के लिए छनाई करते हैं।
2. बीज को शुद्ध रूप देने तथा उसमें से अवांछनीय पदार्थों को अलग करने के लिए छटाई मशीन द्वारा छटाई की जाती है। इसके लिए बीज पृथक्कारी का प्रयोग करते हैं।
3. सफाई के पश्चात् बीज को छांव में सुखाकर उसकी नमी को 8 से 10 प्रतिशत तक लाया जाता है ताकि भंडारण में बीजो का श्वसन दर कम रहे तथा बीजों की अंकुरण क्षमता अधिक समय तक बनी रहे।
4. भंडारण के पूर्व रोग तथा कीटों से बचाव के लिए बीजों का उपचार करना आवश्यक है। बीजों को सुरक्षित रखने के लिए कवकनाशी तथा कीटनाशी का प्रयोग करते हैं।
5. हैलोजिनीकरण के द्वारा हम बीजों की गुणवत्ता व अंकुरण क्षमता को बनाए रखते हुए बीजों को अधिक समय तक सुरक्षित रख सकते हैं। 2 प्रतिशत हैलाजिनीकरण चूर्ण (1 : 1 ब्लीचिंग पाउडर व केल्शियम कार्बोनेट का मिश्रण) बीज में मिलाकर भंडारण करने पर उसकी गुणवत्ता 14 महीने से अधिक तक बनी रह सकती है।
6. बीज भंडारण के लिए कपड़े के बोरों की अपेक्षा जूट अथवा पॉलीथिन लाइनिंग वाली बोरियों का उपयोग करना श्रेष्ठकर रहता है क्योंकि ये बोरे वायुरोधी हैं।

रोकथाम के उपाय

1. फसल की कटाई व गहाई उचित समय व मशीन से करना चाहिए।
2. गहाई के समय थ्रेसर की गति का ध्यान देना आवश्यक है। थ्रेसर की गति को नियंत्रित कर फसल के दानों को टूटने से बचाया जा सकता है।

3. बीज परिवहन व संसाधन के समय कुशल तकनीक का उपयोग कर बीजों की क्षति को कम किया जाना चाहिए।
4. बीज रखने के पूर्व गोदाम या भंडारण पात्र की अच्छी तरह से साफ–सफाई कर लें।
5. बीज का भंडरण ठंडी एवं सूखी जगह पर करना उचित होता है।
6. भंडारण के लिए वायुरोधी पात्र का उपयोग करें, इससे वातावरण की नमी तथा बाहरी कीड़े अंदर नहीं पहुंच पाते तथा जो कीड़े अनाज में या पात्र में रह जाते हैं वे भी ऑक्सीजन की कमी के कारण मर जाते हैं।
7. यदि गोदाम या भंडारण पात्र में कीड़ों के होने की संभवाना हो तो 0.3 प्रतिशत मेलाथियान का छिड़काव करें।
8. भंडारण के पहले बीजों को अच्छी तरह से साफ करके टूटे दानों को अलग निकालना चाहिए, क्योंकि इस तरह दाने नमी के प्रति संवेदनशील होते हैं। टूटे दानों में नमी की मात्रा के कारण भंडारण के दौरान पाए जाने वाले कीट व फफूंद सक्रिय हो जाते हैं। इससे स्वस्थ दाने भी प्रभावित होते हैं। इनकी अंकुरण क्षमता व ओज घटने लगती है। अतः भंडारण के पूर्व बीज की सफाई पर ध्यान देना चाहिए।
9. बीज में नमी की मात्रा अधिक होने से फफूंद कीड़ों का प्रकोप अधिक होता है। भंडारण के पूर्व बीज को तेज धूप में सुखा लें। यदि की मात्रा 8 से 10 प्रतिशत तक हो जाती है तो खपरा बीटल के अलावा अन्य कीड़ों का आक्रमण नहीं होता।
10. बीज या अनाज को सुखाने के बाद 1–2 दिन ठंडा करके ही भंडारित करें।
11. बीज की भंडारण क्षमता बढ़ाने के लिए हम जैविक विधि का भी उपयोग कर सकते हैं जैसे मिर्च का पाउडर, नीम की पत्ती, हींग का धुआं इत्यादि।

ग्रामीण स्तर पर भंडारण पात्र एवं उनका सुधार

किसान अपने बीज का भंडारण सामान्यतः परंपरागत भंडारण पात्रों में रखते हैं। इन भंडारण पात्रों को स्थानीय तौर पर उपलब्ध सामग्री से तैयार किया जाता

है। इनमें बहुत से ऐसे पात्र हैं जिनमें लंबे समय के लिए भंडारण नहीं किया जा सकता। बीज का सुरक्षित भंडारण अच्छी फसल के लिए अनिवार्य है। परंपरागत भंडारों में भंडारित अनाज की अवस्था विभिन्न पहलुओं जैसे वातावरण, देखभाल एवं इनके रखने के स्थान पर निर्भर करती है। प्रत्येक प्रकार के पात्रों में कुछ लाभ एवं हानियां भी हैं। किन्तु कम लागत पर प्रधूमन के लिए वायुरोधक तथा चूहा एवं नमी रोधक बनाने हेतु सुधार किया जा सकता है।

ग्रामीण स्तर पाए जाने वाले परंपरागत भंडारण पात्र

1. बांस की कोठी
2. पुआल एवं मिट्टी की कोठी
3. मिट्टी की कच्ची कोठी
4. मिट्टी के बर्तन
5. लकड़ी की कोठी
6. भूतल कोठी
7. ड्रम
8. ठेका कोठी

बांस की कोठी

ये कोठियां प्रायः उन प्रान्तों में अधिक इस्तेमाल होती हैं जहां बांस अधिक मात्रा में आसानी से उपलब्ध है। ये सस्ती व हल्की होती हैं एवं नमीयुक्त बीज भंडारण के लिए उपयुक्त हैं। किन्तु ये वायुरोधक न होने के कारण प्रधूमन के लिए अनुपयुक्त हैं। ये काठियां अग्नि एवं चूहों से सुरक्षित नहीं होती हैं। इनमें बीज की निरंतर देखभाल की आवश्यकता होती है एवं उपयोग की अवधि भी कम होती है।

सुधार के उपाय

1. पात्रों को ऊँचे पक्के प्लेटफार्म पर रखना चाहिए।
2. कोठी के नीचे कम से कम 500 मि.मी. ऊँची धातु की चादर लगाकर इसे चूहा रोधी बनाया जा सकता है।
3. घर के बाहर रखे जाने वाली बांस की कोठियों में भी इसी प्रकार से सुधार किया जा सकता है। छतों को बाहर की ओर उपयुक्त दूरी तक निकालना चाहिए जिससे बरसात का पानी दीवार पर न गिरे। अगर ऐसा न किया जाए तो बीज में नमी की मात्रा बढ़ सकती है। अतः बीज खराब हो सकता है। दीवार के दोनों ओर गारे से लिपाई करना चाहिए।

भूतल कोठियां

यह भंडारण का सस्ता, महत्वपूर्ण एवं सरल साधन है। इसे बंडा या खन्ती भी कहते हैं। ज्यादातर यह बेलनाकार कुएं के सदृश्य होता है। यह वर्णाकार व शंकुआकार व आयताकार भी हो सकता है। इसमें सुरक्षित भंडारण उस स्थान के वातावरण तथा मिट्टी के निम्न जल स्तर पर निर्भर करता है। इसकी दीवारें ईंट की बनी होती हैं। दीवारों का प्लास्टर गोबर, मिट्टी व भूसा की सहायता से भी किया जा सकता है। बीज भरने के पूर्व इसमें चारों तरफ भूसा या पुआल बिछा दें। कोठी की छत को पुआल से अच्छी तरह बंद कर मिट्टी व गोबर से प्लास्टर कर दिया जाता है। दीवारों व फर्श पर नमी आने से इसमें रखा बीज नमी ग्रहण कर खराब हो जाता है जिससे अंकुरण क्षमता पर विपरीत प्रभाव पड़ता है। यह हमें तभी ज्ञात होता है जब हम इसके ऊपरी पटाव को खोल कर देखते हैं।

मिट्टी की कोठी

यह सबसे सस्ता भंडारण पात्र है। यह साधारणतया मिट्टी व भूसे को मिलाकर बनाया जाता है। इसे मिट्टी भूसा व गोबर से प्लास्टर करते हैं। ये भूमिगत व जमीन से कुछ उठे हुए भी हो सकते हैं। इन पात्रों को धातु के प्रवेशिका एवं निर्गम लगाकर सुधारा जा सकता है एवं इसे आसानी से चूहा रोधक बनाया जा सकता है। इसे नमी रोधक बनाने के लिए दीवार के मध्य रेत एवं पॉलीथीन की चादर का प्रयोग कर सकते हैं।

ठेका भंडारण पात्र–इन पात्रों की तली धातु की ट्रे के समान बनी होती है एवं पात्र के चारों ओर की दीवारें टाट से बनी होती हैं। इसमें बांस के खड़े डन्डे लगाकर अनाज भरने के लिए मजबूती प्रदान की जाती है।

सुधार के उपाय

1. तली काफी नीची होने के कारण ये चूहा रोधी नहीं रह पाते। अतः इसमें धातु के ट्रे को कुछ ऊँचाई पर लगाना चाहिए।
2. टाट वायुरोधक नहीं होता है जिससे इनमें अनाज का प्रधूमन नहीं किया जा सकता। अतः टाट के भीतरी हिस्से में रबड़ मिश्रित पॉलीथीन कपड़ा प्रयोग में लाना चाहिए। इसमें अनाज ऊपर तक नहीं भरना चाहिए ताकि ऊपर के हिस्से को अच्छी तरह से बांधा जा सके।

तेल एवं तारकोल ड्रम

तेल के ड्रमों को भी बीज भंडारण में प्रयोग किया जाता है। इन ड्रमों में इन्लेट व आऊटलेट कवर लगाकर एवं एक कोट प्राइमर, रेड ऑक्साइड एवं पेन्ट करके इनको भंडारण पात्रों में उपयोग किया जाता है।

भंडारणगृह में बोराबंद बीजों को रखने के लिए सावधानियां

1. भंडारगृह में अनाज से भरे बोरों को खुले फर्श पर न रखें। उन्हें दीवार से 1 से 2 फुट दूर रखें। नीचे चटाई या लकड़ी का भूसा आदि रखने के बाद रखें जिससे फर्श की नमी बोरों में न जा सके।
2. बीज भरने के पूर्व बोरों को अच्छी तरह से साफ करें। जहां तक संभव हो नए बोरे ही प्रयोग में लाने चाहिए।
3. यदि पुराने बोरों का प्रयोग किया जाए तो उन्हें उलट–पुलट कर धूप में सुखा लें। बोरों को उबलते पानी में 15 से 20 मिनिट तक डुबाकर रखने से सारे कीट मर जाते हैं।
4. बीज भरे बोरों को अधिक ऊंचाई से न पटकें क्योंकि बीज क्षतिग्रस्त होने की संभावना अधिक रहती है एवं बीज अंकुरण पर प्रतिकूल प्रभाव पड़ सकता है।
5. बोरों की दो थप्पियों के बीच में थोड़ी खाली जगह छोड़नी चाहिए जिससे वायु का प्रवाह ठीक तरह से हो।
6. एक थप्पी में एक दूसरे के ऊपर चार या पांच से अधिक बोरों को नहीं रखें क्योंकि अत्यधिक दबाब के कारण नीचे के बोरों के बीजों की अंकुरण क्षमता शीघ्र घटने लगती है। यदि बीजों का भंडारण अधिक समय के लिए करना है तो समय–समय पर बीजों का अंकुरण परीक्षण करते रहना चाहिए।

●●●

अध्याय 13

तिलहनी फसलों में मधुमक्खीपालन की भूमिका

मधुमक्खीपालन के माध्यम से ग्रामीण आजीविका सुरक्षा एवं बेहतर जीविकोपार्जन के लिए कृषि विज्ञान केन्द्र, मुरैना ने ग्रामीण युवाओं के द्वारा शहद उत्पादन, प्रसंस्करण, पैकेजिंग व विपणन द्वारा समुचित प्रयास किये गये। मधुमक्खीपालन को बढ़ावा देने के लिए केन्द्र प्रदर्शन, प्रशिक्षण, कार्यशाला व प्राकृतिक संसाधनों के उपयोग पर कार्य कर रहा है। मुरैना जिले के साथ–साथ राज्य में भी मधुमक्खीपालन के साथ–साथ फसलों की उत्पादकता में भी वृद्धि देखी जा रही है। पृथ्वी पर परागणकर्ता कीट की प्रजाति विविधता की उपस्थिति मानव जाति के लिए प्रकृति का वरदान है। कई प्रजातियों के पौधों की जीवनरक्षा परागणकर्ता कीट पर निर्भर है क्योंकि परागण के अभाव में अनाज, फल, सब्जियों और अन्य पौधों द्वारा उत्पादित सामग्री की किस्मों का आनंद उठा पाना संभव नहीं होगा। गिर्द क्षेत्र में मधुमक्खीपालक एक पेटी से 50–60 किग्रा. शहद प्राप्त कर सकता है। इस प्रकार जिले में इस समय लगभग 3500 मधुमक्खीपालक हैं जो कि लगभग 4500 टन शहद का उत्पादन कर 30–35 करोड़ का व्यापार कर रहे हैं। सरसों की फसल के क्षेत्रफल 4.50 प्रतिशत एवं उत्पादन में 15.45 प्रतिशत और उत्पादकता में 10.47 प्रतिशत वृद्धि दर एवं बढ़ती प्रवृत्तियों के इसी तरह के रुझान को ध्यान में रखते हुए पिछली 11वीं पंचवर्षीय योजना के दौरान में 58.57 और 63.53 प्रतिशत वृद्धि सरसों और अरहर की उत्पादकता में दसवीं योजना की औसत उत्पादकता पर 2011–12 के दौरान दर्ज की गई।

मधुमक्खियां और परागण

बहुत सारे कारक पौधे से पौधे पर पराग के हस्तांतरण का कार्य करते हैं। क्योंकि कुछ पराग सूखे और हल्के एवं अन्य नम और भारी होते हैं। वैश्विक फसल उत्पादन का एक तिहाई परागण, परागणकर्ता कीट द्वारा होता है। पृथ्वी पर

परागणकर्ता कीट की प्रजाति विविधता प्रकृति से मानव जाति के लिए एक वरदान है। कई प्रजातियों के पौधों की जीवनरक्षा व उनमें परागण का कार्य परागणकर्ता कीट पर निर्भर करता है। उनकी अनुपस्थिति में ये हमारे लिए संभव नहीं होगा कि अनाज, फल, सब्जियों और अन्य उत्पाद पौधों द्वारा उत्पादित सामग्री के कई प्रकारों का आनंद हम ले पायें। विभिन्न कीड़े जो कि परागण का कार्य करते हैं उनमें मधुमक्खियाँ, तितलियाँ, भृंग, पतिंगे, मक्खियाँ, चींटियाँ, ततैया पक्षी, चमगादड़ और अन्य शामिल हैं। मधुमक्खियाँ फसलों के परागण के लिए सबसें महत्वपूर्ण कीड़े हैं किंतु मधुमक्खियों के बीच में भी इनकी सभी प्रजातियों में से एपिस मेलिफेरा सबसे महत्वपूर्ण है क्योंकि इनकी सक्रिय एवं अधिक भ्रमण करने की क्षमता होती है व इनको फसल परागण के लिए पराग वाहक के रूप में उपयोग किया जाता है। आमतौर पर एक मधुमक्खी 50–1000 फूलों के बीच एक भ्रमण करती है जो 30 मिनट से 4 घंटे के बीच पूरा हो जाता है। मधुमक्खियों में परिवार की अन्य मधुमक्खियों से संचार करने की क्षमता होती है। जहां अधिक पराग और मधु इकट्ठा करने के लिए अन्य मक्खियों से संवाद परागणकर्ता कीट के रूप में उनकी दक्षता के लिए बहुत महत्वपूर्ण है।

मधुमक्खियों की पर-परागण में भूमिका

मधुमक्खियां फसलों के परागण के लिए सबसे महत्वपूर्ण कीट हैं। मक्खियों में पत्ती काटने वाली, क्षारीय मक्खी और बढ़ई मक्खी सहित जंगली मक्खी को विशेष रूप से फूलों से पराग और शहद एकत्र करने के लिए अपनाया जाता है। कई अन्य कीट जैसे बीटल्स, मक्खियाँ, मौथ आदि फूलों पर भ्रमण करते समय परागकण ले जाने के लिए वाहक का कार्य करते हैं। लेकिन इन सभी में सर्वाधिक महत्वपूर्ण मधुमक्खियां हैं जिनका अस्तित्व फूल–पौधों पर निर्भर करता है। कुछ निश्चित परिस्थितियों में शहद वाली मधुमक्खी प्रायः मधुमक्खी एकत्रित किए गए परागकण को फसलों के परागण के लिए उपयोग किया जा सकता है। मधुमक्खी की दो प्रजातियों एपिस सेरेना एवं एपिस मेलीफेरा को प्रभावी रूप से प्रबंधित और परागणकर्ता के उद्देश्य से प्रयोग कर रहे हैं क्योंकि –

1. मधुमक्खियां अपने भोजन के लिए फूलों के परागकण व मधु पर निर्भर रहती हैं।
2. मधुमक्खियां एक पौधे से दूसरे पौधे पर परागकण ले जाने हेतु पौधों के अनुकूल रूपांतरण कर लेती हैं।

3. इन मधुमक्खियों को छत्तों एवं पेटी में आसानी से व्यवस्थित कर सकते हैं।
4. मधुमक्खी अपनी प्रकृति की वजह से अधिक से अधिक पौधों व फसलों पर भ्रमण कर सकती है।
5. इनका फसल पर प्रयोग आसानी से किया जा सकता है।
6. मधुमक्खी भोजन की खोज और बेहतर संचार प्रणली के माध्यम से अच्छी परागणकर्ता सिद्ध होती है।
7. मधुमक्खीपेटी को एक जगह से दूसरी जगह आसानी से ले जाया जा सकता है।

मधुमक्खियों का पर-परागणकर्ता कीट के रूप में प्रबन्धन

मधुमक्खियां ज्यादातर फसलों में कुशल परागण का कार्य कर इनकी पैदावार और गुणवत्ता बढ़ा सकती हैं। कमजोर कालोनियों का परागण में कम उपयोग करते है। शहद उत्पादन की तरह परागण के लिए भी ताकतवर मधुमक्खी कॉलोनी का प्रबन्धन करना चाहिए जिससे ज्यादा से ज्यादा भ्रमण के लिए अधिक रक्षक मक्खियां रहेंगीं। फसलों में प्रभावी परागण के लिए उपयोग की जाने वाली कॉलोनी की क्षमता, मधुमक्खीकॉलोनी का प्लेसमेंट, समय एवं प्लेसमेंट की साईट पर एकाग्रता से ध्यान दिया जाना चाहिए। मधुमक्खी कॉलोनी की प्लेसमेंट विधि और कॉलोनियों की स्थिति फसल विशेष के अनुसार रखना चाहिए।

गिर्द क्षेत्र का परिचय और महत्व

चाम्बल संभाग म.प्र. के मुरैना, श्योपुर और भिण्ड जिले से मिलकर बना है। इस क्षेत्र का कुल भौगोलिक क्षेत्रफल 16.054 लाख है. है। जिसमें से नेट बुवाई क्षेत्र 7.52 लाख है. और बेहडी क्षेत्र 3.11 लाख है. है, जो कि चम्बल क्षेत्र की सबसे ऊबड–खाबड़ भूमि है। कुल क्षेत्र में से चम्बल का बीहड़ी क्षेत्र 1.92 लाख है. अकेले मुरैना जिले में पड़ता है। चम्बल क्षेत्र में ग्रामीण युवाओं में बेरोजगारी की समस्या सामान्य बात है। चम्बल क्षेत्र का दूसरा पहलू यह है कि यह क्षेत्र सरसों की खेती, दूध व शहद उत्पादन के लिए भी पहचाना जाता है। इस क्षेत्र में तिल, मूंग, उड़द, बाजरा, अरहर, सरसों, बरसीम, अजवाइन व धनियां तथा अन्य फसलें होने की वजह से माह अगस्त से अप्रैल तक नौ महीनों तक फ्लोरा लगातार

उपलब्ध रहता है। और बाकी के महीनों में फ्लोरा जंगली पौधों जैसे अडूसा, खैर, सैजना आदि से उपलब्ध होता रहता है। अब जिले के ग्रामीण क्षेत्रों में कृषक खराब या बीहड़ की भूमि पर मधुमक्खियों के लिए सूर्यमुखी व कद्दू वर्गीय सब्जियां आदि भी कर रहे हैं। मधुमक्खी पर–परागण का बहुत ही महत्वपूर्ण कारक है। बढ़ती हुई जनसंख्या के भरण–पोषण के लिए आवश्यक हो जाएगा कि कृषि की दिशा में जैविक बदलाव करें, उपज बढ़ाने के लिए रासायनिक उर्वरक, सिंचाई आदि का सही उपयोग करने के साथ–साथ फसल उत्पादकता में वृद्धि करने के लिए मधुमक्खीपालन के माध्यम से परागण में वृद्धि कर उत्पादकता बढ़ाई जा सकती है। मधुमक्खी के उपयोग से फसलों में पर–परागण व अन्य उत्पादों के विपणन की सहायता से बाजार के लिए जैसे शहद, मोम आदि का विक्रय कर किसानों एवं महिला किसानों की आर्थिक और स्वास्थ्य की स्थिति में सुधार हो एवं वह समृद्ध हों।

तालिका 1. क्षेत्र में निम्नलिखित फसलों में परागण मधुमक्खियों द्वारा होता है

फसल समूह	**फसलों के नाम**
सब्जियां	लौकी, तोरई, कद्दू, मूली, मिर्ची, बैंगन, टमाटर, भिंडी, प्याज, धनियाँ आदि।
तिलहनी फसलें	सरसों, तोरियॉ, तिल, सूरजमुखी आदि
दलहनी फसलें	मूंग, उड़द, मटर, अरहर, ग्वार आदि
खाद्यान्न फसलें	बाजरा, मक्का, ज्वार, गेहूँ आदि
फल	अमरूद, अनार, नींबू, जामुन, आम, आदि
चारे वाली फसलें	बरसीम, ज्वार
जंगली पौधे	शीशम, नीम, सागौन, खेर, यूकेलिप्टस, शहजना, अडूसा आदि
फूल	गेंदा, गुड़हल, केलेन्डुला, चमेली, गुलाब, गिलार्डिया आदि

पूरे साल अनुकूल पर्यावरण स्थिति के कारण प्रचुर मात्रा में फ्लोरा उपलब्ध रहता है इसलिए मधुमक्खी के लिए पर्याप्त पराग एवं मधु उपलब्ध है। कृषि पर आधारित स्वरोजगार से ग्रामीण क्षेत्रों में उच्च गुणवत्ता और पौष्टिक भोजन में

फसल आदि की उपज एवं शहद उत्पादन को बढ़ाने से किसानों की सामाजिक, आर्थिक स्थिति में सुधार होता है। मुरैना जिले का 5,01,686 है. भौगोलिक क्षेत्रफल है, जिसमें से 3,14,793 है. कृषि योग्य भूमि है। कुल 12,79,000 जनसंख्या में से 9,90,000 गांवों में रहती है। यह क्षेत्र कुछ महत्वपूर्ण नदियों जैसे चम्बल, कुंवारी, आसन, सांक, द्वारा घिरा हुआ है। भौगोलिक क्षेत्र का लगभग 50 प्रतिशत भाग ही खेती के लिए उपलब्ध है और जिले में लगभग 58.74 प्रतिशत क्षेत्र सिंचित है। सिंचाई का मुख्य स्रोत नहर और टयूबवैल हैं। कृषि एवं डेयरी मुरैना के लोगों का मुख्य व्यवसाय है। छोटे एवं सीमांत किसान ही ज्यादा संख्या में तथा जिले की जलवायु अर्धशुष्क है।

इस क्षेत्र की स्थिति मधुमक्खीपालन एवं विकास के लिए अगस्त से अप्रैल महीनों के दौरान अनुकूल तापमान और मधुमक्खी फ्लोरा की उपलब्धता की वजह से अत्यधिक अनुकूल है। सरसों, बरसीम, अरहर, तिल, बाजरा, ज्वार, कद्दूवर्गीय सब्जियां, अमरूद के बगीचे व कुछ जंगली पौधे आदि ग्रामीण और आदिवासी लोगों के शहद उत्पादन के लिए वनस्पति के प्रमुख स्रोत हैं।

मधुमक्खीपालन और परागणकर्ता कीट पर कृषि विज्ञान केन्द्र, मुरैना द्वारा किए गऐ प्रयास के परिणाम

मधुमक्खियों में सामान्यतः एपिस मेलीफेरा ही शहद निष्कर्षण के लिए उपयोग की जाती है व ग्रामीण इनका पालन करते हैं। इस क्षेत्र का करीब 70 प्रतिशत शहद सरसों एवं बरसीम द्वारा प्राप्त होता है। कृषि पर आधारित व्यवसाय पैदा करने के लिए मधुमक्खीपालन के माध्यम से लोगों की आर्थिक स्थिति में सुधार की संभावना पर एव ग्रामीण युवाओं के लिए फसल सघनता एवं रोजगार उत्पन्न कराने के लिए कृषि विज्ञान केन्द्र कार्य कर रहा है। इस क्षेत्र में राजस्थान, बिहार उत्तरप्रदेश जैसे अन्य राज्यों से प्रवासी मधुमक्खीपालक ज्यादा संख्या में आते है क्योंकि उनके लिए भी यह क्षेत्र उपयुक्त पाया गया है। जब सरसों में फूलों की अवस्था होती है और मौसम के अंतिम चरण में मार्च अप्रैल तक रहती है, मुरैना में तोरिया सरसों में बीज उत्पादन के लिए किसानों के यहां बरसीम लगाई जाती है। नवम्बर से दिसम्बर का समय स्थिर एवं प्रवासी मधुमक्खीपालन के लिए अत्यधिक उपयुक्त है। सर्वप्रथम कृषि विज्ञान केन्द्र, मुरैना ने वर्ष 2004 के दौरान किसानों को मधुमक्खीपालन कार्यक्रम के लिए प्रेरित करने के लिए पहला कदम उठाया था और मधुमक्खीपालन पर गहन प्रशिक्षण, प्रबन्धन एवं उनकी आर्थिक

स्थिति में सुधार के लिए सितम्बर 2004 में 28 ग्रामीण युवाओं का चयन किया और उनको प्रशिक्षित किया गया। प्रशिक्षण की प्रतिक्रिया बहुत अच्छी और उत्साहजनक थी। प्रशिक्षित युवाओं ने शुरूआत में अपनी आर्थिक क्षमताओं के अनुसार 5–20 कॉलोनी के साथ मधुमक्खीपालन शुरू किया। मधुमक्खीपालकों से लगातार संपर्क करने के लिए वैज्ञानिकों ने लगातार भ्रमण कर मधुमक्खीपालक को प्रोत्साहित किया जिससे कि मुरैना में मधुमक्खीपालकों की संख्या बढ़ती गई और आसपास के क्षेत्रों व चयनित गांवों में भी तेजी से वृद्धि हुई। मधुमक्खीपालकों के लिए विभिन्न प्रशिक्षणों, प्रदर्शनों व लगातार प्रोत्साहन द्वारा केन्द्र के वैज्ञानिकों ने शहद का उत्पादन फसल सत्र के दौरान 80 कि.ग्रा. प्रति कॉलोनी प्रति वर्ष तक पहुंचा दिया था। कृषि विज्ञान केन्द्र, मुरैना द्वारा चयनित गांवों की प्रगति को देखते हुए अन्य कई गांवों जैसे सिरमौर का पुरा, नयागांव व मिरघान गैपरा, वस्तोली, पहाड़गढ़ एवं अन्य गांवों के युवाओं के लिए मधुमक्खीपालन पर प्रशिक्षण आयोजित किये गये। साथ ही जागरूकता शिविर, संगोष्ठी, प्रशिक्षण केन्द्र द्वारा अन्य गांवों में नियमित रूप से आयोजित किए गए। वर्ष 2011–12 तक कुल 29 प्रशिक्षण कार्यक्रमों का आयोजन किया गया एवं 1172 ग्रामीण बेरोजगार युवाओं को प्रशिक्षित किया गया। इसके अलावा तीन सेमीनार और राज्य स्तरीय मधुमक्खीपालन पर प्रशिक्षण आयोजित किये गए। कृषि विज्ञान केन्द्र की मधुवाटिका में मधुमक्खीपालन प्रशिक्षण व प्रदर्शन के दौरान सभी पहलू को ध्यान में रखा गया। एक–दो वर्ष कुछ समय के लिए मधुमक्खीपालकों को प्राकृतिक दुश्मनों और वायरल व जीवाणु संक्रमण का सामना भी मधुमक्खी की कॉलोनी में करना पड़ा था जिससे कई कॉलोनियां क्षतिग्रस्त हो गई थीं और मधुमक्खीपालकों को इस समस्या के कारण काफी नुकसान उठाना पड़ा था तथा वे हतोत्साहित हो रहे थे। लेकिन केन्द्र के वैज्ञानिकों के हस्तक्षेप के बाद उनके फार्मों पर सफल तकनीकि उपचार परीक्षण किया गया एवं तकनीक प्रचार–प्रसार के कारण वह इन बीमारियों के प्रबंधन करने में सफल हुए। अब मधुमक्खीपालक विपरीत परिस्थितियों में भी सफलतापूर्वक इन समस्याओं को कम कर अपनी कॉलोनियों का बेहतर प्रबन्धन कर रहे हैं। शहद उत्पादन में वृद्धि के बाद शहद विक्रय के लिए कृषि विज्ञान केन्द्र द्वारा स्वयं सहायता समूहों का गठन किया गया और मधुमक्खीपालकों की आय में वृद्धि की गई है। वर्तमान में 12 स्वयं सहायता समूह मधुमक्खीपालकों के लिए कार्य कर रहे हैं। वर्तमान में सीधे या अप्रत्यक्ष रूप से 3500–4000 ग्रामीण युवा मधुमक्खीपालन का कार्य कर रहे हैं एवं शहद उत्पादों के विक्रय एवं मधुमक्खी उपकरणों से जुड़े हुए हैं। श्री जगदीश त्यागी, श्री प्रमोद शर्मा, श्री मनोज

पलिया, श्री धर्मेन्द्र त्यागी आदि मधुमक्खीपालक राज्यस्तरीय एवं जिलास्तरीय सम्मान प्राप्त कर चुके हैं एवं प्रदेश स्तर पर व्यावसायिक प्रवासी मधुमक्खीपालन कर रहे हैं। कृषि विज्ञान केन्द्र में भी शहद परिशोधन संयंत्र, संग्रह, पैकेजिंग यूनिट एवं गुणवत्ता परीक्षण प्रयोगशाला भा.कृ.अनु.परि. की वित्तीय सहायता से सन् 2006 में स्थापित की गई थी। केन्द्र द्वारा मधुमक्खीपालकों एवं स्वयं सहायता समूहों का शहद परीक्षण व परिशोधन कर विपणन में मदद की जा रही है जिससे अच्छी गुणवत्ता वाला शहद उपभोक्ताओं को मिल सके और मधुमक्खीपालकों एवं स्वयं सहायता समूहों की आय में वृद्धि हो। गुणवत्ता के मानकों में जैसे नमी निर्धारण, फीहपरीक्षण, अम्लता, शर्करा निर्धारण परीक्षण आदि नियमित रूप से कृषि विज्ञान केन्द्र की प्रयोगशाला में कर रहे हैं। इस कारण से सम्पूर्ण जिले में मधुमक्खीपालकों की संख्या और शहद उत्पादन में वृद्धि हुई है। मोम भी एक महत्वपूर्ण उत्पाद है इस कारण मोम निकालने के बेहतर तरीकों एवं शोधन और विपणन पर भी प्रशिक्षण आयोजित किये गये।

मुरैना जिले में मधुमक्खीपालन पर जागरूकता एवं प्रगति देखकर म.प्र. के अन्य जिलों जैसे भिण्ड, ग्वालियर, शाजापुर, श्योपुर, नीमच, उमरिया, सागर, जबलपुर, गुना, झाबुआ व दतिया आदि के किसान एवं समूहों ने भी मधुमक्खीपालन में रुचि दिखाना शुरू कर दिया है और उन्होंने केन्द्र पर प्रशिक्षण प्राप्त कर इस कार्य को कर रहे हैं। इसलिए मधुमक्खीपालन पर राज्य स्तरीय व्यवसायिक प्रशिक्षण केन्द्र प्रत्येक साल में दो बार आयोजित किये जाते हैं।

मधुमक्खीपालन द्वारा किसानों की आय में एवं परागण से फसलों की उत्पादकता में वृद्धि

सरसों एवं अरहर फसल की फूल वाली अवस्था में पालने वाली मधुमक्खी एपिस मेलीफेरा ज्यादा प्रभावी भ्रमण करती है। अन्य कीटों की अपेक्षा मधुमक्खी फूलों पर भ्रमण करके ज्यादा परागकण और मधु दोनों इकट्ठा करती है। मधुमक्खी की परागण में भूमिका पर जानकारी सर्वविदित है जो फसलों की गुणवत्ता एवं उत्पादकता को बढ़ाती है। सरसों एवं अरहर की फसल मधुमक्खी के लिए बहुत आकर्षक है। मधुमक्खीपालन एवं परागणकर्ता कीट से सरसों एवं अरहर की उत्पादकता वृद्धि एवं ग्रामीणाचंल में आजीविका सुधार की भूमिका पर अंचल में वर्ष 2002–03 से 2011–12 के दौरान अध्ययन किया गया है जो कि तालिका क्र. 2 में उल्लिखित है।

इस क्षेत्र के किसानों द्वारा फसल उत्पादन में तकनीक सुधारों को अपनाने के अलावा मधुमक्खीपालन ने भी परागण के द्वारा फसल उत्पादकता (सरसों, अरहर, बरसीम) के सुधार के लिए महत्वपूर्ण रोल अदा किया है। इस अध्ययन से पता लगता है कि वर्ष 2011–12 के दौरान सरसों में 58.5 प्रतिशत उत्पादकता बढ़ी है और मुरैना जिले में 10वीं पंचवर्षीय योजना की औसत मधुमक्खी कॉलोनियों की अपेक्षा 1737.9 प्रतिशत वृद्धि हुई है। सरसों में वर्ष 2002–03 के दौरान उत्पादकता 797 किग्रा./है. दर्ज की गई थी, जो अब रिकार्ड 1980 कि.ग्रा. तक पहुंच गयी है। किसानों ने उच्च उपज के अलावा अतिरिक्त लाभ शहद उत्पादन, मोम एवं मधुमक्खी विपणन के द्वारा प्राप्त किया है और वे खुश हैं। पुष्प अवधि की वृद्धि के लिए कृषि विज्ञान केन्द्र द्वारा अरहर और बरसीम फसल की कम समय वाली किस्मों का समावेश कराया गया, जिसके फलस्वरूप मधुमक्खी के लिए फ्लोरा की उपलब्धता अगस्त से अप्रैल तक बढ़ गई। क्षेत्र में अरहर के उत्पादन पर बढ़ते हुए रूझान के कारण मधुमक्खीपालक भी इसे अपना रहे हैं। इसका क्षेत्रफल 5000 से 10000 हेक्टेयर और उत्पादकता 592 से 1182 कि.ग्रा./हे. तक पिछले दशक में पहुंच गयी है। लगभग 65.53 प्रतिशत उपज दसवीं योजना की औसत उपज की तुलाना में बढ़ गई है। मधुमक्खीपालक लगभग 50–60 कि.ग्रा. शहद प्रतिकॉलोनी ले रहे हैं और जिले में 55000–60000 कॉलोनियों से लगभग 4500 टन शहद निकाल रहे हैं। मधुमक्खीपालन एक साधारण कृषि आधारित व्यवसाय है जिसमें कम पूंजी निवेश और तकनीकी कौशल की आवश्यकता होती है। घरेलू और अन्तर्राष्ट्रीय बाजार में अच्छी गुणवत्ता वाले शहद की बढ़ती हुई मांग के कारण अच्छी आय प्रदान करता है। मुरैना जिले के मधुमक्खीपालक हमारे देश के बेरोजगार ग्रामीण युवाओं के लिए एक उदाहरण और रोल मॉडल हैं। दाल एवं तेल की बढ़ती हुई मांग का सामना करने के लिए परागण के द्वारा उत्पादकता में वृद्धि की जा सकती है। इस कारण अंचल के कृषि जलवायु क्षेत्र में परागणकर्ता कीट के प्रसार में वृद्धि से मधुमक्खीपालन का भविष्य उज्जवल है।

निष्कर्ष

उपरोक्त तथ्यों से यह निष्कर्ष निकलता है कि मधुमक्खीपालन से मधुमक्खियों द्वारा परागण में वृद्धि कर फसल उत्पादकता में वृद्धि की जा सकती है और शहद उत्पादन कर ग्रामीण बेरोजगार युवाओं के लिए रोजगार स्थापित भी किया जा सकता है। और इसको अपनाकर ग्रामीण क्षेत्रों में गरीबी कम करने की बहुत गुजांइश है।

मधुमक्खीपालन बढ़ाने के लिए उठाये गये कदम

1. बेरोजगार ग्रामीण युवाओं का चयन कर उन्हें प्रशिक्षित किया गया।
2. मधुमक्खी प्रबन्धन को बढ़ावा देना।
3. बैंकों एवं संस्थाओं के माध्यम से ऋण दिलाने में मदद करना।
4. गहन खेती के द्वारा साल भर फ्लोरा को बढ़ावा देना।
5. स्थानीय मधुमक्खीपालकों को तकनीकी मार्गदर्शन और प्रवास के दौरान एक–दूसरे के समर्थन के लिए उ.प्र., राजस्थान एवं बिहार के प्रभावी मधुमक्खीपालकों से बातचीत एवं परिचय कराना।
6. सुरक्षित भण्डारण एवं गुणवत्ता, शहद के विपणन, शहद का गुणवत्ता परीक्षण, भण्डारण परिशोधन और पैकेजिंग यूनिट की सुविधा उपलब्ध कराना।
7. अरहर, सरसों, बरसीम की फसलों से जैविक शहद उत्पादन।
8. विपणन और विभिन्न गतिविधियों के विस्तार के लिए राज विजय एवं स्वयं सहायता समूहों का गठन किया गया ।
9. लकड़ी के बक्से, मोम सीट एवं शहद निकालने का संयंत्र बनाने के लिए जिले में उद्यमों का विकास किया गया।

टिकाऊ आजीविका के लिए मधुमक्खीपालन

1. मधुमक्खीपालन ग्रामीण युवाओं और भूमिहीन लोगों के लिए स्वरोजगार प्रदान करता है।
2. किसान कृषि के साथ मधुमक्खीपालन भी कर रहे हैं।
3. प्रवासी मधुमक्खीपालन से 80 कि.ग्रा. प्रतिवर्ष प्रति कॉलोनी शहद प्राप्त किया जा सकता है।
4. फसल उत्पादकता में वृद्धि और अन्य मधुमक्खी उत्पादों के विक्रय से अतिरिक्त लाभ प्राप्त किया जा सकता है।

प्रमुख उपलब्धियां

1. सरसों फसल के क्षेत्रफल में 4.5 प्रतिशत, उत्पादन में 15.45 प्रतिशत एवं उत्पादकता में 10.4 प्रतिशत वृद्धि दर तथा अरहर के क्षेत्रफल में 38.49 प्रतिशत, उत्पादन में 59.21 प्रतिशत एवं उत्पादकता में 15.15 प्रतिशत वृद्धि दर पिछले 11वीं पंचवर्षीय योजना में दर्ज की गई है।
2. 11वीं पंचवर्षीय योजना के दौरान कृषि विज्ञान केन्द्र द्वारा प्रशिक्षण कार्यक्रमों के आयोजन में 37.41 प्रतिशत, मधुमक्खीपालकों की संख्या में 126.5 प्रतिशत तथा मधुमक्खी कॉलोनियों की संख्या में 59.95 प्रतिशत वृद्धि दर दर्ज की गई है।
3. मुरैना जिला शहद उत्पादन में म.प्र. में पहले स्थान पर है।
4. कृषि विज्ञान केन्द्र, मुरैना मधुमक्खीपालन से जिले के ग्रामीण युवाओं को स्वरोजगार स्थापित करने पर कार्य कर रहा है।
5. वर्तमान में जिले में मधुमक्खीपालकों की संख्या 3500 के लगभग है।
6. व्यावसायिक मधुमक्खीपालन और मधुमक्खी प्रबन्धन पर प्रशिक्षण कृषि विज्ञान केन्द्र, मुरैना पर नियमित रूप से होता है और यह मधुमक्खीपालन, परिशोधन एंवं पैकेजिंग के लिए अग्रणी प्रशिक्षण केन्द्र है।
7. कृषि विज्ञान केन्द द्वारा प्रशिक्षित मधुमक्खीपालक मास्टर प्रशिक्षक के रूप में कार्य कर रहे हैं और नए मधुमक्खीपालकों की सहायता कर रहे हैं।
8. कच्चे शहद के परिशोधन एवं गुणवत्ता परीक्षण की सुविधा कृषि विज्ञान केन्द्र पर उपलब्ध है।
9. प्रशिक्षुओं जिनमें ग्रामीण युवा एवं किसान जो कि म.प्र. के दूसरे जिलों जैसे होशंगाबाद, ग्वालियर, सतना, शिवपुरी, दमोह, सागर, जबलपुर, अशोकनगर, गुना, दतिया आदि से एवं अन्य राज्यों जैसे राजस्थान, बिहार एवं उत्तरप्रदेश आदि से आये हुए युवाओं ने भी व्यावसायिक प्रशिक्षण में भाग लिया है।
10. माननीय राष्ट्रपति महोदया श्रीमती प्रतिभा देवी सिंह पाटिल, केन्द्रीय कृषि एवं सहकारिता मन्त्री श्री शरद पवार जी, भारतीय कृषि अनुसंधान परिषद के महानिदेशक एवं उप महानिदेशक, माननीय कुलपति महोदय, संचालक

अनुसंधान सेवाऐं अधिष्ठाता महोदय एवं केन्द्रीय, राज्य एवं जिला प्रशासन के अधिकारियों ने प्रदर्शनी एवं केन्द्र पर भ्रमण के दौरान मधुमक्खीपालन व शहद परिशोधन पर कृषि विज्ञान केन्द्र द्वारा किए जा रहे कार्य की राष्ट्रीय स्तर पर सराहना की है।

तालिका. मुरैना जिले में मधुमक्खीपालन एवं परागणकर्ता कीट का सरसों एवं अरहर की उपज पर प्रभाव

(क्षेत्रफल–000 है., उत्पादन–000 टन, उत्पादकता–कि.ग्रा./है.)

वर्ष	सरसों			अरहर			मधुमक्खीपालन की स्थिति			मधुमक्खी परिवार की संख्या
	क्षेत्रफल	उत्पादन	उत्पादकता	क्षेत्रफल	उत्पादन	उत्पादकता	आयोजित प्रशिक्षण	प्रशिक्षणार्थियों की संख्या	मधुमक्खी पालकों की संख्या	
2002–03	111.2	88.6	797	5.1	3	592	01	31	2	50
2003–04	135.8	184.6	1359	5.2	4.0	769	01	35	4	345
2004–05	158.1	202.7	1282	3.8	3.0	788	06	415	10	567
2005–06	151.2	222.9	1474	4.5	3.6	790	03	87	126	3500
2006–07	146.7	195.3	1331	4.1	2.8	675	05	160	130	10500
दसवीं पंचवर्षीय योजना का औसत	**140.6**	**178.8**	**1248.6**	**4.54**	**3.28**	**722.8**	**3.2**	**145.6**	**54.4**	**2992.4**
दसवीं पंचवर्षीय योजना की वृद्धि दर	**6.839**	**44.04**	**11.70**	**–5.64**	**132.18**	**2.93**	**53.99**	**52.09**	**225.4**	**267.34**
2007–08	138.0	193.6	1403	3.5	2.3	650	01	25	156	9100
2008–09	151.8	201.0	1324	2.9	2.5	867	02	49	250	10000

वर्ष	सरसों			अरहर			मधुमक्खीपालन की स्थिति			मधुमक्खी परिवार की संख्या
	क्षेत्रफल	उत्पादन	उत्पादकता	क्षेत्रफल	उत्पादन	उत्पादकता	आयोजित प्रशिक्षण	प्रशिक्षणार्थियों की संख्या	मधुमक्खी पालकों की संख्या	
2009–10	146.2	219.0	1500	7.5	5.8	775	03	95	374	12000
2010–11	165.0	297.0	1800	9.6	10.3	1075	03	110	1500	30000
2011–12	165.0	326.0	1980	9.80	11.50	1182	04	165	3800	55000
ग्यारहवीं पंचवर्षीय योजना की वृद्धि दर	**4.506**	**15.45**	**10.47**	**38.49**	**59.21**	**15.15**	**37.41**	**58.14**	**126.5**	**59.95**
दसवीं पंचवर्षीय योजना के औसत के अनुपात में वर्ष 2011-12 के दौरान वृद्धि प्रतिशत में	**17.35**	**82.31**	**58.57**	**115.85**	**250.61**	**63.53**	**25**	**13.32**	**6885**	**1737.99**

भारत की 9 तिलहनी फसलों का क्षेत्रफल, उत्पादन, उपज एवं सिंचाई क्षेत्र (1951-2018)

वर्ष	क्षेत्रफल (10 लाख हे.)	उत्पादन (10 लाख टन)	उपज (किग्रा./हे.)	सिंचित क्षेत्र (%)
1950–51	10.73	5.16	481	नहीं
1951–52	11.69	5.03	430	नहीं
1952–53	11.18	4.73	424	0.8
1953–54	10.99	5.37	488	1.0
1954–55	12.52	6.40	511	1.1
1955–56	12.09	5.73	474	2.4
1956–57	12.49	6.36	509	2.7
1957–58	1266	6.35	502	3.5
1958–59	13.00	7.30	561	3.2
1959–60	13.95	6.56	470	3.1
1960–61	13.77	6.98	507	3.3
1961–62	14.77	7.28	493	3.6
1962–63	15.34	7.39	482	3.3
1963–64	14.82	7.13	481	3.7
1964–65	15.26	8.56	561	3.4
1965–66	15.25	6.40	419	3.7
1966–67	15.00	6.43	428	5.1
1967–68	15.67	8.30	530	5.0
1968–69	14.47	6.85	473	4.8
1969–70	14.81	7073	522	6.1
1970–71	16.64	9.63	579	7.4
1971–72	17.27	9.08	526	7.7

वर्ष	क्षेत्रफल (10 लाख हे.)	उत्पादन (10 लाख टन)	उपज (किग्रा./हे.)	सिंचित क्षेत्र (%)
1972–73	15.79	7.14	452	7.2
1973–74	16.90	9.39	555	8.8
1974–75	17.31	9.15	529	9.2
1975–76	16.92	10.61	627	7.9
1976–77	16.47	8.43	512	7.6
1977–78	17.17	9.66	563	10.4
1978–79	17.71	10.10	570	11.0
1979–80	16.94	8.74	516	12.6
1980–81	17.60	9.37	532	14.5
1981–82	18.91	12.08	639	15.4
1982–83	17.76	10.00	563	15.6
1983–84	18.69	12.69	679	17.0
1984–85	18.92	12.95	684	19.6
1985–86	19.02	10.83	570	17.3
1986–87	18.63	11.27	605	17.9
1987–88	20.13	12.65	629	20.6
1988–89	21.90	19.03	824	22.3
1989–90	22.80	16.92	742	22.1
1990–91	24.15	18.61	771	22.9
1991–92	25.89	18.60	719	25.5
1992–93	25.24	20.11	797	24.1
1993–94	26.90	21.50	799	22.8
1994–95	25.30	21.34	843	25.0

वर्ष	क्षेत्रफल (10 लाख हे.)	उत्पादन (10 लाख टन)	उपज (किग्रा./हे.)	सिंचित क्षेत्र (%)
1995–96	25.96	22.11	851	26.0
1996–97	26.31	24.38	927	26.2
1997–98	26.09	21.32	817	24.3
1998–99	26.20	24.75	945	23.8
1999–00	24.26	20.71	854	25.0
2000–01	22.77	18.44	810	22.4
2001–02	2.64	20.66	913	24.4
2002–03	21.49	14.84	691	23.2
2003–04	23.66	25.19	1064	25.0
2004–05	27.52	24.35	885	27.0
2005–06	27.86	27.98	1004	28.4
2006–07	26.51	24.29	916	29.0
2007–08	26.69	29.76	1115	27.2
2008–09	27.56	27.72	1006	27.1
2009–10	25.96	24.88	958	25.9
2010–11	27.22	32.48	1193	24.9
2011–12	26.31	29.80	1133	27.5
2012–13	26.48	30.94	1168	28.2
2013–14	28.05	32.75	1168	27.3
2014–15	25.60	27.51	1075	27.4
2015–16	26.09	25.25	968	–
2016–17	26.18	31.28	1195	–
2017–18	24.65	31.31	1270	–

●●●

अध्याय 14

खरपतवारों से नुकसान, इनके प्रकार एवं नियंत्रण

खरपतवार क्या है?

खेत में अनावश्यक या अनचाहा पौधा उगना ही खरपतवार कहलाता है। यह पौधे अनावश्यक रूप से उग कर मुख्य फसल को बढ़ने में हानि पहुंचाते हैं। साथ ही पानी, प्रकाश एवं भूमि के पोषक तत्वों में अपना हिस्सा बनाते हैं, फलस्वरूप फसल उत्पादन पर प्रतिकूल प्रभाव पड़ता है।

खरपतवार से हानि

खरपतवार से अधिकतर नुकसान ही होता है। अनुसंधान परिणामों के आधार पर कुल उत्पादन में खरपतवारों से 45 प्रतिशत, कीड़ों से 30 प्रतिशत से 20 प्रतिशत से 5 प्रतिशत नुकसान होता है।

खरपतवारों से फसलों, मानवजीवन एवं पर्यावरण की हानि होती है –

1. प्रतिस्पर्धा–भूमि, प्रकाश, जल एवं पोषक तत्वों से स्पर्धा के कारण उपज में 10–70 प्रतिशत की कमी आती है।
2. बीमारी एवं कीड़ों को आश्रय देते हैं।
3. भूमि की भौतिक दशा खराब करते हैं।
4. भूमि के मूल्य में कमी आती है।
5. जलाशय, नहर, नदियों में भराव से पानी प्रदूषित होता है एवं मत्स्य पालन में परेशानी होती है।
6. नालियों में पानी बहने रुकावट से पानी का नुकसान, वाष्पोत्सर्जन द्वारा होता है।
7. मनुष्य के स्वास्थ्य पर प्रतिकूल प्रभाव पड़ता है।

फसलों में उपज पर खरपतवारों से नुकसान एवं नुकसान कम करने हेतु खरपतवार नियंत्रण का सही समय

फसल	सम्भावित हानि % में	खरपतवार नियंत्रण का सही समय (बुआई के बाद दिनों में)
खरीफ		
मक्का	20—80	30—40
ज्वार	40—50	20—30
मूँग, उड़द	20—30	35—40
अरहर	50—70	30—50
सोयाबीन	20—40	30—45
रामतिल	20—40	30—35
मूंगफली	25—40	35—40
सूरजमुखी	20—50	45—50
गन्ना	25—70	75—80
कपास	20—60	60—65
रबी		
गेहूं	20—50	30—35
चना	10—40	35—40
मटर, मसूर	20—30	30—35
अलसी	20—70	30—35
कुसुम	10—40	40—45
सरसों	20—40	35—40
साग-सब्जी		
आलू	25—35	25—30

फसल	सम्भावित हानि % में	खरपतवार नियंत्रण का सही समय (बुआई के बाद दिनों में)
लहसुन, प्याज	30–70	60–70
गोभी वर्गीय	50–60	30–35
बैंगन	40–70	20–60
टमाटर	40–70	30–45
मिर्च	–	30–45
गाजार	70–80	35–45

खरपतवारों के प्रकार

मौसम एवं फसल के अनुसार विभिन्न प्रकार के खरपतवार पाये जाते हैं जिनका विस्तृत विवरण नीचे दिया जा रहा है –

खरपतवार

दल के आधार पर	जीवन काल के आधार पर	मौसम के आधार पर
एक–दलीय (संकरी पत्ती वाले)	एक वर्षीय	खरीफ
द्वि–दलीय (चौड़ी पत्ती वाले)	द्वि वर्षीय	रबी
	बहुवर्षीय	जायद

खरीफ मौसम के खरपतवार

अ. एक–दलीय (संकरी पत्ती वाले) – जंगली सांवा, बंदरा–बदरी, छींका–घास, जंगली कोदो, केना, कहुआ केना, बिछुवा, दूब, कांस, नागरमोथा। इनमें से दूब, मोथा को छोड़कर अन्य सभी वर्षाऋतु में खेतों में पाये जाते हैं। दूब एवं मोथा बहुवर्षीय खरपतवार है जो कि पूरे वर्ष खेत में पाये जाते हैं।

ब. द्वि–दलीय (चौड़ी पत्ती वाले) – दूधी, चौलाई, गंगावन, पीला गंगावन, जंगली जूट, मकोय, रसभरी, कनकी, गोखरू, झरबेरी, केसर, कालाजीरा, एवं गाजारघास।

रबी मौसम के खरपतवार

अ. एक–दलीय (संकरी पत्ती वाले) – दूब, मोथा, प्याजी, जंगली जई, एवं गेहूं का मामा।

ब. द्वि–दलीय (चौड़ी पत्ती वाले) – बथुआ, कृष्णनील, लोनिया, चौलाई, दूधी, कांसनी, सत्यानाशी, गंगावन, पीला गंगावन, अकरी, हजारदाना, पथरचट्टा, हिरनखुरी, एवं गाजारघास।

जायद के खरपतवार

अ. एक–दलीय (संकरी पत्ती वाले) – दूब एवं मोथा।

ब. द्वि–दलीय (चौड़ी पत्ती वाले) – दूधी, लोनिया, चौलाई, मकई, खटुआ, सत्यानाशी, रसभरी एवं गाजारघास।

खरपतवार नियंत्रण

मुख्य रूप से खरपतवार नियंत्रण हेतु तीन आधार माने गये हैं –

1. **खरपतवार से फसल सुरक्षा** - कृषक बंधु कुछ सावधानी बरतकर खरपतवारों से फसल की सुरक्षा कर सकते हैं। जैसे शुद्ध एवं साफ बीज का प्रयोग, कच्चे खाद का प्रयोग न करना, पशुओं द्वारा होने वाले खरपतवार फैलाव को रोकना, अनुपयोगी भूमि में खरपतवार के फैलाव को रोकना।

2. **उन्मूलन** - किसी भी खरपतवार के बहुतायत में पाया जाना जिससे फसल हानि होना निश्चित है, और खरपतवारों को जड़मूल से समाप्त करना होता है तो इस आधार पर खरपतवार नियत्रंण किया जाता है, परंतु ध्यान रहे कि इस प्रकार के नियंत्रण में समय सीमा का विशेष ध्यान रखना होता है। विभिन्न खरपतवारों के नियंत्रण के लिये विभिन्न समय सीमायें निध ारित की गई हैं। समय सीमा के पूर्व या पश्चात् किया गया नियंत्रण उपाय कारगर नहीं होगा।

3. **नियंत्रण** - इस आधार पर खरपतवारों के खेत में उग आने के बाद या उगने के पहले निम्न विधियों से नियत्रंण किया जाता है –

अ. यांत्रिक ब. भौतिक स. जैविक द. रासायनिक

अ. यांत्रिक

यह विधि सामान्यतः कृषकों द्वारा अपनाई जाती है, जिसमें निदाई–गुड़ाई, कटाई हाथ से या डौरा द्वारा की जाती है। प्रतिकूल मौसम या अन्य कारणों से यह प्रक्रिया समय पर नहीं हो पाती जिससे फसलों की उपज पर प्रतिकूल प्रभाव पड़ता है। खरपतवारों से फसल को होने वाली हानि एवं नियंत्रण करने के उपयुक्त समय का उल्लेख पूर्व पृष्ठ में दिया जा चुका है।

ब. भौतिक

इस विधि में खेत में पड़े फसल अवशेषों को जला कर या खाली पड़े खेतों में पानी भरकर खरपतवार फैलाव को रोका जा सकता है।

स. जैविक

जैविक नियंत्रण चूंकि किसानोपयोगी नहीं है, इसलिए इसका विस्तृत उल्लेख नहीं किया गया है। इस विधि के तहत विभिन्न कीटों (परजीवियों) द्वारा सुग्राही पौधों को नष्ट किया जाता है। इस पर विभिन्न स्थानों पर अनुसंधान कार्य प्रारंभ हैं।

द. रासायनिक

उक्त तीनों विधियों की अपेक्षा यह विधि अधिक उपयोगी है, क्योंकि प्रतिकूल मौसम एवं अन्य कारणों जैसे–मजदूर समस्या आदि के कारण समय पर खरपतवार नियंत्रण नहीं हो पाता है और किसानों को आर्थिक हानि उठानी पड़ती है।

रासायनिक खरपतवार नियंत्रण की कृषकों को आवश्यक जानकारी होना जरूरी है। जानकारी के अभाव में फसल पर प्रतिकूल असर पड़ सकता है। इसलिये कृषक उपयोग हेतु रासायनिक खरपतवार नियंत्रण के सम्बध में आवश्यक जानकारी दी जा रही है।

खरपतवार नाशकों का उपयोग के आधार पर वर्गीकरण

क. **बुवाई पूर्व** - पेण्डी मेथीलीन, फ्लू क्लोरोलीन।

ख. **बुवाई के बाद एवं अंकुरण के पूर्व** - पेण्डी मेथीलीन, बूटाक्लोर, एट्राजीन, सीमाजीन, एलाक्लोर, प्रोपेलीन, डायूरान आदि।

ग. **अंकुरण के बाद खड़ी फसल में** - 2, 4–डी, हेलाक्सीपाप मिथाइल, फ्लूजीपापब्रुटाइल, आइसोप्रोचूरान, फ्लूराक्सीपायर, क्लापीरेलीराइड आदि।

घ. **अंकुरण के बाद नियंत्रित क्षेत्र में** - ग्रेमेक्जोन, ग्लाइफोसेट आदि।

ड. **जलीय क्षेत्र में** - 2,4 – डी।

च. **फसल क्षेत्र के अतिरिक्त खरपतवार के नियंत्रण हेतु** - 2,4,5,–टी।

रसायनिक खरपतवार नियंत्रण की पद्धति

1. **बुवाई पूर्व** - इस पद्धति में खरपतवार नाशक को छिड़ककर तुरन्त ही बंखर चलाकर मिट्टी में मिला दें। इसके बाद बुवाई कर दें।

   रसायन का नाम - पेण्डीमेथीलीन, फ्लूक्लोरोलीन।

2. **बुवाई के बाद एवं अंकुरण के पूर्व** - इस पद्धति में खरपतवार नाशकों का प्रयोग बुवाई के तुरंत बाद या 2–3 दिन बाद किया जाता है। यहां सावधानी यह रखना है कि बोई गई फसल का अंकुरण न हुआ हो।

   रसायन का नाम - पेएडीमेथीलीन, एट्राजीन, सीमाजीन, प्रोपेलीन, एलाक्लोर, बूटाक्लोर, डायूरान आदि।

3. **अंकुरण के बाद खड़ी फसल में** - इस पद्धति में सिलेक्टिव खरपतवार नाशियों का उपयोग किया जाता है। यहां सावधानी रखना आवश्यक है। किस फसल विशेष हेतु रसायन का उपयोग किया जाना है अन्यथा उसका विपरीत प्रभाव फसल पर पड़ेगा। खरपतवार नाशक का उपयोग खरपतवार के उग आने के बाद यानि लगभग बुवाई से 25–30 दिन बाद करें।

   रसायन का नाम - 2,4–डी, हेलाक्जीपापमिथाईल, फ्लूजीपापब्रुटाइल आदि।

4. **अंकुरण के बाद नियंत्रित क्षेत्र में** - इस पद्धति में फसल को सुरक्षित रख एवं खरपतवारों को केन्द्रित कर छिड़काव किया जाता है।

   रसायन का नाम - ग्रेमेक्जोन।

5. **जलीय क्षेत्र में** - इस प्रकार तालाबों, नदियों एवं नहरों आदि में जलीय खरपतवारों का नियंत्रण किया जाता है।

   रसायन का नाम - 2,4 – डी।

6. **फसल क्षेत्र के अतिरिक्त खरपतवार नियंत्रण** - इस पद्धति में खरपतवारों पर सीधे खरपतवार नाशियों का छिड़काव कर नियंत्रण किया जाता है, जहां पर केवल खरपतवार ही हो, कोई फसल नहीं हो।

   रसायन का नाम - ग्लाईफोसेट, गेमेक्जोन आदि।

रासायनिक खरपतवार नियंत्रण करते समय ध्यान रखने योग्य मुख्य बातें

1. फसल के अनुसार खरपतवारनाशक का चयन करें।
2. खरपतवारनाशक का प्रयोग करते समय ध्यान रखें कि उसका उपयोग किस अवस्था में करना है।
3. छिड़काव के समय भूमि समतल एवं भूरभूरी हो। ढेलों की अवस्था में छिड़काव न करें।
4. खरपतवारनाशक के उपयोग पूर्व खेत साफ एवं पूर्व फसल के अवशेष रहित हो।
5. उपयोग करने के पूर्व खेत की नमी की जांच अवश्य करें। पर्याप्त नमी की अवस्था में ही छिड़काव करें अन्यथा संतोषप्रद परिणाम नहीं मिलेंगे।
6. निर्धारित मात्रा का उपयोग अवश्य करें।
7. बुवाई पूर्व उपयोग किये जाने वाले खरपतवारनाशी को छिड़ककर तुरन्त बाद खेत में अच्छी तरह मिला दें क्योंकि खुला छोड़ने पर ये सूर्य प्रकाश के कारण अपना प्रभाव कम कर देते हैं।
8. बुवाई बाद एवं अंकुरण पूर्व खरपतवारनाशक का उपयोग करते समय ध्यान रखें कि खरपतवारनाशी का उपयोग सही समय पर करें एवं उसके बाद खेत में कोई भी सस्य क्रियायें न करें।
9. खरपतवारनाशक का छिड़काव जहां तक हो सके "फ्लेट पेन नोजल" से ही करें।
10. छिड़काव या भुरकाव समान रूप से एवं अच्छी तरह करें।
11. प्रति हेक्टेयर लगभग एक हजार लीटर घोल (पानी) की आवश्यकता होती है, इस बात का ध्यान रखें।
12. दवा का घोल अच्छी तरह एवं उचित मात्रा मिलाकर बनायें।

13. खरपतवारनाशी के साथ कोई अन्य जैसे कीटनाशी या फफून्दनाशी आदि का मिलाकर उपयोग नहीं करें।

14. जहां तक संभव हो छिड़काव सुबह या शाम के समय करें, ध्यान रहे कि हवा का बहाव तेज न हो।

15. छिड़काव पश्चात् स्प्रे पम्प अच्छी तरह साफ करें।

खाद्यान्नों तथा अन्य फसलों में रासायनिक नींदा नियंत्रण

फसल	**नींदा नाशक (रसायन व प्रयोग का समय)**	**नींदा नाशक (ग्रा. या मि.ली./ली.)**	**सक्रिय तत्व (कि.ग्रा. या ली./हे.)**
मक्का	1. ट्राफजिन (अंकुरण के पूर्व)	2.0	1.0
	2. एट्राटाफ (अंकुरण के पूर्व)	2.0	1.0
	3. पेन्डीमेथेलिन (अंकुरण के पूर्व)	4.5	1.5
	4. 2,4 डी (बुआई के 40 दिन बाद)	3.0	1.0
ज्वार	1. एट्राटाफ (अंकुरण के पूर्व)	2.0	1.0
	2. पेन्डीमेथेलिन (अंकुरण के पूर्व)	4.5	1.5
	3. 2,4 डी (बुआई के 40 दिन बाद)	3.0	1.0
गेहूं	1. आइसोप्रोचूरान (अंकुरण के पूर्व या बुआई के 30 दिन बाद)	4.5	1.5
	2. पेन्डीमेथेलिन (अंकुरण के पूर्व)	1.0	0.5
	3. 2,4 डी (बुआई के 30 दिन बाद)		

फसल	नींदा नाशक (रसायन व प्रयोग का समय)	नींदा नाशक (ग्रा. या मि.ली./ली.)	सक्रिय तत्व (कि.ग्रा. या ली./हे.)
गन्ना	1. ट्राफजिन (अंकुरण के पूर्व)	2.0	1.0
	2. नाइट्रोफेन (अंकुरण के पूर्व)	8.0	2.0
	3. 2,4 डी (बुआई के 40 दिन बाद)	1.0	0.5
कपास	1. नाइट्रोफेन (अंकुरण के पूर्व)	8.0	2.0
	2. डायूरान (अंकुरण के पूर्व)	1.2	1.0
	3. पेन्डीमेथेलिन (अंकुरण के पूर्व)	4.5	1.5

दलहनी फसलों में रासायनिक नींदा नियंत्रण

फसल	नींदा नाशक (रसायन व प्रयोग का समय)	नींदा नाशक (ग्रा. या मि.ली./ली.)	सक्रिय तत्व (कि.ग्रा. या ली./हे.)
मूंग	1. पेन्डीमेथेलिन (अंकुरण के पूर्व)	3.3	1.0
	2. फ्लूक्लोरालिन (बुआई के पूर्व)	2.0	1.0
उड़द	1. एलाक्लोर (अंकुरण के पूर्व)	4.0	2.0
	2. पेन्डीमेथेलिन (अंकुरण के पूर्व)	4.5	1.5
अरहर	1. फ्लूक्लोरालिन (बुआई के पूर्व)	2.0	1.0
	2. एलाक्लोर (अंकुरण के पूर्व)	4.0	2.0
चना	1. फ्लूक्लोरालिन (बुआई के पूर्व)	2.0	1.0
सरसों	1. फ्लूक्लोरालिन (बुआई के पूर्व)	2.0	1.0
मसूर	1. पेन्डीमेथेलिन (अंकुरण के पूर्व)	4.5	1.5

तिलहनी फसलों में रासायनिक नींदा नियंत्रण

फसल	नींदा नाशक (रसायन व प्रयोग का समय)	नींदा नाशक (ग्रा. या मि.ली./ली.)	सक्रिय तत्व (कि.ग्रा. या ली./हे.)
सोयाबीन	1. पेन्डीमेथेलिन (अंकुरण के पूर्व)	4.5	1.5
	2. फ्लूक्लोरालिन (बुआई के पूर्व)	2.0	1.0
	3. एलाक्लोर (अंकुरण के पूर्व)	4.0	2.0
मूंगफली	1. पेन्डीमेथेलिन (अंकुरण के पूर्व)	3.3	1.0
	2. फ्लूक्लोरालिन (बुआई के पूर्व)	3.0	1.5
	3. एलाक्लोर (अंकुरण के पूर्व)	2.0	1.0
तिल	1. एलाक्लोर (अंकुरण के पूर्व)	2.0	1.0
सूरजमुखी	1. पेन्डीमेथेलिन (अंकुरण के पूर्व)	3.0	1.0
	2. आक्सीडायजान (अंकुरण के पूर्व)	1.0	0.5
सरसों	1. आइसोप्रोचूरान (बुआई के 30 दिन बाद)	1.5	0.75
कुसुम	1. पेन्डीमेथेलिन (अंकुरण के पूर्व)	3.0	1.0
रामतिल	आइसोप्राचूरान (खड़ी फसल में 30 दिन पर)	2.0	1.0

साग सब्जियों में रासायनिक नींदा नियंत्रण

फसल	नींदा नाशक (रसायन व प्रयोग का समय)	नींदा नाशक (ग्रा. या मि.ली./ली.)	सक्रिय तत्व (कि.ग्रा. या ली./हे.)
आलू	1. फ्लूक्लोरालिन (बुआई के पूर्व)	1.0	0.5
	2. पेन्डीमेथेलिन (अंकुरण के पूर्व)	3.3	1.0
	3. एलाक्लोर (अंकुरण के पूर्व)	2.5	1.2
लहसुन एवं प्याज	1. नाइट्रोफेन (सिंचाई के बाद परन्तु रोपण पूर्व)	8.0	2.0
	2. फ्लूक्लोरालिन (सिंचाई के बाद परन्तु रोपण पूर्व)	1.5	0.75
	3. पेन्डीमेथेलिन (सिंचाई के बाद परन्तु रोपण पूर्व)	3.3	1.0
गोभी वर्गीय	1. नाइट्रोफेन (सिंचाई के बाद परन्तु रोपण पूर्व)	8.0	2.0
	2. पेन्डीमेथेलिन (सिंचाई के बाद परन्तु रोपण पूर्व)	3.3	1.0
	3. एलाक्लोर (सिंचाई के बाद परन्तु रोपण पूर्व)	2.0	1.0
बैगन,मिर्च, टमाटर	1. फ्लूक्लोरालिन (सिंचाई के बाद परन्तु रोपण पूर्व)	2.5	1.2
	2. पेन्डीमेथेलिन (सिंचाई के बाद परन्तु रोपण पूर्व)	3.3	1.0
	3. एलाक्लोर (सिंचाई के बाद परन्तु रोपण पूर्व)	2.0	1.0
भिण्डी	1. नाइट्रोफेन (सिंचाई के बाद परन्तु रोपण पूर्व)	8.0	2.0

समस्यामूलक बहुवर्षीय खरपतवार नियंत्रण

फसल	नींदा नाशक (रसायन व प्रयोग का समय)	नींदा नाशक (ग्रा. या मि.ली./ली.)	सक्रिय तत्व (कि.ग्रा. या ली./हे.)
लेन्टाना या फुरी	1. अगस्त माह में 5 से 7 से.मी. ऊंचाई से कटाई करें	2.0	1.0
	2. ग्लाई फोसेट		
गाजार	1. एट्राटाफ (अंकुरण के पूर्व)	3.0	1.5
घास	2. साधारण नमक (20 दिन पर)	150	15%
	3. यूरिया (20 दिन पर)	200	20%
	4. 2,4 डी (30 दिन पर)	4.5	1.5
दूब	1. ग्लाईफोसेट (खरपतवार पर)	2.0	1.0
मोथा	1. 2,4 डी (खरपतवार पर)	1.0	0.75
कास	1. ग्लाईफोसेट (खरपतवार पर)	0.5	2.5

●●●

अध्याय 15

वर्षा आधारित क्षेत्रों से लें अधिक उत्पादन

देश में वर्षा आधारित क्षेत्र कुल कृषि योग्य भूमि का 67 प्रतिशत है एवं कुल आबादी की 40 प्रतिशत जनसंख्या का जीवनयापन का साधन है। वर्षा आधारित खेती का 97 प्रतिशत क्षेत्रफल मध्यप्रदेश, महाराष्ट्र, गुजरात, राजस्थान, आंध्रप्रदेश, कर्नाटक, तथा तमिलनाडू प्रदेशों में है। इन प्रदेशों में 300 से 1500 मि.मी. औसतन वर्षा होती है। कुल उत्पादन की दृष्टि से देखा जाये तो देश के कुल उत्पादन का 44 प्रतिशत योगदान भी वर्षा आधारित क्षेत्रों से है। तिलहन, दलहन एवं कपास के कुल उत्पादन में योगदान के दृष्टिकोण से देखा जाय तो क्रमशः 80, 90 एवं 65 प्रतिशत वर्षा आधारित क्षेत्रों से है। अनियमित, असामयिक व कम वर्षा तथा इन क्षेत्रों में सिंचाई जल की अनुपलब्धता के कारण शष्य सघनता कम है तथा औसतन उत्पादन लगभग 1 टन प्रति हेक्टेयर है।

देश में सिंचित क्षेत्रफल लगभग 33 प्रतिशत है तथा इन क्षेत्रों की पैदावार अपने अधिकतम स्तर तक पहुँच चुकी है। सिंचाई संसाधनों का समुचित प्रबन्धन कर लिया जाय तब भी देश का 50 प्रतिशत क्षेत्रफल ही सिंचित किया जा सकता है। फसल उत्पादन में वर्षा जल का सबसे महत्वपूर्ण योगदान है। वर्षा जल को खेतों की संरचना में परिवर्तन, गहरी जुताई, मल्चिंग कर जल को संरक्षित किया जा सकता है तथा बह कर जाने वाले अतिरिक्त वर्षा जल को जल संभरण की संरचनायें जैसे तालाब, खेत तालाब, चेकडेम आदि बनाकर वर्षा जल को रोका जा सकता है जिसे आवश्यकता पडने पर सिंचाई के काम में लिया जा सकता है। इन क्षेत्रों में संरक्षित जल से फसल में आवश्यकता पड़ने पर सिंचाई के साथ पोषक तत्व, समुचित फसल प्रबन्धन तथा ऊर्जा का समुचित उपयोग कर इन क्षेत्रों की पैदावार को दो गुना कर देश में द्वितीय हरित क्रान्ति लाई जा सकती है।

जिन क्षेत्रों में वर्षा आधारित खेती की जाती है उन क्षेत्रों की मृदाएं ऊँची–नीची, कार्बनिक पदार्थ तथा उपलब्ध लाभदायक सूक्ष्मजीवों की कमी, मृदा कहीं–कहीं

क्षारीय, लवणीय या अम्लीय प्रकृति, डेढ़ मीटर की गहराई तक में कैल्शियम कार्बोनेट की परत काली मृदाओं में जल पारगम्यता कम होना तथा बलुई मृदाओं की सतह पर पपड़ी (क्रस्ट) का बनना प्रमुख है एवं मृदा क्षरण की भी अधिकता है। देश के दक्षिण प्रान्तों में सल्फर, कैल्शियम, जिंक, बोरेन, मोलीप्डेनम की कमी तथा पश्चिम में नत्रजन, जस्ता पूर्व के राज्यों में कैल्शियम तथा मध्य भारत में सल्फर व कैल्शियम की कमी पाई जाती है।

वर्षा आधारित क्षेत्रों में कृषि सामाजिक, आर्थिक व जैवभौतिक कारणों से प्रभावित होती है। इन क्षेत्रों में कम व असामयिक वर्षा, जल संभरण ढांचों का अभाव, फसल पकने की समयावधि में नमी का अधिक व न्यूनतम स्तर पर जाना, कृषकों द्वारा उत्पादन बढ़ाने वाले आदानों का सही तरीके से प्रयोग न करना, नवीनतम तकनीकों का न अपनाना और आधुनिक संसाधनों से पिछड़े होना आदि प्रमुख हैं।

अधिक उत्पादन लेने की तकनीकें

वर्षा जल प्रबन्धन

वर्षा आधारित क्षेत्रों के लिए वर्षा जल बहुत ही महत्वपूर्ण आदान है। साथ ही इन क्षेत्रों में प्राकृतिक संसाधनों का सदुपयोग बहुत ही आवश्यक है। वर्षा की सघनता देश में भिन्न–भिन्न है। इन क्षेत्रों में उत्पादन की अनिश्चितता को कम करने के लिए मुख्य रूप से वर्षा जल का खेतों तथा तालाबों में संरक्षण, उचित फसल का चयन जो कि गहरी जड़वाली हों तथा बेहतर फसल प्रबंधन है।

वर्षा जल का खेतों में संरक्षण

यदि संभव हो तो मृदा का समतलीकरण कर मेड़बन्दी एवं गहरी जुताई कर अनुपयोगी फसल अवशेष, खरपतवार आदि से मल्चिंग कर देनी चाहिए। मृदा में एक से दो मीटर का ढाल हो तो कन्टूर बनाने चाहिए तथा कन्टूर के समान खेती करनी चााहिए जिससे जल संरक्षण बढ़ेगा।

जुताई की तकनीक

उपयुक्त जुताई की तकनीक अपनाकर वर्षा जल व मृदा को संरक्षित किया जा सकता है। जैसे ढ़ाल के विपरीत जुताई, जुताई के साथ पाटा लगाना एवं जुताई सूर्य निकलने से पहले ही कर दें साथ में पाटा लगा दें।

गहरी जुताई

लम्बे समय तक एक समान गहराई पर जुताई, क्षारीय जल व मीठे जल से बारम्बारता से सिंचाई करने पर मृदा में जड़ क्षेत्र में कठोर सतह बन जाती है जो कि फसल की जड़ों व वर्षा जल को मृदा सतह में समाहित नहीं होने देती परिणामस्वरूप वर्षा जल के उपजाऊ मृदा व्यर्थ बहकर चली जाती है। गहरी जुताई (25 से 30 से.मी.) करने से उत्पादन में बढ़ोतरी तथा साथ ही भूमि जल स्तर में बढ़ोतरी होती है।

गर्मी की जुताई

कम व मध्यम वर्षा वाले क्षेत्रों में गर्मी की जुताई करने से प्रारम्भिक वर्षा का जल मृदा में अधिक समाहित होता है तथा खरीफ की फसल की बुवाई समय पर की जा सकती है। गर्मी की जुताई करने से खरपतवार भी कम उगते हैं। मृदा से जल का वाष्पीकरण नहीं होता साथ ही मृदा में उपलब्ध जल की मात्रा बढ़ती है परिणामस्वरूप फसलों द्वारा जल उपयोगिता भी बढ़ जाती है।

मल्चिंग

फसल की लाइनों के बीच में फसल अवशेष, खरपतवार आदि के अवशेष बिछा दिए जाते हैं, जिससे मृदा व जल का संरक्षण, खरपतवार नियंत्रण, मृदा की भौतिक व जैविक दशा में सुधार एवं उपलब्ध पोषक तत्वों की उपलब्धता भी बढ़ जाती है। मल्चिंग के प्रयोग से मृदा का तापक्रम मृदा की 10 से.मी. की गहराई तक 2 से 11 से.ग्रे. तक कम हो जाता है परिणामस्वरूप फसलों की जड़ों का विकास अधिक होता है। पोलीथीन शीट बिछाकर भी मल्चिंग की जा सकती है। आजकल इसका प्रचलन बढ़ रहा है। मृदा पर पोलीथीन शीट बिछाने से जल संरक्षित तथा हाइड्रोथर्मल रिजिम द्वारा मृदा वातानुकूलित हो जाती है। मृदा में लाभकारी जीवाणुओं की वृद्धि होती है परिणामस्वरूप मृदा की उर्वरा शक्ति में बढ़ोतरी होती है। वैज्ञानिकों के प्रयोगों से सिद्ध हो चुका है कि मल्चिंग द्वारा फसलों के उत्पादन में गुणवत्ता तथा मृदा उर्वरा शक्ति में बढ़ोतरी होती है।

बहते हुए वर्षा जल का संरक्षण

वर्षा जल को खेतों में संरक्षित करने के अतिरिक्त यदि वह बहकर जाता है तो वर्षा जल का संभरण विभिन्न तकनीक जैसे तालाब, खेत तालाब, नाला बांध, गली बांध, परकोलेशन टेंक, आदि का निर्माण करना चाहिए। उपरोक्त तकनीक में से क्षेत्र विशेष के अनुरूप तकनीक काम में लेनी चाहिए।

वर्षा जल की उपयोगिता बढ़ाना

क्षेत्र विशेष के लिए उपयुक्त सिंचाई के लिए उपलब्ध सिंचाई जल के आधार पर फसल व फसल चक्र का चुनाव करना चाहिए। फसल उत्पादन में वर्षा आधारित क्षेत्रों के लिए उपयुक्त सिंचाई तकनीक, क्रांतिक अवस्थाओं पर सिंचाई, निराई गुड़ाई तथा मल्चिंग अपनाकर मृदा सतह से पानी के वाष्पीकरण को कम किया जा सकता है। संग्रहित वर्षा जल को स्पिंकलर, फरो, ड्रिप, पिचर सिंचाई पद्धति से फसलों की क्रांतिक अवस्थाओं पर सिंचाई करनी चाहिए।

गहरी जुताई भी वर्षा जल की उपयोगिता को बढ़ाती है। गर्मी की जुताई तथा चीजलिंग जो कि चीजलर ट्रेक्टर चालित यंत्र से 30 से 45 से.मी. गहरी तथा 60 से 120 से.मी. अन्तराल पर करने से फसलों की जड़ों का विकास तथा मृदा में संग्रहित जल की उपयोगिता बढ़ती है। मल्चिंग के द्वारा भी सिंचाई जल की उपयोगिता बढ़ाई जा सकती है। फसलों में सिंचाई एवं पोषक तत्व उपयोगिता में गहरा सम्बन्ध है। मृदा जांच के आधार पर पोषक तत्व प्रयोग करने से फसलों की जड़ों का विकास अच्छा होता है परिणामस्वरूप फसलों की जड़ें गहराई तक जाकर पानी का अवशोषण कर लेती हैं ताकि मृदा सतह से उड़ने वाला पानी भी कम वाष्प बनकर उड़ता है।

पोषक तत्वों का उचित प्रबन्धन

वर्षा आधारित क्षेत्रों में अधिक तापक्रम के कारण मृदाओं में कार्बनिक पदार्थ की कमी के साथ–साथ मृदाओं में नत्रजन, फास्फोरस, सल्फर, सूक्ष्म पोषक तत्वों की कमी हो जाती है। क्योंकि इन क्षेत्रों में कृषक बहुत कम या न के बराबर पोषक तत्वों का प्रयोग करते हैं तथा गोबर के खाद का प्रयोग नहीं करते। वैज्ञानिकों के सर्वेक्षण के अनुसार देश के कुल क्षेत्रफल में से 35 प्रतिशत क्षेत्रों में रासायनिक खाद का प्रयोग 50 कि.ग्रा. प्रति हेक्टेयर से कम होता है परिणामस्वरूप पैदावार भी कम मिलती है।

समन्वित पोषक तत्व प्रबन्धन

रासायनिक उर्वरकों के प्रयोग से मृदा वातावरण व भूमिगत जल प्रदूषण की समस्या रहती है। साथ ही लम्बे समय तक केवल रासायनिक खाद उपयोग करने से फसलों की पैदावार कम होती चली जाती है। अतः उत्पादन बढ़ाने के लिए समन्वित पोषक तत्वों का प्रबन्धन करना चाहिए। समन्वित प्रयोग हेतु स्थानीय स्तर

पर उपलब्ध कार्बनिक पदार्थ जैसे हरी खाद, गोबर का खाद, वर्मीकम्पोस्ट, फसल अवशेष आदि का रासायनिक उर्वरकों के साथ समन्वित प्रयोग करना चाहिए। पोषक तत्वों के समन्वित प्रयोग से अधिक व गुणवत्तायुक्त पैदावार तथा मृदा उपजाऊ बनी रहती है।

देश में हुए प्रयोगों से देखा गया है कि जो मृदाऐं कम उपजाऊ हैं उन मृदाओं में 10 टन गोबर की खाद प्रति हेक्टेयर के साथ रासायनिक उर्वरकों की पूरी मात्रा प्रयोग करनी चाहिए तथा जो मृदाऐं मध्यम से उपजाऊ हैं इनमें यदि 10 टन गोबर के खाद के साथ 25 से 50 प्रतिशत रासायनिक उर्वरकों की बचत की जा सकती है।

पोषक तत्वों की उपयोगिता बढ़ाना

मृदा की प्रकृति को ध्यान में रखते हुए फसलों का चयन, फसल पद्धति, सन्तुलित पोषक तत्व प्रबन्धन, फसल के अनुसार खाद व उर्वरकों का चयन, मात्रा, उपयोग का समय, प्रयोग विधि, प्रयोग किए जाने वाले पोषक तत्वों की आपस की प्रतिक्रिया, फसल प्रबन्धन की विधियां और साथ ही समस्याग्रस्त मृदाओं के सुधार को ध्यान में रखकर सन्तुलित उर्वरक प्रयोग कर अधिक गुणवत्ता का उत्पादन लेना चाहिए।

फसल व फसल पद्धति का चयन

वर्षा आधारित क्षेत्रों में फसलों का चयन मृदा प्रकृति तथा मृदा की जलधारण क्षमता के आधार पर करना चाहिए। प्रयोगों में देखा गया है कि लवणीय, क्षारीय प्रकृति की मृदाओं में दलहनी फसलों की पैदावार नहीं मिलती अतः इन मृदाओं में उपलब्ध सिंचाई जल के आधार पर सरसों, जौ आदि फसलें लगानी चाहिए। शुष्क एवं अधिशुष्क क्षेत्रों से सिंचाई जल की उपलब्धता के आधार पर व मृदा उपजाऊ है तो कम पानी में मसाला फसलें जैसे जीरा, मेथी, अजवायन, सौंफ आदि मसालों की फसल लगाकर कम पानी में अधिक लाभ अर्जित किया जा सकता है।

फसल चक्र में दलहनी फसलों का समायोजन कर आगामी फसल की पैदावार अधिक मिलती है। दलहनी फसल की खेती करने से 30 से 40 कि.ग्रा. नत्रजन प्रति हेक्टेयर आगामी फसल को उपलब्ध होता है साथ ही मृदा में कार्बनिक पदार्थ की मात्रा भी बढ़ती है।

उपयुक्त उर्वरक चयन

फसल के अनुसार उर्वरक चयन फसल की आवश्यकता, प्रयोग समय व प्रयोगाविधि तथा क्षेत्र में उपलब्धता के आधार पर उर्वरकों का चयन करना चाहिए जैसे तिलहनी फसलों में सिंगल सुपर फास्फेट व यूरिया का प्रयोग नत्रजन की उपयोगिता बढ़ाने के लिए नत्रजन को फसल की अवधि के अनुसार दो या तीन बार में प्रयोग तथा वरानी व नम क्षेत्रों में नत्रजन सहित सभी उर्वरकों को बीज के नीचे जड़ क्षेत्र में प्रयोग करने से वाष्पीकरण से होने वाले नुकसान को कम किया जा सकता है। इसी प्रकार क्षारीय मृदाओं में नत्रजनयुक्त उर्वरकों को बुआई के समय या सिंचाई से पहले प्रयोग करना चाहिए। वारानी क्षेत्रों में खड़ी फसलों में कमी के लक्षण दिखाई दें तो खड़ी फसल में भी पानी का घोल बनाकर छिड़काव किया जा सकता है।

समस्याग्रस्त मृदाओं का सुधार

पोषक तत्वों की उपयोगिता बढ़ाने तथा अधिक उत्पादन लेने के लिए क्षारीय मृदाओं में जिप्सम के साथ ढैंचा की हरी खाद का प्रयोग, लवणीय मृदाओं की मेड़बन्दी कर गहरी जुताई कर वर्षा जल खेत में रोकना, अम्लीय मृदाओं में चूना वेलसाइट, डोलोमाइट और पेपर मिल के स्लज का प्रयोग। तीन वर्ष में एक बार गहरी जुताई करनी चाहिए।

फसल उद्यानिकी

वर्षा आधारित क्षेत्रों में वर्षा यदि असामयिक व असीमित होती है तो फसलोत्पादन लाभप्रद नहीं रहता। अतः फसल उद्यानिकी लगाकर खेती को लाभकारी बनाया जा सकता है। फसल उद्यानिकी में क्षेत्र विशेष की मांग, मृदा की प्रकृति के आधार पर फल वाले पौधों का चयन कर लगाने चाहिए तथा बीच में फसल लगाकर उत्पादन लिया जा सकता है। कम वर्षा होने की स्थिति में फसलोत्पादन प्रभावित होता है। क्योंकि फसलों की जड़ें ऊपर रहती हैं। फलोत्पादन मिल जाता है क्योंकि फल वृक्षों की जड़ें गहराई से पानी का अवशोषण कर लेती हैं। इस प्रकार वर्षा आधारित क्षेत्रों में फसल उद्यानिकी अपनाकर कृषि को लाभकारी बनाया जा सकता है।

●●●

अध्याय 16

जैविक खेती–एक सफल एवं टिकाऊ पद्धति

परिचय

हमारा देश एक कृषि प्रधान देश है जहाँ पर अधिकांश जनसंख्या गाँवों में निवास करती है एवं 70 प्रतिशत रोजगार खेती से ही प्राप्त होता है। वर्तमान समय में जनसंख्या वृद्धि के साथ–साथ खाद्यानों की मांग भी बढ़ी है। जनसंख्या वृद्धि के साथ खाद्यानों की आपूर्ति सुनिश्चित करने एवं अधिकाधिक उत्पादन की होड़ में एक ओर रासायनिक उर्वरकों के साथ–साथ कीट एवं रोगनाशी का कृषि में प्रयोग बढ़ता जा रहा है वहीं दूसरी ओर देशी और परम्परागत खादों को अनुपयोगी समझकर उनके प्रति उपेक्षा बरत रहे हैं। फलस्वरूप उर्वरकों एवं कृषि रसायनों के अधांधुंध, अविवेकपूर्ण एवं अनियमित प्रयोग से भूमि की उर्वरक शक्ति, भूमिगत जल एवं पर्यावरण पर विपरीत प्रभाव पड़ रहा है। कवकनाशियों के अधिक मात्रा में अविवेकपूर्ण प्रयोग से मिट्टी में तांबे की मात्रा में बढ़ोतरी हो रही है एवं कीटनाशियों के अधिक प्रयोग से उनके अवशेषों का उत्पादित वस्तुओं में जाने की सम्भावना बढ़ गई है। इसके अलावा इनके प्रयोग से मृदा के कुछ लाभकारी जीव–जन्तु जैसे केंचुए आदि भी मर जाते हैं। कीटों में प्रतिरोधकता पैदा होती है और पर्यावरण भी प्रदूषित होता है।

भारत में मृदा उर्वरता को बनाये रखने एवं मृदा उर्वरता में वृद्धि के लिए कार्बनिक खादों के उपयोग करने की परम्परा बहुत समय से चली आ रही है। साठ के दशक के शुरूआत में विकसित देशों का औद्योगिक मॉडल पूरे विश्व में फैल चुका था। इसी दौरान भारत में हरित क्रान्ति का प्रभाव हुआ और फसलोत्पादन में रासायनिक उर्वरकों का बहुतायत से उपयोग होने लगा। हरित क्रांति के तात्कालिक परिणामों, मशीनीकरण एवं रासायनिक खेती से जितना आर्थिक लाभ किसानों को मिला उससे कहीं अधिक किसानों ने खोया है। ऐसी परिस्थितियों में जैविक खेती एक बेहतर विकल्प है। प्रारंभ में रासायनिक के

फसलोत्पादन में चमत्कारिक परिणाम मिले परन्तु बाद में इसके दुष्परिणाम दिखाई देने लगे, जैसे उत्पादकता में कमी, उपेक्षित अनुपजाऊ जमीन, जलस्रोतों में कमी एवं पर्यावरणीय प्रभाव पड़ने लगे। सत्तर के दशक में विकसित एवं विकासशील देश, दोनों में उच्च लागत कृषि के विपरीत प्रभावों को महसूस किया जाने लगा।

जैविक खेती एक परिपूर्ण उत्पादन प्रक्रिया है जिससे जैव विविधता एवं जैविक क्रिया को बढ़ावा मिलता है। यह जलवायु को स्वस्थ बनाने के साथ ही उच्च गुणवत्ता वाले भोजन के उत्पादन में सहायक है। इसमें बाहरी आदानों (खेत के बाहर के सामान/साधनों) का कम से कम उपयोग एवं रासायनिक खादों एवं कीटनाशकों का प्रयोग वर्जित है।

प्रमाणित जैविक खेती में कृषि उत्पादों को उच्च मानकों में उगाया एवं प्रसंस्करण किया जाता है और प्रतिवर्ष राज्य सरकार या निजी संस्थाओं द्वारा प्रमाणित किया जाता है। प्रमाणीकरण में फार्म का निरीक्षण तथा प्रसंस्करण सुविधा का आंकलन शामिल है। फार्म निरीक्षण के दौरान मृदा प्रबन्धन, जैविक कृषि फार्म तथा पड़ोस में की जाने वाली रीतिगत कृषि के बीच के प्रत्यारोध, उत्पादन लेबल तथा फार्म पर रखे जाने वाले रिकार्ड का ध्यान रखा जाता है।

जैविक खेती को प्राकृतिक खेती, कार्बनिक खेती एवं मशीन तथा रसायन विहीन खेती आदि नामों से भी जाना जाता है। इसका उद्देश्य भूमि से इस प्रकार से फसल उगाना है कि मृदा, जल एवं वायु को प्रदूषित किए बगैर दीर्घकालीन एवं स्थिर उत्पादन लिया जा सके। इसमें मिट्टी को एक जीवित माध्यम माना जाता है एवं मृदा उर्वरता को बढ़ाने के लिए उत्तरदायी सूक्ष्मजीवों की खुराक को विभिन्न कार्बनिक पदार्थों जैसे – गोबर की खाद, कम्पोस्ट एवं वाहित मल तथा कार्बनिक अपशिष्टों द्वारा पूरी करते हैं। खेती की यह पद्धति अधिक उपज प्राप्त करने के लिए मूलतः जैविक प्रक्रियाओं पर आधारित रहती है। कभी–कभी इस पद्धति से भी उपज उतनी ही अच्छी प्राप्त होती है जितनी कि परम्परागत तरीके से।

जैविक खेती क्या है?

जैविक खेती कृषि की वह पद्यति है जिसमें स्वच्छ प्राकृतिक संतुलन को देखते हुए मृदा, जल एवं वायु को प्रदूषित किए बिना दीर्घकालीन व स्थिर उत्पादन प्राप्त कर सकते हैं। इसमें मिट्टी को एक जीवित माध्यम माना जाता है, जिसमें

सूक्ष्मजीवी जैसे–राइजोबियम, इजोटोबेक्टर, एजोस्पाइरीलम, माइकोराइजा और अन्य जीव जो कि मृदा में उपस्थिति होते हैं की क्रियाओं को बढ़ाने और उनका दोहन करने के लिए कार्बनिक व प्राकृतिक खादों का गहन उपयोग सुझाया जाता है।

आजकल कार्बनिक खेती द्वारा उत्पादित खाद्यान्नों की मांग यूरोप, अमेरिका, जापान तथा ऑस्ट्रेलिया में तेजी से बढ़ रही है। वर्तमान में इन देशों में कार्बनिक खेती से उत्पादित खाद्यान्नों का हिस्सा लगभग 1–1.5 प्रतिशत है। चूंकि कार्बनिक खाद्य रासायनिक प्रदूषकों से मुक्त होते हैं अतः भविष्य में इन खाद्यों की मांग तेजी से बढ़ने की सम्भावना है। आज विश्व में करीब 130 से अधिक देश प्रमाणित कार्बनिक खाद्यान्न उत्पादित कर रहे हैं।

जैविक खेती के लिए पोषक तत्वों का स्त्रोत

भारत में फसल अवशेष एवं प्रक्षेत्र कचरा जैसे धान का भूसा, गेहूँ का भूसा, चावल की भूसी, गन्ने की पत्तियां, आलू की पत्तियां, अखाद्य खलियाँ, खाद का कचरा, कपास का कचरा, जंगल में गिरी हुई पत्तियां एवं अवशेष, तथा जलकुम्भी की विशाल क्षमता है। परन्तु अधिकांश अवशेषों का उपयोग ईंधन एवं पशुचारा के रूप में उपयोग किया जाता है। यह अत्यधिक महत्वपूर्ण है कि देश में कृषि आधारित उद्योगों का कचरा, शहरों का कचरा एवं प्राकृतिक खरपतवारीय जीवांश प्रचुर मात्रा में उपलब्ध हैं, जिसे मृदा उर्वरता बनाये रखने में उपयोग किया जा सकता है। फसल उत्पादन के आधार पर यह अनुमान लगाया गया है कि भारत की दस प्रमुख फसलों जैसे–धान, गेहूँ, ज्वार, बाजरा, गन्ना, आलू एवं दलहनों से अवशेष प्राप्त हो सकता है जिसमें 64.6 लाख टन पोषक तत्व प्रदान करने की क्षमता है। भारत में लगभग दो तिहाई फसल अवशेषों का उपयोग पशु चारा एवं ईंधन के रूप में होता है और एक तिहाई का उपयोग कार्बनिक पदार्थ के स्त्रोत के रूप में। देश में अखाद्य खलीयों का वार्षिक उत्पादन लगभग 38 लाख टन है जिसमें 16.9 लाख टन एन.पी.के. होता है। भारत में पशु, मुर्गी खाद, शहरों का कचरा एवं सीवेज–स्लज से प्राप्त कार्बनिक पदार्थ का अनुमानित भंडार लगभग 14600 लाख टन है। प्रतिवर्ष लगभग 82 लाख टन, 41 लाख टन एवं 9.5 लाख टन पोषक क्षमता की हानि क्रमशः पशु एवं मुर्गी कचरे, शहरी कचरे एवं सीवेज–स्लज से होती है। रासायनिक उर्वरकों की बढ़ती कीमतों एवं उर्जा की कमी से भारत में पशु कचरे एवं शहरी कचरे को खाद के लिए स्थिर स्त्रोत के

रूप में पुनः स्थापित करने पर जोर दिया है। लगभग 350 शक्कर करखाने एवं 310 डिस्टलरीयों (आसवन करखानों में संदूषित जल का उत्पादन प्रतिदिन होता है। भारत में कृषि आधारित औद्योगिक कचरा जैसे तेल, तम्बाकू, मांस, मछली, आरा मशीन एवं जूट उद्योगों, चाय अवशेष आदि से प्रतिवर्ष लगभग 438 लाख टन कचरा उत्पन्न होता है। कचरे के फायदे का निर्धारण इसके उपयोग से कृषि उत्पादन में बढ़ोतरी के मूल्य, रोजगार सृजन, उर्वरकों की बचत एवं पर्यावरण के नुकसान से बचाने की लागत से कर सकते हैं। कार्बनिक स्रोत्रों से पोषक तत्वों की क्षमता तालिका 1 व 2 में दर्शाई गई है।

तलिका 1. पशु, कुक्कुट, शहरी अवशेष एवं सीवेज-स्लज में कार्बनिक पदार्थ की मात्रा एवं पोषक क्षमता (दस लाख टन)

	मात्रा (दस लाख टन)	एन.	पी.	के.
गाय और भैंस का गोबर	1227.8	1.84	1.23	0.61
जानवरों का मूत्र	800	1.60	0.08	1.60
भेड़ और बकरी	45	0.27	0.06	0.45
कुक्कुट कचरा	1.00	2.17	2.00	4.20
घोड़ा	0.48	1.51	0.35	1.80
नगरीय कचरा	150	0.75	0.34	0.63
सीवेज–स्लज	1460	0.04	0.01	0.18
	दस लाख टन प्रति वर्ग मीटर प्रति वर्ष			
कुल		**8.18**	**4.07**	**9.47**

तलिका 2. विभिन्न फसल अवशेषों में कार्बनिक पदार्थ की मात्रा एवं पोषक क्षमता

प्रक्षेत्र कचरे का प्रकार	उपज मात्रा	मात्रा (दस लाख टन)	% एन. पी. के.			पोषक तत्व कुल (दस लाख लाख टन) एन.पी.के.	क्षमता उपलब्ध (दस लाख टन) एन.पी.के.
			एन.	पी.	के.		
चावल	1.5	110.5	0.61	0.81	1.38	2.39	0.77
गेहूँ	1.5	82.6	0.48	0.16	1.18	1.50	0.50
ज्वार	1.5	21.0	0.52	0.23	1.34	0.44	0.15
मक्का	1.5	12.5	0.52	0.23	1.34	0.44	0.15
बाजरा	1.5	15.6	0.45	0.16	1.14	0.2	0.09
जौ	1.5	2.5	0.52	0.18	1.30	0.05	0.02
कोंडो	2.0	5.3	1.00	0.20	1.00	0.12	0.04
गन्ना	1.5	40.9	0.40	0.18	1.28	0.76	0.25
आलू	0.5	7.9	0.52	0.21	1.06	0.14	0.05
दलहन	1.5	13.7	1.60	0.51	1.75	0.53	0.18
कुल	–	**312.6**	–	–	–	**6.46**	**2.15**

जैविक खेती के उद्देश्य

1. पर्याप्त मात्रा में उच्च गुणवत्ता वाला खाद्यान्न पैदा करना।
2. मिट्टी की दीर्घकालीन उर्वरता को बनाए रखना एवं उसे बढ़ाना।
3. कृषि तकनीकों द्वारा पैदा होने वाले सभी प्रकार के प्रदूषणों को न होने देना।

4. प्राकृतिक पद्यति पर हावी होने के बजाय उनके साथ कार्य करना।
5. खेती में सूक्ष्मजीव, मृदा, पादप एवं जीव, पौधे और जानवरों की जैविक चक्र को प्रोत्साहित करना एवं बढ़ाना।
6. कृषि पद्यति एवं उसके आसपास में अनुवांशिक कृषि विविधता को बनाए रखना। पौधों एवं वन्यजीवों के शरणस्थल को सुरक्षित रखना।
7. सुरक्षित वातावरण में कृषि कार्य में लगे व्यक्तियों को समुचित आय प्राप्त होना। सघन कृषि व्यवस्थाओं में जैविक खेती में उपज घटती है जो कि बाहरी स्त्रोतों की प्रबलता पर निर्भर है, जो परिवर्तन से पूर्व उपयोग की गई है।
8. हरित क्रांति क्षेत्रों का परिवर्तन जैविक कृषि में करने से उपज में कोई ज्यादा अंतर नहीं होता।
9. परम्परागत खेती करने से उपज में बढ़ोतरी होती है।
10. जैविक खेती द्वारा खाद्य उत्पादन की पद्यति परम्परागत खेती से काफी भिन्न है।
11. जैविक तरीके से फार्म की व्यवस्था को पूर्ण विकास को ध्यान में रखकर अपनाया जाता है जैसे फसलों और पशुपालन क्षमता में बराबर वृद्धि।
12. केवल भोजन के रूप में खाद्यान्न फार्म के बाहर जाता है। फसलों के अवशेषों को जलाया नहीं जाता। पशु मलमूत्र का प्रयोग जमीन पर खाद के रूप में किया जाता है।
13. रूढ़ीगत खेती से पर्यावरण को नुकसान होता है जबकि जैविक खेती से पर्यावरण का सुधार होता है।
14. यह देखा गया कि रूढ़ीगत खेती से मानव स्वास्थ्य पर प्रभाव अधिक होता है। खासकर कीटनाशक के उपयोग से।
15. यह अनुमानित किया गया है कि 25 मिलियन किसान विकासशील देशों में कीटनाशक के कारण जहर से प्रभावित होते हैं।

जैविक खेती का उपज पर प्रभाव

1. अनेक शोधों से यह प्रदर्शित हुआ है कि सूखा की स्थिति में जैविक खेती से अधिक उपज प्राप्त होती है।
2. जैविक खेती करने से उपज में औसत बढ़त 5–10 प्रतिशत तक पाई गई है।
3. जैविक खेती में शुरूआती वर्षों में उपज में कमी होती है परन्तु इसके बाद में रासायनिक खेती के बराबर अथवा अधिक उपज प्राप्त होने लग जाती है।
4. जैविक कपास की खेती में किए गए प्रयोग से (नागपुर) यह प्रदर्शित होती है कि जैविक भाग अर्थात जहां रसायनों का उपयोग न किया गया हो, वहां 3 साल बाद कपास की उपज बहुत अच्छी पाई गई।

जैविक खेती के मुख्य कारक

1. जैविक खेती को हमेशा कृषि का आधार मानते हैं जिसमें सिर्फ जैविक संसाधनों का ही प्रयोग किया जाता है।
2. जिसमें पोषक तत्वों का संभरण, कीट और रोगों की रोकथाम भी जैविक स्त्रोतों से किया जाता है। यह विविध प्रकार की कृषि की तकनीक में से एक विशेष तरीका है जिसमें सारी परेशानियां स्थानीय संसाधनों का प्रयोग करके सुलझाई जाती हैं।
3. मृदा और वातावरणीय कारकों के कारण यह रासायनिक खेती से ज्यादा लाभदायक होती है।
4. जैविक खेती मृदा में जैविक पदार्थों की लाभदायक मात्रा पर निर्भर करती है। जैविक पदार्थों से रासायनिक, भौतिक एवं जैविक गुणों में वृद्धि होती है।
5. अच्छी मृदीय जैविक क्रिया, खरपतवार, कीट और रोगों को नियंत्रित करने में जैविक खेती महत्वपूर्ण भूमिका निभाती है।

जैविक उत्पाद की मांग

1. जैविक खाद्य पदार्थों की मांग तेजी से बढ़ रही है। यह उपभोक्ताओं के भोजन की गुणवत्ता और सुरक्षा से संबधित जानकारी होने के कारण हुआ है।
2. जैविक लेबल स्वास्थ्य का दावा नहीं बल्कि यह जैविक उत्पादन की प्रक्रिया को दर्शाता है।
3. यह भी दावे किए गए हैं कि जैविक तरीकों से प्राप्त भोजन का स्वाद अच्छा होता है और विटामिन्स एवं लवण का अच्छा भाग होता है जो रूढ़िगत तरीकों से प्राप्त भोजन की तुलना में बहुत अच्छा होता है।
4. कुछ शोधों में विटामिन सी में वृद्धि पाई गई है। साथ ही लवण और प्रोटीन भी बढ़े हैं, जैविक खेती से ज्यादा मीठे और कम खट्टे सेब प्राप्त हो सके हैं।
5. भारत सरकार द्वारा गठित टास्क फोर्स ने जैविक खेती के संदर्भ में रिपोर्ट प्रस्तुत की है। वह यह दर्शाती है कि जहाँ रसायनों का कम प्रयोग किया जाता है और उत्पाद भी कम होता है वहाँ जैविक खेती से लाभ लिया जा सकता है।
6. यह मिट्टी में जैविक पदार्थों की कमी होने से रोकता है जो जैविक खेती का अहम हथियार है।
7. मिट्टी में जैविक कार्बन को बढ़ाने के लिए जैविक खाद का उपयोग उचित है। इससे मिट्टी की गुणवत्ता और भविष्य में उत्पादक क्षमता बढ़ती है।

जैविक खेती के कुछ परिणाम

सोयाबीन की जैविक खेती

सोयाबीन (जे. एस. 335) में लगभग 4 टन प्रति हैक्टेयर गोबर की खाद तथा लगभग 100 किलोग्राम प्रति हैक्टेयर रॉक फास्फेट का उपयोग बुवाई के दो सप्ताह पहले करने के साथ–साथ बुवाई के समय बीजों को राइजोबियम तथा पी.एस. कल्चर से उपचारित करने से हम रासायनिक उर्वरक के बराबर या थोड़ा अधिक

उपज प्राप्त कर सकते हैं। खरपतवार उन्मूलन के लिए बुवाई के 30 और 60 दिन के बाद हाथ से गुड़ाई करना चाहिए। ढैंचा जो एक हरी खाद फसल है को बार्डर फसल के रूप में सोयाबीन के चारों तरफ उगाया जाना चाहिए। ढैंचा ग्राडिल बीटिल के लिए एक ट्रैप फसल के रूप में कार्य करता है। सोयाबीन फली छेदक से बचने के लिए बुवाई के 35–40 दिन उपरान्त फैरोमॉन ट्रैप का उपयोग करना चाहिए जो कि फली छेदक के नर कीट को पकड़ लेता है। 3–4 कीट प्रतिदिन पाये जाने पर एस. एन. पी. वी. का छिड़काव करना चाहिए। इसके साथ–साथ बुवाई के 30, 45 एवं 60 दिन पश्चात् नीम के तेल (एजारडीक्टीन 0.03) का छिड़काव करने से सोयाबीन का कीटों से बचाव किया जा सकता है।

पहले वर्ष में सोयाबीन के दाने में प्रोटीन, रासायनिक खाद डालने से जैविक खाद की अपेक्षा अधिक पायी गयी। जबकि बाद के वर्षों में इस तरह का कोई अन्तर नहीं पाया गया। तेल प्रतिशत में किसी भी तरह का अंतर जैविक व रासायनिक खाद डालने से प्राप्त नहीं हुआ।

ड्यूरम गेहूँ की जैविक खेती

ड्यूरम गेहूँ (मालवा शक्ति) में लगभग 3.5 टन प्रति हैक्टेयर गोबर की खाद + 2.5 टन प्रति हैक्टेयर केंचुआ खाद + 1.5 टन प्रति हैक्टेयर मुर्गीखाने की खाद को सम्मिलित रूप में बुवाई से 15 दिन पहले खेत में डालकर गेहूँ के बीजों को एजोटोबेक्टर तथा पी. एस. बी. कल्चर से उपचारित करने से हम रासायनिक उर्वरक के बराबर या कुछ अधिक खरपतवार होने पर एक बार बुवाई के 25–30 दिन के बाद हाथ से गुड़ाई करने पर रोकथाम की जा सकती है। गर्मी में गहरी जुताई के अलावा अच्छी पौधों की संख्या एक हद तक खरपतवारों की वृद्धि नहीं होने देती है।

सामान्यतः ड्यूरम गेहूँ की किस्में चपाती गेहूँ की तुलना में पत्ती का रतुआ, अनावृत कंड एवं करनाल बट जैसी बीमारियों के लिए प्रतिरोधक है। ड्यूरम गेहूँ की किस्मों को लगाने से इन बीमारियों का स्वतः ही प्रबंधन हो जाता है। यह गेहूँ सूखे के प्रति सहिष्णु होता है तथा 3 सिंचाई करने पर अच्छी पैदावार देता है। पलेवा के उपरान्त पहली सिंचाई बुवाई के 20–25 दिन पश्चात्, दूसरी सिंचाई दौजे निकलने के समय (बुवाई के 40–45 दिन पश्चात्) तथा तीसरी सिंचाई दुधिया अवस्था (बुवाई के 80–85 दिन पश्चात्) के समय करनी चाहिए।

सरसों की जैविक खेती

सरसों (पूसा बोल्ड) की जैविक खेती करने के लिए लगभग 4 टन प्रति हैक्टेयर गोबर की खाद तथा 2 टन प्रति हैक्टेयर मुर्गीखाने की खाद को सम्मिलित रूप से बुवाई से 15 दिन पहले खेत में डालकर सरसों के बीजों को एजोस्पाईरिलम तथा पी. एस. बी. से उपचारित करने से हम रासायनिक उर्वरक के बराबर या कुछ अधिक उत्पादन प्राप्त कर सकते हैं। रबी में खरपतवार की समस्या नहीं आती है। गर्मी में गहरी जुताई के अलावा अच्छी पौधों (सरसों) की संख्या एक हद तक खरपतवारों की वृद्धि नहीं होने देती है। सरसों की बुवाई समय पर करने पर बीमारियों एवं कीटों से स्वतः ही बचा जा सकता है।

चने की जैविक खेती

चने (जे. जी.–74) की जैविक खेती के लिए लगभग 2 टन प्रति हैक्टेयर गोबर की खाद तथा 1.5 टन प्रति हैक्टेयर केंचुआ खाद को सम्मिलित रूप में बुवाई से 15 दिन पहले खेत में डालकर बुवाई के समय खेत में ट्राइकोडरमा 5 किलोग्राम प्रति हैक्टेयर की दर से उपयोग करके चने के बीजों को राइजोबियम तथा पी. एस. बी. कल्चर से उपचारित करने से रासायनिक उर्वरक के बराबर या कुछ अधिक उपज प्राप्त की जा सकती है। इसके साथ ही बुवाई के 25–30 दिन पश्चात् फैरोमॉन का उपयोग फली छेदक नर को पकड़ने के लिए करना चाहिए। यदि 3–4 नर प्रति दिन पकड़ में आयें तो एच. एन. पी. बी. का छिड़काव 10 दिन के अन्तराल पर दो बार करना चाहिए। गर्मी में गहरी जुताई के अलावा अच्छी पौधों (चने के) संख्या एक हद तक खरपतवारों की वृद्धि नहीं होने देती है। ट्राइकोडरमा के उपयोग से जड़ गलन रोग का उपचार हो जाता है।

ईसबगोल की जैविक खेती

ईसबगोल (जी. आई.–2) की जैविक खेती के लिए लगभग 1 टन प्रति हैक्टेयर गोबर की खाद 1 टन प्रति हैक्टेयर केंचुआ खाद तथा 0.5 टन प्रति हैक्टेयर मुर्गीखाने की खाद को सम्मिलित रूप से बुवाई के 15 दिन पहले खेत में डालकर बुवाई के समय खेत में ट्राइकोडरमा 5 किलोग्राम प्रति हैक्टेयर की दर से उपयोग करके ईसबगोल की बुवाई करने से रासायनिक उर्वरक की तुलना में अधिक उपज प्राप्त की जा सकती है। इसमें ट्राइकोडरमा का उपयोग खादों के डालने के समय भी कर सकते हैं। ट्राइकोडरमा जड़ गलन रोग से सुरक्षा प्रदान करता है।

रबी में खरपतवार की समस्या नहीं होती है। गर्मी में गहरी जुताई के साथ पौधों (ईसबगोल) की खेत में प्राप्त संख्या एक हद तक खरपतवारों की वृद्धि नहीं होने देती है। परन्तु फिर भी अधिक खरपतवार होने पर एक बार बुवाई के 25–30 दिन पश्चात् हाथ से गुड़ाई करने पर इनकी रोकथाम की जा सकती है। पलेवा के साथ 20–25 दिन के अन्तराल पर 3 सिंचाई करनी चाहिए।

जैविक खेती से लाभ

1. कार्बनिक खादों का प्रयोग उच्च उत्पादकता एवं अच्छी गुणवत्ता की फसलों को पैदा करने की क्षमता प्रदान करती है।
2. जैविक खाद पौधों द्वारा चाहे गये सभी आवश्यक पोषक तत्वों की आपूर्ति करती है।
3. जैविक खाद पौधों की बढ़वार एवं पादक कार्यिकी गतिविधियों में सुधार करती है।
4. नाइट्रोजन एवं फास्फोरसधारी उर्वरकों तथा जीवनाशी, कीटनाशी, शाकनाशी आदि का प्रयोग न होने की वजह से प्रदूषण का खतरा कम रहता है तथा इनका कोई अवशेषिक प्रभाव भी नहीं होता है, जिससे पशुओं एवं मनुष्य के स्वास्थ्य पर बुरा प्रभाव नहीं पड़ता है।
5. कम ऊर्जा की आवश्यकता होती है।
6. मशीनों के कम प्रयोग की आवश्यकता होती है तथा फसल के खराब होने का खतरा भी कम रहता है।
7. इससे कृषि उत्पादन में लागत कम लगती है तथा मृदा स्वास्थ्य में भी सुधार होता है।
8. प्राकृतिक संसाधनों में भी इष्टतम उपयोग होता है।
9. जैविक खेती द्वारा पैदा किए गए उत्पादों की कीमत अधिक मिलती है। जैविक खेती से पैदा हुए उत्पादों की गुणवत्ता में भी सुधार होता है।

रासायनिक खादों के प्रयोग में क्या-क्या सावधानियाँ लें

फसल के उत्पादन में उर्वरक का प्रयोग एक महंगी लागत है। बिना मिट्टी जाँच के इसके प्रयोग से उर्वरक, समय एवं श्रम की बर्बादी है। हो सकता है जो उर्वरक प्रयोग किया जा रहा है उसकी जरूरत ही नहीं हो या कम मात्रा में जरूरत हो। किसी विशेष उर्वरक के जरूरत से ज्यादा मात्रा में प्रयोग करने से दूसरे तत्वों की उपलब्धता पर भी दुष्प्रभाव डाल सकता है जिससे उपज में कमी हो सकती है और मिट्टी में उपलब्ध पोषक तत्वों में असंतुलन की स्थिति पैदा हो सकती है। यह और भी प्रासंगिक है जब उर्वरक की कीमत आये दिन बढ़ रही है। अतः उर्वरक का प्रयोग सही मात्रा में करके कम खर्च से अधिकतम लाभ उठाया जा सकता है। फसल का उत्पादन मुख्यतः मिट्टी एवं पौधों की जाँच के द्वारा की जाती है। पौधों के रासायनिक विश्लेषण के द्वारा पौधों में उपलब्ध पोषक तत्वों की मात्रा, कमी एवं अधिकता की जानकारी प्राप्त होती है, जबकि मिट्टी जाँच के द्वारा मिट्टी में उपलब्ध पोषक तत्वों की मात्रा की जानकारी प्राप्त होती है।

मिट्टी जाँच के मुख्यतः चार चरण हैं। मिट्टी का नमूना लेना, मिट्टी की जाँच, जाँच आकड़ों का विश्लेषण एवं उर्वरक अनुशंसा। मिट्टी के नमूना पर ही उर्वरक अनुशंसा निर्भर करती है। अगर मिट्टी का नमूना इस प्रकार का हो जो खेत (प्लॉट) का सही प्रतिनिधित्व करता हो, मिट्टी जाँच की विधि तीव्र, ठीक, पुनः मूल्यांकन योग्य एवं फसल के उपज से सीधे संबंधित होना चाहिये। मिट्टी जाँच से प्राप्त आंकड़ों का सही विश्लेषण करना होता है। अगर मिट्टी किसी प्रकार से अस्वस्थ हो अर्थात अम्लीय, क्षारीय या लवणयुक्त हो तो उसके सुधार हेतु सुधारक की अनुशंसा अवश्य होनी चाहिए क्योंकि जब तक सुधारक के प्रयोग से मिट्टी को सुधार नहीं लिया जाता है तक तक उर्वरक के प्रयोग का भरपूर लाभ नहीं उठाया जा सकता है। अन्त में मिट्टी जाँच के आंकड़ों के अनुसार उर्वरक की अनुशंसा की जाती है। सह सर्वविदित है कि मिट्टी में उपलब्ध पोषक तत्वों की जैसे–जैसे मात्रा बढ़ती जाती है, वैसे–वैसे उर्वरक की अनुशंसित मात्रा में कमी आती जाती है। मिट्टी जाँच के आधार पर उर्वरक अनुशंसा मुख्यतः दो विधि द्वारा किया जाता है –

1. मिट्टी में उपलब्ध पोषक तत्वों को निम्न, मध्यम एवं उच्च श्रेणी में वर्गीकृत कर श्रेणी के अनुसार अनुशंसा।
2. लक्षित उपज समीकरण के आधार पर लक्षित उपज की प्राप्ति हेतु उर्वरक अनुशंसा।

मिट्टी में उपलब्ध पोषक तत्वों के स्तर के आधार पर

इस विधि में उर्वरक अनुशंसा मिट्टी में उपलब्ध पोषक तत्वों के स्तर (रेटिंग चार्ट) के आधार पर की जाती है। मिट्टी में उपलब्ध पोषक तत्वों को तालिका–3 में दर्शाये गये रेटिंग चार्ट के आधार पर विभिन्न श्रेणियों में विभक्त किया जाता है –

तालिका 3. मिट्टी में उपलब्ध पोषक तत्वों के आधार पर मिट्टी का वर्गीकरण

मिट्टी में उपलब्ध पोषक तत्व	उपलब्धता की श्रेणी		
	निम्न	मध्यम	उच्च
जैविक कार्बन (%)	< 0.50	0.50–075	> 0.75
उपलब्ध नत्रजन (कि.ग्रा./है.)	< 250	250–500	> 500
उपलब्ध स्फुर (कि.ग्रा./है.)	< 25	25–50	> 50
उपलब्ध पोटाश (कि.ग्रा./है.)	< 125	125–300	> 300

साधारणतः मिट्टी में पोषक तत्वों की उपलब्धता मध्यम श्रेणी में आने पर राज्य या जिला स्तर के लिए अनुशंसित उर्वरकों की मात्रा की अनुशंसा की जाती है। लेकिन निम्नश्रेणी में आने पर अनुशंसित मात्रा को 25 प्रतिशत बढ़ा दिया जाता है जबकि उच्च श्रेणी में आने पर अनुशंसित मात्रा को 25 प्रतिशत घटा दिया जाता है। उदाहरणस्वरूप अगर धान के लिये 100 कि.ग्रा./है. नत्रजन की मात्रा अनुशंसित है तो निम्न श्रेणी के लिये 125 कि.ग्रा., मध्यम श्रेणी के लिये 100 कि. ग्रा. एवं उच्च श्रेणी के लिये 75 कि.ग्रा./है. नत्रजन की अनुशंसा की जाती है। अधिकतम मिट्टी जाँच प्रयोगशालायें उपरोक्त रेटिंग चार्ट के आधार पर उर्वरक की अनुशंसा करती हैं। इस विधि से उर्वरक अनुशंसा सभी श्रेणी के किसानों के लिये एक ही होती है जिससे गरीब एवं सीमान्त किसान अनुशंसा से कम एवं सम्पन्न किसान अनुशंसा से अधिक उर्वरक प्रयोग करते हैं। इस तरह के उर्वरक प्रयोग से उन्हें न वांछित लाभ मिलता है न उर्वरक का सही प्रयोग हो पाता है।

लक्षित उपज समीकरण के आधार पर

लक्षित उपज समीकरण के आधार पर किसी विशेष उपज लक्ष्य हेतु उर्वरक अनुशंसा सबसे अधिक वैज्ञानिक है क्योंकि समीकरण मुख्यतः चार आकड़ों पर तैयार किया जाता है –

1. फसल का उत्पादन
2. फसल के द्वारा मिट्टी से पोषक तत्वों का ह्रास
3. फसल लेने के पूर्व मिट्टी में उपलब्ध पोषक तत्वों की मात्रा
4. उपयोग में लाये गये खाद एवं उर्वरक की मात्रा

उपर्युक्त आकंड़ों के द्वारा चार प्रारम्भिक पैमाने को ज्ञात किया जाता है जिसके उपयोग से लक्षित उपज समीकरण तैयार किया जाता है। ये प्रारम्भिक पैमाने हैं–

1. एक क्विंटल अनाज को पैदा करने के लिये पोषक तत्वों की आवश्यकता
2. मिट्टी में उपलब्ध पोषक तत्वों की उपयोग क्षमता
3. उर्वरक की उपयोग क्षमता
4. खाद (जैविक खाद) की उपयोग क्षमता

बिहार के चूनायुक्त मिट्टी में गेहूँ के लक्षित उपज के लिये प्रक्षेत्र प्रयोग से तैयार किये गये लक्षित उपज समीकरण इस प्रकार है

उर्वरक नत्रजन (कि.ग्रा./है.) = 6.67 × उपज लक्ष्य (क्विं/है.) – 0.43 × मिट्टी में उपलब्ध नत्रजन (कि.ग्रा./है.) – 0.52 × खाद के द्वारा दी जाने वाली नत्रजन (कि.ग्रा./है)

उर्वरक स्फुर (कि.ग्रा./है.) = 3.84 × उपज लक्ष्य (कि.ग्रा./है.) – 3.43 × मिट्टी में उपलब्ध स्फुर (कि.ग्रा./है.) – 0.85 × खाद के द्वारा दी जाने वाली स्फुर (कि.ग्रा./है.)

उर्वरक पोटाश (कि.ग्रा./है.) = 3.54 × उपज लक्ष्य (कि.ग्रा./है.) – 0.74 × मिट्टी में उपलब्ध पोटाश (कि.ग्रा./है.) – 0.27 × खाद के द्वारा दी जाने वाली पोटाश (कि. ग्रा./है.)

उपरोक्त लक्षित उपज समीकरण के आधार पर मिट्टी जाँच के अनुसार विभिन्न लक्षित उपज की प्राप्ति हेतु उर्वरक–अनुशंसा तालिका तैयार की जाती है, जिसके आधार पर खाद एवं उर्वरक की अनुशंसा की जाती है। उदाहरणस्वरूप अगर मिट्टी में उपलब्ध नत्रजन, स्फुर एवं पोटाश की मात्रा क्रमशः 250, 25 एवं

125 कि.ग्रा./है. हो तो 30 क्विं./है. गेहूँ की उपज लेने के लिये 92 कि.ग्रा. नत्रजन, 30 कि.ग्रा. स्फुर एवं 14 कि.ग्रा. पोटाश प्रति हैक्टेयर की आवश्यकता होती है जबकि उसी भूमि में 40 क्विं./है. गेहूँ की उपज लेने के लिए 159 कि.ग्रा. नत्रजन, 60 कि.ग्रा. स्फुर एवं 49 कि.ग्रा. पोटाश/है. की आवश्यकता होगी। 5 टन कम्पोस्ट/है. के प्रयोग करने पर 40 क्विं./है. गेहूँ की उपज लेने के लिए सिर्फ 145 कि.ग्रा. नत्रजन, 5 कि.ग्रा. स्फुर एवं 40 कि.ग्रा. पोटाश प्रति हैक्टेयर की आवश्यकता होगी। इस प्रकार 5 टन/है. कम्पोस्ट के प्रयोग से 14 कि.ग्रा. नत्रजन, 10 कि.ग्रा. स्फुर एवं 9 कि.ग्रा. पोटाश/है. की बचत होती है।

लक्षित उपज समीकरण के द्वारा कृषक द्वारा उर्वरक पर की जाने वाली खर्च के आधार पर भी उर्वरक की अनुशंसा की जाती है जिसे तालिका–4 में दर्शाया गया है।

तालिका 4. उर्वरक पर खर्च करने की क्षमता के आधार पर उर्वरक अनुसंशा एवं अनुमानित उपज की प्राप्ति

उर्वरक पर खर्च (रु.)	उर्वरक की की आवश्यकता			अनुमानित उपज (क्विं./है.)	शुद्ध लाभ (रु.)	आय -व्यय अनुपात
	नत्रजन	स्फुर	पोटाश			
0	0	0	0	16	–	–
300	26	0	0	20	2300	8.67
900	57	10	0	25	4950	6.50
1800	93	29	14	30	7300	5.06
2800	126	49	31	35	9550	4.41
3700	159	68	49	40	11900	4.22

उपर्युक्त तालिका से यह पता चलता है कि अगर किसान उर्वरक पर सिर्फ 300 रु. खर्च करता है तो उसे 20 क्विं/है. उपज मिलेगी और लाभ 2300 रु. होगा लेकिन 1800 रु. खर्च करने पर 30 क्विं/है. उपज होगी तथा शुद्ध लाभ 7300 रु. होगा जबकि 3700 रु. खर्च करने पर 40 क्विं/है. उपज होगी तथा शुद्ध लाभ 11900 रु. होगा। इस प्रकार लक्षित उपज समीकरण के आधार पर उर्वरक अनुशंसा करने पर अन्य अनुशंसा की तुलना में निम्नलिखित लाभ होते हैं–

1. यह अनुशंसा सबसे अधिक वैज्ञानिक है क्योंकि फसल के द्वारा पोषक तत्वों के ह्रास तथा मिट्टी में उपलब्ध पोषक तत्वों एवं उर्वरक की क्षमता पर आधारित है।
2. कृषक अपनी इच्छानुसार लक्षित उपज को प्राप्त कर सकते हैं।
3. कृषक की आर्थिक स्थिति के अनुरूप उर्वरक की अनुशंसा की जाती है तथा अनुशंसित उर्वरक के प्रयोग से अनुमानित उपज की जानकारी मिल जाती है।
4. संतुलित मात्रा में लक्षित उपज के आधार पर अनुशंसित उर्वरक प्रयोग से मिट्टी की उर्वराशक्ति बनी रहती है।
5. इस अनुशंसा के आधार पर उर्वरक के प्रयोग से उर्वरक उपयोग क्षमता अन्य अनुशंसा की तुलना में अधिक होती है।
6. इस विधि द्वारा अनुशंसित उर्वरक के प्रयोग से अन्य अनुशंसा की तुलना में अधिक शुद्ध लाभ एवं अधिक आय–व्यय अनुपात मिलता है।

अतः कृषकगण को सलाह दी जाती है कि मिट्टी जाँच के उपरान्त आर्थिक स्थिति के अनुसार लक्षित या उपज के लिये अनुशंसित उर्वरक का प्रयोग कर अधिक से अधिक लाभ प्राप्त करें और खेत की उर्वराशक्ति बनाये रखें। गेहूँ की फसल में उर्वरकों का प्रयोग कैसे करें क्या सावधानियाँ लेनी चाहिएं? यह सब जानकारियाँ कुछ प्रश्नों के माध्यम से दी जा रही हैं जो आपके लिए बहुत उपयोगी एवं कारगर साबित होंगी –

प्रश्न 1. गेहूँ में नाइट्रोजन की कमी के क्या लक्षण हैं?

उत्तर : प्रारम्भ में नाइट्रोजन की कमी से पौधों का रंग पीला हरा या बिल्कुल पीला दिखाई देता है। इस कमी के लक्षण पहले पुरानी पत्तियों पर दिखाई देते हैं। पीलापन पत्ते की नोंक से आरम्भ होकर मध्य शिरा की तरफ बढ़ता है जबकि किनारे कुछ समय तक हरे बने रहते हैं। अधिक कमी से पत्तियों का संपूर्ण रंग उड़ जाता है। यदि कमी देर तक बनी रहे तो संपूर्ण पत्तियों का रंग उड़कर पौधा ऐसा दिखाई देता है जैसे झुलस गया हो। बाद में ऐसे पौधों की बालों में दाने नहीं बनते हैं या बिल्कुल ही कम बन पाते हैं। समय पर नाइट्रोजन देने से इस कमी के लक्षण दूर हो जाते हैं।

प्रश्न 2. गेहूँ में नाइट्रोजन की अधिकता के लक्षण तथा इससे होने वाली हानियाँ क्या हैं?

उत्तर : नाइट्रोजन की अधिक मात्रा डालने से पौधा आवश्यकता से अधिक गहरे रंग का दिखाई देता है। पौधा अधिक रसदार हो जाता है। कोशिकाओं की दीवारें पतली हो जाती हैं। पौधों में कैल्शियम का प्रतिशत घट जाता है, जिससे पौधा गिर जाता है। फसल देर में पकती है, दाना पूरी तरह नहीं फूलता है। फसल में बीमारी तथा कीड़े अधिक लगते हैं।

प्रश्न 3. क्या यूरिया उर्वरक को गेहूँ के बीज के साथ मिलाकर दिया जा सकता है?

उत्तर : नहीं, यूरिया उर्वरक को कभी भी गेहूँ के साथ मिलाकर नहीं देना चाहिए। क्योंकि जब यूरिया घुलता है तो इससे अमोनिया गैस बनती है जो जमते हुए बीजों पर विषैला प्रभाव डालकर जमाव कम या कभी–कभी लगभग समाप्त ही कर देती है।

प्रश्न 4. सिंचित गेहूँ में बोवाई के समय यूरिया को बिखेरने, मिलाने या ड्रिल विधि में कौन सी विधि ठीक रहती है ?

उत्तर : परीक्षणों के परिणामों से यह सिद्ध हुआ है कि मृदा में यदि बोवाई के समय यूरिया को बीज से 2–5 से.मी. नीचे ड्रिल कर दें तो उपज में संतोषजनक वृद्धि होती है क्योंकि बिखेरा हुआ यूरिया कई बार ऊपरी सतह पर ही रह जाता है जहाँ से वह अमोनिया गैस बनकर नष्ट हो जाता है। अधिक पी. एच. उच्च तापमान, रेतीलापन तथा कार्बनिक अंश की कमी, अमोनिया गैस की हानि को और बढ़ा देते हैं।

प्रश्न 5. गेहूँ की बोवाई के समय नाइट्रोजन की आधी मात्रा डालने की सिफारिश की जाती है। क्या इतनी छोटी फसल इतनी बड़ी मात्रा का पूरा उपयोग कर पाती है? क्या इस मात्रा को खड़ी फसल में प्रयोग करना ठीक नहीं है?

उत्तर : हाँ, गेहूँ में बोवाई के समय नाइट्रोजन के प्रयोग का एक विशेष प्रयोजन होता है। फसल की प्रारम्भिक अवस्था में संपूर्ण वृद्धि और चहुंमुखी विकास के लिए नाइट्रोजन की समुचित उपलब्धता नितांत आवश्यक होती है। साथ ही पौधे की जड़ें इतनी सक्षम नहीं होती हैं कि वे मिट्टी के अधिक भाग से तत्वों को शोषित कर सकें। बिजाई के समय डाली गई नाइट्रोजन की मात्रा के कारण फास्फोरस की उपलब्धता में भी वृद्धि होती है। फलस्वरूप बिजाई के समय डाली

गई नाइट्रोजन से पौधों को अच्छा जड़–तंत्र तथा तीव्र प्रारम्भिक वृद्धि मिलती है।

प्रश्न 6. गेहूँ की खड़ी फसल में नाइट्रोजन–उर्वरकों को किस समय तथा कैसे डालें?

उत्तर : दोमट तथा भारी मिट्टी में पहली सिंचाई से पहले नाइट्रोजन की बची हुई आधी मात्रा (30 कि.ग्रा. नाइट्रोजन प्रति एकड़) का प्रयोग करें जबकि रेतीली मिट्टी में सिंचाई के 1–2 दिन बाद डालें। इस प्रकार की मिट्टी में यदि खड़ी फसल में डाली जाने वाली नाइट्रोजन का आधा भाग पहली सिंचाई पर तथा शेष भाग दूसरी सिंचाई के समय प्रयोग करें तो और भी अच्छे परिणाम मिलेंगे।

प्रश्न 7. गेहूँ की खड़ी फसल में टॉपड्रेसिंग द्वारा दी जाने वाली नाइट्रोजन की खाद सिंचाई करने के पहले देनी चाहिए या बाद में? स्पष्ट करें?

उत्तर : दोमट और चिकनी मिट्टी में सिंचाई से पहले तथा रेतीली जमीन में सिंचाई के बाद नाइट्रोजन उर्वरकों का प्रयोग करना चाहिए क्योंकि रेतीली जमीन में उर्वरकों को धारण करने की शक्ति बहुत ही कम होती है। यदि सिंचाई से पहले उर्वरकों का प्रयोग कर दिया जाता है तो वह पानी में घुलकर या रिसकर सक्रिय जड़–क्षेत्र से नीचे बह जाते हैं और पौधों के लिए उनकी उपलब्धता घट जाती है।

प्रश्न 8. क्या गेहूँ में बाल निकलते समय नाइट्रोजन उर्वरक देने से अधिक लाभ की आशा की जा सकती है?

उत्तर : यदि गेहूँ में नाइट्रोजन की कमी है तो बाल निकलते समय नाइट्रोजन का प्रयोग करके कुछ लाभ हो सकता है लेकिन यदि पहले ही पूरी मात्रा का प्रयोग किया हुआ है तो कोई लाभ नहीं होगा। हाँ ऐसा करने पर फसल सामान्य फसल की अपेक्षा 5–7 दिन देर से पकेगी।

प्रश्न 9. यूरिया छिड़काव (स्प्रे) से गेहूँ का पीलापन कैसे दूर करें?

उत्तर : गेहूँ की फसल 45 दिन से अधिक की हो और उसमें पीलापन दिखाई देता हो और ऐसी स्थिति में उसे यूरिया घोल छिड़काव के द्वारा ठीक करना हो तो निम्नलिखित प्रक्रिया अपनाएं –

एक एकड़ गेहूँ की फसल के लिए लगभग 200 लीटर पानी तथा 6 कि.ग्रा. यूरिया सामान्य स्प्रे पम्प द्वारा करना चाहिए। यूरिया की पूरी मात्रा लेकर उसे पहले 20–25 लीटर पानी में अच्छी तरह घोल लें। फिर पूरे घोल का आयतन 200 ली.

बना लें। ओस हट जाने पर इसका छिड़काव करें। ध्यान रखें कि सभी पौधों पर घोल की मात्रा बराबर पड़े। जब तेज हवा चल रही हो या आसमान में बादल छाए हुए हों तो छिड़काव न करें। इस प्रक्रिया को 10–12 दिन के अंतराल पर 2–3 बार दोहराएं।

जैविक खेती से नाशी जीव प्रबंधन

जैविक खेती में द्वितीय घटक, बाधक के रूप खरपतवार, कीट एवं रोग आते हैं। इनके नियंत्रण के लिए विषैले खरपतवार, कीट एवं रोगनाशक रसायनों का उपयोग किया जाता है। जब तक इन रसायनों का उपयोग हम अपनी खेती में करते रहेंगे तब तक हमारी जैविक खेती की परिकल्पना साकार नहीं होगी। अतः खरपतवार, कीट एवं रोग नियंत्रण के लिए रसायनों का उपयोग न करना पड़े, इसको ध्यान में रखते हुये हमें अपनी खेती में ऐसे विकल्पों का उपयोग करना होगा जो खरपतवार, कीट एवं रोग को नियंत्रित तो करें परंतु पर्यावरण एवं हमारी खाद्य सामग्री को इन विषैले पदार्थों के प्रदूषण से मुक्त रखे, जो जैविक खेती की मुख्य मांग है।

समेकित नाशी जीव प्रबंधन

आधुनिक कृषि प्रणाली के सौजन्य से हमारे देश में पौध संरक्षण औषधियों का उपयोग हर वर्ष 2.5 प्रतिशत की गति से बढ़ रहा है, जो विश्व स्तर का लगभग 3 प्रतिशत है। लगभग 96000 मीट्रिक टन पौध संरक्षण औषधियां प्रत्येक वर्ष खेतों में फैलायी जा रही हैं। पौध संरक्षण औषधियों का अंधाधुंध उपयोग निश्चित तौर पर वैज्ञानिकता खो चुका है। इससे पर्यावरण में असंतुलन के साथ फसल लागत एवं कीटों में प्रतिरोधकता को बढावा मिलता है। नई तकनीकों का विकास तो कर रहे हैं परन्तु साथ ही इन तथ्यों पर भी ध्यान रखना अति आवश्यक हो गया है, कि फसलों में हानिकारक जीवों व रोग जनकों की संख्या निर्धारित आर्थिक क्षति स्तर से ऊपर बढ़ रही है अथवा नहीं। प्रबंधन की नई तकनीकों में जीवों एवं नाशी कीटों की पारस्परिक निर्भरता एवं वातावरण में स्वच्छता व सुरक्षा पर अत्यधिक बल दिया जा रहा है। पर्यावरण एवं वातावरण का दूषित होना, सामाजिक, आर्थिक एवं नैतिक दृष्टि से अपराध है। यही कारण है कि विश्व भर में, विषैले रसायनों का कम उपयोग, जैविक एवं पारस्परिक तकनीकों से किया जाने वाला फसल संरक्षण, लोकप्रिय हो रहा है जिसे समेकित नाशीजीवी प्रबंधन कहते हैं।

प्रबंधन आवश्यक क्यों

हमारे देश में प्रतिवर्ष लगभग 20000 करोड़ रुपये से भी ज्यादा की क्षति फसलों पर लगने वाले कीट व्याधियों से होती है। अतः इस क्षति को विषैले –रसायनों का उपयोग कम करके अन्य पारम्परिक पौध–सरंक्षण उपायों कृषिगत क्रियाओं का समन्वयन करके आर्थिक क्षति सीमा के अंदर रखने की आवश्यकता है।

प्रबंधन क्या है?

पौध संरक्षण की ऐसी विधियां एवं तकनीक अपनाना जिससे कि एक तरफ पर्यावरण की सुरक्षा रहे व दूसरी तरफ फसल लागत भी कम रहे जिससे हानिकारक खरपतवार एवं कीट व्याधियों का आर्थिक क्षति स्तर ऊपर न बढ़ सके। ऐसे फसल संरक्षण को समेकित नाशीजीव प्रबंधन कहा जा सकता है।

खरपतवार नियंत्रण

खरपतवार प्रत्येक फसल के लिये अभिशाप बनकर, आये दिन नये–नये प्रकार के खरपतवार फसलों से प्रतिस्पर्धा कर क्षति पहुंचाते हैं। कृषि वैज्ञानिकों ने अनुसंधान के दौरान यह पाया कि फसलों के लाभ का अधिकांश भाग खरपतवार के कारण क्षतिग्रस्त हो रहा है। खरपतवार पोषक तत्व, नमी, स्थान तथा सूर्य प्रकाश के लिये फसलों के साथ लगातार प्रतिस्पर्धा करते हैं, जिसके फलस्वरूप फसल की पैदावार और गुणवत्ता प्रभावित होती है। इसके अतिरिक्त खरपतवार कई प्रकार के फसल रोग तथा कीटों को आश्रय प्रदान कर उनके फैलाव में सहायक होते हैं। नींदा सब्जियों की पैदावार एवं गुणवत्ता को भी प्रभावित कर कृषकों को परेशानी उत्पन्न करते हैं। उचित एवं सामयिक नींदा नियंत्रण अपनाकर पैदावार में 30–50 प्रतिशत की वृद्धि की जा सकती है। नींदा नियंत्रण की सस्ती तथा सुलभ विधियां इस प्रकार हैं –

1. **खेत की जुताई** - प्रथम बार सर्वाधिक गहरी जुताई करके, बाद की प्रत्येक जुताई क्रमशः उथली करें ताकि खरपतवारों के अधिकांश बीज जो कि ऊपरी सतह पर होते हैं, अधिक गहराई में दब जायें। सामान्यतया उथली जुताई करने से खरपतवारों के बीज जमीन में नहीं दब पाते हैं।
2. **बोनी के पहले जुताई (स्टेल बेड)** - बुवाई के पूर्व वर्षा होने पर या

पलेवा के बाद नींदा अंकुरित हो जाते हैं। इस अवस्था पर 2–3 से.मी. उथली जुताई या बखर करने पर अधिकांश मौसमी खरपतवार नष्ट हो जाते हैं।

3. **फसल का चुनाव** - ऐसे क्षेत्र जहां पर खरपतवार अधिक होते हैं वहां सोयाबीन, रामतिल जैसी अतिशीघ्र बढ़ने वाली फसलों को बढ़ावा देना चाहिए। ऐसी फसलें जो अधिक फैलकर जमीन को घेर लेती हैं की बोनी ऐसे क्षेत्रों में करें जहां नींदा की समस्या अधिक हो।

4. **बुआई** - फसल को खरपतवारों के उगने से पहले बोना चाहिए ताकि वे शीघ्रता से बढ़कर भूमि पर छा जायें। यदि खरपतवार पहले उग आते हैं तो उपज में अत्यधिक कमी होती है।

5. **पौधों की दूरी** - जहां खरपतवार की समस्या अधिक हो ऐसे क्षेत्रों में फसल की बोनी सकरी कतारों में करने हेतु कतार से कतार की दूरी कम रखें। ऐसा करने से नींदा को उगने एवं बढ़वार के लिए स्थान कम मिलता है।

6. **बीज की मात्रा** - जिन क्षेत्रों में नींदा अधिक संख्या में होते हैं वहां सवाया अथवा ड्यौढ़ी बीज दर से बोने पर खरपतवार कम पनपते हैं तथा अधिक पैदावार प्राप्त होती है।

7. **हाथ से निंदाई** - अधिकांश खरीफ तथा रबी फसलों की क्रांतिक अवस्था बोनी के 20–30 दिन की होती है। पहली निंदाई इस फसल अवस्था पर करना सफलता की कुंजी होती है। देर से निंदाई करने से फसल प्रभावित होती है एवं नींदा नियंत्रण ठीक तरह से नहीं हो पाता। अधिक उम्र वाले नींदा को जड़ से निकालना संभव नहीं हो पाता है क्योंकि उनकी जड़ें भूमि में अधिक गहराई में जाकर फैल जाती हैं। देर से निंदाई कराने से नींदा के पौधे निंदाई करते समय ऊपर से ही टूट जाते हैं तथा कुछ समय पश्चात् पुनः पनप जाते हैं। आवश्यकता पड़ने पर दूसरी निंदाई बोनी के 40–45 दिन पश्चात् करना चाहिए। हाथ से चलने वाले उन्नत कृषि यंत्रों जैसे हैंड हो, बीडर, ताइचुग गर्मा, व्हील हो आदि की सहायता से कतारों के बीच उगे नींदा को नष्ट किया जा सकता है। इससे कम लागत लगती है और भूमि में वायु संचार अधिक होता है जो फसल बढ़वार के लिए लाभप्रद होता है।

8. **खेत मचाना** – खेत में पानी भरकर हल द्वारा खेत मचाने से भूमिगत तने, बल्ब आदि सड़ जाते हैं। रोपा पद्धति से धान लगाने से भी नींदा नियंत्रित किये जा सकते हैं। समस्याग्रस्त नींदा जैसे कॉस, गुदला आदि को इस तरीके से नष्ट करना अधिक लाभकारी होता है।

9. **फसल चक्र** – एक ही खेत में लंबे समय तक एक ही फसल को लगातार बोने से विशेष प्रकार के नींदा का प्रकोप बढ़ जाता है। अतः क्षेत्र विशेषानुसार सिफारिश फसलों/किस्मों को इस तरह से हेरफेर कर लेना चाहिए जिससे अधिक पैदावार मिलेगी, साथ ही नींदा नियंत्रण भी प्रभावी रूप से हो सकेगा। पेरासिटिक नींदा की समस्या को फसल–चक्र अपनाकर दूर किया जा सकता है।

10. **अंतरवर्तित फसलें** – शुद्ध फसल लाभ लेने की अपेक्षा मिश्रित अथवा अंतरवर्तित खेती करने से नींदा नियंत्रण होता है। शीघ्र उगने वाली फसलें जैसे सोयाबीन, मूंग, उड़द, मक्का, ज्वार, आदि को अरहर के साथ लेने से पैदावार में वृद्धि होती है साथ ही नींदा नियंत्रण भी होता है।

11. **जल प्रभाव** – ऐसे क्षेत्रों में जहां नींदा की समस्या अधिक हो तथा खेतों में खरीफ मौसम में बुआई नहीं की जाती है उन क्षेत्रों में खाली खेतों में पानी भरकर रखने से सफलतापूर्वक नियंत्रण करना सम्भव होता है। साथ ही भूजल स्तर में सुधार होता है। समस्याग्रस्त नींदा कॉस, मोथा, गुदला, दूब, आदि को इस तरीके से नियंत्रित करना लाभकारी होता है। इस विधि को हवेली, बांधा, बंधान आदि नामों से जाना जाता है।

12. **जैव नियंत्रण** – जैव विधि से कीट, रोग तथा नींदा की समस्या को दूर करने के लिए अनुसंधान कार्य लगातार हो रहे हैं और इनमें सफलता भी प्राप्त हो रही है। यह पर्यावरण की दृष्टि से अधिक सुरक्षित विधि है। कृषकों के खेतों तक जैव विधि से जैव नींदा नियंत्रण तकनीक को पहुंचाने की जरूरत है। जैव विधि से सभी तरह के नींदा को नियंत्रित करना वर्तमान में संभव नहीं हो सका है। यह विधि नींदा विशिष्ट के लिए ही होती है। इस कारण एक नींदा को प्रभावी रूप से नष्ट करने पर दूसरे प्रकार की नींदा की समस्या बढ़ने की संभावना अधिक हो जाती है। गाजरघास तथा जलकुंभी नींदा को नष्ट करने हेतु एक विशेष कीट को खोजा जा चुका है। गाजरघास के नियंत्रण हेतु जाइगोग्रामा

बाइकोलोराटाबीटल तथा जलकुंभी के नियंत्रण हेतु नियोकेटिना आइकॉनिया कीट प्रभावी रूप से नष्ट करते हैं। इस दिशा में और प्रचार–प्रसार की आवश्यकता है।

कीट प्रबंधन

कीटों को आर्थिक क्षति स्तर पर रखना

वातावरण को संतुलित रखने के लिये कीटों की संख्या एक सामान्य स्तर पर होती है, जिसको कम या समाप्त करना पर्यावरण संतुलन की दृष्टि से उचित नहीं है। यह देखा गया है कि एक विशेष कीट को खत्म करने से दूसरे कीट की संख्या बढ़कर वह प्रमुख कीट बन जाता है, परंतु कीटों की संख्या यदि आर्थिक क्षति से ऊपर उठती है तो उत्पादन प्रभावित होता है। अतः कीटों की संख्या को आर्थिक क्षति स्तर से नीचे कैसे रखा जाये यही जैविक खेती का मुख्य उद्देश्य है। कीटों की संख्या को आर्थिक क्षति स्तर से नीचे रखने के लिए कृषि क्रियाएं अपनाई जाती हैं, क्योंकि किसानों को वर्तमान में फसल उत्पादन ना मिलने का प्रमुख कारण कीटों से फसलों में होने वाला नुकसान है। किसान को कीट–व्याधियों के आक्रमण की जानकारी तब मिलती है, जब फसलों को नुकसान होने लगता है। वास्तविकता यह है कि खेत में कीटों की सक्रियता इसके काफी पहले से ही आरंभ हो चुकी होती है। आरंभ की अवस्था में कीट आकार में छोटे व कम संख्या में होते हैं, जिसके कारण कीटों के आगमन की जानकारी किसानों को सही समय पर नहीं मिल पाती। कीटों का आक्रमण एवं फसल को क्षति अधिक होने पर ही कृषक कीटनाशकों का उपयोग करता है, जिससे फसल को पूर्ण रूप से सुरक्षित रख पाना संभव नहीं होता। वर्तमान कीटों से 20–25 प्रतिशत तक उत्पादन में कमी देखी गई है। विश्व में 300 से 350 प्रकार के कीटनाशकों का उपयोग हो रहा है, परंतु इन कीटनाशकों के लगातार एवं असंतुलित उपयोग से वातावरण प्रदूषण, कीटों में प्रतिरोधक क्षमता, कृषि उत्पादन में कीटनाशकों के अवशेष जैसी गंभीर समस्यायें सामने आ रही हैं। ऐसी परिस्थितियों में आवश्यक है कि कीट नियंत्रण के ऐसे उपायों को अपनाया जावे जो सस्ते एवं टिकाउ हों, साथ ही इन उपायों से फसलों में लगने वाले कीड़ों के आगमन की जानकारी भी मिल सके। प्रमुख कीटों का आर्थिक क्षति स्तर निम्नानुसार है –

तालिका 5. फसलों में कीटों की संख्या का आर्थिक क्षति स्तर

क्र. सं.	फसल	कीट का नाम	आर्थिक क्षतिस्तर/फसल अवस्था
1.	सोयाबीन	नीला काला भृंग	4 भृंग/मी. पंक्ति, 7–10 दिन की फसल अवस्था पर
		हरीअर्द्ध कुंडलक इल्ली	4 इल्लियां/मी. पंक्ति, फूल लगने पर 10 इल्लियां/मी. पंक्ति, फूल लगने के पूर्व
		तम्बाकू की इल्ली	10 इल्लियां/मी. पंक्ति, फल्लियों के विकास की अवस्था
		चने की इल्ली	10 इल्लियां/मी. पंक्ति, फल्लियों के विकास की अवस्था
2.	कपास	चेपा	10–20 प्रतिशत ग्रसित पौधे या 50 प्रतिशत पौधों पर मधु बूंदें, 50 दिन तक की फसल अवस्था
		तेला	2 तेला/पत्ती, 50 दिन तक की फसल अवस्था
		थ्रिप्स	10 थ्रिप्स/पत्ती 30 दिन तक की फसल अवस्था
		सफेद मक्खी	8–10 वयस्क अथवा 20 अवयस्क प्रति पत्ती, सुबह 10 बजे के पूर्व, 35–110 दिन की फसल
		चित्तीदार सुंडी	5–10 प्रतिशत ग्रसित डेन्डू, 35–110 दिन की फसल
		गुलाबी सुंडी	5–10 प्रतिशत ग्रसित पुष्प अंग/डेन्डू, 65–110 दिन की फसल
3	धान	हरा मोहो	1–2 माहो/मी^{2} रोपणी अवस्था, 10 कीट पूर्ण कंसावस्था, 10–20 कीट मध्य कंसावस्था तथा 20 कीट/पौधा, बाली निकलने की अवस्था

क्र. सं.	फसल	कीट का नाम	आर्थिक क्षतिस्तर/फसल अवस्था
3	धान	गंगई	1 पौधा/मी^{2} रोपणी अवस्था में 1 तथा 5 पोंगा/मी^{2} क्रमशः पूर्व, पूर्व तथा मध्य कंसावस्था,
		तना छेदक	1 शलभ या अंड समूह/मी^{2} रोपणी अवस्था में, डेडहार्ट या 1 अंड समूह या 1 शलभ/मी^{2} पूर्व कंसावस्था में, 1 डेडहार्ट या अंडसमूह/मी^{2} मध्य कंसावस्था तथा बाली निकलने की अवस्था में
		भूरा माहो	5–10 कीट/पौधा कंसावस्था तथा 15–20 कीट/पौधा बाली निकलने की अवस्था में
		सफेद माहो	10 कीट/पौधा कंसावस्था में 15–20 कीट/पौधा बाली निकलने की अवस्था
		हिस्पा	2 वयस्क या 2 ताजी क्षतिग्रस्त पत्ती/पौधा किसी भी फसलावस्था में
4	चना	चने की इल्ली	दो इल्ली प्रति मीटर कतार, फूल एवं फल्लियां बनते समय
5.	ज्वार	प्ररोह मक्खी	10 प्रतिशत मृत केन्द्र (ग्रसित तना) या एक अण्डा प्रति पौधा (10 प्रतिशत पौधों में)
		तना छेदक	10 प्रतिशत पौधे ग्रसित पौधे ग्रसित लक्षणों के साथ
		गाल मेज	5 मेज प्रति भुट्टा
		बाली भेदक	2 इल्ली प्रति भुटटा
		प्ररोह बग मत्कुण	10 बग (मत्कुण) प्रति भुट्टा
6.	मक्का	प्ररोह मक्खी	10 प्रतिशत मृत केन्द्र (ग्रसित तना) या 1 अण्डा प्रति पौधा 10 प्रतिशत पौधों में

क्र. सं.	फसल	कीट का नाम	आर्थिक क्षतिस्तर/फसल अवस्था
6.	मक्का	तना छेदक	10 प्रतिशत पौधे ग्रसित लक्षणों के साथ
		सफेद भृंग	20 इल्ली प्रति 20 पौधे
		मक्का बेधक	2 इल्ली प्रति मक्का भुट
7.	गन्ना	पायरिल्ला	3–5 अण्डे शिशु प्रौढ़ प्रति पत्ती।
		अंगोला बेधक	17 ग्रसित गठाने प्रति 6 मीटर कतार लम्बाई
8.	सरसों	माहू	8 से 13 माहू प्रति मध्य कालिका प्रति पौधा
9.	आलू	माहू	8 से 13 माहू प्रति मध्य कालिका प्रति पौधा

कीट प्रबंधन के उपाय

समन्वित कीट प्रबंधन के लिये अनेक कारगर उपाय अपनाये जा सकते हैं। इनके परिणामस्वरूप कीटों की संख्या आर्थिक क्षति स्तर के नीचे रखी जा सकती है।

1. सस्य क्रियायें या कृषिगत उपाय
2. यांत्रिक/भौतिक उपाय
3. जैविक उपाय
4. पादप उत्पादों का उपयोग

सस्य क्रियायें/कृषिगत उपाय

1. गर्मी के मौसम में गहरी जुताई

इस सस्य क्रिया का महत्व इस तथ्य पर आधारित है कि अनेक हानिकारक कीटों की विभिन्न अवस्थायें जमीन के अंदर सुसुप्तावस्था में पड़ी रहती हैं एवं

मानसून के आगमन के साथ सक्रिय होने के उपरांत कीटों की प्रारंभिक संख्या के रूप में स्थापित होकर गुणोत्तर वृद्धि के द्वारा फसलों को क्षति पहुंचाती हैं। खेत की गहरी जुताई द्वारा इन कीट अवस्थाओं जैसे–अंडे, संखी इत्यादि को सूर्य की प्राकृतिक गर्मी में मरने हेतु मुखरित कर मार सकते हैं अथवा ये मुखरित अवस्थायें पक्षियों द्वारा खा ली जाती हैं। इस तरह गहरी जुताई द्वारा हम अनेक कीटों की प्रारंभिक संख्या को नियंत्रित कर सकते हैं। इस तरह की शस्य क्रिया द्वारा हम चने व तम्बाकू की इल्ली, फाफा, कपास के डेंडू छेदक, धान का तना व छेदक व गंगई, डायमंड बैंक माथ, सोयाबीन की गर्डल बीटल एवं तने की मक्खी, ज्वार व मक्का की तना छेदक व इल्ली, तिल हाक माथ, गन्ने का तना छेदक मक्खी व इल्ली, तिल हाह माथ, गन्ने का छेदक एवं शीर्ष बेधक बोरर इत्यादि एवं अनेक अन्य का प्रभावी नियंत्रण कर सकते हैं।

2. स्वच्छ खेती

कीटों को नुकसान पहुंचाने वाली एवं सुसुप्तावस्था की अवस्थाएं मुख्य फसल की अनुपस्थिति में खेत के आसपास उगने वाले खरपतवार अथवा पूर्ववर्ती फसल के अवशेष पर अपना जीवन चक्र पूर्ण करती है। इन कीटों के नियंत्रण हेतु खेत के आसपास की घास–फूस तथा खेत में पूर्ववर्ती फसल के अवशेषों को नष्ट कर देना चाहिये। इस विधि को अपनाकर सोयाबीन की गर्डल बीटल, ज्वार तथा मक्का के तना छेदक, विभिन्न फसलों में लगने वाले माहो व फुदका, फाफा (चिड्डा) एवं अनेक बहुभक्षी कीटों को काफी हद तक नियंत्रण में रख सकते हैं।

3. अंतरवर्तीय फसल, ट्रेप क्राप व बार्डर क्राप

मुख्य फसल के साथ उक्त पद्धति से कुछ अन्य फसलों के समायोजन करने से अनेक फसलों के प्रमुख कीट प्रभाव को मुख्य फसल पर नियंत्रित किया जा सकता है। आगे दर्शाये गये उपयोग से कृषक बंधु अनेक कीटों को प्रभावी तरीकों से नियंत्रित कर अपनी फसलों की सुरक्षा कर सकते हैं।

अंतरवर्तीय फसलें निम्न तरीकों से फसलों में कीट नियंत्रण में सहयोग करती हैं–

(अ) ये फसलें मुख्य फसल में लगने वाले कीटों को आकर्षित कर मुख्य फसल पर प्रकोप कम करने में सहायक हैं।

(ब) इन फसलों की भूमिका का उपयोग बेरियर क्राप के रूप में कर वायु जनित प्रसारित जैव रोगों के फैलाव को रोका जा सकता है। इसका उदाहरण सोयाबीन में गेरूआ रोग का फैलाव अधिक ऊंचे पौधों द्वारा रोक लिया जाता है।

(स) कुछ पौधे रिपलैंड का कार्य कर उन्हें दूर भगाते हैं। फूलगोभी की फसल के बीच में टमाटर की फसल लगाने से डायमंड बैक माथ के पतंगे का प्रकोप कम होता है ।

(द) कुछ अंतरवर्तीय फसलों में कीटों के परजीवी व परभक्षी कीट अधिक मात्रा में आकर्षित होकर आश्रय पाते हैं। बरबटी व अरहर की फसल पर लेडी बर्ड बीटल अधिक मात्रा में आती है। यह माहो का परभक्षी कीट है।

(इ) कुछ कम ऊंचाई की फसलों के बीच लगाई गई पौधों वाली फसलें पक्षियों के बैठने के स्थान के रूप में काम आती हैं, जहां से पक्षी फसल पर लगने वाली सुंडियों इत्यादि को देख कर उन्हें खा जाते हैं। इस तरह प्राकृतिक नियंत्रण द्वारा कीट नियंत्रण किया जा सकता है।

4. पोषक तत्व प्रबंध

फसलों में संतुलित मात्रा में उर्वरक का उपयोग आवश्यक है। इसके द्वारा पौधों में कीट एवं व्याधियों से लड़ने की क्षमता का विकास होता है। तब हम फसलों में कीट रोधी क्षमता का लाभ कीट नियंत्रण में संतुलित पोशक तत्व के उपयोग द्वारा ले सकते हैं।

5. जल प्रबंध

फसलों में समुचित जल प्रबंधन का महत्व न केवल पौधों की बढ़वार के लिये महत्वपूर्ण है, अपितु अनेक कीटों के प्रबंधन में भी उपयोगी पाया गया है। समुचित जल प्रबंधन द्वारा धान की फसल को नुकसान पहुंचाने वाले रस चूसक कीट जैसे भूरा माहू, हरा माहू, सुफेद माहू एवं गंगई (गाल फ्लाई) का सफलतापूर्वक नियंत्रण किया जा सकता है। धान के खेतों में माहू का प्रकोप खेत से जल निकास का उचित प्रबंध अपनाकर कम किया जा सकता है। 5–7 दिनों के लिये पानी निकाल देना चाहिए, जिससे माहू तथा गंगई के अण्डे बह जाते हैं। इसी तरह अन्य फसलों में भी अन्य तरह (फसलानुसार) से जल प्रबंधन द्वारा कीट संख्या पर नियंत्रण रखा जा सकता है।

6. पौधों के बीच की उचित दूरी एवं निरीक्षण पथ

जैसा कि हम जानते है कि फसल की अच्छी बढ़वार के लिये पौधों को समूचित पोषक तत्व, प्रकाश, जल एवं हवा की आवश्यकता होती है जो कि पौधों के बीच उचित दूरी रखकर साध्य है। अतः अनुशंसित दूरी पर कतार में बोनी करनी चाहिये। इस तरह स्वस्थ फसल के साथ–साथ कीटों के छुपने के स्थान का अभाव उत्पन्न करते हैं। छिटका पद्धति से बोई गई फसल में कीट सहजता से छिप जाते हैं एवं प्राकृतिक शत्रुओं (पक्षियों व परभक्षी कीटों) से बच जाते हैं। इसी तरह कीट प्रबंधन से निरीक्षण पथ (हर तीन मीटर के बाद एक कतार बगैर बोये छोड़कर) का विशेष महत्व है। इसके द्वारा कृषक अपनी फसल का पास से नियमित निरीक्षण आसानी से कर सकते हैं एवं फसल में लगने वाले कीट एवं व्याधियों की स्थिति तुरंत जानकर उपचार हेतु समय पर उपाय कर सकते हैं। नियमित प्रक्षेत्र निरीक्षण, समन्वित कीट प्रबंधन का सर्वप्रथम महत्वपूर्ण अंग है। जिससे कृषकों को खेत में उपस्थित कीट/व्याधि एवं सहयोगी मित्र कीटों की स्थिति की जानकारी मिलती रहती है। निरीक्षण पथ, फसल में छिड़काव में भी उपयोगी सिद्ध होता है क्योंकि फसल बढ़ जाने पर खेत में फसल को नुकसान पहुंचाये बगैर चलना सहज नहीं होता। निरीक्षण पथ छोड़ने से क्षेत्र में उत्पादन पर विपरीत प्रभाव नहीं पड़ता।

7. फलन चक्र

समन्वित कीट प्रबंधन में फसल चक्र अपनाने की कार्यविधि इस तथ्य पर आधारित है कि किसी कीट को यदि भोजन की उपलब्धता निरंतर होती है तो वह कीट अपनी संख्या में गुणोत्तर वृद्धि के साथ विकराल रूप धारण कर लेता है। ऐसी अवस्था में बदल–बदल कर फसल लगाना चाहिये। इसके अतिरिक्त यदि एक बड़े भूभाग में एक ही फसल की एक ही प्रचलित जाति का उपयोग शुरू हो जाता है तब उस क्षेत्र में किसी कीट/व्याधि विशेष के महामारी का रूप धारण करने की संभावनायें प्रबल हो जाती हैं। उदाहरणस्वरूप सोयाबीन में गेरूवा रोग हम देख ही चुके हैं। इसी तरह बैंगन, मिर्च व टमाटर एक ही कुल (सोलानेसी परिवार) की फसलें हैं एवं यदि एक ही कृषक एक ही जमीन पर, एक के बाद एक इन फसलों को लगाता है तो उकटा रोग के रोगाणु उस जमीन में स्थापित हो जाते हैं एवं कृषक के लिये एक रोग बड़ी समस्या बन जाता है। इसी तरह जिस क्षेत्र में कृषक वर्ष भर एक ही तरह की फसलों की खेती करते हैं, वहां

कीट प्रकोप की समस्या विकराल रूप धारण कर लेती है, जैसे धान में गंगई तथा भूरा माहो, फूल गोभी व पत्ता गोभी में डायमंड बैक माथ (फफली) इत्यादि। अतः हमें उचित फसल चक्र अपनाते हुये बहुजातीय आधारित खेती करना चाहिये।

8. ट्रेप (फंदा) फसल

इसका उद्‌देश्य हानिकारक कीटों, रोग व्याधियों से मुख्य फसल को बचाना है। ट्रेप फसल सामान्यतः उसी कुल की या ऐसी होती है जो मुख्य फसल को हानि पहुंचाने वाले कीटों, रोगजनकों को अपनी ओर आकर्षित करती है। गन्ने की फसल के बीच–बीच में ज्वार के पौधे लगाने से गन्ने पर तना छेदक का प्रकोप नहीं होता। फूलगोभी में सरसों एवं सोयाबीन में जगनी सेमीलूपर को आकर्षित कर मुख्य फसल को बचाती हैं। कपास के खेतों में भिंडी के पौधों को लगाने से कई तरह के कीट पहले भिंडी के पौधों पर आक्रमण करते हैं। सीमित भिंडी के पौधों पर कीट नियंत्रण करना सुलभ एवं किफायती होता है एवं कपास जैसे महत्वपूर्ण नगदी फसल को कीड़ों के प्रकोप से बचाया जा सकता है। ट्रेप फसल के पौधे जैसे ही अधिक प्रकोपित हो जावें, उन्हें उखाड़कर नष्ट करें।

भौतिक एवं यांत्रिक उपाय

कृषक अपने खेतों में यांत्रिकी एवं भौतिक उपाय अपनाकर कीट प्रबंधन अभियान को सफल बना सकते हैं। इस विधि के अंतर्गत निम्न भौतिक एवं यांत्रिकी विधियों द्वारा कीट को पकड़कर नष्ट किया जाता है –

(अ) भौतिक - इस विधि के अंतर्गत बड़े आकार के कीटों को वहां से एकत्रित कर नष्ट किया जाता है। कीटों की विभिन्न अवस्थाओं को स्वयं अथवा मजदूरों द्वारा बीन कर नष्ट किया जा सकता है।

(ब) यांत्रिक - यांत्रिक उपायों को अपना कर कीटों की निगरानी एवं कीट प्रकोप को नियंत्रित किया जा सकता है। यांत्रिक उपायों में प्रपंचों को खेत में फसल की अवस्था एवं वर्ष भर लगातार कीड़ों की निगरानी एवं नियंत्रित करने के लिये लगाया जाता है। विभिन्न प्रकार के प्रपंच या जाल नियंत्रण हेतु प्रयुक्त हैं परंतु तकनीक के आधार पर भिन्न–भिन्न प्रकार के होते हैं। प्रमुख व उपयोगी प्रपंच निम्नानुसार है–

1. प्रकाश प्रपंच

इस प्रपंच में प्रकाश संवेदी कीड़ों को किसी प्रकाश स्त्रोत की ओर आकर्षित कर पतले या बारीक जाल में फंसा कर नियंत्रित किया जाता है। जाल में फंसे कीटों को किसी धूम्रक रसायन से नष्ट करके जमीन में गाड़ देते हैं। ये प्रकाश प्रपंच बिजली, गैस बत्ती या लालटेन द्वारा संचालित किये जाते हैं। यह तकनीक प्राचीन काल में आग लगाकर कीट–पतंगों को नष्ट करने पर आधारित है।

इन प्रपंचों का उपयोग 1925 से 1940 तक काफी प्रभावी व लोकप्रिय रहा किन्तु सन् 1940 के पश्चात् डी. डी. टी., बी. एच. सी. व अन्य जहरीले कीटनाशकों के आने से इसका उपयोग धीरे–धीरे कम होता गया। सस्ता, टिकाऊ व पर्यावरण के अनुकूल होने के कारण पुनः इसे प्रभावी कीट–नियंत्रण पद्धति देखा जाने लगा है। प्रकाश प्रपंच मुख्यतः चार प्रकार के होते हैं –

(क)खुला प्रकाश प्रपंच - इस प्रकार के प्रकाश–प्रपंच में बिजली का बल्ब, गैस बत्ती या लालटेन को किसी ऊंचे स्थान पर लगाकर उसके नीचे पानी से भरे बडे व चौडे मुँह के बर्तन (तसला, परात आदि) को रखा जाता है। पानी में मिट्टी के तेल (केरोसीन तेल) या किसी कीटनाशक की कुछ बूँदें डाल दी जाती है। प्रकाश की ओर आकर्षित होकर, जब कीड़े पानी में गिरते हैं तो वे जहरीले कीटनाशक या मिट्टी के तेल के संपर्क के आने के कारण मर जाते हैं। इन प्रपंचों की संख्या लगाये गये बल्ब की तीव्रता या गैस बत्ती पर निर्भर करती है। सामान्यतः 100 वाट का बल्ब उपयोग करने पर 4 से 5 एकड़ खेत में एक खुला प्रकाश प्रपंच उपयोग करना चाहिये।

(ख) जालीदार थैलीयुक्त प्रकाश प्रपंच - इस प्रकाश प्रपंच में बिजली के बल्ब को एक छतरीनुमा छत के नीचे लगाकर उसके नीचे एक चौड़े मुँह वाली कीप या चाँडी लगाते हैं। कीप या चाँडी के नीचे बंधी जालीदार थैली बांध दी जाती है। कीट प्रकाश की ओर आकर्षित होकर बल्ब के चारों ओर उड़ते हैं तब वे कीप की पट्टियों से टकराकर कीप या चाँडी में गिरकर नीचे बंधी जालीदार थैली में गिर जाते हैं तथा वापस बाहर नहीं निकल पाते। जाली में फंसे कीड़ों को किसी धूम्रक रसायन से मारकर इन्हें नष्ट कर दिया जाता है। ऐसे प्रपंच अपेक्षाकृत सस्ते होते हैं।

(ग) यांत्रिकीय प्रकाश प्रपंच - इस प्रकार के प्रकाश प्रपंच सबसे ज्यादा लोकप्रिय हैं। इस प्रकाश प्रपंच में दो मुख्य भाग होते हैं (1) कीट आकर्षित करने वाला भाग, (ट्रैपिंग) डिवाइस और (2) कीट एकत्र करने वाला भाग इसे कलेक्शन चेम्बर कहा जाता है। ये दोनों भाग जी. आई. शीट के बने होते हैं, जिसका आकार खेतों के आकार के अनुसार घटाया या बढ़ाया जा सकता है। कीट आकर्षित करने वाले भाग में एक चौड़े मुंह की कीप या चाड़ी लगी होती है, जो तीन लम्बवत् आधार से जुड़ी होती है। कीप के ऊपर एक छतरीनुमा गोल छत के नीचे बिजली का बल्ब लगाया जाता है। यह सम्पूर्ण हिस्सा नीचे के कीट एकत्र करने वाले भाग से जुड़ा रहता है। कीट एकत्र रहने वाले चौकोर बॉक्स के अंदर कोई भी जहरीला धूम्रक या दवायुक्त घोल रखते हैं, ताकि कीड़े के अंदर गिरते ही मर जावें। धूम्रक या रसायन का उपयोग नहीं करने पर कीटों को हाथ से नष्ट कर दिया जाता है।

इस प्रकार के प्रकाश प्रपंच अपेक्षाकृत महंगे होते हैं। इन प्रपंचों में मरकरी बल्ब लगाया जाता है, जिससे कीट अधिक मात्रा में आकर्षित होते हैं। जवाहरलाल नेहरू कृषि विश्वविद्यालय, जबलपुर द्वारा विकसित प्रपंच में 160 वाट का मरकरी बल्ब लगाकर कीटों का निरीक्षण करने से काफी अच्छे परिणाम प्राप्त हुये हैं।

(घ) विद्युत प्रपंच - इस प्रकार के प्रपंच में बल्ब के बाहर पतली जाली लगी होती है। जाली में हल्का विद्युत प्रवाह होता है। प्रकाश की ओर कीट आकर्षित होने पर वे इन जालियों से टकराते हैं और हल्के विद्युत करेंट से मर जाते हैं। इस प्रकार के प्रपंच मनुष्यों के लिये हानिरहित होते हैं अर्थात् करंट लगने का भय नहीं रहता। इनका उपयोग बड़े फार्म हाउस या सार्वजनिक स्थानों पर अधिक होता है। इसके द्वारा चना, मटर, गेहूं, धान, कपास, गन्ना, सोयाबीन के पत्ती खाने वाले कीट, सूर्यमुखी एवं अन्य फसलों के प्रमुख कीट एवं सागौन के पत्ती खाने वाले कीटों की निगरानी एवं नियंत्रण किया जा सकता है।

2. फेरोमोन प्रपंच

यह एक साधारण संरचना वाला साधन है। इसमें एक प्लास्टिक की प्लेटनुमा गोल छतरी होती है। इसके नीचे की ओर बीच में एक उभार या तार लगा होता

है, जिसमें रसायन युक्त (फेरोमोन) रबर की घुण्डी (सेप्टा) लगाया जाता है। यह रसायन विशेष प्रजाति के नर कीटों को आकर्षित करने की क्षमता रखता है। सेप्टा प्लेट के नीचें प्लास्टिक की एक लंबी थैली लटकी रहती है। इस थैली का निचला हिस्सा बांध दिया जाता है। ऊपर वाली छतरी फेरोमोन को धूप, बरसात आदि से बचाव करती है। आकर्षित होकर आए नर कीट इस थैली में एकत्रित हो जाते हैं एवं उनको नष्ट कर दिया जाता है।

कुछ प्रकार के कीड़ों की मादा अपने शरीर से सूक्ष्म मात्रा में तरल पदार्थ (रसायन) निकालती हैं, जिसकी गंध से लगभग दो किलोमीटर की दूरी से भी इस प्रजाति के नर कीट संगमन (मिलन) हेतु आकर्षित होते हैं और जाल में फंस जाते हैं परिणामस्वरूप नर कीटों की संख्या को नष्ट कर कम किया जा सकता है। इसका उपयोग कीट नियंत्रण व कीट सर्वेक्षण के लिये फेरोमोन के रूप में उपयोग किया जाता है साथ ही कीट नियंत्रण भी होता है। अभी तक 40 से अधिक कीटों को नियंत्रित करने के लिये फेरोमोंन की पहचान की जा चुकी है, जो कीट नियंत्रण हेतु बाजार में उपलब्ध हैं।

चने की इल्ली, तम्बाकू की इल्ली, कपास की गुलाबी सूंडी, भिण्डी की चितकबरी इल्ली एवं ज्वार, मक्का व गन्ने का तना छेदक आदि प्रत्येक कीट के संभावित आक्रमण के अनुसार सेप्टा का चुनाव करना चाहिये।

फेरोमोन ट्रेप, चयनित फसल में, बाँस या लकड़ी के सहारे फसल से 2 फुट से 3 फुट की ऊँचाई पर लगाना चाहिये। एक एकड़ खेत में इसकी संख्या 3 से 4 रखनी चाहिये तथा दो प्रपंचों के बीच लगभग 30 से 40 मीटर का अंतर रखना चाहिये।

3. चिपचिपे व रंग वाले प्रपंच

फसलों को नुकसान पहुंचाने वाले कीट ऐसे होते हैं जो रंग संवेदी होते हैं और किसी रंग विशेष की ओर आकर्षित होते हैं। इनके निर्माण के लिये लकड़ी या लोहे के चौकोर छोटे टुकड़ों पर चिपचिपा पदार्थ जैसे ग्रीस, तेल आदि लगाकर कीटों को आकर्षित किया जाता है। ये चौकोर टुकड़े विभिन्न रंगों के होते हैं। जैसे–अरहर (तुवर) की फल मक्खी सफेद रंग की ओर आकर्षित होती है, कपास की सफेद मक्खी पीले रंग की ओर आकर्षित होती है। इसी प्रकार विभिन्न चिपचिपी सतहों पर अनेकों कीट आकर्षित होकर चिपक कर मर जाते हैं।

4. जहरीला प्रपंच

अधिकांश वयस्क कीट गंध संवेदी होते हैं। इन कीटों को इन प्रपंच की गंध से आकर्षित कर जहरीले कीटनाशक के संपर्क में लाकर नियंत्रित किया जाता है। इस प्रपंच को बनाने के लिये किसी चौड़े मुंह की प्लेट, कटोरी या मिट्टी का बड़ा दिया लें। इस चौड़े मुंह के किसी बर्तन में गुड़ या राब 500 ग्राम, मेलाथियान (कीटनाशक) 50 मि.ली., पानी 1 लीटर एवं सिरका 50 मि.ली. लेकर इन्हें अच्छी तरह मिलाकर लकड़ी या बाँस के स्टैण्ड में जमीन से 4 फुट ऊपर रखें।

जहरीला प्रपंच बनाने का तरीका

इस जहरीले प्रपंच को डिब्बे में भरकर बड़े फल–बागों के पेड़ पर भी टाँग सकते हैं। तैयार प्रपंच से आम, नींबू, संतरा एवं बेर के फल में लगने वाले कीट, एवं कद्दूवर्गीय सब्जियों में लगने वाले कीड़ों को नियंत्रित किया जा सकता है। धान, कपास, चना, गन्ना, सरसों आदि के अनेकों कीट इस प्रपंच से नष्ट किये जा सकते हैं। इस प्रकार के जहरीले प्रपंच एक खेत में 3 से 4 जगह समान दूरी पर लगाना चाहिये। जहरीला घोल जब कीटों से भर जावे तब इस घोल को छान कर पुनः उपयोग कर सकते हैं, किन्तु एक बार तैयार घोल का प्रभाव 20 से 25 दिनों तक ही रहता है, इसलिये सामान्यतः प्रति माह नया घोल बनाकर बर्तन में पुनः भरना चाहिये।

इन सभी प्रपंचों द्वारा निम्नलिखित क्रमबद्ध जानकारियाँ मिलती हैं, जो कि समन्वित कीट नियंत्रण के लिये भी अत्यंत महत्वपूर्ण हैं –

1. इसके द्वारा यह पता लगाने में सहायता मिलती है कि किन–किन क्षेत्रों में कौन–कौन से कीट अधिक सक्रिय हैं, साथ ही उनके जीवन चक्र तथा प्रसार की जानकारी भी प्राप्त की जा सकती है।
2. विभिन्न कीटों की सक्रियता का पूर्वानुमान लगाया जा सकता है।
3. विभिन्न कीटों की "आर्थिक क्षतिस्तर अवस्था" ज्ञात करने में सहायता मिलती है।

लाभ

1. इसके उपयोग से रसायनों की कीमत व छिड़काव हेतु मजदूरी की बचत होती है।

2. समन्वित कीट नियंत्रण का यह एक मुख्य आधार है।
3. वातावरण को प्रदूषण से बचाता है।
4. हानिकारक नहीं होने के कारण इसका उपयोग आसान है।
5. फसल के सिर्फ हानिकारक कीड़ों को ही नियंत्रित करता है, जिससे अन्य लाभदायक मित्र कीट मरने से बच जाते हैं।
6. नर कीटों को पकड़ने से मिलन के बाद मादा द्वारा दिये जाने वाले असंख्य अण्डों से निकलने वाले हानिकारक कीटों को नुकसान के पहले ही रोक दिया जाता है।
7. कीट–नियंत्रण की यह विधि सस्ती एवं सुगम है।

तालिका 6. विभिन्न प्रपंचों की अनुमानित लागत

क्र. सं.	नाम	आकार या मात्रा	लागत (रुपये में)
1.	खुला प्रकाश प्रपंच	बल्ब (100 वाट) गैस बत्ती	30 से 40
		गैस बत्ती	400 से 500
2.	जालीदार थैलीयुक्त प्रकाश प्रपंच	बल्ब (100 वाट) (कीप का व्यास) 1 से 1.5 फुट	250 से 300
3.	यांत्रिकीय प्रकाश प्रपंच	(अ) बल्ब (100 वाट) कीप 1 से 1.5 फुट व्यास वाली संग्रहण बाक्स 1.5 × 1.5 × 2 फुट (ब) 160 वाट का मरकरी बल्ब संग्रहण बाक्स 2 × 2 × 5 फुट	350 से 400
4.	फेरोमोन प्रपंच	एक नया छतरी (प्रपंच)	10 से 20
		सेप्टा (प्रति नग)	15 से 20
5	चिपचिपे व रंग वाले प्रपंच	2 × 2 फुट	150 से 200

सावधानियाँ

1. प्रत्येक सेप्टा को 21–24 दिनों में बदल देना चाहिये।
2. उपयोग से पहले सेप्टा को ठण्डे स्थान पर संग्रहित करें।
3. इस्तेमाल के बाद सेप्टा को नष्ट कर दें।
4. प्रतिदिन सुबह प्लास्टिक थैली को खाली करें।

जैविक उपाय

प्रकृति में रहने वाले प्रत्येक जीव में अन्य जीवों के प्रति प्रतिस्पर्धा होती है। इसी के चलते उनमें परजीवी तथा परभक्षी प्रवृत्ति विद्यमान रहती है। जीवों में विद्यमान यह गुण ही प्रकृति में जैविक संतुलन बनाये रखने का आधार है। वेद में भी कहा गया है कि "जीव जीवस्य भोजनम्" इसी सिद्धांत को आधार मानकर प्रकृति में उपस्थित जीव जंतुओं का कीट प्रबंधन हेतु संरक्षण, संवर्धन एवं उपयोग न केवल हमारी कीट/व्याधि समस्या का समुचित निदान बन सकता है अपितु इसके द्वारा प्राकृतिक वातावरण पर पड़ रहे संश्लेषित रासायनिक जीवनाशियों के दुष्प्रभावों को भी कम कर सकते हैं। इन जैविक प्रतिनिधियों की कीट प्रबंधन क्षमता के विकास हेतु हमें निम्नलिखित प्रयास करने होंगे –

प्राकृतिक जैव प्रतिनिधियों का संरक्षण

प्रकृति में उपलब्ध मित्र कीटों के संरक्षण हेतु प्रयासों में सर्वप्रथम हमें इन परभक्षी व परजीवियों को कीटनाशक दवाओं से सुरक्षा प्रदान करनी होगी जिससे मित्र कीटों का संरक्षण हो सके।

संवर्धन

कुछ मित्र कीट किसी विशेष फसल पर अधिक मात्रा में आश्रय पाते हैं जैसे लेडी बर्ड बीटल बरबटी व अरहर की फसल में अधिक संख्या में आती है। अतः इस तरह की फसलों को अंतवर्तीय फसलों के रूप में लेना चाहिये। पक्षी भी जैविक नियंत्रण का महत्वपूर्ण अंग हैं। अतः खेत में पक्षी टिकान लगाकर वृक्षों का रोपण कर इन्हें आश्रय प्रदान करना चाहिये।

1. ट्राइकोग्रामा

यह एक सूक्ष्म अंडपरजीवी है तथा तना छेदक, पत्ती मोड़क एवं पत्ती खाने वाले कीटों के अंडों पर आक्रमण कर उन्हें नष्ट कर देते हैं। खेत में लगभग 2 लाख ट्राइकोग्रामा/हेक्टेयर एक सप्ताह के अंतर में चार–6 बार उपयोग करना चाहिये। उपयोग हेतु ट्राइकोकार्ड, स्ट्रेन बायो तथा एच. डी. 21 के व्यावसायिक नाम से उपलब्ध इन परजीवियों के अंडों को खेत में छोड़ा जा सकता है। इनका उपयोग चना, टमाटर, सोयाबीन व कपास फसल में काफी उपयोगी सिद्ध हुआ है।

2. क्राइसोपा कार्निया

यह परभक्षी कीट, मोयला, हरतेला, सफेद मक्खी, माहो, मिली बग आदि कीड़ों के नियंत्रण में काम आते हैं। खेत में 50000 से 200000/हेक्टेयर की संख्या में 7 से 10 दिन के अंतर पर 3–4 बार उपयोग करना चाहिये। कपास, सोयाबीन, गोभी, सरसों, मटर, एवं अरहर की फसल में प्राकृतिक रूप से पाये जाते हैं।

3. एपीकार्निया

इस परजीवी का उपयोग नगदी फसल गन्ना को रसचूसक कीट पाईरिल्ला के प्रभावी नियंत्रण हेतु उपयोग करना लाभप्रद होता है।

4. असेसिन बग

यह परभक्षी पत्तियों को खाने वाली इल्लियां जैसे–तम्बाकू की इल्ली, चने की इल्ली, हरा सेमी लूपर एवं अन्य कई इल्लियों पर आक्रमण करते हैं।

5. ड्रेगन फ्लाई

वर्षा ऋतु में ताल–तलैया और नम स्थानों के आसपास एक ही स्थान पर उड़ते हुए ड्रेगन फ्लाई (राक्षसी मक्खी) को सभी ने देखा है। इसकी संरचना और कार्यशैली को देखकर प्रतित होता है कि वैज्ञानिक ब्रेक्वेट (सन् 1909) ने सर्वप्रथम हेलीकॉप्टर के आविष्कार की प्रेरणा इसी कीट (ड्रेगन फ्लाई) को देखकर ही ली होगी। भारतीय वैज्ञानिक डॉ. बी. सूरीबाबू ने ड्रेगन फ्लाई को मलेरिया, फाइलेरिया तथा डेंगू ज्वर फैलाने वाले कीटाणुओं के वाहक मच्छरों, खेती तथा वन संपदा

को हानि पहुंचाने वाले कीटों का संहारक बताते हुये, इसे जीवाणु पर्यावरण प्रदूषण नियंत्रक कीट के नाम से प्रमाणित किया है।

ड्रेगन फ्लाई का अर्थ है राक्षस मक्खी अर्थात् तेजी से आक्रमण कर शिकार को मार देने वाली मक्खी। संस्कृत में इसे "व्याध पतंग" कहते हैं। व्याध का अर्थ शिकार तथा पतंग का अर्थ होता है कीट (कीड़ा) अर्थात् शिकारी कीट। इनका मुंह शिकार भक्षण के प्रति संवेदनशील रहता है जो शिकार को पकड़ते ही कतरना आरंभ कर देता है। वक्ष तीन खण्डों से मिलकर बना होता है, जिससे पैरों के तीन युग्म पंख जुड़े होते हैं। पैर पतले तथा पंख पतली झिल्ली के समान तथा करकरे होते हैं। क्षेत्रीय अनुकूलन से प्रभावित ड्रेगन फ्लाई लाल, लाल–पीले, मटमैले, नारंगी आदि रंगों में देखने को मिलते हैं।

आज भी ड्रेगन फ्लाई और उनके परिवार पर विश्व के अनेक भागों में शोध कार्य किये जा रहे हैं तथा आशा की जा रही है कि ड्रेगन फ्लाई का उपयोग निकट भविष्य में कुछ रोगों तथा पर्यावरण प्रदूषण नियंत्रण में किया जा सकेगा।

6. बीरबहूटी

वर्षा काल में धरती पर पानी के आगमन के साथ ही एक लाल मखमली कीट का खेत, खुले मैदान तथा बाग–बगीचों में दिखाई देना आरंभ हो जाता है। मध्य प्रदेश के चंबलांचल में कई स्थानों पर बच्चे, बूढ़े इन्हें राम की गुडियां या राम की भैंस कहते हैं। भारतीय चिकित्सा शास्त्रों में इसका उल्लेख "बीरबहूटी" के नाम से किया गया है। यह औषधिक उपयोग तथा हानिकारक कीटों का संहारक होने के कारण जीव पर्यावरण संरक्षण में मानव जाति की मदद करता है। बीरबहूटी और उनका परिवार उत्तम जीव पर्यावरण प्रदूषण नियंत्रक जीव हैं क्योंकि इनका मुख्य भोजन ऐफिड है। ये लार्वा से लेकर मृत्यु तक हजारों लाखों ऐंफिडों को अपना ग्रास (भोजन) बना डालते हैं। खेती और जंगली पेड़ पौधों को हानि पहुंचाने वाले ऐफिडों को ये नियंत्रित कर देते हैं।

7. एन. पी. वी.

फल्ली बेधक इल्ली हेलिकोवर्पा आर्मीजेरा हेतु इसके अंडे एक छोटी इल्लियां दिखने पर हेलिकोवर्पा एन. पी. वी. 250 इल्ली समतुल्य घोल में टीपोल 0.1 प्रतिशत तथा गुड़ 0.5 प्रतिशत 1 लीटर प्रति हेक्टेयर की दर से 10 से 15 दिन के अंतराल पर लगभग 3 बार छिड़काव करें।

संष्लेशित कार्बनिक कीट नाशियों के दुष्प्रभावों को देखते हुये प्राकृतिक स्रोत से प्राप्त कीटनाशियों एवं प्रदूषणरोधियों की ओर अधिक ध्यान देने की आवश्यकता हैं। वर्तमान तक हुये अनुसंधानों में लगभग 2121 वृक्षों की प्रजातियों में कीट व्याधि नाशकता के गुण पाये गये हैं परंतु इन सभी वृक्ष प्रजातियों में नीम प्रमुख है। सदाबहार नीम के वृक्षों का उपयोग प्रदूषण को कम करने का प्राकृतिक साधन है। नीम के बीज व पत्तियों से प्राप्त ऐजोडिरेक्टिन कम से कम 128 फसल कीटों के विकास में बाधक है। यह 0.1 भाग प्रति दस लाख की तुनता में भी प्रभावी है। नीम के बीज की गिरी में थायरोरेमोन नामक यौगिक है जो एक प्रभावी कीट प्रतिकर्षी है। नीम गिरी के तेल को निकालने के बाद बचे अपशिष्ट में नत्रजन, स्फुर, पोटाश, कैल्शियम एवं मैग्नीशियम की मात्रा गोबर की खाद से अधिक होती है।

नीम

नीम बीज चूर्ण 5 प्रतिशत को 1 प्रतिशत साबुन के घोल में मिलाकर फसल पर छिड़काव करें। यह बाजार में उपलब्ध नीम आधारित कीटनाशकों की तुलना में अधिक प्रभावी सिद्ध हुआ है।

कोलोराडो आलू बीटल-इसके नियंत्रण के लिए नीम के तेल का उपयोग तीसरी अवस्था में अत्यंत प्रभावकारी सिद्ध हुआ हैं।

नीम-वानस्पतिक उत्पाद एवं उनका कीट नियंत्रण में महत्व

नीम का कीटों पर प्रभाव

अनुसंधानों के बढ़ते क्रम में यह निष्कर्ष निकाला जा चुका है कि नीम के उत्पाद कीटों की 200 से अधिक प्रजातियों को विभिन्न अवस्थाओं पर प्रभावित करते हैं। नीम के वृक्ष से तैयार किये जाने वाले विभिन्न उत्पाद कीटों के लिये बहुउपयोगी हारमोन्स का आकार प्रकार निर्धारण करते हैं। कीटों का शरीर इन नीम के तत्वों को सोख लेता है। ये हारमोन्स अंतः (इन्डोक्राइन) प्रणाली को सुचारू रूप से चलने में व्यवधान उत्पन्न करते हैं तथा कीटों के स्वभाव एवं शरीर कार्यिकी में परिवर्तन पैदा करते हैं। जिससे कीटों का मस्तिष्क एवं शरीर प्रजनन कार्य करने के लिये अस्थिर हो जाता है एवं उनकी संख्या सीमित रह जाती है। वर्ष 1990 में, बहुत से कीटनाशकों का उपयोग प्रतिबंधित या सीमित हो गया, बहुत से

कीटनाशकों की जगह नये दूसरे कीटनाशकों ने ले ली, वो इसलिये कि कीटों में प्रतिरोधी क्षमता बढ़ गई थी।

एकदम से यही प्रभाव नीम के सत्व को देखने को मिला। नीम उत्पादकों की जटिलता एवं मिश्रित प्रभाव इनकी कार्यक्षमता को और अधिक जटिलता प्रदान कर देते हैं। आज तक जो भी अनुसंधान हुये हैं उनके आधार पर यह कहा जा सकता है कि विभिन्न नीम उत्पादों का उपयोग एवं कार्यक्षमता कीटों के प्रबंधन में निम्नलिखित रूप से कार्य करती है –

1. अंडों, इल्ली एवं शंखी की वृद्धि को रोकना एवं नष्ट करना।
2. इल्ली में शारीरिक परिवर्तन की क्रिया को प्रतिबंधित करना।
3. मैथुन आदान–प्रदान के संकेतों में व्यवधान उत्पन्न करना।
4. इल्ली एवं वयस्क में अलगाव पैदा करना।
5. मादा में अंडा देने की प्रकृति को अक्षम या कम करना।
6. इल्ली एवं वयस्क में विषैले प्रभाव के द्वारा अक्षमता लाना।
7. वयस्क में नपुंसकता पैदा करना।
8. निगलने की प्रक्रिया में व्यवधान उत्पन्न करना।
9. भोज्य पदार्थों को ग्रहण करने में परहेज करना।
10. कायटिन नामक पदार्थ के निर्माण में अवरोध पैदा करना इत्यादि।

तालिका 7. नीम उत्पादों का विभिन्न कीट प्रजातियों पर प्रभाव

कीट	**प्रभाव**
फल मक्खी	वृद्धि अवरोधक, विषैली, शंख वृद्धि अवरोधक, इल्ली के लिये विषैली।
मुख मक्खी	वृद्धि अवरोधक, विषैली,।
सींग मक्खी	प्रतिआकर्षण अवरोधी, वृद्धि अवरोधक।
सफेद मक्खी	प्रतिआकर्षण अवरोधी, वृद्धि अवरोधक भोज्य अवरोधी।
घरेलू मक्खी	भोज्य अवरोधी, वृद्धि अवरोधक।
ज्वार तना मक्खी	भोज्य अवरोधी, वृद्धि अवरोधक।

कीट	प्रभाव
पीला ताप मच्छर	इल्ली नष्टीकरण, विकास अवरोधी।
घरेलू मच्छर	इल्ली नष्टीकरण, विकास अवरोधी।
फलीया	विकास अवरोधी, प्रतिआकर्षण अवरोधी, विकास अवरोधी, अंडों की विकास क्रिया में अवरोधक।
धब्बेदार कद्दू बीटल	वृद्धि अवरोधी, भोज्य अवरोधी।
मैक्सीन बीन बीटल	विकास अवरोधी, भोज्य अवरोधी।
कोलोराडो आलू बीटल	अंडों एवं इल्ली के विकास में अवरोधी।
खपरा बीटल	भोज्य अवरोधी, इल्ली पर विषैला प्रभाव।
जापानी बीटल	प्रतिआकर्षण अवरोधी, विकास एवं भोज्य अवरोधी।
लाल बीटल	भोज्य अवरोधी एवं विषैला।
अमेरिकन कॉकरोच	अंडों के विकास में अवरोधी।
बीन एफिड	प्रजनन क्षमता में कमी।
धान का गाल मिज	विषैला प्रभाव।
फुदका	वृद्धि अवरोधी।
डायमंड बैंक मौथ	इल्ली और शंखी के लिये अत्यंत अवरोधी, वृद्धि अवरोधी, भोज्य अवरोधी।
पिंक वॉलवर्म	विकास एवं भोज्य अवरोधी।
मक्का फल कीट	विकास एवं भोज्य अवरोधी।
तम्बाकू का कली कीट	भोज्य अवरोधी।
पत्ता गोभी का लूपर	भोज्य अवरोधी।
सूक्ष्म पत्ती कीट	इल्ली और शंखी के लिये अत्यंत अवरोधी, वृद्धि अवरोधी, भोज्य अवरोधी।
भूरा फुदका	विकास एवं भोज्य अवरोधी, प्रजनक निष्क्रियता।
हरा फुदका	भोज्य अवरोधी।

कीट	प्रभाव
मिली बग	प्रति आकर्षण एवं भोज्य अवरोधी।
फल्ली वर्गीय विविल	भोज्य अवरोधी एवं विषैला।
धान का विविल	भोज्य एवं विकास अवरोधी, विषैला।

कुछ अन्य अविश्वसनीय उदाहरण भी वैज्ञानिकों द्वारा प्रमाणित किये गये, जैसे मरूस्थलीय टिड्डी की रोकथाम के लिये अगर नीम तेल का उपयोग कीट की चौथी अवस्था में किया जाता है तो इसके परिणाम शत–प्रतिशत मिले हैं।

हमारे देश में भी विभिन्न प्रयोगों द्वारा नीम का उपयोग कीट नियंत्रण में विभिन्न फसलों पर किया जा रहा है एवं आगामी वर्षों में इसके और भी सफलतम परिणाम देखने को मिलेंगे एवं दिनों–दिन इसका उपयोग किसानों द्वारा कीट व्याधि के नियंत्रण में बढ़ेगा।

रोग प्रबंधन

विभिन्न समन्वित क्रियायें अनेक पादप रोगों की तीव्रता एवं उनके विकास को प्रभावित करती हैं। इन क्रियाओं का मुख्य उद्देश्य परपोषी पौधे की वर्धन अवस्था में सुधार करना है, जिससे कि वह रोगजनक के प्रतिकूल हो। अनेक पौधे रोग के उत्पन्न होने एवं उनकी उग्रता पर कई कारक प्रभाव डालते हैं जो निम्नानुसार है –

1. फसल चक्र

यह विधि मृदाजनित रोगाणुओं से उत्पन्न होने वाले रोगों के नियंत्रण के लिए अत्यंत महत्वपूर्ण है। एक खेत में निरंतर एक ही फसल को लगातार लेते रहने से रोगजनक की संख्या में बहुत अधिक वृद्धि हो जाती है। अतः यदि खेत में तीन या चार वर्षों तक ऐसी फसलों को बोया जाए, जिन पर रोग जनक का कोई प्रभाव नहीं होता हो तो भूमि से रोगजनक निष्कासन में सफलता मिलती है। परपोशी फसलों को अपरपोषी फसलों के साथ हेर–फेर कर बोने की क्रिया ही फसल चक्र कहलाती है। फसल चक्र मूल रोगों को नियंत्रित करने की एक प्रभावकारी विधि है। इसके द्वारा उन रोगों की रोकथाम पूर्णतः संभव है जिनके रोगजनक केवल जीवित पौधों पर बचे रहते हैं अथवा मृदा में छूटे परपोशी अवशेषों को अधःस्तर

के रूप में उपयोग करके मृतजीवी की भांति जीवनयापन करते हैं। परंतु जिन रोगों के रोगजनक अधिक समय तक जीवित रहते हैं, उनको फसल चक्र द्वारा नियंत्रित करना कठिन है। अनेक मृदोढ़ रोग, जैसे–कपास, अरहर, मटर, चना, अलसी इत्यादि का उगरा गन्ने का लाल सड़न और म्लानी रोग, बाजरा का अर्गट, कंड और हरी बाली रोग, गेहूं का बंट, धान का पर्ण कंड और बंट रोग, ज्वार का लंबा और शीर्ष कंड रोग, आलू का भूरा विगलनएव म्लानी रोग, सब्जियों का मूल ग्रंथि रोग इत्यादि को चार अथवा पांच वर्ष का फसल चक्र अपनाकर रोका जा सकता है।

2. परिशोधन अथवा सफाई

परिशोधन एवं सफाई एक सरल रोगविरोधी विधि है जिसका मुख्य उद्देश्य खेतों व गोदामों में अथवा पौधों पर उपस्थित निवेश द्रव नष्ट करना या कम करना होता है, जिससे कि रोगजनक को अन्य स्वस्थ पौधों या उनके पदार्थों में फैलने से रोका जा सके।

3. फसल अवशेष नष्ट करना

अनेक रोग जैसे मक्का, ज्वार, बाजरा, मटर आदि की मृदोरोमिल आसिता, सरसों वर्गीय फसलों का श्वेत–किट्ट, मटर और धान्यों की चूर्णिल आसिता इत्यादि को उत्पन्न करने वाले कवक रोगी पौधों के अवशेषों में बने रहते हैं। कुछ क्षेत्रों में अलसी किट्ट, धान का सहसामरी एवं पर्णदाग, आलू की अगेंती अंगमारी इत्यादि रोगों को उत्पन्न करने वाले कवक भी रोगी फसल के अवशेषों में सुसुप्त अवस्थाओं को जला कर नष्ट कर दिया जाय तो इसके द्वारा जीवित रहने वाले निवेश–द्रव की मात्रा भी घट जाती है।

4. परपोषी एवं रोगजनक का उन्मूलन एवं अवांछित का निष्कासन

इस विधि में रोगी पौधों को खेतों से रोग की प्रारंभिक अवस्था में ही उखाड़कर अथवा पौधों के रोगी भागों को काटकर नष्ट कर दिया जाता है, जिससे कि रोगजनक के संक्रमण केन्द्रों को हटाकर उनको आगे फैलने से रोका जा सकता है। फसलों के विषाणु जनित रोगों के नियंत्रण के लिए यह अति उत्तम विधि मानी गयी है। अनेक दूसरे रोगों जैसे कपास एवं अरहर की म्लानि, गन्ने का लाल सड़न एवं कंड, जौ का अनावृत कंड, बाजरे की हरी बाली रोग इत्यादि को नियंत्रित

करने के लिये यदि खेतों में सम्पूर्ण रोगग्रस्त पौधों को स्वस्थ पौधों के बीच से उखाड़कर जला दिया जाये तो फसल में उपस्थित निवेश द्रव्य समाप्त किया जा सकता है।

5. ग्रीष्म उपचार

इसमें खेतों को खरपतवारों से मुक्त रखना भी सफाई के अंतर्गत आता है। जब परपोषी पौधा एक वर्षीय होता है और रोग जनक, रोगी पौधों के अवशेषों अथवा मृदा में जीवन यापन नहीं करता है तब उस अवस्था में यह अनेक जंगली पौधों अथवा खरपतवारों पर रहते हैं। यदि अवांछनीय पौधों को पूर्ण रूप से नष्ट कर दिया जाये तो रोगजनक के जीवन चक्र का क्रम टूट जाता है और रोग भी नियंत्रित किया जा सकता है। काँस एवं घास गन्ने के कंड रोग के लिये परपोशी का कार्य करता है। टमाटर, बैंगन, मिर्च आदि सब्जियों के मूल ग्रंथी सूत्रक्रमी और तम्बाकू मोंजेक विषाणु सोलेनेसी कुल के अनेक खरपतवारों में जीवित बने रहते हैं। इसी प्रकार कद्दूवर्गीय फसलों पर लगने वाले रोग जनक भी जंगली खरपतवारों पर पनपते रहते हैं। अतः खेतों के आसपास इन खरपतवारों को नष्ट कर दिया जाये तो रोग नियंत्रित किया जा सकता है।

6. मिश्रित फसलें

कुछ फसलों जैसे–जौ–गेहूं, गेहूं–चना, कपास–मौठ एवं अरहर–ज्वार इत्यादि को मिलाकर बोने से रोगों द्वारा होने वाली आर्थिक हानि कम हो जाती है, क्योंकि एक ही रोग जनक द्वारा एक साथ मिलाकर बोई गयी दोनों फसलों पर आक्रमण नहीं किया जाता है। इस प्रकार किसी रोग द्वारा एक फसल नष्ट भी हो जाती है तो दूसरी फसल बची रहती है। इसके अतिरिक्त एक रोग ग्राही फसल को आरोगग्राही फसल के साथ मिलाकर बोने से रोग का प्रभाव कम होता है। इसलिये फसलोउत्पादन में मिश्रित/अंतरवर्ती खेती को बढ़ावा देना जैविक खेती के लिये उपयुक्त होगा।

7. अति संकुलता में बोना अथवा पादप अंतराल

जहां तक संभव हो पौधों को अति संकुलता में नहीं बोना चाहिए क्योंकि पौधों के बीच में उचित दूरी न होने पर आंद्रता सदैव बढ़ जाती है, तापमान कम हो जाता है और वातन एवं प्रकाश की कमी हो जाती है। इन अवस्थाओं में अनेक

रोगजनकों की वृद्धि शीघ्रता से होती है। आलू की पछेती अंगमारी, अंगूर की मृदु रोमिल आसिता, बीजांकुरों का अर्द्रपतन इत्यादि रोग पौधों के बीच में अंतराल कम होने पर अधिक तीव्रता से फैलते हैं। पौधों के बीच अंतराल से रोगी एवं स्वस्थ पौधों के वर्णीय भागों अथवा जड़ों के बीच संपर्क कम होने पर वर्षा की बौछारों द्वारा कवक बीजाणुओं अथवा जीवाणु का प्रकीर्णन अधिक नहीं हो पाता।

8. रोपण तथा बोने के समय में परिवर्तन

कुछ रोग उस समय अधिक विनाशकारी सिद्ध होते हैं जब परपोशी की रोगग्राही अवस्था एवं रोगजनक की आक्रमकता के लिये अनुकूल पर्यावरण अवस्थायें जैसे तापमान, आर्द्रता, प्रकाश, भूमि–अभिक्रिया, परपोशी की आयु इत्यादि एक साथ मिल जाते हैं। यदि परपोशी के लिये अनुकूल पर्यावरण भी वही हो जो रोगजनक के लिये होता है तो उस समय रोग उत्पन्न करने की संभावना बहुत अधिक होती है। परंतु परपोशी को जनक के प्रतिकूल पर्यावरण में यह असमानता रोग नियंत्रण के लिये उपयोग हो सकती है। अतः यदि रोपण तथा बोने के समय में इस प्रकार परिवर्तन किया जाये कि पौधों की रोग ग्राही अवस्था का मेल रोगजनक के अनुकूल पर्यावरण से न हो पाये जिससे पौधे इनके आक्रमण से बच जायें व अधिक हानि न हो। गेहूं का काला किट्ट अगेती बोई गई फसल की अपेक्षा पछेती बोई गयी फसल में अधिक हानि पहुंचाता है। अतः जिन क्षेत्रों में गेहुं का काला किट्ट अधिक उत्पन्न होता हो वहां पर गेहूं को देर से नहीं बोना चाहिये। मटर एवं चने को अक्टूबर में बोने से मूल विगलन एवं म्लानि रोगों द्वारा हानि अधिक होती है, जब इन फसलों को देर से बोया जाता है तो इन रोगों का आक्रमण कम होता है।

9. बोने की विधि

कुछ रोग जैसे गेहूं का बंट एवं शीर्ष कंट आदि बीजों को अधिक गहराई में बोने से उत्पन्न होते हैं। अतः ऐसे रोगों के आक्रमण से तरुण पौधों को बचाने के लिये बीज को उपयुक्त गहराई में ही बोना चाहिये।

10. सिंचाई प्रबंधन

धान्य किट्ट भी उन फसलों में अधिक उग्र रूप से उत्पन्न होते हैं जिनकी सिंचाई अधिक होती है अथवा मृदा को अधिक गीला रखा जाता है। इसके विपरीत

आलू का चारकोल विगलन अधिक तापमान और शुष्क मृदा में कंदों के पकने के समय अधिक उत्पन्न होता है। अतः इन सभी रोगों का नियंत्रण उचित समय पर सही मात्रा में सिंचाई कर के किया जा सकता है।

11. मृदा का कार्बनिक संशोधन

मृदा संशोधन के रूप में विभिन्न पदार्थ जैसे हरी खाद, शुष्क एवं हरे फसल अवशेष, बुरादा, लकड़ी की छीलन इत्यादि का उपयोग किया जाना चाहिये। मृदा की यह परिवर्तित अवस्थायें रोगजनक के निवेश द्रव क्षमता को घटाने में मदद करती हैं।

नीम-वनस्पतिक उत्पाद एवं उनका रोग नियंत्रण में महत्व

नीम एवं नीम उत्पादों का कीट व्याधि नाशक के रूप में उपयोग नया नहीं है। पूर्व काल से ही हमारे देश के कृषक यह जानते थे कि नीम एकमात्र ऐसा वृक्ष है जो असंख्य टिड्डियों के आक्रमण से बचा रहता है। विगत कई वर्षों से नीम वृक्ष की गुणवत्ता परखने के लिये अनुसंधान होते आ रहे हैं परंतु इसका उपयोग सीमित ही रहा है। कुछ वर्षों पूर्व ही इसकी गुणवत्ता की परख विभिन्न क्षेत्रों में की गयी व उपयोग वृहद रूप से बढ़ा है।

आज तक जितने भी अनुसंधान एवं उपयोग हुये हैं सभी में नीम कीट नाशक के रूप में ज्यादा उपयोग हुआ है। नीम की निंबोली के सत से सीमोनाइड नामक तत्व निकाला जाता है जिसमें कीटनाशक गुण होते हैं। नीम के तेल के उपयोग का उल्लेख कहीं–कहीं पर किया गया है। इसके तेल में भी अन्य तेलों के समान समानता पायी जाती है परंतु कृषि विभाग, अमेरिका के अनुसंधानकर्ताओं ने यह परिणाम निकाला कि नीम के तेल में भी जीवनाशीय गुण पाये जाते हैं और इसका उपयोग पौध–रोग नियंत्रण में भी किया जा सकता है। उन्होंने इसका उपयोग प्रमुख विनाशकारी रोग जैसे भभूतिया, चूर्णिल आसिता एवं गेरूआ के नियंत्रण के लिये सफलतापूर्वक किया और यह प्रमाणित किया कि नीम के तेल के उपयोग से पौधों में किसी भी प्रकार का कोई भी प्रभाव नहीं पडता। सर्वप्रथम पौध–रोग वैज्ञानिक जेम्स लूक ने नीम के तेल एवं जल के मिश्रण का उपयोग सुगंधित एवं शोभा के लिये लगाये जाने वाले पौधों में गेरूआ (रस्ट) एवं भभूतिया रोग का नियंत्रण कम (0.25 प्रतिशत) सांद्रता का उपयोग कर, प्रभावी रूप से किया। उन्होंने सर्वप्रथम यह सिद्ध किया कि नीम के तेल में फफूंदनाशक एवं कीटनाशक दोनों

ही प्रकार के गुण होते हैं जबकि इसमें अजेडिरेचटिन नामक तत्व नहीं होता। इसके बाद, एक अन्य वैज्ञानिक जे रिनि स्टावेली ने अपने अनुसंधानों द्वारा यह सिद्ध किया कि दलहनी वर्गीय सब्जियों में लगने वाले गेरूआ रोग के नियंत्रण के लिये नीम का तेल का उपयोग 100 प्रतिशत प्रभावकारी होता है। निम्नलिखित विभिन्न रूपों में इनका उपयोग किया जा रहा है एवं भविष्य में इनके विस्तार की संभावनायें भी प्रबल हैं –

फफूंदनाशक के रूप में

विश्वभर में नीम का उपयोग वृहद रूप से फफूंदनाशक के रूप में हो रहा है। चाहे फसल हो या वृक्ष हो यह सर्वविदित है कि फफूंद/कवक अनेकानेक प्रकार से फसल को हानि पहुंचाते हैं जिनकी गणना उग्र रूप में की जाती है। इनमें से कुछ एक प्रमुख पौध रोगों को फफूंद नाशकों एवं रसायनों द्वारा कम किया जा सका है। देश के मुख्य खाद्यान जैसे गेहूं, धान, मक्का पर भी इन रोगों का प्रकोप होता है।

नीम के तेल का उपयोग, चने के लगने वाले उगरा के प्रमुख रोग जनक जैसे–राइजोक्टोनिया सोलेनाई, स्केलेरोशियम रोल्फसाई एवं फ्यूजोरियम आक्सीस्पोरम की रोकथाम के लिये सफलतापूर्वक किया जा चुका है एवं उनके परिणाम भी अच्छे मिले हैं। नीम की खली का उपयोग भूमि जनक बहुत से हानिकारक रोगों के नियंत्रण में भी प्रमाणित किया गया है जो कि फसल की अनुपस्थिति में अपना जीवनयापन भूमि या फसल अवशेषों पर करते हैं। नीम के उत्पादों का एक अन्य उत्पाद है जिसे निंबोली के नाम से जाना जाता है। इसका भी उपयोग दिनों–दिन बढ़ता जा रहा है क्योंकि यह सरलता से उपलब्ध हो जाती है व पर्णों पर लगने वाले विभिन्न रोग जैसे–चूर्णिल आसिता का सफल नियंत्रक भी है। सामान्यतः यह देखा गया है कि अगर निंबोली के सत का छिड़काव समय अंतराल पर किया जाता है तो 90 प्रतिशत फसल को पर्ण–रोगों से बचाया जा सकता है। यह उसी समय संभव है जबकि इसका उपयोग रोग आने से पूर्व किया गया हो।

विषाणुनाशक के रूप में

आधुनिक कृषि में विषाणु रोग फसलों को नये–नये रूपों से क्षति पहुंचा रहे हैं एवं जिनका त्वरित निदान संभव ही नहीं हो पा रहा है। इसका प्रमुख कारण यह है कि विषाणु सामान्यतः पौधों की अंतः कोशिकाओं में उपस्थित रहते हैं एवं

होने वाली सामान्य पादप कार्यिकी को प्रभावित करते हैं। विषाणु जनित रोगों का नियंत्रण एक जटिल प्रक्रिया है जबकि ऐसा अन्य रोग जनक जैसे–जीवाणु, कवक, सूत्रकृमि इत्यादि में नहीं है। वर्तमान में अपनायी जा रही नियंत्रक की प्रक्रियाओं से हम केवल विषाणुओं के फैलाव को रोक रहे हैं न कि शत्–प्रतिशत नियंत्रण कर रहे हैं। इन हानिकारक विषाणुओं का फैलाव व प्रकीर्णन कीटों, धूल के कणों या अनावश्यक रूप से भरे पानी द्वारा होता है। अनुसंधानों द्वारा ऐसे कई रसायनों को खोजा गया है जिनसे पशुओं व मनुष्यों में होने वाले विषाणुजनित रोगों को नियंत्रित किया जा सकता है। परंतु ऐसा कोई भी रसायन नहीं खोजा गया जिससे कि पौधों में विषाणु द्वारा हो रही क्षति को रोका जा सके। नीम के सत् में ऐसा गुण पाया जाता है जिससे कि विषाणुओं की प्रतिक्रिया को सीमित किया जा सकता है। उपयोगों द्वारा यह प्रमाणित है कि नीम के उत्पाद, कीटों द्वारा विषाणुओं के प्रसारण को सीमित करते हैं। इसके विभिन्न सफल प्रयोगिक उदाहरण निम्नलिखित हैं – धान की फसल में लगने वाले प्रमुख टंगरू वायरस रोग की तीव्रता को नीम के तेल के छिड़काव से कम किया जा सकता है जो कि धान के भूरा फुदका द्वारा फैलता है। नीम एवं सीताफल के तेल के मिश्रण द्वारा, धान के टुंगरों विषाणु द्वारा उत्पन्न रोग को नियंत्रित किया जा सकता है।

हमारे देश में नीम की पत्ती की सत् द्वारा तम्बाकू मोजेक वायरस की रोकथाम सफलतापूर्वक की गई, जो कि कद्दूवर्गीय साग–सब्जी में लगने वाला प्रमुख रोग है। उपयोगों द्वारा यह प्रमाणित किया जा चुका है कि अगर धान की रोपणी, भूमि के पूर्व में उपयोग की गयी नीम की खली पर लगायी जाती है तो विषाणु रोगों का प्रकोप कम होता है जैसे–धान का टुंगरो वायरस रोग।

सूत्रकृमि नाशक के रूप में

नीम के उत्पादों का भूमि उपचार के रूप में उपयोग सूक्ष्म जीवों के अलावा विभिन्न सूत्रकृमियों को भी प्रभावित करता है, जो अपना जीवनयापन भूमि में पौधों की जड़ों के आसपास करते हैं। सूत्रकृमि एक प्रकार के विनाशकारी सूक्ष्म जीव हैं जिनका कि स्वरूप सूत्र के समान होता है। इस गुण के कारण इनका नियंत्रण भी कठिन है एवं जिन रसायनों द्वारा इनका नियंत्रण संभव है उनका बाजार मूल्य अधिक होता है। इस कारण उपयोग कम है। बाजार में दिनोंदिन बढ़ रही सूत्रकृमि नाशकों की माँग को इनके अत्याधिक विषैले प्रभाव एवं पर्यावरण के लिये असुरक्षा ने इनके उपयोग को और भी कम कर दिया है। नीम के उत्पादों का उपयोग

इस दिशा में प्रभावकारी कदम है। नीम में निहित लीमोनोइड के यौगिक जो कि निंबोली से निकाले गये हैं जड़गाँठ सूत्रकृमि के लिये अत्यंत ही प्रभावकारी हैं, जिनके प्रकोप से लगभग सभी वर्ग की फसलें व पौधे प्रभावित होते हैं। लीमोनोइड के तत्व सूत्रकृमि की इल्ली की वृद्धि एवं उसके अंडों की वृद्धि एवं विकास पर रोक लगाते हैं। यह बहुत ही कम सांद्रता पर सूत्रकृमियों का नियंत्रण कर सकता है। नीम का तेल निकालने के बाद जो भी अवशेष रह जाता है अगर उसका भी पानी से घोल बनाकर उपयोग किया जाये तो भी सूत्रकृमियों के प्रकोप को कम किया जा सकता है। अनुसंधानों की इसी श्रृंखला को आगे बढ़ाते हुये हमारे देश के कृषि वैज्ञानिकों ने यह प्रमाणित कर दिया है कि यदि लकड़ी के बुरादे (चूर्ण) एवं नीम की खली का उपयोग भूमि उपचार के लिये किया जाता है तो टमाटर के जड़गाँठ सूत्रकृमियों की संख्या प्रकोपित भूमि में शून्य तक की जा सकती है। उनके उपयोग से वैज्ञानिकों ने टमाटर के पौधों में अच्छी पौध वृद्धि भी पाई। दक्षिण भारत के कृषक नीम की खली का उपयोग मसालों की खेती में भी करते आ रहें हैं। वहाँ पर प्रतिवर्ष 100 से 300 किलो प्रति हेक्टेयर की दर से नीम की खली का उपयोग होता है।

वर्तमान में नीम आधारित बहुत से उत्पाद बाजार में उपलब्ध हैं। अब हमारी यह नितांत आवश्यकता है कि हम इन्हीं उत्पादों का उपयोग दिनों–दिन अनुसंधानों द्वारा बढ़ायें एवं कृषकों को इनकी उपयोगिता के बारे में विस्तार एवं प्रसार के द्वारा विस्तृत जानकारी दें। ऐसे कार्यक्रमों को बढ़ावा दें जिनके द्वारा कृषकभाई इन नीम एवं नीम उत्पादों को अपनी खेती की तकनीक में पूर्णरूपेण सम्मिलित करें। इससे समेकित नाशीजीव प्रबंधन, जैविक खेती एवं पर्यावरण संतुलन के मूलभूत सिद्धांतों को बल मिलेगा।

●●●

अध्याय 17

हरी खाद एक वरदान

मृदा उर्वरकता एवं उत्पादकता बढ़ाने में हरी खाद का प्रयोग प्राचीन काल से चला आ रहा है। सघन कृषि पद्धति के विकास तथा नगदी फसलों के अन्तर्गत क्षेत्रफल बढ़ने के कारण हरी खाद के प्रयोग में निश्चय ही कमी आई लेकिन बढ़ते ऊर्जा संकट, उर्वरकों के मूल्यों में वृद्धि तथा गोबर की खाद एवं अन्य कम्पोस्ट जैसे कार्बनिक स्रोतों की सीमित आपूर्ति से आज हरी खाद का महत्व और बढ़ गया है।

दलहनी एवं गैर–दलहनी फसलों को उनके वानस्पतिक वृद्धिकाल में बहुत समय पर मृदा उर्वरकता एवं उत्पादकता बढ़ाने के लिए जुताई करके मिट्टी में अपघटन के लिए दबाना ही हरी खाद देना है। ये फसलें अपने जड़ ग्रन्थियों में उपस्थित सहजीवी जीवाणु द्वारा वातावरण में नाइट्रोजन का दोहन कर मिट्टी में स्थिर करती हैं।

हरी खाद के लाभ

1. मृदा में जीवांश एवं नत्रजन का योग – विभिन्न जलवायु परिस्थितियों 43–100 कि.ग्रा. नाइट्रोजन प्रति हे. मृदा में बढाई जा सकती है। दलहनी फसलें मृदा में नत्रजन की जो मात्रा बढ़ाते हैं उसका 1/3 हिस्सा वह अपनी बढ़वार के लिए भी उपयोग कर लेते हैं।
2. मृदा सतह में पोषक तत्वों का संरक्षण।
3. मृदा सतह में पोषक तत्वों का एकत्रीकरण।
4. पोषक तत्वों की उपलब्धता में वृद्धि।
5. अधोसतह में सुधार।
6. मृदा सतह का संरक्षण।

7. जैविक प्रभाव – नत्रजन का स्थरीकरण।
8. खरपतवार नियंत्रण –
9. मृदा संरक्षण में सुधार।
10. क्षारीय एवं लवणीय भूमियों का सुधार।
11. फसलों के उत्पादन में वृद्धि।

हरी खाद के लिए आवश्यक गुण

1. फसल कम समय में अधिक वृद्धि करती हों।
2. फसल की जड़ें अधिक गहराई तक पहुंचती हों।
3. फसल की वानस्पतिक वृद्धि, शाखायें व पत्तियाँ हों।
4. फसल के वानस्पतिक अंग मुलायम हों।
5. फसल की जल मांग कम हो।
6. पोषक तत्वों संबंधी मांग कम हो।
7. फसल जलवायु की विभिन्न परिस्थितियों जैसे अधिक ताप, कम ताप, कम या अधिक वर्षा सहन करने वाली हो।
8. कीट पतंगों के आक्रमण को सहन करने वाली हो।
9. फसल विभिन्न प्रकार की मृदाओं में पैदा होने में समर्थ हो।
10. मृदा पर प्रभाव अच्छा छोड़ती हो।
11. फसल की बीज सस्ती दरों पर उपलब्ध हो। फसल कटाई के बाद शीघ्र वृद्धि करती हो।
12. फसल कई उद्देश्यों की पूर्ति करती हो। चारा, रेशा, हरी खाद, फसल की बीज उत्पादन क्षमता अधिक हो।

हरी खाद की सम्भावनायें

1. मृदायें जीवांश पदार्थ के स्तर को बनाये रखने के लिए हरी खाद उगाना आवश्यक है।

2. लवणीय भूमि के सुधार के लिए।
3. वर्षांत में भूमि को पत्ते एवं तने ढंक लेते हैं, जिससे मृदा–क्षरण कम होती है।

हरी खाद की फसलें – सनई, ढैंचा, उड़द, लोबिया, मूंग, ग्वार इत्यादि।

हरी खाद की फसलों की उत्पादन क्षमता

विभिन्न हरी खाद वाली फसलों की उत्पादन क्षमता निम्न सारणी में दी गई है–

फसल का नाम	हरे पदार्थ की मात्रा (टन/हे.)	नाइट्रोजन का प्रतिशत	प्राप्त नाइट्रोजन (कि.ग्रा./हे.)
सनई	20–30	0.43	86–129
ढैंचा	20–25	0.42	84–105
उड़द	10–12	0.41	41–49
मूंग	8–10	0.48	38–48
ग्वार	20–25	0.34	68–85
लोबिया	15–18	0.49	74–88

हरी खाद देने की विधियाँ

1. हरी खाद की स्थानिक विधि

इस विधि में हरी खाद की फसल को उसी खेत में उगाया जाता है, जिसमें हरी खाद का उपयोग करना होता है। यह विधि समुचित वर्षा अथवा सुनिश्चित सिंचाई वाले क्षेत्रों में अपनाई जाती है। इस विधि में फूल आने से पूर्व वानस्पतिक वृद्धिकाल (45–60 दिन) में मिट्टी में पलट दिया जाता है। मिश्रित रूप से बोई गई हरी खाद की फसल को उपयुक्त समय पर जुताई द्वारा खेत में दबा दिया जाता है।

2. हरी पत्तियों की हरी खाद

इस विधि में हरी खाद की फसलों की पत्तियों एवं कोमल शाखाओं को तोड़कर खेत में फैलाकर जुताई द्वारा मृदा में दबाया जाता है व मिट्‌टी में थोड़ी नमी होने पर भी सड़ जाती है। यह विधि कम वर्षा वाले क्षेत्रों में उपयोगी होती है।

हरी खाद की गुणवत्ता बढ़ाने के उपाय

1. **उपयुक्त फसल का चुनावः**-जलवायु एवं मृदा दशाओं के आधार पर उपयुक्त फसल का चुनाव करना आवश्यक होता है। जलमग्न तथा क्षारीय एवं लवणीय मृदा में ढैंचा तथा सामान्य मृदाओं में सनई एवं ढैंचा दोनों फसलों से अच्छी गुणवत्ता वाली हरी खाद प्राप्त होती है।
2. **हरी खाद की खेत में पलटाई का समयः**-अधिकतम हरा पदार्थ प्राप्त करने के लिए फसलों की पलटाई या जुताई, बुवाई के 6–8 सप्ताह बाद प्राप्त होती है। आयु बढ़ने से पौधों की शाखाओं में रेशे की मात्रा बढ़ जाती है, जिससे जैव पदार्थ के अपघटन में अधिक समय लगता है।
3. **हरी खाद के प्रयोग के बाद अगली फसल की बुवाई या रोपाई का समयः**-जिन क्षेत्रों में धान की खेती होती है, वहाँ जलवायु नम तथा तापमान अधिक होने से अपघटन क्रिया तेज होंती है। अतः खेत में हरी खाद की फसल की आयु 40–45 दिन से अधिक नहीं होनी चाहिए।
4. **समुचित उर्वरक प्रबन्धः**-कम उर्वरकता वाली मृदाओं में नाइट्रोजनधारी उर्वरकों का 15–20 कि.ग्रा./हे. का प्रयोग उपयोगी होती है। राइजोवियम कल्चर का प्रयोग करने से नाइट्रोजन स्थिरीकरण सहजीवी जीवाणुओं की क्रियाशीलता बढ़ जाती है।

●●●

अध्याय 18

कृषि की प्रमुख समस्याएं एवं वार्षिक प्रमुख कृषि कार्य

भारतीय कृषि की प्रमुख समस्याएं

1. प्राकृतिक संसाधन यथा वर्षा जल एवं भूमि के समुचित प्रबंधन का अभाव।
2. खेती किसानी में लागत बढ़ रही है, प्रति इकाई उत्पादन घट रहा है।
3. फसलोत्पाद का बाजार में लागत के अनुपात में मूल्य नहीं मिलता है।
4. कृषि आदान शुद्ध बीज, उर्वरक तथा पौध संरक्षण दवाएं महंगी तथा उपलब्धता अनिश्चित।
5. भूमि में जीवांश पदार्थ की कमी तथा उर्वरा शक्ति में गिरावट।
6. भूमिगत जल स्तर में गिरावट आ रही है तथा औसत वर्षा में कमी।
7. फसल मित्र जीवों की संख्या में कमी, हानिकारक कीटों की भरमार।
8. पर्यावरण प्रदूषण में बढ़ोतरी, भूमि एवं किसान के स्वास्थ्य में गिरावट।
9. सरकार द्वारा संचालित कृषक हितार्थ योजनाओं का पूरा लाभ नहीं।
10. उन्नत कृषि प्रौद्योगिकी की जानकारी का अभाव।

स्वावलम्बी कृषक की पहचान

1. प्राकृतिक संसाधनों का विवेकपूर्ण प्रबंधन।
2. आधुनिक कृषि तकनीकी पर पूरा भरोसा।
3. शत–प्रतिशत बीज प्रतिस्थापन व बीज उपचार।
4. संतुलित एवं समन्वित उर्वरक प्रबंधन।

5. फसल की क्रांतिक अवस्थाओं पर सिंचाई।
6. प्राप्त वर्षा जल का संरक्षण एवं संवर्धन।
7. स्वयं का सिंचाई साधन।
8. फसल विविधीकरण पर अमल।
9. उन्नत कृषि यंत्रों का उपयोग।
10. डेयरी एवं पशुपालन को अपनाना।
11. घर के पिछवाड़े में बगिया।
12. समन्वित कीट रोग प्रबंधन।
13. स्वयं उन्नत किस्म के बीज पैदा करना।
14. स्वयं की जैविक खाद बनाना।
15. कृषि उत्पाद का श्रेणीकरण कर विक्रय।
16. अनाज भंडारण का आधुनिक तरीका।

कैसे बनें एक स्वावलम्बी कृषक

1. **स्वयं का बीज :** किसान को प्रतिवर्ष 10 प्रतिशत क्षेत्र में उन्नत किस्म का बीज स्वयं तैयार करना चाहिए। इससे महंगे बीज पर किसान आश्रित नहीं रहेंगे। उन्नत किस्म के बीज से 10–15 प्रतिशत अतिरिक्त उत्पादन मिलेगा।
2. **स्वयं का जैविक खाद :** गोवंश तथा गोसंवर्धन को अपनाकर स्वयं नाडेप विधि से गोबर की खाद, केंचुआ खाद तैयार कर सकते हैं। प्रति हैक्टेयर एक नाडेप तथा 3–4 वर्मी कम्पोस्ट पिट, तथा नील हरित कई का टांका स्वयं तैयार कर अपनी राहें आसान बना सकते हैं। रासायनिक उर्वरको के साथ जैविक खाद के प्रयोग से फसल को आवश्यक सभी सभी पोषक तत्वों की पूर्ति होती है। जिससे उर्वरा शक्ति में टिकाउपन आयेगा। उपज में 15–20 प्रतिशत की बढ़ोतरी दर्ज होगी साथ ही उत्पाद की गुणवत्ता मानक स्तर की होगी। जैविक उत्पाद का बाजार में अच्छा मूल्य मिलता है।

3. **पौध संरक्षण के सर्व–सुलभ आसान तरीके :** फसल मित्र कीट एवं जीवों की सुरक्षा एवं संवर्धन करें। पौध संरक्षण हेतु नीम, करंज, गौ–मूत्र आध ारित उपाय अपनावें।
4. **बहुस्तरीय कृषि व्यवस्था :** परिवार की आवश्यकता तथा बाजार की मांग के अनुरूप फसलों की खेती करें। सब्जी, फल, सुगंधित एवं औषधीय फसलों की खेती भी थोड़े पैमाने पर करें। पड़ती भाटा भूमि में रतनजोत लगाएं।
5. कटाई उपरांत उत्पादन तकनीक तथा मूल्य संवर्धन हेतु आवश्यक उपाय अपनावें।
6. गोबर गैस संयत्र की स्थापना करें जिससे ईंधन की बचत तथा जैविक खाद भी प्राप्त होगा।
7. कृषि आधारित कुटीर उद्योगों की स्थापना करें एवं अनाज एवं बीज भंडारण के उन्नत तरीके अपनावें।

जनवरी माह के प्रमुख कृषि कार्य

1. प्रथम सप्ताह तक शीघ्र पकने वाली गेहूं की बुवाई की जा सकती है।
2. समय से बोयी गेहूं में 20–25 दिन के अन्तराल पर सिंचाई करें। किरीट जड़ अवस्था में नत्रजन डालें। एक माह बाद नींदा नियंत्रण करें।
3. चना, मटर, मसूर, अलसी में फूल आते समय सिंचाई करें। कटुआ इल्ली के प्रकोप से रक्षा करें एवं असिंचित अवस्था में 2 प्रतिशत यूरिया घोल कीटनाशक के साथ छिड़काव करें।
4. गन्ने की शीतकालीन फसल बढ़वार पर होती है। अतः सिंचाई करना आवश्यक है।
5. नत्रजनयुक्त उर्वरक (यूरिया) का एक चौथाई भाग दें। पकी हुई फसल की कटाई कर कारखाना अथवा बाजार भिजवाने की व्यवस्था करें। गुड़ बनाने का कार्य करें।
6. अरहर की कटाई करें।
7. प्याज की फसल में नत्रजन की शेष आधी मात्रा देकर सिंचाई करें।

8. प्याज में बैंगनी धब्बा रोग से बचाव के लिए ब्लाईटाक्स–50 या डायथेन एम. 35 नामक दवा का छिड़काव रोगर कीटनाशक दवा के साथ करें।
9. मिर्च में फल गलन की नियंत्रण हेतु ब्लाईटाक्स 50 का छिड़काव करें।
10. टमाटर की फसल में अच्छी फसल के लिए लकड़ी लगाकर सहारा दें।
11. टालू की फसल में पिछेती झुलसा नामक रोग के नियंत्रण हेतु 0.25 प्रतिशत डायसेन एम. 45 या 1 प्रतिशत बोडो मिश्रण का छिड़काव करें।
12. जून–जुलाई माह में लगाये गये केले के पौधों में सिंचाई करें। अगस्त–सितम्बर माह में लगाये केले के पौधों में नत्रजन एवं पोटाश की अंतिम मात्रा देकर गुड़ाई करके सिंचाई करें।
13. टाम के वृक्ष में चेपा कीट की रोकथाम के लिए ग्रीरा का लेप मुख्य तनों पर जमीन से 1 मीटर की उंचाई तक करें।
14. आम, अमरूद, कटहल, आंवला, चीकू आदि के वृक्षों में तनाछेदक कीट को नष्ट करने के लिए मिट्‌टी का तेल डालें या रुई के फाहे में रोगर या मोनोक्रोटोफास को लगाकर छेद में डालें एवं छेद को मिट्‌टी से बंद कर दें।
15. सब्जी फसलों में चूर्णी फफूंदी रोग से बचाव के लिए 0.2 प्रतिशत सल्फेक्स घोल का छिड़काव 15 दिन के अंतराल से दो बार करें।
16. कुछ वर्गीय सब्जियों को लगाने हेतु बीज को प्लास्टिक की थैली में लगाकर पालीहाउस में रखें जिससे अंकुरण शीघ्र होगा।
17. जनवरी माह में टमाटर के पौधों की रोपा करने से अप्रैल माह से फल मिलना शूरू हो जाता है। जबकि इस समय बाजार में टमाटर की आवक कम रहती है जिससे बाजार मूल्य अधिक मिलेगा।
18. गेंदा में फूलों के नीचे माइट का प्रकोप होता है। इसमें फूलों की कलियों के नीचे धूल से लक्षण दिखते हैं। रोकथाम के लिए सामान्यतः रोगर/ मोनोक्रोटोफास का 1 मि.ली. एक लीटर पानी में छिड़काव करें।
19. गुलाब में रोज मिक्चर 15–15 दिन के अंतराल नत्रजन का 10 ग्राम प्रति वर्ग मीटर की दर से छिड़काव करें। इससे कंदो की वृद्धि अच्छी होती है।

20. सफेद मूसली व पत्थरचूर की जड़ों की खुदाई करें। कलिहारी के बीज व छिलके बाजार भेजें। किवांच की फल्लियां तोड़ें व सुखायें।
21. बच में सिंचाई करें। ईसबगोल बालियां लाल पड़ने पर कटाई करें। अश्वगंधा की कटाई प्रारंभ करें।

फरवरी माह के प्रमुख कृषि कार्य

1. शीतकालीन गन्ने में निंदाई, गुड़ाई करें तथा फोरेट 10 जी दवा को कुंड़ो में डालकर सिंचाई करें।
2. वसंतकालीन गन्ने की उन्नत किस्म का चुनाव कर बीजोपचार कर लें। खेतों में नाली बनाकर खाद एवं उवर्रक डालें। गन्ने के दो से तीन आंखों वाले टुकड़े लगाएं।
3. मूंग, मक्का, उड़द, सूर्यमुखी, मूंगफली, तिल, लोबिया, एवं चारा फसलों की बुवाई करें।
4. गेहूं एवं अन्य रबी फसलों में आवश्यकतानुसार सिंचाई करें। असिंचित अवस्था में 2–3 प्रतिशत यूरिया घोल का छिड़काव करें।
5. बरसीम, जई, लूर्सन, मक्का आदि चारा फसलों में सिंचाई व अवस्थानुसार कटाई करें।
6. जनवरी में बोई गई फसलों में सिंचाई व गुड़ाई करते रहें।
7. मटर, चना की कटाई करें।
8. फलदार वृक्षों जैसे–आम, आंवला, चीकू, कटहल आदि में फूल एवं फल आते समय सिंचाई बंद रखें।
9. टाम में गुच्छा रोग से ग्रस्त पुष्प गुच्छों को नष्ट कर दें एवं पोटेशियम मेटाबाई सल्फेट का 1 ग्राम प्रति लीटर पानी की दर से छिड़काव करें।
10. नये लगाये गये आम, अमरूद, आंवला, कटहल, चीकू, नींबू आदि पौधों में सिंचाई करें।
11. टाम का फुदका कीट एवं चूर्णी फफूंदी से बचाव के लिए कार्बोरिल डस्ट 2 ग्राम और सल्फेक्स 2 ग्राम प्रति लीटर पानी के हिसाब से घोल बनाकर छिड़काव करें।

12. फरवरी माह में केला एवं पपीता लगाने की तैयारी करें। गोभीवर्गीय फसल में 750 मि.ली. मिथाइड डेमेटान 25 ई.सी. दवा छिड़कें।
13. टालू की फसल खुदाई के पहले सिंचाई बंद कर देवें और जमीन से ऊपर पौधे की कटाई कर दें। इससे आलू के कंद पुष्ट होंगे।
14. अदरक, हल्दी एवं कंदवर्गीय फसलों की खुदाई करें।
15. कछुवर्गीय फसलों की बोआई एवं पहले से तैयार पौधों की रोपाई करें। भिण्डी की बोआई करें। धनिया एवं सौंफ की फसल में चूर्णी फफुंद से बचाव हेतु 0.2 प्रतिशत सल्फेक्स का छिड़काव करें।
16. ग्रीष्मकाल के प्रारंभ में फूल प्राप्त करने के लिए गेंदे की बुआई करें। रजनीगंधा में खाद एवं उर्वरक दें। घीक्वारं (एलोवेरा) के नये पौधे निकालकर बेचें। मेन्था के सकर्स नर्सरी में लगायें। सफेद मूसली की कंद की खुदाई कर धोयें तथा छीलकर सुखाएं।
17. कस्तूरी भिण्डी व चन्द्रसूर की कटाई करें। लेमन घास की बुआई। रोशा घास की दूसरी कटाई करें।

मार्च माह के प्रमुख कृषि कार्य

1. चना, अलसी, तिवड़ा, मटर, राजमा, मसूर, एवं सरसों इत्यदि फसलों की कटाई कर ग्रीष्मकालीन फसलों हेतु खेत की तैयारी करें।
2. गन्ने की बोआई मासान्त तक सम्पन्न करें। बोने के 7–10 दिन बाद बैल चलित हो द्वारा अंधी गुड़ाई करने से अंकुरण अच्छा होता है।
3. गन्ने की शरदकालीन फसल में हल्की मिट्टी चढ़ाएं तथा सिंचाई करते रहें। अग्र तना छेदक कीट प्रकोप से फसल बचाने हेतु फोरेट 10 जी या कार्बोफयूरान 3 जी दानेदार दवा का प्रयोग करें।
4. गन्ने की पेड़ी फसल में उर्वरक व सिंचाई दें तथा कीट प्रकोप होने पर कीटनाशक का प्रयोग करें।
5. देर से बोये गये गेहूं में अंतिम सिंचाई दुग्धावस्था पर करें। रोग ग्रसित बालियों को निकालकर नष्ट कर दें।
6. ग्रीष्मकालीन फसलों में गुड़ाई व सिंचाई 10–15 दिन के अंतर से करें।

7. चारे की फसलों (मक्का, ज्वार, हाइब्रिड नेपियर एवं लोबिया) की बुवाई करें।
8. आम, आंवला, चीकू, में फल विकसित होने का समय है अतः इन वृक्षों में 8–10 दिन के अंतराल पर सिंचाई करें।
9. आम में फल झड़ने को रोकने के लिए एन.ए.ए. 20–25 मि.ग्रा. प्रति लीटर पानी या प्लेनोफिक्स 2 मि.ली. प्रति 4.5 लीटर पानी में घोल बनाकर छिड़काव करें।
10. आम में फुदका कीट तथा चूर्णी फफूंद से बचाव के लिए मोनोक्रोटोफास 1.5 मि.ली. या रोगर 2 मि.ली. तथा केराथेन 2 ग्राम प्रति लीटर पानी की दर से 15–15 दिन में छिड़काव करें।
11. कटहल में फल गलन से बचाव हेतु डायथेन एम. 45 या जिंक कार्बामेट 0.025 प्रतिशत घोल का छिड़काव करें।
12. कछूवर्गीय सब्जियों को कीड़ों से बचाव हेतु विष प्रपंच का प्रयोग करें या कार्बोरिल डस्ट का छिड़काव करें।
13. टमाटर, बैंगन, मिर्च, भिण्डी आदि फसलों में निंदाई–गुडाई कर सिंचाई करें।
14. प्याज की तैयार फसल की खुदाई से 10–15 दिन पहले पानी देना बंद कर दें एवं पत्तियों को जमीन की सतह से झुका दें।
15. प्रारंभ में गेंदा के तैयार पौधे को खेत में रोपाई करें। ग्लैडियोलाई कंद की खुदाई कर स्थानों पर भंडारण करें।
16. नर्सरी में तैयार मेन्था पौध की रोपाई करें। बच की पत्तियां पीली पड़ने पर कन्दों की खुदाई करें तथा धूप में सुखाएं।
17. लेमन घास की फसल में गोबर घोल का छिड़काव करें। रजनीगंधा के कन्दों की बुवाई करें। रोशा घास में उर्वरक देकर सिंचाई करें।

अप्रैल माह के प्रमुख कृषि कार्य

1. गेहूं, चना, मूंग, उड़द, एवं मक्का इत्यदि तैयार फसल की कटाई करें।

2. शीतकालीन फसल में शेष 1/4 भाग नत्रजन देकर मिट्टी चढ़ाने का कार्य सम्पन्न करें। अन्तरवर्ती फसल की कटाई समाप्त करें।
3. बसन्तकालीन फसल और पेड़ी वाली फसल में 1/3 भाग नत्रजन देकर मिट्टी चढ़ाने का कार्य करें।
4. पेड़ी वाली फसल अग्र तना बोधक व शीर्ष तना बेधक का प्रकोप जल्दी होता है। अतः समय पर कीटनाशकों का छिड़काव करें।
5. चारे की फसलें (मक्का, ज्वार, नैपियर) की बुवाई करें एवं पूर्व में लगायी गयी फसलों की कटाई एवं सिंचाई करें।
6. ग्रीष्मकालीन अन्य फसलों में निंदाई–गुड़ाई सिंचाई आवश्यकतानुसार करें।
7. अनाज भंडार करने से पूर्व भंडार गृह व बोरों आदि पर मैलाथियान (0.6 प्रतिशत) घोल का छिड़काव करें।
8. भंडार गृह नमी वाले स्थान पर न हो तथा नमी से बचाने के लिये बोरों को लकड़ी के तख्तों पर दीवाल से हटाकर रखें।
9. ग्रीष्मकालीन बरबट्टी (पूसा कोमल) भिण्डी (परभणी क्रांति/वर्षा उपहार) मूली (पूसा चेतकी) एवं चौलाई आदि की बोआई करें।
10. कछूवर्गीय सब्जियों में चूर्णी फफूंद नियंत्रण हेतु केराथेन का छिड़काव करें।
11. टमाटर तथा मिर्च की फसल में फल बेधक कीड़ों से बचाव के लिए इण्डोसल्फान 35 ईसी. का 2.5 मि.ली. प्रति लीटर पानी की दर से घोल बनाकर छिड़काव करें।
12. केले के गौधों में नीचे से निकलने वाले सकर को निकाल दें।
13. ग्लैडिया की अधिक उपज हेतु नियमित 5–6 दिन के अंतर से सिंचाई करें।
14. रजनीगंधा में पुष्प डंडियों की तुड़ाई करें।
15. सभी औषधीय एवं सुगंधित फसलों में आवश्यकतानुसार निंदाई, गुड़ाई व सिंचाई करें।
16. सतावर, रजनीगंधा व मेंथा की बुवाई करें।

मई माह के प्रमुख कृषि कार्य

1. खेतों में ग्रीष्मकालीन गहरी जुताई यथासंभव करें। खरीफ फसलों के उन्नत बीज एवं खाद की व्यवस्था करें। मक्का, सूर्यमुखी, तिल आदि की कटाई गहाई करें एवं सुखाकर भण्डारण करें।
2. मूंग तथा उड़द में पीला शिरा मोजेक के नियंत्रण हेतु मिथाइल डेमेटान 25 ई.सी. का 50 मि.ली. प्रति हैक्टेयर की दर से छिड़काव करें।
3. गन्ने में आवश्यकतानुसार सिंचाई, गुड़ाई एवं कीट प्रबंधन करें।
4. खेतों की मेड़ों को ठीक करें तथा सिंचाई नालियों का आवश्यकतानुसार सुधार करें।
5. वर्षा जल संरक्षण हेतु डबरी बनाएं तथा पुराने तालाबों का गहरीकरण एवं उनके बंधन सुधारें।
6. हरी खाद फसलों जैसे सनई, ढेंचा आदि की बुवाई एवं समय–समय पर सिंचाई करें।
7. नवीन रोपित पौधों को तेज धूप एवं गर्मी से बचाने के लिए घास–फूस की टटियां बनाकर पौधों के ऊपर एवं बगल में लगायें।
8. फल वृक्षों में 8 दिन के अंतर से सिंचाई करें।
9. केला और पपीता के फलों को धूप से बचाने के लिए पत्तियों से ढंक दें।
10. नये फल बाग लगाने के लिए बगीचों का रेखांकन कर गड्ढों की खुदाई इसी माह कर लें।
11. नींबूवर्गीय पौधों में नीम की खली 500 ग्राम प्रति पौधे की दर से डालें, सफेद मक्खी के नियंत्रण हेतु 0.01 प्रतिशत मोनोक्रोटोफास का छिड़काव करें।
12. टमाटर, लौकी, करेला, कद्दू, ककड़ी, तरबूज आदि फसलों में समय–समय पर सिंचाई करें।
13. फल छेदक एवं फल मक्खी की रोकथाम के लिए इण्डोसल्फान 35 ईसी. दवा का छिड़काव करें।

14. यदि सिंचाई का पर्याप्त साधन है तो अरबी, अदरक, एवं हल्दी की बुआई करें। बरसाती फूलगोभी की रोपणी तैयार करें।
15. गैलाडिया, रजनीगंधा के पुष्प विक्रय हेतु तुड़ाई करें।
16. कलीहारी, सफेद मुसली तथा केंवाच लगाने के लिए खेत तैयार करें।
17. सभी औषधियां फसलों में सिंचाई करें। रोशा घास की कटाई करें तथा खाद, सिंचाई देकर अगले वर्ष के लिए फसल छोड़ें।

जून माह के प्रमुख कृषि कार्य

1. खरीफ की अन्य फसलें (सोयाबीन, अरहर, मक्का, ज्वार एवं मूंगफली, कपास को बुवाई मानसून प्रारम्भ होने पर करें।)
2. बीजोपचार (बाविस्टीन या थीरम से) करने के बाद ही फसलों की बुवाई करें।
3. माह के अंतिम सप्ताह में गन्ने में संस्तुत नत्रजन की शेष मात्रा कूंड़ में डालें।
4. नये फल वृक्षों को लगाने के लिए गड्ढों की भराई (आधी मात्रा सड़ी गोबर की खाद और आधी मात्रा मिट्टी मिलाकर) करें। गड्ढों को 15 से.मी. ऊपर तक भरें तथा दीमक नियंत्रण हेतु 20–50 ग्राम क्लोरपायरीफॉस दवा मिलावें।
5. वर्षा आरंभ होने के साथ ही आम, अमरूद, चीकू, कटहल, आंवला आदि फल वृक्षों में अनुशंसा के अनुसार खाद एवं उर्वरक दें।
6. फल एवं शोभादार वृक्षों के पौधे तैयार करें।
7. आंवले और बेर के देशी पुराने वृक्ष जिनकी कटाई मार्च महीने में कर दी गई थी उसमें नई डालियों में कलिकायन का कार्य करें।
8. फूलगोभी की अगेती किस्म के पौधे तैयार करें।
9. सूरन, अरबी, हल्दी आदि फसलों की बुआई का कार्य पूर्ण करें।
10. तोरई, लौकी, करेला, बरबट्टी आदि सब्जियों की बोवाई करें तथा बेलों को चढ़ाने के लिए मचान बनायें।

जूलाई माह के प्रमुख कृषि कार्य

1. छिड़काव पद्धति से धान की बुवाई पहली वर्षा आने पर तुरन्त करें। रोपाई पद्धति के लिये 20–30 दिन की रोपणी का ही उपयोग करें। रोपाई के 15 दिन पहले हरी खाद को जमीन में मिला दें फिर मचाई करें।
2. सीधे बोये गये धान के खेत में पानी की उपलब्धता के अनुसार बियासी करें। छिड़काव एवं कतार बोनी में नींदानाशक दवा का उपयोग करें।
3. सोयाबीन, अरहर, अरण्डी, तिल, मूंगफली, कपास का बुवाई 10 जुलाई तक पूरी करें।
4. समस्त खरीफ फसलों में आवश्यकतानुसार नींदा नियंत्रण करें।
5. दलहनी, तिलहनी एवं चारे वाली फसलों की बुवाई 15–20 जुलाई में करें।
6. उचहन भूमि में अंतरवर्ती फसलें लेने से अधिक लाभ होता है।
7. आम, आंवला, अमरूद, चीकू, कटहल आदि फल वृक्षों में खाद एवं उर्वरक देने का कार्य पूरा करें।
8. नये फल वृक्षों को लगाने का कार्य आरंभ करें।
9. नवजात पौधे को तेज धूप एवं गर्मी से बचाव के लिए लगाये गये टटिया हटा दें।
10. फल वृक्षों के पास बने थालों की भराई करें एवं बगीचे में जल निकासी की व्यवस्था सुनिश्चित करें। केले के पौधों की रोपाई का कार्य आरंभ करें। पुराने केले के पौधों की बगल में निकलने वाले सकर को काट दें।
11. टमाटर, बैंगन, मिर्च, फूल गोभी आदि की रोपणी तैयार करें। फूलगोभी की अगेती किस्म की तैयार पौध की रोपाई करें।
12. कद्दूवर्गीय सब्जियों की बोआई करें तथा टमाटर, बैंगन, मिर्च आदि सब्जियों के तैयार पौधों की रोपाई करें।
13. सेवंती के नये सकर्स की कटिंग से नये पौधे तैयार करें। गेंदे के पौधे तैयार करें।
14. घीक्वारं, तीखुर, लेमन घास, ब्राम्ही, सतावर सर्पगंधा, कस्तूरी भिण्डी आदि की बुवाई रोपाई करें। केवांच बेल को सहारा दें।

15. पूर्व में लगाई गई सफेद मूसली की निंदाई–गुड़ाई करें। मेन्था की पहली कटाई करें।

अगस्त माह के प्रमुख कृषि कार्य

1. गन्ना फसल में पायरिल्ला नामक कीट का प्रकोप दिखे तो इंडोसल्फान 35 ई.सी. 600–750 मि.ली. प्रति एकड़ का छिड़काव करें।
2. कपास, मक्का, एवं अरण्डी फसलों में नत्रजन की अनुशंसित मात्रा का उपयोग करें।
3. खरीफ फसलो में आवयकतानुसार निंदाई–गुड़ाई करें।
4. नये फल बाग की रोपाई यदि नहीं पूरा कर पाये हैं तो उसे पूरा करें।
5. नर्सरी में बडिंग एवं ग्राक्टिंग द्वारा नये पौधे तैयार करने का कार्य चालू रखें।
6. मध्यकालीन फूलगोभी की पौध सुरक्षित स्थान पर तैयार करें। अधिक पानी की अवस्था में पॉलीथीन शेड में पौध तैयार करें।
7. कद्दूवर्गीय फसलों में 25–30 कि.ग्रा. यूरिया प्रति है. की दर से डालें तथा लाल कीड़े से बचाव हेतु कार्बोरिल पावडर 1.5 कि.ग्रा. प्रति हे. भुरकाव करें।
8. बेल वाली सब्जियों में लकड़ी का सहारा दें।
9. अदरक एवं हल्दी में पौध गलन की रक्षा हेतु ब्रासिकाल 1.5 ग्राम प्रति लीटर पानी में घोल बना कर छिड़कें।
10. डहेलिया के कंद से निकले नवीन पौधों से 3–6 इंच की कटिंग कर नये पौधे तैयार करें।
11. रजनी गंधा की पुष्प डंडियां काटकर बाजार भेजें।
12. रोशा घास तथा अश्वगंधा की रोपाई करें। अन्य औषधीय फसलों में निंदाई–गुड़ाई कर खाद डालें। जल निकासी की व्यवस्था करें।

सितम्बर माह के प्रमुख कृषि कार्य

1. खरीफ फसलों में आवश्यकतानुसार नींदा नियंत्रण करें।
2. धान में फफूंदी जनित झुलसा व शीथ गलत व भूरा धब्बा रोग नियंत्रण हेतु एक किलोग्राम कार्बेडाजिम या हिनोसान (750 ग्राम दवा) 650 ली. पानी में घोल कर प्रति हे. छिड़काव करें। यदि फुदका कीट का प्रकोप दिखे तो मोनोक्रोटोफॉस 36 ई.सी. का 750 मिली. प्रति हे. के हिसाब से छिड़काव करें।
3. मक्के की संकर किस्मों में 25 से 30 किलोग्राम नत्रजन नर मंजरी बनते समय प्रयोग करें। माह के अंत में कुलथी, तोरिया की बुवाई करें।
4. इस माह में सोयाबीन फसल में गर्डल बीटल कीड़े के प्रकोप की संभावना रहती है। अतः कीट पर विशेष निगरानी रखें व नियंत्रण करें।
5. उड़द, मूंग में पकने की अवस्था आ गई हो तो फल्लियों की तुड़ाई या कटाई कर सुरक्षित स्थान में रखें।
6. बगीचे में अब सिंचाई नालियों का निर्माण कर, खरपतवार नियंत्रण हेतु निंदाई–गुड़ाई करें।
7. अदरक एवं हल्दी में मिट्टी चढ़ावें, पानी दें।
8. पिछले माह डाली गई सब्जी नर्सरी की रोपाई करें। मासांत में अगेती आलू की बुआई करें।
9. आम में बोर्डो पेस्ट का लेप लगाये।
10. गोभी की अगेती फसल में निंदाई–गुड़ाई कर नत्रजन 40 किलोग्राम प्रति हे. दें।
11. सेवंती, डहेरिया के तैयार पौधे खेत में लगायें।
12. ग्लैडियोलाई के धनकंद को कंद से अलग कर नर्सरी में बोआई करें।
13. पुष्प प्राप्त करने के लिए गैलेडियोलाई के कंदों की बुआई करें। गोबर खाद के साथ 10 ग्राम नत्रजन, 20 ग्राम स्फुर एवं 20 ग्राम पोटाश प्रति वर्ग मीटर में छिड़काव करें।
14. गेंदा में पिंचिंग (फुनगी की कटाई) की प्रक्रिया अपनावें।

15. सेवंती, डहेलिया को बांस की खपत से सहारा दें।
16. सभी औषधीय फसलों की कीट व्याधियों से रक्षा करें। वर्षा न होने की दशा में सिंचाई करें।

अक्टूबर माह के प्रमुख कृषि कार्य

1. धान की फसल में गर्दन झुलसा रोग आने पर बीम या फोलीकर 750 ग्राम दवा को 750 लीटर पानी में घोलकर प्रति हे. की दर से छिड़कें।
2. धान पकते समय खेत से पानी निकाल दें। अगेली फसल के 80 प्रतिशत दाने पीले पड़कर कड़े हो जायें तो कटाई करें।
3. उतेरा फसलों जैसे अलसी, तिवड़ा, चना, कुसुम आदि की बोनी धान कटाई के 15 दिन पूर्व करें।
4. बारानी क्षेत्रों में उपयुक्त नमी होने पर गेहूं की किस्म की बोवाई बीजशोधित कर सम्पन्न करें।
5. अच्छी तरह तैयार खेत में आलू, चना, मटर, मसूर, सरसों व अलसी की बोवाई बीजोपचार कर संपन्न करें।
6. गन्ना बोने हेतु खेत की तैयारी करें। दीमक से बचाव हेतु क्लोरपायरीफॉस 20 ई.सी. 20–25 किग्रा. प्रति हे. के हिसाब से कूंड़ो में डालें।
7. दलहनी फसल बीज को राइजोबियम कल्चर से उपचारित करना आवश्यक है।
8. चारा फसलों में बरसीम, लुर्सन एवं जई की बोनी संपन्न करें।
9. आलू की बुवाई आरंभ करें। बुवाई पूर्व डायथेन एम. 45 दवा का 0.25 प्रतिशत घोल बनाकर 5–10 मिनट तक बीज को डुबोयें।
10. आम में हार्मोन एन.ए.ए. 200 मि.ग्राम प्रति लीटर पानी में घोलकर छिड़काव करें।
11. आंवला में 0.8 प्रतिशत बोरेक्स का छिड़काव करें।
12. मटर की उन्नत किस्में आर्किल, वोनविले, जवाहर मटर–1 की बुआई करें।
13. पत्तेदार सब्जियों जैसे पालक, मेथी, धनिया इत्यदि की बुवाई करें।

14. अगस्त–सितम्बर में बोई गई सब्जियों की निंदाई–गुड़ाई करें। फूल गोभी की पछेती किस्मों की बोवाई करें एवं पत्ता गोभी की रोपाई करें।
15. शीतकालीन पुष्पों की बोवाई करें।
16. जुलाई–अगस्त में लगाये गये गेंदे के पौधों के फूलो की तुड़ाई कर विक्रय करें।
17. ग्लेडियोलाई में 10 ग्राम नत्रजन प्रति वर्ग मीटर की दर से उर्वरक देवें।
18. गुलाब में कटाई–छंटाई कर बोर्डो पेस्ट लगावें एवं 15 दिन के बाद खाद एवं उर्वरक डालें।
19. ईसबगोल, चन्द्रशूर की बोवाई करें। मेन्था की दूसरी कटाई करें। लेमन घास, सफेद मूसली, बच आदि में सिंचाई करें।
20. सुगंधित फसलों में गोबर के घोल का छिड़काव करें। लेमन घास की प्रथम कटाई जमीन से 10–15 सेमी ऊंचाई से करें।

नवम्बर माह के प्रमुख कृषि कार्य

1. पिछले माह की तरह गन्ना लगाने का कार्य सम्पन्न करें।
2. खड़ी फसल में सिंचाई करें। गन्ने की कतारों के मध्य अन्तरवर्ती फसलें जैसे आलू, प्याज, राजमा आदि की बुआई करें।
3. शीघ्र पकने वाली (पिछली फसल) जातियों की कटाई करें।
4. कटाई के बाद खेत में संरक्षित नमी में चना, अलसी, मसूर, कुसुम, की बुवाई करें।
5. सिंचित गेहूं की बुवाई 1 नवम्बर के बाद कतार में करें।
6. सिंचित अवस्था में गेहूं, बरसीम, मटर, सरसों, चना, कुसुम, मसूर, अलसी आदि फसलों की बुवाई करें।
7. ज्वार, मक्का के भुट्टे तोड़ लें तथा बीज के लिये भुट्टे अलग कर लें।
8. फसलों को काटकर खेत में एक दो दिन सूखने पर ही बोझा बनाकर खलियान में एकत्रित करें।

9. कपास की चुनाई नियमित समय पर करते रहें और यदि देरी से पहले वाली मूंगफली की खुदाई शेष हो तो पूर्ण कर लें।
10. गन्ने की फसल तैयार होने पर जमीन की सतह से काटकर बाजार भेजें।
11. फलोद्यान में मिली बग के प्रकोप को रोकने के लिये ग्रीस की पट्टी लगायें तथा जमीन में 250 ग्राम फालीडाल डस्ट का भुरकाव करें।
12. आम में सिंचाई बंद कर दें। इससे फूल अधिक आयेंगे।
13. मटर में पाउडरी मिल्ड्यू की रोकथाम हेतु केराथेन 0.15 प्रतिशत या सल्फेक्स 0.2 प्रतिशत घोल का छिड़काव करें।
14. आलू में निंदाई–गुड़ाई कर नत्रजन की अंतिम मात्रा डालकर मिट्टी चढ़ायें और पानी देवें।
15. आलू में झुलसा रोग के नियंत्रण के लिए डायथेन एम. 35 दवा का 0.5 प्रतिशत घोल का छिड़काव 15 दिन के अंतर पर दो बार करें।
16. गैलिडोलाई के पौधों को सहारा दें, मिट्टी चढ़ावे। सेवंती के पौधों को सहारा दें। सेवंती के पौधों को मैनी के प्रकोप से बचाने के लिए रोगर/मोनोक्रोटोफास का छिड़काव 1 मिली./लीटर छिड़काव करें।
17. कलिहारी, कस्तूरी भिण्डी की फलियां तोड़कर सुखाएं। सर्पगंधा की कटाई करें।
18. सतावर की जड़ों की खुदाई करें। पूर्व में लगाई गई औषधीय फसलों में सिंचाई करे।

दिसम्बर माह के प्रमुख कृषि कार्य

1. गेहूं में नत्रजन उर्वरक की शेष मात्रा दें तथा सिंचाई करें।
2. गेहूं की बुवाई शेष हो तो इस माह में पूरी करें।
3. लूसर्न व बरसीम चारे की कटाई जमीन से 10 से.मी. छोड़ कर 30–35 दिन के अंतराल पर करें तथा सिंचाई दें।
4. गन्ने की कटाई कर पिराई करें अथवा गन्ना कारखाने में भेजें।

5. चना, मटर एवं मसूर में फूल व दाने भरने की अवस्था पर सिंचाई करें तथा पौध संरक्षण के उपाय करें।
6. गन्ने में पेड़ी प्रबंधन का कार्य करें।
7. आलू में पछेती झुलसा रोग के लक्षण दिखने पर डायथेन एम. 45 दवा का छिड़काव करें। दूसरा छिड़काव 15 दिन के बाद करें।
8. आलू में कंद भूमि से बाहर आने से हरापन आ जाता है। अतः शीघ्र ही मिट्टी चढ़ा कर ढंक दें।
9. मटर में पाउडरी मिल्ड्यू के लक्षण दिखने पर तुरंत केराथेन 0.15 प्रतिशत या सल्फेक्स 0.2 प्रतिशत घोल का छिड़काव करें।
10. तरबूज, खरबूज, लौकी, करेला, ककड़ी एवं कद्दू लगाने हेतु खेत की तैयारी करें तथा पॉलीथीन की थैली में बीज की बोवाई करें।
11. रोशा घास की कटाई के बाद खाद डालें तथा सिंचाई करें। मेंथा की कटाई पूर्व सिंचाई बंद कर दें।
12. सफेद मूसली की पत्तियां सूखने पर भी कटाई न करें। कलिहारी के बीज व छिलका सुखाकर साफ करें।

सन्दर्भ ग्रन्थ (Reference Books)

1. सस्य विज्ञान के सिद्धान्त एवं फसलें : लेखक, डॉ. अहमद एवं डॉ. ओमप्रकाश, राज पब्लिशिंग हाऊस, बड़ोत, मेरठ (उ.प्र.)
2. कृषि विश्व, दलहन एवं तिलहन विशेषांक प्रकाशन : संचार केन्द्र, जवाहरलाल नेहरू कृषि विश्वविद्यालय, जबलपुर (म.प्र.)
3. मध्यप्रदेश की प्रमुख फसलों की उन्नत उत्पादन तकनीक, लेखक, डी.के. पहलवान, ओ.पी. दुबे एवं आर.ए. खान, प्रकाशक, संचार केन्द्र, जवाहरलाल नेहरू कृषि विश्वविद्यालय, जबलपुर (म.प्र.)
4. बारानी खेती एवं कृषि विकास : लेखक, डॉ. एम. एल. त्रिपाठी, प्रकाशक कुशल पब्लिकेशन एण्ड डिस्ट्रीब्यूटर्स, वाराणसी (उ.प्र.)
5. मधुमक्खीयाँ प्रजातियाँ, पालन व उत्पाद – शहद, मोम, प्रोपोलिस, पराग इत्यादिः लेखक, डॉ. सत्यप्रकाश सिंह तोमर एवं डॉ. अविनाश सिंह तोमर, प्रकाशक बायोटेक बुक्स, नई दिल्ली।
6. प्रमुख फसलों में समन्वित कीट प्रबंधन : लेखक, सत्यप्रकाश सिंह तोमर, प्रकाशक बायोटेक बुक्स, नई दिल्ली।
7. Modern Technologies and Raising Field Crops : by Chhidda Singh Publisher Oxford and ZBH Publishing Co. Pvt. Ltd.
8. Agricultural Statistics at a Glance, 2018, Govt. of India, Ministry of Agriculture & Farmers Development of Agriculture Cooperation and Farmers Welfare, Directorate of Economics and Statistics.
9. Status Paper on Oil Seed Crops, Directorate of Seeds Development, Govt. of India, Ministry of Agricultural & Farmers Welfare, (Department of Agriculture, Cooperation & Farmers Welfare) Telhan, Bhavan, Himayat Nagar, Hyderabad (Telangana).

●●●